中国法律史新识

沈玮玮 著

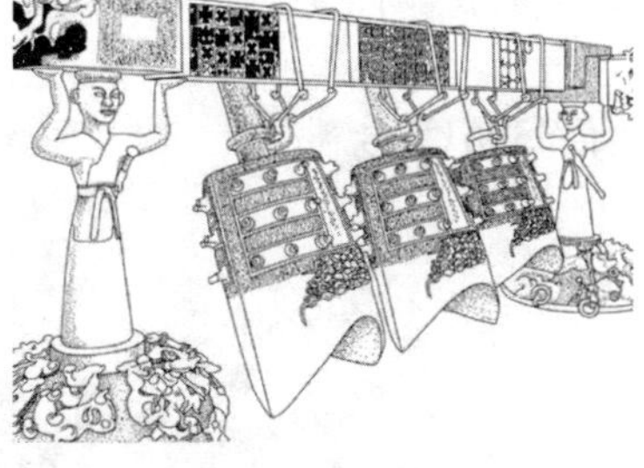

华南理工大学出版社
SOUTH CHINA UNIVERSITY OF TECHNOLOGY PRESS
·广州·

图书在版编目（CIP）数据

中国法律史新识/沈玮玮著．—广州：华南理工大学出版社，2018.1
ISBN 978-7-5623-5526-7

Ⅰ．①中…　Ⅱ．①沈…　Ⅲ．①法制史－研究－中国　Ⅳ．①D929

中国版本图书馆 CIP 数据核字（2017）第 330615 号

Zhongguo Falüshi Xinshi

中国法律史新识

沈玮玮　著

出 版 人：卢家明
出版发行：华南理工大学出版社
（广州五山华南理工大学 17 号楼，邮编 510640）
http：//www.scutpress.com.cn　　E-mail：scutc13@scut.edu.cn
营销部电话：020－87113487　87111048（传真）
策划编辑：王　磊
责任编辑：陈　尤　王　磊
印 刷 者：广州市穗彩印务有限公司
开　　本：787mm×960mm　1/16　**印张**：20.5　**字数**：345 千
版　　次：2018 年 1 月第 1 版　2018 年 1 月第 1 次印刷
定　　价：60.00 元

谨以此书献给赵晓耕教授

前　言

法律史学作为法学的二级学科，分为法制史和法律思想史两类，各自又有中外之分，中国法律史便包括中国法制史和中国法律思想史。已有的中国法律史著作基本是将二者割裂开来，让法制史和法律思想史无法互为解释，只剩下干瘪的记忆性知识，难以引起读者兴趣。同时，虽然中国法律史学界已经取得了相当可观的研究成果，但是学术科研与课堂教学，尤其是本科教学之间，断裂严重，学术研究无法直接转化为本科教学内容，教与学不能相长。加之，当前法学界普遍存在轻视中国法律史的心态，部门法的研究者对中国法律史冷淡无视，各个层次的学生更是对中国法律史知之甚少，偏见颇深，以致望而却步。中国法律史很难发挥其作为基础性法学学科的应有作用，既难以见容法学院，又无法彻底融入历史系，虽为交叉学科，但地位十分尴尬。这当然与法律史学的学科研究特点有关，也与当前论述内容及传授方式相关。

须知，“中国特色社会主义”难以忽略中华文明的历史贡献，离开了历史传统的印记，中国特色社会主义的“道路自信、理论自信、制度自信、文化自信”的理由就不充分，根基便不牢固。而且，如果我们稍加注意，会发现历史传统的视角为我们提供了内省和反思的机会。尤其是在我们一味重视同国际接轨的法制移植过程中，基于历史传统的“内在视角”能够让我们重新审视我们自觉和不自觉地在坚守的一些传统观念，是如何阻击甚至抵制经由“外在视角”移植和设计而来的西式规则的。所谓世界的，不一定是民族的。并且，我们会更进一步地发现，中国历史传统的法律观念与制度存在着一些超越历史的智慧文明，存在着一些亘古不变的制度逻辑，早已形成了古今皆然的法制共识。人生之路需要多回头，更何况是任重道远的中国特色社会主义法治建设之路，我们不能因为在近两百年遇到了挫折，就断然抛弃中国几千年来传承下来的优秀法律传统。所谓民族的，一定是世界的。当前，全盘接受制度输入，断然否定制度输出，不应该是大国法治之路的态度。以史为鉴，古为今用，是对制度建设和观念变革永远奏效的解决方案。

本书即是在以上立场上，通过发掘“内在视角”隐含的制度“成见”，去重新解释当下制度移植过程中所遭遇的制度“尴尬”，分析制度变革背后属于中国的文化逻辑，提醒我们更加谦虚谨慎地对待历史传统法制的精华与糟粕，而不是一味地基于“外在视角”，武断地将历史传统法制视为“封建”和“愚昧”。具体而言，本书共分为八章，内容如下：

第一、二章以秦代为界，涵盖先秦至东汉的法制形成期，注重夏商周时代法制的启蒙和宣导意义，以及春秋战国之际为秦汉法制形成提供的奠基性基础——既有知识性的，也有实践性的。先秦时期的法制内容，以发掘法制萌芽期的制度理念及意义为重点；秦汉之际，则强调分析基于秦国和秦朝法制运行而衍生和发展而来的制度规范及其思想背景。第三章关于魏晋南北朝时代，是秦汉法制转变至隋唐法制的关键节点，着重讲述南北朝各代各自在扬弃汉法的同时，对隋唐法制的创造性贡献。

隋唐法制单列一章为第四章，以《唐律疏议》为中心，展现隋唐法制成就，以及在由魏晋进入隋唐，和由晚唐进入北宋之际的转折时段，政治、军事和经济的变革，是如何影响和塑造了隋唐及两宋法制特色的。由东汉至东晋南朝形成的门阀体制，到隋唐之际演变为贵族体制，逐渐削弱了秦代至西汉不断完善的皇权专制体制；两宋之际的中国，彻底进入了平民时代，在“与士大夫共治天下”基础上形成的宋代政治体制和思想氛围，决定了两宋律法的不同面貌。辽金元时代可视为中国的第二个南北朝，北法依然是以效法南法为中心议题，只不过辽金元存在是以《唐律疏议》为蓝本，还是以宋刑统为模板的差异，且各自效法的程度不一。因此，宋元时代的法制统合为第五章，定名为“宋元时代的法律交互及演变”。

南宋中国早已有了内敛型帝国的倾向，而扩张型帝国在元代得到了不同程度的恢复，直到朱元璋建立了明朝，中国才全盘回到以小农为中心的内敛型帝国治理模式，这相当于回归秦汉皇权专制的复古之路。清承明制，只不过在清末遭遇到来自世界列强的挑战之后，清廷才逐渐开始接受政治变革和法律移植的现代化改造。不论清末的现代化改造是自发的还是被迫的，是突然转向的还是早有苗头的，都必须在清代法制的长时段中加以考量。总而言之，第六、七章本为一体，但因清代法制以及清末变革内容较多，加之，明代对于恢复皇权专制体制至为关键，只能各自单列一章。

中华民国时期的法制相对混乱，存在多个国民政府，但以 1928 年为界，南京国民政府依然延续了南京临时政府时期确立的法统，只不过开始走向个人独裁政治，这一趋势延续了 20 年余。自 1911—1931 年的 20 年间，中华民国历经南京临时政府、北京政府、广州武汉政府、南京政府时期，但始终在中华民国中央政府之框架下展开法统之争。到 1931 年中共宣布成立中华苏维埃共和国之时，苏俄体制才开始全面引入到地方政权，而不再局限于 5 年前的武汉国民政府只是有限度地借鉴苏俄政法体制。中共的地方革命政权经历了早期革命、工农民主专政、抗日民主专政和人民民主专政四个时期，尤其是 1937 年之后，中共地方革命法制与国民党南京政府中央法制存在着诸多竞争。正是中共地方革命政权对国民党南京政府中央法制的创造性调适变通，才塑造了新中国法制的红色传统。因此，本书最后一章将中华民国和中共革命法制融为一章，以中央和地方法制竞争与变通为主线，展现中华民国各个标志性历史节点和时段的法制样态。

由于中国法律史内容浩瀚，本书难以面面俱到，只能突出重点，然章与章之间关联紧密，均以政治体制的变迁为基调，辅之以思想文化等社会背景，在反映传统法制千余年因袭继承的共性的同时，将重点放在历代法制变革及其动因的解释上，突出各代法制的个性，以章首的导语和关键词作为理解各朝代法制变与不变的线索。本书章尾不再设置思考问题，便于使用者结合自身讲授特点来开列各章之问题，以发挥本书抛砖引玉之用。同时，信息时代所提供的检索之法亦十分便利，章尾便不再单列参考文献，待有兴趣之读者按图索骥，自行查阅。

总之，本书在主线分明的基础上，力求发掘制度背后的逻辑，从单纯叙述制度是什么，以及如何演变的普及性知识，转向对制度为何生成的延伸性解释。这一解释以社会史、经济史和制度史互为支撑，辅之以政治形态与思想制度的主线，既关注大传统的环境，也关注小传统的影响，使中国法律史有血有肉地呈现出来。唯有如此，才能使中国法律史的课堂妙趣横生，意义非凡，影响重大，托起基础理论法学的基台。唯有如此，才能吸引真正对中国法律史有兴趣的听众，为弘扬中国传统法律而志存高远，使中国法律史的传承后继有人。

目录

目录

目录

目录

目录

第一章

先秦的法律观念与制度愿景

原始社会的世界秩序大概正如《礼记·礼运》所描述的大同社会一样:“大道之行也,天下为公,选贤与能,讲信修睦。故人不独亲其亲,不独子其子,使老有所终,壮有所用,幼有所长,鳏、寡、孤、独、废疾者皆有所养,男有分,女有归。货恶其弃于地也,不必藏于己;力恶其不出于身也,不必为己。是故谋闭而不兴,盗窃乱贼而不作,故外户而不闭,是谓大同。”大同正意味着有序的自我实现。尧舜洪荒时期主要以德性情操作为继承者的考察标准,这正符合大同社会的民众期待,所以舜传位于大禹。到了以奴隶制为基础的国家社会时,就变成了小康社会的期许:“今大道既隐,天下为家,各亲其亲,各子其子,货力为己,大人世及以为礼,城郭沟池以为固,礼义以为纪,以正君臣,以笃父子,以睦兄弟,以和夫妇,以设制度,以立田里,以贤勇知,以功为已。故谋用是作,而兵由此起。禹、汤、文、武、成王、周公由此其选也。此六君子者,未有不谨于礼者也。以著其义,以考其信,著有过,刑仁讲让,示民有常。如有不由此者,在势者去,众以为殃。是谓小康。”当然大同和小康只是一种统治的理想状态,实际上在社会的原始阶段,人类为争夺生存资源的战争从未停止。夏朝之始即为大同社会终结之时,因禹启之际“公天下”变成“家天下”,不传贤而传于子。“天下为公,选贤与能”的政治模式被打破,正所谓“今大道既隐,天下为家”。因新石器时代晚期,社会已累积了大量的物质财富,物质财富的占有成为少数贵族集团垄断权力的实力基础,原始民主禅让制再也无法满足贵族的权力需求,于是,君主世袭制走到了历史前台。

西周之际，周天子保持着天下共主的威权，其所依赖的政治结构便是宗法分封制。于是，中华世界被分成大批政治实体。据考证，在周代的春秋时期（前722—前481年）已有约170个政治实体。平王东迁以后，东周开始（前770—前221年），亦称春秋战国时期。周王开始衰微，只保有天下共主的名义，而无实际的控制能力。诸侯各自占据地盘，兼并邻国，扩张领土。自鲁隐公到鲁哀公的200多年时段内，有52国灭亡。战国七雄，加上鲁、卫、中山等四五个较为弱小的国家，是兼并之后的存留者。从前722年到前464年的259年中，只有38年没有战争，而在前463年至前222年的242年中，没有战争的年份也只有约89年。伴随着新领土国家的形成，集权专制主义统治遂应运而生。郡县制代替国都鄙野制，任官给俸制代替分封赐邑制，符玺制、年终考绩制代替朝觐会同制，成文法则代替“议事以制，不为刑辟”及各种习惯，以贫富贵贱为基础的新等级体制代替以亲亲为基础的血缘旧等级体制等，为春秋战国时期法制的变革提供了一系列条件。

关键词：皋陶，獬豸；禹刑、汤刑、吕刑；敬天保民，明德慎罚；宗法分封制；官僚制；郡县制；铸刑；法经；法家；商鞅变法

第一节　尧舜禹时代的法制传说与制度隐喻

一、中国法律起源时期的学术说法

20世纪30年代已有关于**中国法律起源**的研究，多数学者根据“信则传信，疑则传疑”的原则，将商代作为中国法律起源之始。而自20世纪50年代开始，中国法制史学界逐渐形成了中国国家与法律起源于夏的通说。20世纪80年代以来，关于中国法律起源的争论更加激烈，另一重要观点认为中国国家与法律起源均于原始社会末期。至今，这两种观点已趋于同一。多数学者认为体现为国家形态的法律产生于夏代，而法律则作为人类共同体生活的基本规则，在原始社会末期的父权制时代就已出现，也即尧舜时期。待国家出现后才逐渐形成体现国家共同体意志的国家法形式。

与此同时，关于**中国古代法律渊源**有多种观点，一如法源于天，《尚书·皋陶谟》载：“天讨有罪，五刑五用哉。”二如法源于苗民，《尚书·吕刑》载：“苗民弗用灵，制以刑。惟作五虐之刑，曰法。”三如皋陶造律，这在《尚书·舜典》《左传》所引《夏书》以及《竹书纪年》和《吕氏春秋》等古籍都有表述。四如法源于定分止争，《管子·七臣七主》载：“法者，所以兴功惧暴也；律者，所以定分止争也。”五如法源于习惯，等等。

大多观点倾向于“**刑起于兵**”。《易·师》强调“师出以律”。《国语·鲁语》更为明确：“大刑用甲兵，其次用斧钺；中刑用刀锯，其次用钻笮；薄刑用鞭扑，以威民也。故大者陈之原野，小者致之市朝。”正所谓“**国之大事，在祀与戎**”①。祭祀的神圣性产生了最初的礼制，“戎”则指兵战，“刑者，始于兵而终于礼者也。鸿荒之代，生民有兵，如蜂有螫，自卫而已”②。为了争夺生存资源，原始社会时期由氏族组成的各个部落频繁大兴兵戈，战争下的部落生存秩序就要靠兵法或军法来维护，刑罚主要针对的便是违抗军令的行为，即军法。随着战争由常态变成偶发，国家逐渐安定，刑法

① 《左传·成公十三年》。

② 《辽史·刑法志》。

也逐渐由非常态向常态转变。此前行军打仗屡试不爽的兵法很自然地被沿袭到国家法律中来。这就是刑起于兵的原因，但也仅仅是刑。

中国传统法律的大部分内容还是从“**礼**”而来。汉代王充对此有十分详尽的论述：“案尧伐丹水，舜征有苗，四子服罪，刑兵设用。成王之时，四国篡畔，淮夷、徐戎，并为患害。夫刑人用刀，伐人用兵，罪人用法，诛人用武。武法不殊，兵刀不异。巧论之人，不能别也。夫德劣故用兵，犯法故施刑。刑与兵，犹足与翼也，走用足，飞用翼。形体虽异，其行身同。刑之与兵，全众禁邪，其实一也。”①

上古时执掌司法的官员谓之曰“**士**”或“士师（士史）”，则是受兵刑同源的影响。《尚书大传》载：“士，理官也。”“士”可能指与氏族部落首领和显贵同族的武士，在进入阶级社会后较早成了统治阶级。因学在官府，只有“士”以上的贵胄子弟才有资格习得知识，故“士”实乃有一定知识技能的人。于是，“士”完全可以担负军事和司法的双重职能。例如《尚书·皋陶谟》载：“帝曰：皋陶，汝作士，五刑有服，五服三就；五流有宅，五宅三居。惟明克允。”

此后，“士”，殷曰**司寇**，② 为国家“八政”之一，③ 大致可确定“司寇”之名与军事战争相关。战国之际，中央掌管司法之人名曰**廷尉**。“尉”，本为武官之名，此可视为“刑始于兵”的传统。

二、中国法律起源时期的法制积淀

（一）尧舜的法制奠基

据《尚书·尧典》载，尧的政绩首推制定历法，以之规定百官众臣职责。“历法”即“立法”，如果缺乏历法，那么时间不能测度，历史不能记录，任何政治秩序和社会秩序都无法形成。舜在接任帝位之后，随即修订历法，以确立舜之时间，规范行为秩序。

舜在法制方面也有原创性的贡献。《尚书·尧典》载：“象以典刑，流宥

① 《论衡·儒增篇》。
② 《尚书·皋陶谟》。
③ 《尚书·洪范》。

五刑，鞭作官刑，扑作教刑，金作赎刑。眚（shěng）灾肆赦，怙终贼刑。钦哉，钦哉，惟刑之恤哉！流共工于幽州，放驩（huān）兜于崇山，窜三苗于三危，殛鲧（jí gǔn）于羽山，四罪而天下咸服。”舜的**刑罚原则**是依法使用常刑——“象以典刑”。而以流放之法宽宥五刑，以鞭打惩罚官员，以扑打惩罚师儒，还可通过交纳金属铜来赎罪，这些均是**刑罚原则的例外**。

五刑最早指劓（yì）、刵（èr）、椓（zhuó）、黥（qíng）、杀五种肉刑，为蚩尤部落首创。《尚书·吕刑》载：“蚩尤惟始作乱，延及于平民，罔不寇贼，鸱（chī）义奸宄，夺攘矫虔。……爰始淫为劓、刵、椓、黥。越兹丽刑并制，罔差有辞。”劓，《战国策·秦策》云：“截其鼻，曰劓。”《尚书大传》曰：“触君命，革舆服制度，奸宄、盗攘、伤人者，其刑劓。”刖刑，又叫剕（fèi）、膑。《尔雅·释言》载“剕，刖也”“刖断足也”。断足即斩去足趾。膑，即去膝骨也。夏刑用膑，《周礼·秋宫·司刑》云“周改膑作刖”。椓，分椓阴和椓窈，男子去势，女子闭幽，类似于后世之宫刑；黥，即在脸上刺字涂墨；丽刑，离刑，即辟，杀之意。具体的犯罪行为则可分为：群行攻劫曰寇，杀人曰贼，以鸱（chī）张跋扈为义；作乱在外曰奸；作乱在内曰宄（guǐ）；强取曰夺，窃取曰攘，诈取曰矫，固取为虔。[①]

对过失者则宽宥赦免，对胆大妄为者绝不姑息，此乃舜的**刑事政策**。最后，以**司法案例**的形式强化法制权威，记载了舜处理的四个有罪之人，属“以流放之法宽宥五刑”，是一种重罪从轻处理的灵活措施。如此，舜确立了“原则性与灵活性”相结合的刑罚策略。

舜不仅任命皋陶定律，还任命伯夷典礼，“汝作秩宗。夙夜惟寅，直哉惟清”。命夔典乐，“教胄子，直而温，宽而栗，刚而无虐，简而无傲。诗言志，歌永言，声依永，律和声。八音克谐，无相夺伦，神人以和”。在官吏管理任免上，“三载考绩，三考，黜陟幽明，庶绩咸熙”。可以说，舜搭建了一个十分完整的“**礼乐政刑**”制度机制，为中国古代法律的持久繁荣提供了思想制度之源。

---

① 《尚书·吕刑》。

（二）皋陶的法制创见

皋陶（gāo yáo），亦称“皋繇”“咎繇”“咎陶”等，与尧、舜、禹同为“上古四圣”。初为东夷部落首领，在与尧舜禹等部落联盟后，重大政治措施大多出自其手，故而上古时期的文化又称**皋陶文化**。《论语·颜渊》载：“舜有天下，选于众，举皋陶，不仁者远矣！汤有天下，选于众，举伊尹，不仁者远矣！”无怪乎《论衡》有云：“五帝、三王、皋陶、孔子，人之圣也。”

皋陶当时主要执掌司法之事，《史记·夏本纪》载：“**皋陶作士**以理民。”可见，上古时期以圣人的标准来选择最高司法官，毕竟刑杀之大权对于氏族部落的统治而言当须慎重，此乃中国传统**行政兼理司法**的缘由。

皋陶常用**獬豸**（xiè zhì）来决狱。獬豸，也称“獬廌（zhì）”“解廌”，为独角兽。“法”在古文中写作“灋（fǎ）”，其中“灋”中的“廌”便是这只神兽。相传，每当判决有疑时，便将这种神兽作为定罪依据。若有罪，獬豸就会用其独角顶触，无罪则否。《说文解字》云：“廌，解廌，兽也，似牛，一角，古者诉讼，令触不直者。”此后内化成古代中国司法官的配冠，“法冠……或谓之獬豸冠。獬豸神羊，能别曲直，楚王尝获之，故以为冠。”[①]秦代执法御史也带着这种冠。皋陶像与獬豸图成了衙门中不可缺少的饰品，执法官也因此被称为獬豸，这种习惯一直延续至清。

《尚书·尧典》和《尚书·皋陶谟》记载了**皋陶作刑**的历史。“昏、墨、贼、杀。皋陶之刑也。”[②] **昏**是“恶而掠美”，即行贿买至胜诉；**墨**是“贪以败官”，指受贿败坏官纪；**贼**是“杀人不忌”，指肆意掠杀人命，犯此三种罪行均处死。

舜禹时代以“皋陶作刑”为标志，法的胚胎逐步成形。待启继帝位，**公天下**变成**家天下**，国家形成，作为镇压的暴力工具的法便正式诞生，即“夏有乱政，而作禹刑”。[③]

不过，在皋陶看来，简单又严格地执行五刑并不能达到良好的效果，应该是五典、五礼和五刑并行而用。《尚书·皋陶谟》载：“天叙有典，敕我五

① 《后汉书·舆服志下》。
② 《左传·昭公十四年》。
③ 《左传·昭公六年》。

典（父义、母慈、兄友、弟恭、子孝）五惇哉！天秩有礼，自我五礼有庸哉（天子、诸侯、卿大夫、士和庶人）！同寅协恭和衷哉！天命有德，五服五章哉！天讨有罪，五刑五用哉！政事懋（mào）哉懋哉！”“**礼刑并用**”思想由此可见一斑。

西汉史游所编著的《急就章》有“狱，皋陶所造”的记载，因此，最初的监狱应该也是由皋陶监造，“皋陶造狱，画地为牢”，皋陶被尊为狱神。

由是观之，皋陶在上古时期的法制决策中不仅充当着执法者的角色，而且也肩负着拟定社会治理基本原则及具体操作方法的任务，这对社会整合及治理极其重要。

第二节　夏商的法权结构之变及其法制载体

一、公天下到家天下时代的法制正当性

1996年5月15日，中国正式启动**夏商周断代工程**，这是一个以自然科学与人文社会科学相结合的方法来研究夏商西周年代学的科研项目。2000年11月9日，夏商周断代工程正式公布了《夏商周年表》，定夏朝约开始于前2070年，夏商分界大约在前1600年，商周分界定为前1046年。该年表引起了国内外学界的不少质疑，但大致上可以作为夏商周历史的一个参考。

《尚书·甘誓》记载了夏启对发动甘之战的战争动员令：“予誓告汝，有扈氏威侮五行，怠弃三正，天用剿绝其命，令予惟恭天行之罚……。用命，赏于祖，弗用命，戮于社。予则孥戮汝。”启对有扈氏的开战是因有扈氏得罪了上天，触犯了两大罪状：“威侮五行，怠弃三正。”因此，启要“恭行天之罚”。**天罚**的思想在尧舜禹时代就已出现，禹征伐三苗的誓辞中也有“天罚”用语：“济济有众，咸听朕言，非惟小子，敢行称乱，蠢兹有苗，用天之罚。若予既率尔群对诸群，以征有苗。”[①] 同时，启制定了战争奖罚规则以鼓舞士气。对异族使用战争，对本族使用奖惩，其合理性都在“天罚”思想的框架内。最终，启取得了战争的胜利，逐步确立了首领地位，“公天下”

① 《墨子·兼爱下》。

开始向“家天下”转变。

“公天下”的禅让制有着原始民主的形态，权力的继承者均为公推的有德之人，而当启开创了“家天下”的继承制之后，夏代的正当性和合法性当然需要重新解释。《尚书·召诰》载：“有夏服天命。”“**王权神授**”的思想开始成为新的解释理论，神授与天罚是两面一体的，既然能够“代天行罚”，便亦可“代天行政”。

禹刑是夏代法律的代称，《隋书·刑法志》载：“夏后氏正刑有五科，条三千。”《周礼·司刑》郑注曰：“夏刑大辟二百，膑辟三百，宫辟五百，劓墨各千。”禹刑的主要内容显然只是**三千刑种**，也规定了**赎刑**。《尚书大传》载：“夏后氏不杀不刑，死罪罚二千馔。”此处的“罚”实为赎。[①]

《今本竹书纪年》称：“夏帝芬三十六年作圜土。”这说明从尧舜至夏帝芬时期的监狱都名为“**圜土**”，即圆形土牢。夏王桀时之监狱又称为夏台，原本是供桀观赏游乐之地，后用作囚禁商汤，《史记·夏本纪》载：“桀召汤而囚之夏台。”

二、殷商法文化的物质载体与精神世界

殷商文化为商代法制的进一步开化提供了不可或缺的外在条件。比如殷商出现了成熟的象形文字，基本上摆脱了仅以图象为文字的表达方式，使文字的流传更加容易。殷商卜辞不再口语化，出现了固定的句式句法，使表达更加精准，这些为商代立法技术发展提供了新的契机。

商代统治者将王权、族权和神权三者相合为用，为更加成熟地解释统治的合法性提供了新的理论体系。《礼记·表记》载：“殷人尊神，率民以事神，先鬼而后礼。”在三位一体的统治思想体系中，商代将祖先崇拜和自然崇拜大胆结合起来，倡导“**敬天法祖**”，把自然崇拜的对象“上帝”作为自己的祖先而信仰。商王宣称“上帝”就是他们的祖先，“有娀方将，帝立子生商”[②]，“天命玄鸟，降而生商”[③]。商代晚期铜器《玄鸟妇壶》的壶口上有

① 胡留元、冯卓慧：《夏商西周法制史》，商务印书馆，2006年，第47页。

② 《诗经·商颂·长发》。

③ 《诗经·商颂·玄鸟》。

"玄鸟妇"三字，说明商人确是以玄鸟为图腾的。[①] 商朝后期的甲骨文中出现了"**王帝**"或"下帝"的字样，商王已自称为"帝"。人类世界和超人类世界便在"帝"这一称谓上得到了完满的统一。血缘关系下的贵族政治特点之一便是"亲贵合一"，权力世袭，保证所谓"世选尔劳"的特权，族权和王权合二为一。

依靠占卜可以参悟上天之意而行"天罚"，唯有商王和经商王任命的史官才享有如此特权。通过**垄断占卜和解释卜辞**的权力，商王再一次将统治权牢牢攥在手中。卜辞的主要宗教事务官职有乍册、卜巫、史等，统称为史官，掌管祭祀、占卜和纪事。史官也是当时文书档案的垄断者，他们负责制作和保管策命，以及知识传播。权力和知识均垄断在王贵手中，为更好地实行统治奠定了基础。王国维曾指出："殷商以前，大小官名及职事之名，多由史出，则史之位尊地要可知矣。"[②] 到了商朝后期，商王已经逐步攫取了占卜的权力，至帝乙、帝辛时代，"王贞""王卜"基本上代替了史官的占卜，使权力更加集中，王权更加牢固。

司法活动依托占卜进行神判，殷契佚存的卜辞有"兹人井（刑）不?"即是卜问神灵可否施以刑罚的记载。如卜辞"贞（卜问）：王闻不惟辟（不用刑）；贞：王闻惟辟（用刑）"。掌握占卜大权的商王自然是最高的司法决断者，正所谓"惟予一人有佚罚"。

商王以下，司寇是中央司法机关。畿内之地，设有"士"与"蒙士"执掌司法。地方司法官为"正"与"史"，遇有重大案件不得擅断，须报请司寇复审，说明商朝已有了初级的**审级划分**。

商代已实行宗法分封制，领地分为王畿地区和畿外地区。王畿属于"内服"，由商王及其卿大夫直接管辖，司法亦受其节制；畿外地区则属于"外服"，司法由受封诸侯进行掌控。如此，士、司寇等司法官员的实际功能就无法确定了。

1971 年安阳小屯村出土的殷墟甲骨文出现的"**御廌**"，当为法官之名。在具体的审判过程中，商纣王的叔父箕子发明了"**明夷**"（证据）之法，

① 胡厚宣：《甲骨文商族鸟图腾的遗迹》，载《历史论丛》（第 1 辑），中华书局，1964 年。

② 王国维：《观堂集林》卷六《释史》，中华书局，1959 年，第 263 页。

“夷”即弓矢相符。弓和矢是远古社会重要的生产工具和武器，人们常在弓矢上面刻上族徽或记号作为权利凭证。当因猎物归属发生纠纷时，就看猎物身上的矢与弓之记号是否一致。

三、商代汤刑的重要内容及其后世意义

《荀子·正名》曰：“**刑名从商**，爵名从周。”“刑名从商”正说明了商代的刑法颇为典型。著名刑法当属汤刑，以商汤命名，只有刑名而没有罪名，依然采用“**以刑（罚）统罪（名）**”的模式。

刑罚名目繁多，但凡能够想到的刑罚方式，都可以在这个时期看到。刑罚主要有伐（砍头）、扑、墨（即黥刑）、劓、宫、刖等，足见后世的五刑格局。只不过在商代还有更加严酷的刑罚而已。

汤刑与禹刑一样，因乱政而作刑，大概类似于紧急状态法。汤在灭夏的过程中所向披靡，影响及于黄河上游，位于西方的氐羌部落都向商臣服。正如《诗经·商颂·殷武》载：“昔有成汤，自彼氐羌，莫敢不来享，莫敢不来王。”在王国版图的扩大和王国新建之初，汤刑大可看作是商汤立国巩固成果之体现。

从成汤死去至太甲元年仅 8 年时间，汤刑对商政权的基本巩固举足轻重。汤刑作用的发挥依靠的是一个忠实的执行者——伊尹。伊尹是商汤的重要谋士，辅佐商汤灭夏，可比周公，为四朝元老。当其辅佐的商王太甲“颠复汤之典刑”时，伊尹竟有权流放太甲。由此看来，商汤不仅制定了汤刑，而且配有一套严格的**执法监察机制**。太甲经三年放逐而真心悔过后，伊尹便还政于他。

自第十位商王仲丁开始，国家出现混乱，史称“九世之乱”，致使“兄终弟及”与“父死子继”相结合的王位继承传统遭到破坏，汤刑名存实亡。直至盘庚当政，史载“然后百姓由宁，殷道复兴。诸侯来朝，以其遵成汤之德也”[①]。盘庚可振兴殷商，也是因其坚持推行汤之大政方针。因此，汤刑的意义对商代不言而喻。

据《尚书·盘庚》载，盘庚的“**行汤之政**”的法制改革主要体现为：①

---

① 《史记·殷本纪》。

“以常旧服，正法度”。即以先王商汤的法度汤刑来整顿法纪。②赏罚分明。“不敢动用非罚”“亦不敢动用非德”。[①] 汤刑在商朝第25位国王祖甲之时重修，既繁且酷，纣王步其后尘，更置汤刑于不顾，最终亡国。

汤刑具体内容无法考订。《吕氏春秋·孝行》引《商书》载：“刑三百，罪莫重于**不孝**。”即汤刑有300条之多，最重的罪名是“不孝”。其他罪名只能通过散见的历史材料，主要依靠商汤战前发布的“**誓和诰**”略窥一二：①舍弃啬事（舍弃庄稼）；②不从誓言（不服从作战命令）；③不吉不迪（行为不正不善）；④颠越不恭（违命不敬）；⑤暂遇奸宄（奸诈作乱）；⑥不有功于民（无故劳役人民）；等等。罪名的随意性反映了商王权力的强大。

商代的刑种可以根据《史记·殷本纪》记载的“九侯被醢（hǎi）与比干被剖案”来窥见：“帝纣资辨捷疾，……百姓怨望而诸侯有畔者，于是纣乃重刑辟，有炮烙之法。……而醢九侯。鄂侯争之强，辩之疾，并脯鄂侯。西伯昌闻之，窃叹。崇侯虎知之，以告纣，纣囚西伯羑（yǒu）里。西伯之臣闳夭之徒，求美女奇物善马以献纣，纣乃赦西伯。……纣愈淫乱不止。微子数谏不听，乃与太师、少师谋，遂去。比干曰：‘为人臣者，不得不以死争。’乃强谏纣。纣怒曰：‘吾闻圣人心有七窍。’剖比干，观其心。”以上史料披露了包括死刑和肉刑在内的几种商代刑罚：①**炮烙**，一般认为“炮烙”之“烙”当为“格”之讹传，为商纣酷刑，即在铜柱上涂油，加火烧热，令罪犯在铜柱上行走而坠入炭火被烧死；②**醢**，即把人杀死后，将其尸体捣成肉酱；③**脯**，即把人杀死后，将其尸体晒成肉干；④**剖心**。

见诸于史料的刑罚还有**断手**、**罚丝**、**劓殄**等。断手，据《韩非子·内储说上》载：“殷之法，弃灰于公道者，断其手。”罚丝，是专门针对官吏贵族的一种刑罚，即向官府缴纳一定数量的丝。劓殄，即后世之族刑。相关史料及殷商甲骨卜辞已有许多关于“囚”的记载，并且还出现了相应的囚具，这足以证明**苦役**也是刑罚之一。殷商甲骨文还可见墨、劓、刖、宫、大辟等记载，由是，商朝的刑种乃后世五刑之滥觞。

以上史料已出现商代的监狱，即“**羑里**”。羑，又称“牖（yǒu）”，意即在地下开挖的土窖上盖有牖的棚，类似天窗。圜土也是商代监狱的指称。

---

① 《尚书·盘庚》。

第三节　西周时期的法制理念及其内容体系

《论语·八佾（yì）》载："周监于二代，郁郁乎文哉。"在孔子看来，周代胜于夏商的地方在于文。文者，何也?《论语·雍也》载："质胜文则野，文胜质则史。**文质彬彬**，然后君子。"孔子认为质朴（质）和文饰（文）应该相得益彰，周代就在重整制度这一点上大胆扬弃，使整个西周法制突显"文"的特质。王国维在**《殷周制度论》**一书中认为："中国政治与文化之变革，莫剧于殷周之际。……欲观周之所以定天下，必自其制度始矣。周之制度之大异于商者，一曰立子立嫡之制，由是而生宗法及丧服之制；并由是而有封建子弟之制、君天子臣诸侯之制。二曰庙数之制。三曰同姓不婚之制。此数者，皆周之所以纲纪天下。其旨则在纳上下于道德，而合天子、诸侯、卿大夫、士、庶民，以成一道德之团体。周公制作之本意实在于此。"①此乃了解西周法制的关键所在。

一、邦国体制治理机制

（一）宗法制

家国同构，即家庭、家族与国家在组织结构方面具有共同性，即要求在家与国的系统组织与权力配置上都遵循严格的家长制。这是古代国家权力设计的基本模式，也是专制主义中央集权的权力来源。古人"修身、齐家、治国、平天下"的个人理想，就真实地反映了"家"与"国"之间这种同质联系。"族权"与"政权"在此高度统一，正所谓"君父一体"。

家国同构的核心基础是宗法制，宗法制度是由氏族社会父系家长制演变而来的，是王族贵族按血缘关系分配国家权力，以便建立世袭统治的一种制度。其特点是宗族组织和国家组织合二为一，宗法等级和政治等级完全一致。《诗经》载："普天之下，莫非王土。率土之滨，莫非王臣。"在家国同构的政权体制下，周天子的身份具有双重属性。

---

① 王国维：《殷周制度论》，载王国维：《观堂集林》（外二种），河北教育出版社，2003 年。

“宗”之本义，是指宗庙。所谓宗法，即宗庙之法，本质上规定的是宗族组织关系的社会规则。宗法制的内容包括：①**宗族构成**。即由同一高祖父以下四代子孙所构成的血亲集团。②**尊卑秩序**。宗族族人要尊奉宗主，小宗需尊奉大宗。③**继统原则**。实行嫡长子继承制，继承者被称为宗子。这是宗法制最核心的精神所在。夏朝就已确立王位世袭制，但时有“父死子继”和“兄终弟及”，到商朝末年才完全确立了嫡长继承制。西周一开始就确立了“立嫡以长不以贤，立子以贵不以长”的嫡长继承制，从而进一步完善了宗法制。

周天子按嫡长继承制世代相传，是天子“**大宗**”，其他不能继承王位的庶子、次子虽也是王族，分封为诸侯，但却是从属“大宗”的“**小宗**”。这些诸侯也要遵循嫡长继承的原则世代相传，非嫡长子则由诸侯分封为卿大夫，以保持贵族血统。诸侯对于卿大夫来说又是“大宗”，依此类推。大夫以下又有士，士是贵族阶级的最底层，不再分封。大宗世代不变，故称大宗为“百世不迁之宗”。小宗的宗子只对五服之内的族人有效，故称其为“五世则迁之宗”。在这样的情形下，全国范围内形成了以天子为根基的宗法系统，且靠礼制来维持：

其一，通过血缘的亲疏，确立起了一整套土地、财产和政治地位的分配与继承制度，从而保障了“**世卿世禄**”的特权。

其二，宗法关系的维护和强化有利于凝聚宗族，防止内部纷争，巩固王权，将“治家”与“治国”紧密结合起来。

然而，宗法血缘关系不能从根本上保证中央与地方的隶属关系，也无法保证地方对中央的忠诚，血缘关系经历几代之后就会逐渐疏远。当地方封国一旦强大起来，中央权力必然式微。

（二）分封制

分封制即狭义的封建——封邦建国，初衷是为巩固中央，以作屏藩之用。周武王灭商和周公东征后，面对殷商遗留的土地、财产、人口、官吏、军队及其故属国，采取了封建诸侯的策略，以达到屏藩周室的目的。在分封制下，国家土地不完全属于周王，而是分别由获封的诸侯所有，如同现代意义上的联邦，周王具有**共主**的性质——共主是氏族社会遗留的领袖模式，禹为最后的氏族共主。

周初的分封对象既有同姓宗室子弟，又有异姓功臣宿将，还褒封神农、尧、舜、禹及商汤的后代，范围十分广泛。但分封的主体是周的同族——姬姓贵族，利用同姓贵族控制和占领经济、军事、交通战略要地，巩固周王统治。

且不论是同姓诸侯，还是异姓诸侯，都受周天子控制。《孟子·告子》载："天子适诸侯，曰巡狩；……诸侯朝于天子，曰述职。"通过"巡狩"和"述职"，天子加强了对诸侯的控制。诸侯的卿则由周王派遣、选拔和任命，《礼记·王制》载："大国之卿皆命于天子"，"次国三卿，二卿命于天子，一卿命于其君"。如果出现异动，"一不朝则贬其爵，再不朝则削其地，三不朝则六师移之"。正是通过这一系列的政治举措，诸侯逐渐成为巩固西周政权、扩大统治范围、镇压殷人反抗的重要政治力量，分封制成为商周之际重要的制度创新。

分封诸侯有为周天子镇守疆土、随从作战、交纳贡赋和朝觐述职的义务，并治理诸侯国，保卫国家。同时，诸侯在封疆内，又对卿大夫实行再分封。卿大夫再将土地和人民分赐给士。卿大夫和士也要向上一级承担作战等义务。这样层层分封，形成了贵族统治阶层内部"**天子—诸侯—卿大夫—士**"的森严等级。

春秋之际，随着井田制的瓦解和诸侯争霸的相继出现，周王室衰微，"**礼乐征伐自天子出**"被"**礼乐征伐自诸侯出**"所取代，分封制开始瓦解。但诸侯争霸也是周天子认可的，春秋的"霸主"，实则就是"盟主"，集合诸侯之兵，讨伐对周王不臣的诸侯国家及少数民族。早期的霸主，如齐、晋，即便在实力强大时仍是以维护周王的名义进行征战的，实因春秋重礼乐。春秋初期的140多家诸侯，经过360多年的兼并，到战国初期只剩下20余家。其中又以西嬴姓秦国、东田姓齐国、中原三晋（赵国、魏国、韩国）、南芈（miē）姓楚国、北姬姓燕国等七国最强。东周第26位王，也是最后一位国王周赧王的影响力仅限于雒邑，秦昭襄王基本上取代了周天子的地位，分封制已不复存在。

二、用刑观和审刑要义

（一）德刑关系与礼乐政刑

1. 德刑关系

周革殷命，乃因文、武二王能**以德配天**，此即《毛公鼎》所说“丕显文武，皇天宏厌厥德，配我有周，膺受大命”一句的含义。殷商继承者们曾一再宣扬“帝立商”，永世长存。但武王灭商建立西周取而代之，执政合法性再次有了新的说法。周人认为，人格化的“天”只亲睐有德之人，商纣无德，自取灭亡，周人有德，才能“代天行罚”。为保证周代基业，需借鉴前殷之鉴，**“敬天保民，明德慎罚”**，方可奉天承运。

《尚书·康诰》载：“惟乃丕显考文王，克明德慎罚。不敢侮鳏寡，庸庸，祇（zhī）祇，威威，显民，用肇造我区夏。”此乃周公在平定三监之乱后，分封康叔时的训诫之词。所谓“庸庸，祇祇”，是指任用该用之人，尊敬该敬之人，是对统治者“明德”的要求。“威威”，则是指惩罚该罚之人，属于“慎罚”的内容。周公认为只有继承周文王之德行，王权才能维续。

“德”的内涵是什么？最终的标准又是什么？从《尚书》所反映的史料来看，“德”是建立在保民基础上的：“若有疾，惟民其毕弃咎；若保赤子，惟民其康义”；“知稼穑之艰难……知小民之依……怀保小民，惠鲜鳏寡”。

周公制定了具体的保民措施：“吸自今嗣王，则其无淫于观、于逸、于游、于田，以万民惟正之供。无皇曰：‘今日耽乐。’乃非民攸训，非天攸若，时天丕则有愆（qiān）。”①

为了清晰地界定“德”，周公以**制礼**来实现。**“礼，经国家，定社稷，序民人，利后嗣者也。”**②“道德仁义，非礼不成；教训正俗，非礼不备；分争辩讼，非礼不决；君臣上下，父子兄弟，非礼不定；宦学事师，非礼不亲；班朝治军，莅官行法，非礼威严不行。”③ 经由周公鉴于夏商二代之礼而重新

① 《尚书·无逸》。
② 《左传·隐公十一年》。
③ 《礼记·曲礼》。

拟定的礼，被奉为“上下之纪，天地之经纬也”[①]。

“周之制度典礼，乃道德之器械，而尊尊、亲亲、贤贤、男女有别四者之结体也。”尊尊之礼，在于维护尊卑贵贱的政治等级；亲亲之礼，在于维护亲疏远近的亲缘等级；贤贤之礼，在于维护君子小人的文化等级。故而，周礼之精神，在于“尊尊”“亲亲”“贤贤”的三位一体，使不同的阶层之间形成差异化的社会秩序，但在同一阶层之内又保持着均等化的社会秩序，总体上可称之为“**差等秩序**”。

一般而言，“礼”大体上包括作为抽象的精神原则的“**礼义**”和作为具体的规则形式的“**礼仪**”。作为抽象的精神原则，诸如“忠”“孝”“节”“义”“仁”“恕”等，都是“礼”的基本内容。具体的礼仪形式，则通常有“五礼”“六礼”和“九礼”之说。从精神原则方面看，“礼”的核心在于“亲亲”和“尊尊”，“尊尊”为忠，“亲亲”为孝，强调等级名分和等级差别。正如荀子所讲：“礼者，贵贱有等，长幼有差，贫富轻重皆有称者也。”[②]不仅如此，礼还是禁锢与约束民众的行为规范，“以礼防民”“贵绝恶于未萌，而起教于微眇，使民日徒善远罪而不自知也”[③]。

在礼刑关系上，“礼之所去，刑之所取，失礼则入刑，相为表里”[④]，即所谓**出礼入刑**。礼和刑根据不同的适用对象来区分适用，即“**礼不下庶人，刑不上大夫**”[⑤]。对这一说法历来有多种解释，唐人孔颖达认为“礼不下庶人者，谓庶人贫，无物为礼，又分地是务，不服燕饮，故此礼不下与庶人行也。刑不上大夫者，制五刑三千之科条，不设大夫犯罪之目也。所以然者，大夫必用有德，若逆设其刑，则是君不知贤也”。民国蔡枢衡的解释为：“上下”乃加减之意，即“刑法不加重于大夫，礼制不减轻于庶人”，也即“大夫不因懂得刑法而加重罪责，庶人不因不懂得礼制而减轻罪责”[⑥]。

因此，礼被看作是“政之舆也”，“人无礼则不生，事无礼则不成，国家

---

① 《左传·昭公二十五年》。
② 《荀子·富国》。
③ 《汉书·贾谊传》。
④ 《汉书·陈宠传》。
⑤ 《礼记·曲礼》。
⑥ 蔡枢衡：《中国刑法史》，中国法制出版社，2005年，第34页。

无礼则不宁”[①]。周公制礼最终让以“明德慎罚”为基本国策的西周较早确立了最为基本、最为体系化的**日常生活标准**、**政治生活标准和道德生活标准**。到西汉中期以后，“以德配天，明德慎罚”又被儒家学派发展成“德主刑辅，礼刑并用”的国家治理核心思想。

西周为维护礼制，首推“**八辟之法**”，即对八种特殊身份的犯罪之人给予差异性对待。《周礼·秋官·小司寇》载：“以八辟丽邦法，附刑罚：一曰议亲之辟，二曰议故之辟，三曰议贤之辟，四曰议能之辟，五曰议功之辟，六曰议贵之辟，七曰议勤之辟，八曰议宾之辟。”此为后世“**八议**”之源。

2. 礼乐政刑

周公平定三监之乱，彻底征服殷族后，开始**制礼作乐**，建政立法。《礼记·乐记》概括为“礼以道其志，乐以和其声，政以一其行，刑以防其奸。礼乐刑政，其极一也，所以同民心而出治道也”。礼用以辨异，即区分贵贱等级；乐用以求同，即缓和上下矛盾。所谓“乐者为同，礼者为异。同则相亲，异则相敬”[②]。

“乐”的含义包含了文化、思想、情操等意识形态的诸多方面，是陶冶德性的美育手段。“乐”有治世之音、乱世之音、亡国之音。“治世之音，安以乐，其政和；乱世之音，怨以怒，其政乖；亡国之音，哀以思，其民困。声音之道，与政通矣。”因此，礼乐不兴是国势衰落的表现，而礼崩乐坏则预示着亡国。

周公在制礼作乐的同时还主持制定了刑典——**九刑**。至此，周初形成了“**礼乐政刑，相辅为治**”的治国、理政、驭民之方略。在周公的辅佐下，西周盛世在成康之际已经出现，《左传·昭公二十六年》载：“昔武王克殷，成王靖四方，康王息民。”《竹书纪年》和《史记·周本纪》均载：“成康之际，天下安宁，刑措四十余年不用。”

① 《荀子·修身》。
② 《礼记·乐记》。

（二）吕刑改革与西周刑事之法

1. 吕刑改革的内容和创举

九刑或认为即“刑书九篇”，或认为是五种正刑——墨、劓、宫、刖、大辟，再加上流、赎、鞭、扑四种而合为九种，乃周初刑法。从周昭王起，王道微缺，至穆王时财政空虚，矛盾激化，遂命司寇吕侯（又称甫侯）“度时作刑”，在九刑基础上制作**吕刑**，《史记·周本纪》又称“甫刑”，原本已佚，今存于《尚书·吕刑》篇。吕刑不单是一部刑事立法，还历史性地规范了司法程序，展现了新一代立国掌权者的治理期待，乃至改革方向。

既然吕刑是为补救财政空虚，缓和社会矛盾而修订，因此将以往赎刑旧规，增减取舍，从墨、劓、剕、宫以至大辟，均可以铜赎罪，数量自“百锾(huán)”至“千锾”不等。

吕刑在刑种设计上对周礼进行了改革。按《周礼·秋官·司刑》载：“墨罪五百，劓罪五百，宫罪五百，刖罪五百，杀罪五百。”而吕刑则是：“墨罚之属千，劓罚之属千，剕罚之属五百，宫罚之属三百，大辟之罚，其属二百，五刑之属三千。”刑种衔接更加科学适当，宫刑与大辟条款的减少则反映了缓和矛盾的立场。

吕刑始终贯彻“明德慎罚”之精神，强调“**明于刑之中**”。“中”有公平、准确、宽和之意，唯有明德慎罚，德明于刑，才能致“中”。“明于刑之中”又离不开“**刑罚世轻世重，惟齐非齐，有伦有要**”的适用原则。“世轻世重”的刑罚原则出现在公元前11世纪左右，的确是法律文明史上突出的进步。西周一度出现了大小封国1 800余个，不同的封国根据自身情况采用了不同的刑事政策。“**刑新国用轻典，刑乱国用重典，刑平国用中典**”[①] 的“三典”原则已在周初得到了贯彻，此后沿袭不改。刑罚的适用或依法典即“惟齐”，或酌情轻重即“非齐”，但要分清主次，掌握关键，即“有伦有要”。

具体而言，“明于刑之中”可按照“**上下比罪，无僭（jiàn）乱辞，勿用不行**”的定罪原则来贯彻：如罪无正律规定，可比较对照上下轻重条文审

---

① 《周礼·秋官·大司寇》。

慎量刑；不能用刑与狱辞不相应，或者以私意曲解狱辞而导致差误；也不得使用已废止的法律条文，以及现有的但与犯罪情节不符的法律条文。又同时将“上刑适轻下服，下刑适重上服，轻重诸罚有权”作为“上下比罪”的具体操作之法：上刑，如果罪重情轻，应当减一等服下刑；下刑，如果罪轻情重，应当加一等服上刑；用刑理应按轻重情形，权衡妥当。汉代“取比类以决之”，唐律出入罪之原则和援例类推断罪，都发端于此。

吕刑通过强调司法官员的心态和行为之原则，来贯彻“**有德惟刑**”的“刑中”思想。首先，选择“**惟良折狱，哲人惟刑**”，任用善良智慧之人“**哀敬折狱**，明启刑书胥占”：司法官员当常存哀悯敬畏之心，明开刑书，与众狱官和狱囚共同占度。其次，认真听取诉讼双方（两造）的陈述，“罔不中听狱之两辞，无或私家于狱之两辞”：不得以私意喜怒偏向听从一方之词——“**察辞于差，非从惟从**。”还一再强调“惟察惟法，其审克之”。最后，要“**念之哉，敬之哉**”，并告诫司法者“**狱货非宝，惟府辜功，报以庶尤**”：断狱枉法，收取贿赂，不足为宝，只能是集聚罪状；见金不见祸，上天将会报以众罪百殃。

凡司法者不可有“五过之疵”，即“**惟官、惟反、惟内、惟货、惟来**”。郑玄解释为：“官者，曾同居官位也”，即畏惧或依仗权势；“反者，诈反囚辞也”，即挟怨报复；“内者，内亲用事也”，即请托私门；“货者，行货枉法也”，即贪赃受贿；“来者，旧相来也”，即故旧熟人。但凡因五种关系而偏袒徇私，则“与犯法者同”。

就此而言，吕刑的内容可以分为两部分，前部分重点讲刑罚的可赎性操作，可以看作是刑事执行法，后部分重点强调司法审判如何做到公正执中的方法，可以看作是刑事司法。刑罚和司法都按照德行的标准进行规划，以体现“明德”之本，“慎罚”之意。

2. 西周的刑法与司法过程

西周依然采取“以刑统罪”的立法模式，并无具体确切的罪名。比如，①不孝不友不敬。《礼记·王制》载：“山川神祇，有不举祭者为不敬，不敬者，君削以地。”《尚书·康诰》载：“元恶大憝（duì），矧（shěn）惟不孝不友……刑兹无赦。”②违犯君命。《尚书·多方》载：“乃有不用我降尔命，我乃其大罚殛（jí）之。”《国语·周语上》载：“犯王命者必诛，故出令不可不顺也。”③诽谤。《史记·周本纪》载：“王行暴虐侈傲，国人谤王……王怒，得卫巫，使监谤者，以告则杀之。”④寇攘奸宄。《尚书·康诰》载：“凡民自得罪，寇攘奸宄。”⑤群饮。周初接受商纣王“惟荒腆于酒”而招致灭亡的教训，规定“群饮，汝勿佚，尽执拘以归于周，予其杀”[①]。若殷商遗民、归附的诸臣百官沉湎于酒，则先不杀他们，“姑惟教之”。若经教育仍不悔改，不再赦免，“乃事时同于杀”。以此区别对待。⑥失农时。《礼记·月令》载：“仲秋之月……乃劝种麦，毋或失时，其有失时，行罪无疑。”⑦淫声异服。《礼记·王制》载：“作淫声异服，奇技奇器以疑众，杀。”等等。

受“明德慎罚”之影响，西周初步划分了**故意与过失**、**累犯与偶犯**相区别的刑罚原则：“人有小罪，非眚（shěng），乃惟终自作不典；式尔，有厥罪小，乃不可不杀。乃有大罪，非终，乃惟眚灾：适尔，既道极厥辜，时乃不可杀。”眚，过失；非眚，故意；惟终，惯犯；非终，偶犯。意即罪过虽小，但故意或一贯而为，则不可不杀；反之，虽犯了大罪，但是过失或偶尔犯之，也非有意而为，则可不杀。《礼记·王制》载：“凡听五刑之讼……意论轻重之序，慎测浅深之量以别之。”这种通过谨慎测度罪人的动机，以区别量刑轻重的刑罚原则被后世“论心定罪”所继承。

西周延续了大禹时期“**罪疑从轻，罪疑从赦**”的司法原则。《尚书·大禹谟》载：“罪疑惟轻，功疑惟重。与其杀不辜，宁失不经。”即在处理两可的疑难案件时，宁可偏宽不依常法，也不能错杀无辜。《尚书·吕刑》亦载：“五刑之疑有赦，五罚之疑有赦。”具体而言，西周采“**三宥之法**”：“壹宥曰不识，再宥曰过失，三宥曰遗忘。”[②] 不过，针对疑难或重大案件，西周则采用特殊的“**三刺之法**”来审断，即所载“一曰刺群臣，二曰刺群吏，三曰刺万民”[③]。《隋书·刑法志》对此评价道：“周王立三刺以不滥，弘三宥以开物。”

西周对耄（mào）悼之年者采用“**有罪不加刑**”的原则。《礼记·曲礼上》载：“耄和悼，虽有罪不加刑焉。”即指对7岁以下，80岁以上之人的犯罪行为可不施加刑罚。“有罪不加刑”原则实际上是基于对刑事责任能力

---

① 《尚书·酒诰》。
②③ 《周礼·秋官·司刺》。

之有无的考虑。

西周司法官有大司寇和其副职小司寇之别。周王为当然的最高裁决者，《周礼·秋官·掌囚》载："及刑杀，告刑于王，奉而适朝。"周王以下，**大司寇**"掌建邦之三典，以佐王刑邦国，诘四方"。同时，还"以五刑纠万民""以圜土聚教罢（疲）民""以嘉石平罢民""以肺石达穷民"[①]，负责司法全面事务。**小司寇**则掌"以五刑听万民之狱讼"，负责审理中央直辖区案件，且做好司法统计之事务，"岁终，则令群士计狱弊讼，登中于天府"。另外，还有协助大小司寇的士师。

司寇之下，还有分掌具体司法事务的众多属官，如朝士、司刑、司刺、司圜、司救、司市、掌戮等，还有负责纠举官吏犯罪并保存誓辞的眚史，主管司法文书的中史，以及参与契约管理及违约诉讼的书史、史正、内史、大史等。

乡士、**遂士**相当于地方司法官员。国都之外百里之内设有六乡，谓之国中，乡士负责本乡的民刑案件。国都百里之外、三百里之内为郊，四郊之内设有六遂，遂士掌四郊六遂之民刑案件。据《周礼·秋官·乡士》载："乡士掌国中，各掌其乡之民数而纠戒之，听其狱讼，察其辞，辨其狱讼，异其死刑之罪而要之。旬而职听于朝，司寇听之，断其狱，弊其讼于朝，群士司刑皆在，各丽其法，以议狱讼，狱讼成，士师受中。协日刑杀，肆之三日。若欲免之，则王会其期。"但凡地方疑难案件，皆报司寇，且群士**共同审判**，这或是合议制审判的最初形态。

《周礼·秋官·大司寇》载："以两造禁民讼""以两剂禁民狱"，郑玄解释为："**讼**，谓以财相告者。""**狱**，谓相告以罪名者。"即刑事诉讼称为"狱"，而民事诉讼称为"讼"。"听讼折狱"即对审理民刑案件的概括。

民刑诉讼均采用自诉形式。轻微案件口头起诉，重大案件书状起诉。当时已有**诉费**的规定：刑事诉讼双方须交纳"钧金"（每钧三十斤），民事诉讼双方须交纳"束矢"（百矢为束）。"钧"，重量单位，"取其坚也"。"矢"，"取其直也"。如不交纳则按"自服不直"，或不予受理，或判处败诉。

设"**路鼓**"与"**肺石**"为直诉，助告状无门之人。路鼓，亦作"路鼓

① 《周礼·秋官·大司寇》。

(gǔ)"，四面鼓，用于祭享宗庙："建路鼓于大寝门外而掌其政，以待达穷者与遽（jù）令，闻鼓声，则速逆御仆与御庶子。"① 后世登闻鼓之制即源于此。"肺石"，石形如肺，又有说肺石乃赤石，使之赤心不妄告。据称"以肺石远（达）穷民，凡远近惸（qióng）独老幼之欲有复于上，而其长弗达者，立于肺石，三日，士听其辞，以告于上，而罪其长"②。

诉费交纳后三日内当开始审判。审判时要"**两造俱备**"，然贵族作为民事诉讼当事人可不必亲自出庭——"**凡命夫命妇不躬坐狱讼**"，以防"治狱吏亵尊者也"③。按周制"**狱讼不席**"，双方坐地对质。两造还要发誓立盟，"有狱讼者，则使之**盟诅**"。④ 司法官要"听狱之两辞"，不得轻信"单辞"。而且要"察辞于差"，即辨析供词，还要察言观色，"以五声听狱讼"，又称"**五听**"。

五听具体是指：①辞听："观其出言，不直则烦"。即观察当事人陈述时的语言表达，若语无伦次，则所言非实。②色听："观其颜色，不直则赧（nǎn）然"。即观察当事人陈述时的面色，若面红耳赤，则所述非实。③气听："观其气息，不直则喘"。即观察当事人陈述时的喘息，若所言非实，则气喘吁吁。④耳听："观其听聆，不直则惑"。即观察当事人的听觉，若所言非实，则听觉迟钝。⑤目听："观其眸子，不直则眊（mào）然"。即观察当事人陈述时的目光，若所言非实，则两目无光。此种依靠观察和心理判断为主的证据辨别法，后世曾大力推广。

为了取得口供，可以刑讯逼供。《礼记·月令》载："仲春之月……命有司，省囹圄。去桎梏，毋肆掠，止狱讼。"即在仲春之月之外，肆掠不禁，刑讯的器械是鞭。周人视"田""土""室"为**不动产**；视"财""货""器"为**动产**。为了保证财产所有权，其他证据——人证和书证亦受重视。例如"凡民讼，以地比正之；地讼，以图正之"⑤"凡以财狱讼者，正之以傅别约剂"⑥。"**地比**"是人证，**地图**、**傅别**、**约剂**、**质剂**就是确认财产关系

---

①《周礼·夏官·大仆》。

②《周礼·秋官·大司寇》。

③《周礼·秋官·司寇》。

④《周礼·秋官·司盟》。

⑤《周礼·地官·小司徒》。

⑥《周礼·秋官·士师》。

与土地四至的书证。“质剂者，为之券，藏之也。大市人民、马牛之属，用长券。小市兵器、珍异之物，用短券。”为防止纷争，保证交易安全，市场专设“**司市**”来管理，在买卖成交后，由管理者“**质人**”制发契约作保。

又如“凡有责者，有**判书**以治，则听”①。西周将债称为“**责**”。凡债务纠纷，有契约（判书）才受理。西周中期铜器《鬲攸（lì yōu）从鼎》《矢人盘》《曶（hū）鼎》，以及被誉为晚清四大国宝之一的《散氏盘》都铭刻了类似的诉案。勘验所获物证也是重要的审判证据：“孟秋之月……命理**瞻伤**、**察创**、视折、审断、决狱讼。”②

西周严格规定了诉讼期限：“凡士之治有期日，**国中一旬**，**郊二旬**，**野三旬**，**都三月**，**邦国期**。期内之治听，期外不听。”③即按照距离王城之远近来规定审断期限，王城之中是十天，四郊是二十天，野地是三十天，都家是三个月，诸侯国是一年。

西周专设“**调人**”，可见已有调解意识。“调人，掌司万民之难而谐和之。凡过而杀伤人者，以民成之。……凡有斗怒者，成之。不可成者，则书之。”④ 凡因过失而杀、伤人者，则集合民众而令其和解。凡因口角而动手相争且不愿和解的，则将上报官府。

死刑一般采用“**与众共弃**”之法，即杀之于市，并陈尸三日，但“妇人无刑。虽有刑，不在朝市”。⑤ 死刑的执行遵照天时节令，“刑以秋冬”，⑥《礼记·月令》载：“孟秋之月……戮有罪，严断刑。”

肉刑执刑完毕后还要在固定场所服役：“墨者使守门，劓者使守关，宫者使守内，刖者使守囿（yòu），髡者使守积。”⑦ **徒刑**即“置之圜土”，由一年至三年，并服劳役。可见圜土仍是西周监狱的指称，《周礼·秋官·大司寇》载：“其能改者，反于中国，不齿三年；其不能改而出圜土者，杀。”设有司圜专掌狱囚，狱囚须戴刑具，《周礼·秋官·掌囚》又载：“凡囚者，上罪梏拲（gǒng）而桎，中罪桎梏，下罪梏。王之同族拲（gǒng），有爵者桎，

①③ 《周礼·秋官·朝士》。
② 《礼记·月令》。
④ 《周礼·地官·调人》。
⑤ 《周礼·秋官·掌戮》。
⑥ 《左传·襄公二十六年》。
⑦ 《周礼·秋官·大司寇》。

以待蔽罪。”

虽有罪过，但尚未触犯刑律，则施予“**嘉石之制**”。嘉石，前人解释乃石上刻有“嘉言”，即教育人改恶从善的语录，具体是指罪犯戴上刑具而坐在嘉石上于一定时日，使其思过，悔改后再交由司空监督服劳役。服役具体时间为：“重垂罪旬有三日坐，期役；其次九日坐，九月役；其次七日坐，七月役；其次五日坐，五月役；其下罪三日坐，三月役；使州里任之，则宥而舍之。”

三、婚配继承初步规范

西周实行**一夫一妻多妾制**，妻妾之间名分已定，“聘则为妻，奔则为妾”①。后世也有“宁为贫妇，不为富妾”的俗谚。

法定婚龄为**男三十，女二十**：“男子二十而冠，始学礼；三十有室，始理男事；女子，二十而嫁；有故，二十三而嫁。”女子若早于二十而嫁，“则上无以孝于舅姑，而下无以事夫养子”②。

最为重要的结婚条件是“**父母之命，媒妁之言**”“取妻如之何，必告父母”“男女无媒不交”③。西周专设“媒氏”之官，“掌万民之判”。判，即判合，男女配对。

婚姻禁忌包括：①**同姓不婚**。《礼记·曲礼》曰：“取妻不取同姓，故买妾不知其姓，则卜之。”“同姓不婚”具有政治联姻的意义：“娶于异姓，可以附远厚别也。”当然，也是基于“男女同姓，其姓不蕃”④“同姓不婚，恶不殖也”⑤ 的优生优育经验。②**贵贱不婚**。贵族与平民之间禁止通婚。③“**五不娶**”。即“逆家子不娶，乱家子不娶，世有刑人不娶，世有恶疾不娶，丧妇长子不娶”。④**居父母丧期，三年不得嫁娶**。“父必三年然后娶，达子之志也”⑥。

婚姻缔结有“**六礼**”：纳采、问名、纳吉、纳征、请期、亲迎。①**纳采**。《礼记·昏义》有云：“纳采者，谓采择之礼，故昏礼下达，纳采用雁也。”

---

①② 《礼记·内则》。

③ 《诗经·南山》。

④ 《左传·僖公二十三年》。

⑤ 《国语·晋语》。

⑥ 《仪礼·丧融》。

纳采用“雁”，一是取阴阳往来。夫为阳，妇为阴，用雁者，取其妇人从夫之义。所谓“雁木落南翔，冰泮北徂”。二是不失时、不失节。雁为候鸟，秋去春来，从不失信。②**问名**，即男方家请媒人问女方的名字和生辰八字。礼序为“宾执雁，请问名，主人许，宾授，如初礼”。如此，一是为防止同姓为婚；二是可供占卜，婚姻是否适宜。③**纳吉**，即男方卜得吉兆后，备礼通知女方，缔结婚姻。④**纳征**，亦称纳币，即送以聘礼。纳吉和纳征往往一同进行。⑤**请期**，即择日成婚。⑥**亲迎**，意味着在从妻居制向从夫居制的转变。凡未亲迎而夭死，女可改嫁。如亲迎之礼后而夫死，新妇只能“从一而终”。六礼毕，只意味着**成妻之礼**完成，还须在次日完成**成妇之礼**——“**谒舅姑**”，即拜谒公婆。若公婆已故，则于三月后至家庙参拜公婆灵位，称“**庙见**”，之后礼成。

婚姻的解除称“**七出**”，又称“七去”“七弃”，俗称休妻。“七出者，无子一也，淫佚二也，不事舅姑三也，口舌四也，窃盗五也，妒忌六也，恶疾七也。天子、诸侯之妻，无子不出，唯有六出耳。”[①] ①**无子**，是为“绝后”。随着“一夫一妻多妾制”的逐渐成熟，以无子而休妻者大为减少。②**淫**，是为“乱族”，即造成家族血缘的混乱。③**不事舅姑**，或称**不顺父母**，是为逆德，即妻不孝顺夫之父母。④**口舌**，是为“离亲”，指妻多话或搬弄是非。⑤**窃盗**，是为“反义”，即不合乎规矩。⑥**妒忌**，是为“乱家”，亦即认为妻凶悍妒忌会造成家庭不和。⑦**恶疾**。

休妻不可任意而为，尚有限制休妻的“三不出”，又称“三不去”。“妇有三不去，有所取，无所归不去；与更三年丧不去；前贫贱后富贵不去。”[②] ①**有所取无所归**，指妻子家族散亡，被休则无家可归。②**与更三年丧**，指妻子已为夫之父母服丧三年。③**前贫贱后富贵**，指丈夫娶妻时贫贱而后发达富贵。法律也不允许多次休妻，“士三出妻，逐于境外”[③]。

对妇女“**三从四德**”的要求已经形成，所谓“妇人，从人者也。幼从父兄，嫁从夫，夫死从子”。这正是宗法家长制的当然延伸，且依旧实行嫡长子继承制。

---

①② 《大戴礼记·本命》。

③ 《管子·小匡》。

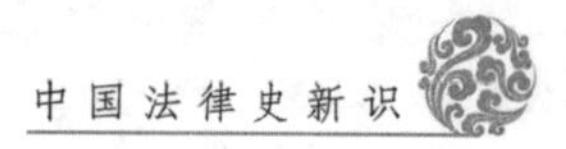

第四节　从封邦建国到编户齐民的法制意义

一、郡县制与官僚制的转变

（一）分封制向郡县制的变革

周武王分封诸侯之时，既不愿意诸侯封地过大，又不情愿分封异姓诸侯太多，导致许多国土既非王畿又无适当的人可封，于是这些土地“悬而未决”，只能派人暂时管理，称为“悬之”，“悬”通“**县**”。春秋诸侯兼并土地后，国土面积增大，中央直接管理不便，也会任命县尹、县令、县公、县大夫代管。至战国时，设“县”管理闲置土地成为列国通例。

“**郡**”原本是设在兼并新获得的边地上，主要是为了国防，内地不设郡。长官称“**守**”或“太守”，由武将出任，面积虽远较县大，但是地位要比县低。[①]“克敌者，上大夫受县，下大夫受郡。”[②]到战国之时，因战争频繁，边境逐渐繁荣，开始形成以郡统县的郡县制。郡县官员由中央任命支薪，不享封邑。遇有重大的军政事宜，均由国君指挥，郡守县令无权处置，以强化中央对地方的控制。于是，**流官代替世袭**。

最初，郡县制仅适用于诸侯国新获取的土地，为权宜之计，后来逐渐扩大到国内封地，小宗的权力和财富遭到限制。因此，郡县制削弱了封国内的贵族势力，预示着一种更加周密的**中央集权官僚制**发展趋势，为“君设其本，臣操其末；君治其要，臣行其详；君操其柄，臣常其事”[③]而服务，最终是为了形成“集中权力于上、在君权之下分权于臣”的官僚政治生态。

官僚制的重要特征在于，对中央负责的**官僚的职业化**。春秋前期，在一国最重要的四大官员——司徒、司马、司空和司寇中，司徒为重；到了春秋后期，维护公正秩序的司寇地位得到了明显提高。而且，随着国家管理职能

---

① 杨宽：《战国史》，上海人民出版社，1980年，第210页。
② 《左传·哀公四年》。
③ 《申子·大体篇》。

和传统天道观的改变，出现了许多新的职业化官职，如楚国有令尹、司马、莫敖、司徒、司败等，其他国家还设有太师、右师、左师、太傅等。因此，在列国竞争体制下，主管祭祀和占卜的**巫史官员**退居二线，而主管行政、财政、军事、司法的**政务官员**逐步取而代之。

以知识和才能为主要评价标准的任官制度成为主流，**世卿制**因不利于集权而遭到淘汰。作为底层贵族边缘的“士”，拥有知识和身份优势，很快获得了晋升的机会，成为**郡县制**下郡守和县令的合适人选。如孔子及其弟子冉求、子路均非鲁君和季氏宗族的成员，但却凭借智慧才干分别担任鲁定公的司寇。战国时期如吴起、乐羊、商鞅、庞涓、孙膑、苏秦、张仪、乐毅、白起、范雎、蔡泽、廉颇、李牧、王翦、李斯、蔺相如等人，均是“士”的杰出代表。普遍流行的“士大夫”“国士”等称谓，意味着“士”已拥有较高的社会地位。因政务繁杂和分工细化，文武分职开始在春秋后期出现，“官分文武，王之二术也”[①]。文武权力分散而相互制约，利于中央集权。

（二）官僚制确立的思想因应

春秋战国之际的政治转型，是由贵族分封世袭制转变为官僚任免食禄制，是自天子共和制转变为帝王专权制，以及自政权与治权高度合一转变为政权刚性与治权弹性的分而治之——君权世袭与臣权交替。在此转型的世态下，诸子百家至少要面对五个共同的核心问题：①建立新的**超人类自然解释体系**。诸子百家大多倾向于放弃超自然的神话解释，而代之以非人格化的力量（如道、阴阳、五行）；②对**统治者的资格**作新的要求，除了血统外，还要强调德才兼备，尤其是德。③建立一个受过良好教育的**非世袭官僚阶层**。④向往大同小康社会的政治理想，尤为看重**社会和谐**。和谐的前提是差等，即强调每一个人在特定的等级系列中尽最大努力履行职责，在其位，谋其政。⑤强调**国民的大一统**，包括政治系统、思想文化等诸多方面，其直接后果是导致各国疯狂地展开军备竞赛，经由列国争霸而最后使大一统帝国成为现实。

因此，儒家所好的王道之政，墨家所爱的兼爱非攻、尚贤尚同，道家所

---

① 《荀子·王霸》。

倡的无为而治，实际上都是**建设大一统国家**的主张。只不过，对这一目的叙述策略不同罢了。相较而言，法家的主张更为露骨和彻底，迎合了当时列国争霸体制的时势，十分贴合君权之需，独领风骚。

为保证列国诸侯的君上大权，以韩非为代表的法家强调**“法、势、术”**相结合的治国理政之策，以建立**高效（效率）**的忠诚体制为目的，以绝对的**行为主义（效果）**为标准，在政治、经济、文化和军事等方面提出了切实可行的操作细则，与当时儒、墨、道等诸子崇尚的较为宏大的思想迥异。法家注重权谋、威权和立竿见影的实效，令其功过参半：“法家者流，盖出于理官。信赏必罚，以辅礼制。《易》曰‘先王以明罚饬法’，此其所长也。及刻者为之，则无教化，去仁爱，专任刑法而欲以致治，至于残害至亲，伤恩薄厚。”[①] 这是自商鞅变法以来的秦国的写照。故而，西汉之后，以儒之仁爱来纠偏法之刻薄，**阳儒阴法**为历代统治者所服膺。

相对于世袭制，官僚制的重要转变在于对国家计量方法的重新设计，这主要体现为：①对国家重要战略物资——户口和赋税的精确计量，即**编户齐民**；②对政令赏罚的体系化、精确化和公开化，即**律法的法典化和公开化**。此乃国家大一统秩序形成的基础。总之，列国通过辟土服远和建都设县，已把中央直接统治区扩大到鄙野。私有制的高度发展、激烈的国家政治斗争和变法施政改革促使国中的家族纷纷解体。鄙野之民——野人，相继转化为授田小农，并被征用为兵役，借着军功地位擢升，国人反倒因失去了宗族庇荫和统治阶层的荣耀，在国沦为“市井之臣”，在野则为“草莽之臣”，皆为庶人，国野几无差别，是谓“**齐民**”。如此，既有的礼乐制度必将有崩塌的危机。而国家将他们一一纳入户籍，以户为单位来掌控人民，是谓“**编户**”。这种以打破宗族屏障为目的，直接原子化民众的统治方法，为商鞅此等变法者所惯用。

新兴的诸多领土国家（列国），为有效掌握民力及一切资源，便在变法的大旗下，力争将所有的社会关系都纳入到成文法典内，重视成文法典的编纂便是理所当然之事。而且，通过公开成文法以宣示国家发展战略和建设目标，立威立信。既然礼乐制度已然崩塌，成文法便不再使用礼和刑之名。

① 《汉书·艺文志》。

“名不正，则言不顺；言不顺，则事不成。”① 作为变革法度的新称谓“**法**”的使用开始频繁。晋国在铸刑鼎前，已有“康叔之法度”和“被庐之法”。战国之际，或依旧称“法”（如齐国《齐法》），或改称“宪”（如楚国《宪令》），或改称“符”（如韩国《刑符》），或改称“律”（如赵国《国律》）。

二、成文法法典化和公开化

（一）春秋战国铸刑潮流

春秋之前，战事是由驾战车的贵族支配。于他们而言，尊严和威信更重于实际所得，战争之合法性，源自于符合某种传统礼制的法则；战争的进行过程，要符合“礼”的价值，体现贵族的修养；战后的归责，要实现对罪人的惩罚，也要符合“罪君不罪民”“存灭国，继绝世”等礼制原则。

战国之际由职业将领主导战争，他们服务于雇佣的国家。战车的作用大为降低，步兵作用显著，加上战术和战争装备的提升，如骑射术的传入和弩的发明，使得战争规模更大。加上各国竞争已进入白热化阶段，战争有日益残酷之势。战争的形态也从简单的决胜于沙场，扩大到决胜于庙堂、言辞、食货、政制等各个方面。

基于总体战的社会形势，加之各种行政事务的专业化和职业化之需，都迫使列国不得不通盘考虑国家治理必备的工具——法，其结构、体系、内容乃成文法典的**社会文化基础**。而包括战争合法性、战争过程、战争归责等在内的春秋战国战争法系统，以及西周法制实践，为细致规划成文法典提供了**法制样板经验**。

“昔先王议事以制，不为刑辟，惧民有争心也。”② 春秋之前的定法拟断采取“**议事以制**”的原则。“议”即选择和评论；“事”即判例、故事；“制”即指定罪量刑。“议事以制，不为刑辟”意指运用比照判例来定罪科刑的审判方法，不制定具体包括何谓犯罪并处何种刑罚的制度。“议事以制”可视为“单项立法”，即依靠相对稳定的“五刑”刑罚制度，定期或临时发

① 《论语·子路》。
② 《左传·昭公六年》。

布行为禁令。何种行为非法，全依赖君王之口，坚持的是“以刑统罪”之原则，以发挥“**刑不可知，则威不可测**”之功效。虽然夏商周之际王侯也选择有限度地公开法律，但效果甚微。比如“正月之吉，始和，布治于邦国都鄙，乃县（悬）治象之法于象魏，使万民观治象，挟日而敛之”①。魏，又称“观”或“阙”。天子诸侯宫门皆筑台，台上起屋，称为台门。台门两旁特起重屋高出于门屋之上，称为“双阙”。天子诸侯将法典悬挂于上，故称“象魏”。② “挟日”即十天，十天之后便藏起，时间很短。而高悬于门阙难于看清，又仅在王都之地公布，由于当时识字率较低，法律公布的效果可想而知，这就方便了任意出入人罪。待到列国之际，为保证中央令行禁止，便于中央严格监督和考核地方政绩，必然需要完全公开化且体系化的法典。

春秋之际仍效法“**悬于象魏**”之法来与民共享法律，但据相关史料，最迟至春秋中晚期以后，法律“悬于象魏”便不再是“挟日而敛之”，很可能是长期悬挂。且列国相继采取了“**铸刑**”这一形式公开成文法。最早的是在郑简公三十年（前536年），郑国执政子产“铸刑书”。

子产，即姬侨（？—前522年）的字，与孔子同时，于前543年到前522年执掌郑国国政。在子产“铸刑书”的23年后的晋国（前513年）也步郑国后尘：“遂赋晋国一鼓铁以铸刑鼎，著范宣子所为刑书焉。”③ 这是中国历史第一次明确用铁的记载。虽然不能断定郑国刑书是否铸在铁鼎上，但既然称“铸刑书”，铁鼎的可能性较大。

郑晋两国铸刑书，遭到**叔向和孔子**的强烈反对，一是出于担心民若知法后，将不利于国君统治；二是担心民若知法后，将礼置之不理。不过，两国皆是将“铸刑”作为“**救世**”改革之策的一环而已，并非尊法而不施予仁义。例如，子产在郑国推行的诸如“田洫”“丘赋”“不毁乡校”等新制，均符合“仁”之本意，颇得世人赞赏。

公布的成文法虽然引来了**邓析**等人的公开批判和质疑，但法家崇法至上的治国之策，已经造就了春秋霸主。到战国之际，各国依然继续追随成文法公布的潮流。公布的前提在于成文法的法典化。于是，赵国（约前403年）、

① 《周礼·天官·太宰》。

② 吕思勉：《读史札礼》，上海古籍出版社，1982年，第335页。

③ 《左传·昭公二十九年》。

楚国（约前390年）、齐国（前357年）、韩国（约前355年）等开始迅速跟进。在这些法典中，又以魏国的法经意义最为重大。

（二）法经的内容与贡献

由法家主导的“铸刑”之成文法运动，承袭古往经验。以商鞅之法为例：“鞅之法，受之李悝；悝之法，撰次诸国，岂遂无三代先王之法存于其中者乎？”① 这其中，起到转折作用的是魏国文侯时李悝（前455—前395年）所著的**《法经》**。

《法经》约诞生于公元前5世纪下半叶，与古罗马的《十二铜表法》同时期完成，内容早已不存。明末董说编著的《七国考·魏刑法》，对《法经》的内容作了详细的阐述：“以为**王者之政，莫急于盗贼**，故其律始于**盗贼**。盗贼劾捕，故著**《囚》《捕》**二篇。其轻狡、越城、博戏、假借不廉、淫侈、逾制为**《杂律》**一篇，又以**《具律》**具其加减，所著六篇而已。……《正律》略曰：‘杀人者诛，籍其家，及其妻氏；杀二人及其母氏。大盗戍为守卒，重则诛；窥宫者膑，拾遗者刖，曰：为盗心焉。’其《杂律》略曰：‘夫有一妻二妾其刑，夫有二妻则诛，妻有外夫则宫，曰：**淫禁**。盗符者诛，籍其家；盗玺者诛；议国法令者诛，籍其家，及其妻氏，曰：**狡禁**。越城一人则诛，自十人以上夷其乡及族，曰：**城禁**。博戏罚金三市（币）；太子博戏则笞，不止则特笞，不止则更立，曰：**嬉禁**。群相居一日以上则问，三日四日五日则诛，曰：**徒禁**。丞相受金，左右伏诛，犀首以下受金则诛；金自镒以下罚，不诛也，曰：**金禁**。大夫之家有侯物，自一以上者族。其《减律》略曰，罪人年十五以下，罪高三减，罪卑一减。年六十以上，小罪情减，大罪理减，武侯以下，守为口（国）法矣。”②

《法经》贯彻的是法家“以刑去刑”的主张，《七国考》记载《法经》的刑罚就有笞、诛、膑、刖、夷族、夷乡等，重刑特色突出。

《法经》之前的制刑原则体现的是“**以刑统罪**”，即仅规定刑种，没有具体的罪名。刑名的拟定比罪名更省事，也为国君任意刑罚大开方便之门。因

---

① ［清］沈家本：《历代刑法考》，邓经元、骈宇骞点校，中华书局，1985年，第1365页。

② ［明］董说：《七国考·魏刑法》，中华书局，1956年，第366－367页。

为早期刑典只有重刑惩罚之目的，并没有系统规则的意识。《法经》则为之一变，采取了更为复杂化的“**以罪统刑**”。不过，正是因为罪名更难精确概括，难免挂一漏万，《法经》才开创了《具律》篇，从而解决了法典复杂化和精确化的难题，其体例的革新与体系化的设计，不愧为“经典”。

正如“王者之政，莫急于盗贼”。打击盗贼，保护王政乃是列国提升综合国力的中心工作。《法经》承袭吕刑，还设计了完整的程序法则，外加总则性的《具律》，其严密而周全的体系和内容，为的是从多方面来保证富国强兵。“王者之政，莫急于盗贼”意味着，《法经》的内容带有明显的应急性，“**因事而制**”的特点甚是明显。

三、商鞅变法与大一统之策

变法即变革既有的礼刑制度，是成文法法典化和公开化的背景。李悝在魏国提倡“尽地力之教”；吴起在楚国“明法审令”；申不害在韩国“内修政教，外应诸侯”，诸如此类的变法都与公布成文法相伴，其中又以**商鞅变法**最为出色。

商鞅自幼好刑名法术，曾在魏国游学，深受法家熏陶。前361年，秦孝公招贤，商鞅挟法经入秦，得到重用。前356年和前350年，商鞅先后两次变法，主要内容包括：①废除世卿世禄，开阡陌，推行小家庭制，田赋、户调和徭役相结合，实行郡县制；②奖励军功，禁止私斗，按军功赏赐二十等爵制；③推行连坐之法，鼓励告奸，令民自相监督。

总之，变法的核心是以“农战”为“一务”，以改革田制为中心，辅之于改革户籍和赋役制，推行富国强兵之策，构建**王权专制大一统**体制，“于是法大用，秦人治”[①]。

此种极端功利且简单粗暴的变法之策——“其心欲尽灭先王之道，而颛(zhuān)为自恣苟简之治”[②]，加上突出“**一断于法**”，且“繁刑严诛，吏治刻深，赏罚不当，赋敛无度”[③]，共同成就了法家治理所期望的立竿见影之功效。变法十年，已令“秦民大悦，道不拾遗，山无盗贼，家给人足。民勇于

① 《史记·秦本纪》。
② 《汉书·董仲舒传》。
③ 《史记·秦始皇本纪》。

公战，怯于私斗，乡邑大治。”[1] 但在荀子看来，商鞅变法乃愚民政策，只能算是极端投机的一时之计，完全缺乏深原的文化根基——“殆无儒”乃“秦之所短”矣。[2]

“一断于法”之“法”是总称、泛指。真正的法，是商鞅改称的“律”。**“改法为律”**并不只此一例，赵国也用过“律”之名。《说文解字》载：“律，均布也。”注曰：“律者，所以范天下之不一而归于一，故云均布也。”名称之变，显示了商鞅变法志在一统天下的雄心。然此雄心于列国而言，无不如此。除律之外，作为王权象征的“令”在商鞅变法时也频频出现，如前359年的《垦草令》、前350年的《开阡陌封疆令》、前348年的《初为赋令》等等。律令遂成为王权一统之本，也成为中国法律传统的重要载体。

① 《史记·商君列传》。
② 《荀子·强国》。

第二章

秦汉的思想扬弃与制度革新

萧公权认为，在封建天下转为专制天下的过渡期内，“政治思想之可能态度不外三种：①对将逝之旧制表示留恋，而图有以维护或恢复之；②承认现状，或有意无意中迎合未来之新趋势而为之张目；③对一切新旧之制度均感厌恶，而偏重个人之自足与自适。就其大体言之，儒墨二家同属第一类，道家之老庄及一切“为我”之思想家，独善之隐君子，皆属第三类，法家诸子则属第二类”①。

儒家所推崇的“礼”之精义在于君道、父道和师道的三位一体，即“尊尊”“亲亲”“贤贤”的相异相维。礼崩乐坏之际，“礼”的三位一体出现了分化，此即“未来之新趋势”。由此，“礼”所蕴含的政道和吏道（“尊尊”和“贤贤”）因素便经由法家之手得到了新的阐释。以“尊尊”取代“亲亲”，衍生为法家的政法思想。

《商君书·开塞》载：“民众而无制，久而相出为道，则有乱。故圣人承之，作为土地、财货、男女之分。分定而无制，不可，故立禁；禁立而莫之司，不可，故立官；官设而莫之一，不可，故立君；既立君，则上贤废而贵贵立矣。”因此之故，以商鞅为代表的法家主张以专制官僚政治为基础的国家建设模式，其核心在于尊君王、重吏道，以加强国家控制，提高社会动员能力以图强国。这一思想正合立志改变被楚魏欺凌并决心复兴大业的秦孝公之意。秦国依法家

---

① 萧公权：《中国政治思想史》，辽宁教育出版社，1998年，第38页。

之理念治国，一直延续到秦朝。

如果说秦代是汉代之开始，那么汉代大体上是秦代之延续。自商鞅变法以来，社会变革最显著的成效是承认了土地私有权，最大限度地解放了小农。汉代正是继承了这一小农群体，并将其作为皇权的支柱。① 因此，汉法曾不遗余力地保护小农，打击商贾。

至公元元年，人口达约六千万，占当时世界人口的28%，这一人口数量直到宋英宗时才被超越。然而，人口的迅速增长使汉廷在维持统一大国的资源分配上陷入困境，政府为解决人口与土地紧张的关系，相继采取了各种法律措施。但是，豪族兼并，贫富不均的问题始终是汉代的痼疾。

关键词：皇帝制度；专制主义，中央集权；计量标准；内廷，外朝；削藩；霸道，王道；肉刑改革；春秋决狱；法律儒家化

① 许倬云：《汉代农业：早期中国农业经济的形成》，程农、张鸣译，江苏人民出版社，2012年，第9页。

第一节　秦法的思想承载与形式内容

一、政治与文化的统一

继商鞅、申不害和慎到之后的法家集大成者韩非，在以往主张“**霸道**”之治的基础上，转向“**帝道**”之治，重构了以法为本，“法、势、术”相结合为用的法家理论，且更具操作性。难怪始皇帝见到韩非的孤愤、五蠹（dù）之书时，大为赞赏，曰：“嗟乎，寡人得见此人与之游死不恨矣！”[①] 以“帝道”为皈依的秦法具体需要贯彻以下三方面之原则：

（1）**一断于法**。此意味着凡事“皆决于法”，这是官僚制欲将一切行为均纳入到统治之下使然。因此，秦法有“繁于秋荼（tú），密于凝脂”之评。

（2）**法出于一**。此为保证“一断于法”之根本，故而要求由皇帝“制作明法，臣下修饬”。为确保法的统一之权威，韩非主张，“法者，编著之图籍，设之官府，而布之于百姓者也”。[②] 商鞅亦强调：“有敢剟定法令，损益一字以上，罪死不赦。”[③] “焚书坑儒”之后，还力主“**以法为教，以吏为师**”，有天下吏民欲知法令，皆问郡县官吏，确保国家对意识形态的控制，维护官僚政治体制和吏治权威。

（3）**轻刑重法**。法家以刑杀为威，以刑去刑。商鞅认为：“行刑，重轻者，轻者不生，则重者无从至矣，此谓治之于其治也；行刑，重其重者，轻其轻者，轻者不止，则其重者无从止也，此谓治之于其乱也。故重轻，则刑去事成，国强；重重而轻轻，则刑至而事生，国削。”[④] “重刑适其罪，则民不敢试。民不敢试，则无刑也。”[⑤] 例如，秦法规定：“或盗采人桑叶，赃不盈一钱，赀徭三旬。”“五人盗赃一钱以上，斩左趾，又黥为城旦。”“盗马者死，盗牛者加”，且动辄连坐，夷三族。滥刑严重，以致赭衣塞路、囹圄成

---

① 《史记・老子韩非列传》。
② 《韩非子・难三》。
③ 《商君书・定分》。
④ 《商君书・说民》。
⑤ 《商君书・赏刑》。

市、劓鼻成车。

秦初在经济和文化领域推行的“**车同轨，书同文**”式的改革，包括焚书坑儒，均是以政治统一为基础的。不过，尤其是经济领域的改革已在列国推开，秦始皇的统一只不过是**顺水推舟**，更进一步而已，其统一的动力和方向则是大一统的专制集权体制。法家以效率见长，期待一蹴而就的变革效果，然文化（专制）改革只能渐进式推进，不能操之过急。

二、皇帝专制集权体制

（一）作为制度的始皇帝

东汉应劭《汉官仪》载：“皇者，大也，言其煌煌盛美。帝者，德象天地，言其能行天道，举措审谛，父天母地，为天下主。”此句表明“皇帝”乃“**真善美**”之化身。

前221年，嬴政一统六国，自诩为“德兼三皇，功高五帝”，改称“皇帝”。为了显示皇帝的至高权威，制定了一系列的包括专属称谓在内的皇帝话语。自此以后，中国历史开始了长达两千多年的皇帝制度，共诞生了近一千多位皇帝。

皇帝制度从来不是皇帝的“一人之治”，而是一个由源自各地的精英组成的延伸到各层级地方政府，并严格根据律典规范运行的“官僚政治”。因此，皇帝不仅要受制于祖制常规、儒家礼义和天理人情，而且总会受制于来自官僚集团的抵抗。就此而言，皇帝制度算得上是一种**宪制**。因为官僚政治的有效运转，需要得到皇帝这样一个宪法性制度的支持，才能确保官僚精英所期待的长久利益。

此外，皇帝制度开始成为后人臣服于新帝国的重要符号。不论是政治精英还是寻常百姓，对皇帝的认可并非基于他的血统，而仅仅因为他是皇帝。这种政治符号确保了中国历史的“合久必分”和中华文化的延绵不断。[①]

---

① 参见苏力：《作为制度的皇帝》，载苏力：《法律和社会科学》，第12卷，法律出版社，2013年。

（二）专制主义中央集权

专制主义代表的是一种**政治决策方式**，即最终决策均出自圣裁，体现的是**君臣关系**；中央集权是相对**地方分权**而言，特点是地方在政治、经济、军事等方面缺乏独立性，必须严格服从中央，体现的是**央地关系**。

以皇帝为核心的秦代专制主义中央集权，在中央官制上体现为三公九卿制，均由皇帝任免，不得世袭。三公即丞相、御史大夫、太尉，其间互不统属，直接对皇帝负责，便于皇权专制。九卿即奉常、郎中令、卫尉、太仆、廷尉、典客、宗正、治粟内史、少府，完全出自于皇家家仆，自然是皇权专制的忠实护卫者。

地方则采廷尉李斯的建议，在全国废除分封制，划四五十余郡，七百五十余县，[①] 县下分乡，乡下为里，世袭变流官。郡县官员的配置则效仿三公，设郡守、监御史、郡尉三个互不隶属的主官，借以分权。甚至连乡都设有三老、啬夫、游徼三个互补的官职：三老负责教化；啬夫征派听讼；游徼循禁贼盗，这均体现了中央集权。然郡守与九卿地位相等，可互相交流任职，并未明显体现中央凌驾于地方之上。[②] 如此设计的郡县体制，使中央政令直达基层，对维持庞大帝国的秦汉行政效率是极其重要的。

三、法律种类及其内容

（一）法律形式

在已出土的众多秦代简牍中，以云梦秦简与秦代法制最为密切。云梦秦简又称睡虎地秦墓竹简，简称“**睡虎地秦简**”。1975 年 12 月，湖北省云梦县城关睡虎地 11 号秦墓出土了大量竹简，简长 23.1 ～ 27.8 厘米，宽 0.5 ～ 0.8 厘米，内文为墨书秦篆，写于战国晚期及秦始皇时期。该批秦简主要内容集中于法律制度、行政文书、医学著作以及关于吉凶时日的占书。据考证，该墓主人名“**喜**”，曾任安陆御史、安陆令史、鄢令史及鄢御史等职务。

---

① 后晓荣：《秦代政区地理》，社会科学文献出版社，2009 年，第 91 – 97 页、第 452 页。

② 钱穆：《中国历代政治得失》，生活·读书·新知三联书店，2005 年，第 11 页。

因秦以“一断于法”为基本国策，地方官员都会根据工作需要而抄写律令，以便确保中央专制。

睡虎地秦简共1 155枚，残片80枚，分类整理后的内容大致包括：《秦律十八种》《效律》《秦律杂抄》《法律答问》《封诊式》《编年记》《语书》《为吏之道》甲种与乙种《日书》。其中《语书》《效律》《封诊式》《日书》为原书标题，其他为整理所加。被喜抄写的律法大约有600余条，共涉及秦已施行的20多部单行法规。据此，可以辨析的秦法主要形式有：①律；②令（制/诏）；③式，即公文程式，如调查、勘验、审讯等文书的具体程式；④法律答问，即法律解释，包括实体和程序；⑤廷行事，即通用的判决成例。

就律而言，睡虎地共出土201简，含律文108条，律名简写于每条律文尾端，多达18种，因此被称为《秦律十八种》，内容涵盖农业、仓库、货币、贸易、徭役、置吏、军爵、手工业等方面，具体包括：《田律》（农田水利、山林保护方面，6条）、《厩苑律》（管理饲养牲畜的厩圈与苑囿方面，3条）、《仓律》（国家谷物入仓、发放的登记及管理方面，26条）、《金布律》（货币流通、市场交易方面，15条）、《关市律》（关市职务方面，1条）、《工律》（国家手工业生产管理方面，6条）、《工人程》（公营手工业生产定额方面，3条）、《均工》（工匠的培养和执业方面，3条）、《徭律》（徭役征发方面，1条）、《司空》（司空职务方面，13条）、《置吏律》（设置任用官吏方面，3条）、《效》（核验官府物资财产及度量衡管理方面，8条）、《军爵律》（军功爵方面，2条）、《传食律》（驿站饭食供给方面，3条）、《行书》（公文传递方面，2条）、《内史杂》（掌治京师的内史职务方面，11条）、《尉杂》（廷尉职责方面，2条）、《属邦》（管理所属少数民族及邦国职务方面，1条）。

其他的律文分布在《秦律杂抄》内，共42简，内容与《秦律十八种》并无重复，主要涉及军事方面的规定，具体包括：《除吏律》《游士律》《除弟子律》《中劳律》《藏律》《公车司马猎律》《牛羊课》《傅律》《屯表律》《捕盗律》《戍律》等11种律文。由此可见秦律种类十分繁多，分类已达到相当细密的程度。

（二）刑名之律

1. 刑罚

一直以来，秦律都被冠以**繁苛**之名，严刑峻法并未带来天下大治，反倒是“奸邪并生，赭（zhě）衣塞路，囹圄成市，天下愁怨，溃而叛之”[1]。且苛法还被视为秦亡的关键原因：“秦为乱政虐刑以残贼天下，数十年矣。……重之以苛法峻刑，使天下父子不相安。”[2]

《史记·陈涉世家》记载了陈胜吴广起义的原因：“二世元年七月，发闾左戍渔阳，九百人屯大泽乡。陈胜、吴广皆次当行，为屯长。会天大雨，道不通，度已失期。失期，法皆斩。”但据出土秦简抄录的《徭律》所载：“御中发征，乏弗行，赀（zī）二甲。失期三日到五日，谇；六日到旬，赀一盾；过旬，赀一甲。……水雨，除兴。”即凡为朝廷征发的徭役，如耽搁不征发，应罚二甲。迟到3～5天，斥责；6～10天，罚一盾；超过10天，罚一甲。……因降雨不能动身，可免除征发。因此，秦法之苛的真实性令人生疑。

当然，对秦法繁苛的断定，不乏佐证。比如，秦代的刑种种类繁多，且野蛮残暴。由重到轻大致有死、迁、肉、作、笞、赀等。其中，**死刑**有腰斩、车裂、凿颠等，与砍头相关的还有戮刑、磔刑、枭首、弃市、夷三族。最为残忍的属“具五刑”，该刑罚集黥、劓、刖、笞、枭首于一身，有诽谤詈诅者，还要先断其舌。不过，相较于夏商周而言，秦代死刑所代表的砍头文化已经取代了先秦更为野蛮的烹饪文化，实有一定的进步。

除死刑之外，其他的刑罚还有以下七大类：

（1）**身体刑**，即肉刑。主要是墨（黥）、劓、刵、宫、笞等，大多与城旦舂等较重的劳役刑结合使用。

（2）**劳役刑**。相当于徒刑，亦称作刑，是对犯罪者施以强制劳作的刑罚，且男女有别。按照由重到轻主要包括6种：①城旦舂：男筑城，“城旦者，旦起行治城”，刑期一般为4～5年。女舂米，然实际不限于筑城舂米；②鬼薪白粲：男为祠祀鬼神伐薪，女为祠祀择米，实际也不限于为宗庙取薪

---

① 《汉书·刑法志》。

② 《史记·张耳陈馀列传》。

择米，刑期皆为 3 年；③隶臣妾：即将罪犯及其家属罚为官奴婢，男为隶臣，女为隶妾；④作如司寇：“司寇，男守备，女为作如司寇，皆作二岁。”为伺察寇盗；⑤罚作与复作：“男卫戍罚作，女为复作，皆一岁到三月。”指到边远地区戍守，刑期为 3 个月到 1 年；⑥候：即发往边地充当斥候。

（3）**财产刑**。主要是“赀”，赎刑也可归入这类。“赀”是用经济制裁来惩治官吏的一般失职行为和普通百姓的一般违法行为。形式有三种：一是纯属罚金性质的“赀甲”“赀盾”；二是“赀戍”，即发往边地为戍卒；三是“赀徭”，即罚服一定期限劳役。如《秦律杂抄》载：“不当禀军中而禀者，皆赀二甲，废；非吏也，戍二岁。”即冒领军粮的皆罚二甲，撤职永不叙用；如非官吏，罚戍边二年。

赎刑不是独立刑种，可以算得上是刑罚执行政策。且秦代赎刑适用范围相当广泛，从“赎耐”“赎黥”“赎迁”，到“赎宫”“赎死”均可。此外，财产刑还包括“没”，即将犯人的财产强制充公。

（4）**身份刑**。即剥夺犯法者爵位、官职等政治身份的刑罚，有“夺爵”“废”等。

（5）**流放刑**，称“迁”和“谪”。迁刑不仅适用于本人，而且家属要一同迁徙。如《法律答问》载：“当迁，其妻先自告，当包。”意即应处迁刑者的妻子虽然先自首，但也要随夫迁徙。谪刑适用于官吏犯罪，但皆比后世流刑轻。

（6）**耻辱刑**，主要指髡、耐等类似肉刑的刑罚。“髡”是指剃光犯人的头发、胡须和鬓毛；“耐”与“完”是一刑二称，指仅剃去胡须和鬓毛，而保留头发。耻辱刑常常与劳役刑并用，如“耐为城旦”等。此外，死刑中的“戮”也含有羞辱之意。

（7）**株连刑**，主要是族刑和收刑。“收”亦称“收孥”“籍家”，特指在对犯人判处某种刑罚时还同时将其妻子、儿女等家属没为官奴。不过，“收”有时亦通“没”，属财产刑。

另外，秦简所见还有“谇”刑。“谇”即申斥、训斥，是针对有罪官吏适用的一种轻微处罚。如《法律答问》载：“甲贼伤人，吏论以为斗伤人，吏当论不当？当谇。”

2. 罪名

至于罪名，主要包括以下六大类：

（1）**危害皇权**。主要有：①谋反。商鞅遭车裂的罪名即“莫如商鞅反者”。李斯也因谋反而被“具斯五刑，论腰斩咸阳市”。[①] ②不敬国君。《秦律杂抄》载：“听命书，……不避席立，赀二甲，废。”命书即皇帝的命令，在听命书时须下席站立以示对皇帝恭敬，否则罚二甲，永不叙用。③偶语诗书，以古非今。“有敢偶语诗书者弃市，以古非今者族。”[②] ④诅咒诽谤。如“（关中）父老苦秦苛法久矣，诽谤者族”[③]。⑤妄言与非所宜言。“秦法，不可妄言。妄言者无类。”[④]“妄言”是指发布对朝廷不满及攻击朝廷的言论，“无类”即灭绝族类，满门诛杀。“非所宜言”即说了不该说的话。此为秦二世所创，陈胜吴广起义之事，凡言反者均以“非所宜言”下狱处死。⑥投书。如《法律答问》载：“有投书，勿发，见辄燔之；能捕者购臣妾二人，（系）投书者鞫（jū）审谳（yàn）之。”即看到匿名信而未捕获投信人，应将信件烧毁，不得拆看。能把投信人捕获则奖励男女奴隶二人，并将投信人抓捕问罪。投书是指投递有害于封建统治秩序或发泄私愤、陷害无辜的匿名举报信的行为。

（2）**危害人身财产**。主要有：①贼杀伤。即指故意杀人、故意伤人，以及在未发生变故的正常情况下杀伤人。不仅对犯罪者给予刑罚，还要求四邻在发现贼杀伤之事时要及时救援，否则要承担相应的刑事责任。如《法律答问》载：“有贼杀伤人冲术，偕旁人不援，百步中比野，当赀二甲。”②盗窃。分为共盗和群盗。共盗指五人以上共同盗窃，计赃论罪。群盗则指聚众反抗，属于危害皇权的重大政治犯罪。对包括轻微的盗窃和盗窃未遂都予以重罚。③盗徙封。即私下移动田界侵犯土地所有权，应判处耐刑，但可以财产赎之。

（3）**妨害社会管理秩序**。主要有：①违令卖酒。如《田律》载：“百姓居田舍者毋敢酤酉（酒），田啬夫、部佐谨禁御之，有不从令者有罪。”意即

---

① 《史记·李斯列传》。
② 《史记·秦始皇本纪》。
③ 《史记·高祖本纪》。
④ 《史记·郦生列传》。

居住农村的百姓不准卖酒，田啬夫及部佐应严加禁止，否则有罪。②乏徭与逋（bū）事。“乏徭”指已经出发去服役，但到达徭役地点后又逃走；“逋事”指已下达征发徭役命令而逃走不报到。③匿户与匿田。即隐瞒不报户籍和隐瞒田租。

（4）**渎职**。主要有：①见知不举，即隐瞒不报。②不直和纵囚。前者指罪应重而故意轻判，应轻而故意重判。如“适治狱吏不直者，筑长城及南越地”①。后者指应当论罪而故意不论罪，以及设法减轻案情，判其无罪，放纵囚徒。如《法律答问》载：“论狱何谓不直？可（何）谓纵囚？罪当重而端轻之，当轻而端重之，是谓不直。当论而端弗论，及易其狱，端令不致，论出之，是谓纵囚。”③失刑，指因过失而量刑不当，若系故意则构成“不直”。如《法律答问》载：“士伍甲盗，以得时值赃，赃值过六百六十，吏弗值，其狱鞫乃值赃，赃值百一十。以论耐，问甲及吏何论？甲当黥为城旦；吏为失刑罪，或端为，为不直。”此外，还有犯令、废令、不胜任、不廉等。

（5）**破坏婚姻家庭**。主要有：①有碍婚姻关系，如去夫亡、娶人亡妻、弃子逃嫁、弃妻不书等。如《法律答问》载：“女子甲为人妻，去亡，得及自出，小未盈六尺，当论不当？已官，当论；未官，不当论。”即小女子私自逃离丈夫身边，若结婚时已到官方登记，就要受到处罚。又如《法律答问》载：“女子甲去夫亡，男子乙亦阑亡，相夫妻，甲弗告请（情），居二岁，生子，乃告请（情），乙即弗弃，而得，论可（何）？当黥城旦舂。”②有碍家庭秩序，包括擅杀子、子不孝、子女控告父母、卑幼殴尊长、乱伦等。如《法律答问》规定：“擅杀子，黥为城旦舂。”

（6）**违反军事行动**。主要有：①反叛通敌类，包括降敌叛国、私通诸侯和泄露军情等。如“王弟长安君成蟜（jiǎo）将军击赵，反，死屯留，军吏皆斩死，迁其民于临洮。将军壁死……戮其尸”②“王稽为河东守，与诸侯通，坐法诛”③。②作乱与不上宿类。“作乱”即武装叛乱，如“长信侯（毐ǎi）作乱而觉，矫王御玺及太后玺以发县卒及卫卒、官骑、戎狄君公、舍人，将欲攻蕲（qí）年宫为乱。……卫尉竭、内史肆、佐弋竭、中大夫令齐等二

①② 《史记·秦始皇本纪》。
③ 《史记·范雎蔡泽列传》。

十人皆枭首。车裂以徇，灭其宗。及其舍人，轻者为鬼薪。及夺爵迁蜀四千余家，家房陵”[①]。“不上宿”即执勤宿卫而擅离职守，如《秦律杂抄》载：“徒卒不上宿，署君子、敦（屯）长、仆射不告，赀各一盾。宿者已上守除，擅下，人赀二甲。”③破坏作战秩序类。一是失期（故意逗留或无故迟到而殆误战机），如《秦律杂抄》载：“军新论攻城，城陷，尚有栖（迟）未到战所，告日战围以折亡，叚（假）者，耐；敦（屯）长，什伍智（知）弗告，赀一甲；伍二甲”；二是作战不力，擅离职守，如“五大夫陵攻赵邯郸。四十九年正月，益发卒佐陵。陵战不善，免，王龁（bāo）代将。其十月，将军张唐攻魏，为蔡尉捐弗守，还斩之”[②]；三是誉敌以恐众心，如《法律答问》载：“誉适（敌）以恐众心者，戮”；四是违反作战职责规定和擅入军营；等等。④破坏军用物资设备类。一是稟卒兵不完缮（因管理不善而造成兵器损坏），如《秦律杂抄》载：“稟卒兵，不完善（缮），丞、库啬夫、吏赀二甲，法（废）”；二是军事训练不如律，如《秦律杂抄》载：“驾驺除四岁，不能驾驭，赀教者一盾；免，赏（偿）四岁繇（徭）戍”；冒领、倒卖军粮、募马不胜任和夺中卒传（夺取运输当中的军用物资）等。⑤违犯兵役制度和军功赏罚类。一是行戍不以律，如《秦律杂抄》载：“县毋敢包卒为弟子，尉赀二甲，免；令二甲”，即指县官不能把应服兵役者收藏为弟子（依附者）而逃避兵役，否则县尉、县令都要罚二甲；二是军功赏罚不如律等，如《秦律杂抄》载：“战死事不出，论其后。有（又）后察不死，夺后爵，除伍人；不死者归，以为隶臣”。

（三）处刑原则

1. 责任标准

刑事责任标准以身高来确定，以身长**六尺五寸或六尺**为限。按《周礼》之说：“七尺谓年二十，六尺谓年十五。”以身高作为判断责任年龄的标准，表明当时国家对“编户”的年龄仍然无法精确地掌握，至汉代便改用年龄作为界定责任的标准，表明国家认证能力的提高。当然，身高只是判断当事人

---

① 《史记·秦始皇本纪》。

② 《史记·秦本纪》。

是否成年的重要标准之一。连坐就不受年龄限制。

2. 有无犯意

据《法律答问》载："甲盗钱以买丝，寄乙，乙受，弗智（知）盗，乙论可（何）（也）？毋论。"乙若不知甲使用所盗之钱买的丝物，则不构成犯罪。

3. 故意过失

犯罪故意称"端"，或"端为"；过失称"失"，或"失刑"，属控告不实。如《法律答问》载："甲告乙盗牛若贼伤人，今乙不盗牛，不伤人，问甲可（何）论？端为，为诬人；不端，为告不审。"

4. 从轻从重

从轻是指凡自首或消除犯罪后果则可减免刑罚。如《法律答问》载："夫有罪，妻先告，不收。妻媵臣妾、衣器当收不当？不当收。"丈夫有罪，若妻子告发，不仅自身可免株连，还可保住陪嫁的奴婢、衣物、器皿不被没收。又如"将司人而亡，能自捕及亲所智（知）为捕，除毋（无）罪"。即监领人犯而将人犯丢失，若能自己捕获或亲友代为捕获，则可免罪。从重包括：

（1）累犯从重。如《法律答问》载："当黥城旦而以完城旦诬人，可（何论）？当黥（劓）。"对于累犯，秦律有时采吸收主义原则，即后罪较前罪为重，即按后罪判罚。如果后罪较前罪为轻，则不能吸收，只在前罪的基础上加重处罚。前述情形属于先犯黥城旦罪后犯完城旦罪，完城旦轻于黥城旦，不能将其吸收，所以只能在黥城旦的基础上又处以劓刑，成为黥劓城旦。① 另外，如罪犯有前科则加重处罚。

（2）五人以上共犯从重。如《法律答问》载："五人盗，赃一钱以上，斩左止（趾），又黥以为城旦；不盈五人，盗过六百六十钱，黥劓以为城旦；不盈六百六十到二百二十钱，黥为城旦；不盈二百二十以下到一钱，迁之。求盗比此。"群盗加重处罚，盗窃只要超过1钱，就要判为黥城旦舂。两人以上五人以下的盗窃，惩罚也比单人盗窃严重。盗窃超过660钱，黥劓为城

① 韩树峰：《中国刑徒散论》，载《历史研究》，2005年第3期。

旦舂；盗窃数额在220钱以上660钱以下的，黥为城旦舂。单人盗窃则规定，盗窃数额在110钱以下，则交纳罚金；盗窃110钱以上220钱以下，耐为隶臣妾；盗窃220钱以上660钱以下，完城旦；660钱以上，黥为城旦舂。[①]

（3）教唆未成年人犯罪从重处罚。如《法律答问》载："甲谋遣乙盗杀人，受分十钱，问乙高未盈六尺，甲可（何）论？当磔。"教唆未成年人抢劫杀人，虽分赃仅为十文，对教唆者也要处以碎尸。

5．数罪并罚

并罚只是简单相加，并没有时间限制。如《法律答问》载："诬人盗值廿，未断。又有它盗，值百，乃后觉，当并赃以论。"一人先诬告他人盗窃价值20钱的东西，尚未判决。后又发现该人还犯有赃值100钱的盗窃罪，依律"并赃以论"。

6．连坐之法

连坐，又称"缘坐""从坐""随坐"，包括亲属连坐、邻里连坐、职务连坐。①亲属连坐。"秦法，一人有罪，并坐其家室。"[②] 如《法律答问》载："盗及者（诸）它罪，同居所当坐。可（何）谓同居？户为同居，坐隶，隶不坐户谓殴（也）。"即家庭成员要遭连坐，奴隶因主人犯罪而从坐，但奴隶犯罪不牵连主人。又据《法律答问》载："可（何）谓室人？可（何）谓同居？同居，独户母之谓也。室人者，一室，尽当坐罪人之谓也。"一户中同母之人是"同居"，"室人"就是一家，犯罪均连坐。②邻里连坐。秦自商鞅始，将五户组成一"伍"，令五家为保，十保相连，有罪则株，然仅为里典和伍人。如《法律答问》载："律曰'与盗同法'，又曰'与同罪'，此二物其同居、典、伍当坐之。"官吏一般不受邻伍连坐。如《法律答问》载："吏从事于官府，当坐伍人不当？不当。"③职务连坐。如《效律》载："尉计及尉官吏节（即）有劾，其令、丞坐之，如它官然。"即县尉有罪，县令与县丞要连坐。

7．诬告反坐

诬告反坐，即告人者要按其所诬告他人之罪名处刑。实行连坐与奖励告

---

① ［日］堀毅：《秦汉法制史论考》，法律出版社，1988年，第266页。

② 《史记·孝文本纪》。

奸，乃一体两面，极易导致诬告。于是秦律规定：“伍人相告，且以辟罪不审，以所辟罪罪之。”具体分为两种：

（1）一般原则，即以所诬之罪处之。如《法律答问》载：“当耐司寇而以耐隶臣诬人，何论？当耐为隶臣。”即判处耐司寇之人，以耐隶臣诬告他人，应耐为隶臣。如诬告之人所获罪行重于诬告之罪的话，则在所获罪行基础上加重处罚。如《法律答问》载：“当耐为隶臣以耐司寇诬人，何论？当耐为隶臣，又系城旦六岁。”即判处耐隶臣之人，以耐司寇诬告他人，应耐为隶臣，并拘禁为城旦六年。

（2）特殊原则。凡控告不实，被称为“**告不审**”，如《法律答问》载：“甲告乙盗牛，今乙盗羊，不盗牛，当为告不审。”此行为如系故意，则与诬告无异。又如《法律答问》载：“甲盗羊，乙知，即端告曰甲盗牛，当为告盗加赃。”可参照“告盗加赃”从重处之。再如《法律答问》载：“告人盗百一十，问盗百，告者何论？当赀二甲。”因当时已采“**计赃论罪**”，以“布”为单位，“钱十一当一布”，赃 100 钱与 110 钱分属两档。告者故意加赃 10 钱，使所告达到赃 110 钱对应的另一档标准，当然要处“赀二甲”。

若告者已犯诬告，又以他事控告（“州告”），均按“告不审”论。如《法律答问》载：“州告者，告罪人，其所告不审，有（又）以它事告之，勿听，而论其不审。”

（四）民政之法

1. 身份等级

秦代并没有完全舍弃周代血缘标准，但是改用了新的**军功标准（二十等爵制）**来重新界定社会身份等级。同时，秦代遵循了战国以来“士、农、工、商”的分类传统，体现了军国主义和重农主义倾向。在此前提下，皇帝享有最完整、最广泛、最高级的身份权力。诸侯与卿大夫是贵族阶层，士、农、工为平民阶层。贵族身份通过血缘、战功、官位来取得和保持，享受一系列特权；平民则有服兵役和被征发的义务。贱民阶层则包括商贾、赘婿、后父，其权利受到诸多限制。位于贱民之下的奴隶仅是法律客体。

如若对比西周的“诸侯—卿大夫—士”的身份等级来看，在秦代的二十等爵制中，1 ～ 4 级相当于士；5 ～ 9 级相当于大夫；10 ～ 18 级相当于卿；

最后两级相当于诸侯，形成了“**4—5—9—2**”级制。在推翻旧贵族之后，其权力真空需要大量的新晋阶级来填补。于是，低级爵位和高级爵位的级数均为9级，极大地提高了由低级爵位上升至高级爵位的机会，大量的中高级爵位者能够通过军功迅速获得升迁，最大程度上激发了国人为秦而战的动力。因此，新的军功标准十分符合法家的行为主义，极易达到让国人“**勇于公战，怯于私斗**”的目的。

2. 家庭关系

秦代**婚配**的法定年龄是女子身高六尺，且合法婚姻须到官府登记。如《法律答问》载：“有女子甲为人妻，去亡，得及自出，小未盈六尺，当论不当？已官，当论；未官，不当论。”夫妻之间因实行连坐法，允许告奸，且禁止容隐。

婚姻关系的解除必须到官府登记，否则双方均受刑罚。如《法律答问》载：“弃妻不书，赀二甲。”

儒家特别重视**父权和夫权**。秦代每户皆有**家长**。一般家庭，父权与家长权合一。特殊家庭，家长权除了包含父权外，还包括对“臣”“妾”的所有权与支配权。当然，父权并非无限，如不可任意“杀子”。若擅杀子，黥为城旦。但是，擅杀常不为官方受理。此种看似矛盾的规定，一方面为了保护家长权威，另一方面又限制了父母擅杀。

家长享有家内财产的支配权和子女婚配的主婚权。子女如不孝，家长可以送官法办，如《法律答问》载：“免老告人以不孝，谒杀。”与父母同居（未分家）的子女没有独立的财产权，因此，“父盗子，不为盗”。

然而，家长权建立在直接的血缘关系之上，继父子或养父子之间发生“盗子”“擅杀”之事，则要处以严刑，即“假父盗假子，当为盗”。如《法律答问》载：“士伍甲无子，其弟子以为后，与同居，而擅杀之，当弃市。”即养父擅杀养子，当被弃市。

秦律亦有诸多维护夫权的制度。如“去夫亡”“弃子而嫁”，即女方不得擅自弃夫逃亡和背夫改嫁等。然夫权也有一定的限制。如不得任意伤害妻子。如《法律答问》载：“妻悍，夫殴治之，决其耳，若折肢指、胅体，问夫何论？当耐。”

继承包括**身份继承**和**财产继承**两类。自商鞅变法废除世卿世禄后，除保

留史、卜等具有专门知识的官职准许子孙承袭外，其余一律实行选任制。以军功获得的爵位，在一定条件下也可由子孙承袭。

财产继承包括房屋、林木、衣器、牲畜、奴隶等。债权债务一并继承。除官吏因特殊情况发生的债，或奴隶居作（罚令服劳役）期间发生的债之外，一般债务父死子继。

3. 户籍管控

户籍是维持身份等级和家庭关系的基础。并且，根据户籍而授予土地，直接关系到秦之口赋、田赋和徭役。大约自秦国献公十年（前375年）到始皇三十一年（前216年），秦代已基本形成了一整套严密的户籍制度，便于对国民的动员管理和流动控制。

秦代将商贾之人另类造册，用高额税负加上限制物价之法，重农抑商。农人如不努力劳作，则可能变为官府奴隶而被强制劳动，以确保“耕战”这一中心工作。

百姓约到17岁便要向官府登记，称“**傅籍**”，60岁才免。但凡隐匿人户，应傅籍而不傅籍，未到年龄而报免老，以及申报废疾不实者，本人、邻伍、伍老和里典均有罪。征发徭役不得耽搁，否则主管官吏和被征发者均要遭受惩罚，但为保证生产所必需的劳动力，一户不能同时有两个男丁在服戍役。

户籍采用“**什伍编制**”，“定什伍口数，别男女大小”，“使民无得擅徙”。2013年湖南出土的**里耶秦简**整理出了24枚户籍登记档案的简牍，记录着人口的所在地、家庭身份、出生地区、爵位姓名等信息。在一个户内，按照以户主为首，先男性、成年人、直系亲属，后女性、未成年人、旁系亲属的顺序记载。甚至连户主家的臣妾和私家奴婢等“流动人口”也被编排进主人家的户籍，[①] 足见秦代户籍制度承担的国家功能之广泛。迁居者应请求地方官吏“更籍”。出游之人必须持“符”。如《游士律》载：“游士在，亡符，居县赀一甲，卒岁，责之。”

严格的户口管理体制，贯彻了法家极端反对儒家宗法所坚持的**大共同体传统**。“编户”的目的是为专制王权能够轻易越过一切小共同体的屏障，直

① 田旭东：《里耶秦简所见的秦代户籍格式和相关问题》，载《四川文物》，2009年第1期。

达每个小农。比如秦律规定“民有二男不分异者，倍其赋”，又如《法律答问》载：“何为‘匿户’及‘敖童弗傅’？匿户弗徭、使，弗令出户赋之谓也。”即凡达到一定年龄的男子，都要向国家登记立户，并缴纳户赋。如果隐匿人户，不征发徭役、不加役使、也不命令缴纳户赋就是“匿户”。包括“鼓励告亲”和“禁止容隐”在内的法家制度，均是为了消解**小共同体意识**，[①] 以便中央专制王权高效调动社会资源。这就是儒家一贯用来反击法家的最大理由：**刻薄寡恩**。

4. 财货交易

财，材也，泛指可用之物。土田、庐舍、牲畜、金贝珠玉之属，都属于财。秦始皇三十一年（前216年）下令“使黔首自实田”，命占田人自己核实数额，土地私有正式得到认可。秦律对此规定了“盗徙封”这类侵权行为，并处以“赎耐”。又如《法律答问》载：“或盗采人桑叶，赃不盈一钱，赀徭三旬。”即对于采盗桑叶，即便价值不足一钱的，也要罚服三旬的徭役。同时，还有大量的土地公有存在。

货，多指动产，与买卖有关。因财货交往产生了近似于现代民法上的契约之债、侵权之债、不当得利之债、债之担保（人保/财保）等制度。

（1）**债之发生**

因赋税、罚款、损坏公物以及盗取官府财物所生之债，秦代均采强制手段来追偿，如《效律》载，凡仓库粮食腐烂，责“令官啬夫、冗吏共偿败禾”。而私人间的契约之债，已有返还原物、赔偿损失之类的初步救济方式，如《法律答问》载：“盗盗人，卖所盗，以买他物，皆界其主。”即强制窃者归还赃物并赔偿损失。

（2）**债之担保**

秦代既有物保，也有人保，但更多的是由经手人或第三人进行人保。人保分为官方担保和个人担保。官方担保如《金布律》载：“百姓假公器及有责（债）未赏（偿），其日足收责之，而弗收责，其人死亡，令其官啬夫及吏主者代赏（偿）之。”个人担保如《工律》载：“公事官（馆）舍，其假

① 参见秦晖：《“大共同体本位”与传统中国社会——兼论中国走向公民社会之路》，载秦晖：《传统十论——本土社会的制度、文化及其变革》，复旦大学出版社，2003年。

公，假而有死者，亦令其舍人任其假。”

（3）**债之履行**

若债务人“有债于公”而无力履行者，则强制“居作”，以劳役抵偿。如《司空律》载：“有罪以赀赎及有责（债）于公，以其令日问之，其弗能人及赏（偿），以令日居之，日居八钱；公食者，日居六钱。”

以上例证，尚不能完全反映秦律的事无巨细。以当下法律体系观之，本属于政策和章程之类的内容一并都规定在律典中，无怪乎汉人讥讽秦法之繁苛。尤其是在关乎国民经济和军工生产领域，如农业、畜牧业和手工业等方面，秦代制定了一系列具体而微的国家标准，当属中央专制集权体制下**计划经济**之产物。如《工律》载：“为器同物者，其大小、长短，广亦必等。”即制作同一种类的器物，其大小、长短和宽窄必须相同，以提高生产价值。而且要按计划生产，又如《秦律杂抄》载：“非岁红（功）及毋（无）命书，敢为它器，工师及丞赀各二甲。县工新献，殿，赀啬夫一甲，县啬夫、丞、吏、曹长各一盾。城旦为工殿者，治（笞）人百。大车殿，赀司空啬夫一盾，徒治（笞）五十。”手工业者的培训体系和就业安置都在秦律规范之内。再如《均工律》载：“新工初工事，一岁半红（功），其后岁赋红（功）与故等。工师善教之，故工一岁而成，新工二岁而成。能先期成学者谒上，上且有以赏之。盈期不成学者，籍书而上内史。隶臣有巧可以为工者，勿以为人仆、养。”如此等等，完全贯彻了以效率见长的法家“法治”主义。

秦律所体现出来的全面性和事无巨细的标准化特征，实际上已是秦代将法律视为大一统帝国构建的唯一工具或标准。法律完全是统一的**计量方法**，也是保障计量方法统一的工具。

第二节　汉法变迁的思想基础及得失

一、权力关系与汉法变迁

（一）专制主义：皇帝制度下内外朝的纠葛

战国之际，列国完全是诸多**有边界的政治实体**，统一六国的秦代，无非是这些政治实体的扩大版而已。有边界则意味着相对封闭，相比之下，汉代是逐渐**走向开放**的。这一过程具体表现为：其一，西汉七国之乱后，统治阶层逐步放开，既有恩荫，也有察举。其二，国家始终存在主权模糊地带，处理同周边国家关系便是开放自由的。于是，这种开放促进了各地区之间精神的交流与物质的交往，促成了汉文化共同体的初步形成。

汉代沿用了皇帝制度，但面对着一个重大且棘手的问题——如何协调**皇室和政府的关系**。皇室代表着**内廷**，以皇权为中心。政府代表着**外朝**，以相权为中心。如果二者完全分开，那么要如何处理二者的关系呢？同时，与秦代相比，汉代的皇帝有其独特性：察举制的制度化，提供了源源不断且专业化的官僚队伍。**文官集团**开始形成，逐渐成为制约皇权的重要力量。许多制度的出现，都与皇权和相权之间的紧张关系有关。

另外，秦代的灭亡，意味着“**皇权不能避免更迭**”。如何确保皇权稳固，成为汉代皇帝必须思考的重要人事问题。[①] 比如，汉代帝王开始任用心腹，临终托孤，只不过事与愿违。虽然秦代的九卿，已有掌管皇室收支的“少府”和政府财政的“治粟内史”这样初步的区分，但欲想国祚长久，更理想的制度化分权体制就必不可少。

汉代对这一问题的解决，在汉初已有明显迹象，但结局令人颇为遗憾。汉初，以丞相为首的政府具有一定的独立性，最明显的例子便是廷尉在很大程度上能够抑制人主的擅断。例如文帝的廷尉张释之，就因巧断县人犯跸和高庙玉环盗案被载入史册。武帝以后，王侯因政治上失势，**文治政府**开始形成，皇室与政府分开。但武帝为强化集权，任用一些亲信侍从，如尚书、常侍等组建了直接服务和效忠皇帝的内廷。内廷官员由皇帝直接差遣，而不专任行政职务。“大司马、左右前后将军、侍中、常侍、散骑诸吏为中朝。丞相以下至六百石为外朝也。”[②] 于是，内廷架空了丞相，九卿便直接听命于内廷。内廷出身的**王莽**得以代汉而兴。

东汉光武帝因惧怕大权旁落，躬亲庶政，“内外群官，多帝自选举，加以法理严察，职事过苦，尚书近臣，乃至捶扑牵曳于前，群臣莫敢正言”。[③]

---

① 许倬云：《万古江河：中国历史文化的转折与开展》，上海文艺出版社，2006 年，第 78 页。

② 《汉书・刘辅传》。

③ 《后汉书・申屠刚等列传》。

王朝兴盛完全托付在皇帝个人身上。皇帝的事必躬亲，也让负责伺候皇帝笔墨文案的内廷官员——尚书有机可乘，地位渐隆，开始制约外朝。

然而，自章帝以后，皇帝都极其短命，童年即位、夭折绝嗣现象屡见不鲜，很少有处理政务的能力。大权经常旁落到外戚或宦官手中，外戚与宦官开始轮流专政。由于当时内廷宦官全部任用阉人，不再选调士人，内廷和外朝分判更为明显。内廷的腐朽不断激起外朝文官的反弹，造成了东汉末年的**党锢之祸**。就此看来，汉代在权力配置上，因皇帝集权欲壑难填，导致内外相争不断，分权而治的理念与制度便难以生根开花。

（二）中央集权：郡国体制下法制化的削藩

1. 郡国并行体制

核心与边缘势力的消长也是汉代面对的一大难题。汉初统治者认为，秦代二世而亡皆因“孤立亡（无）藩辅”，因此，分别取分封制和郡县制的优劣，实行郡国并行体制。

汉初，刘邦封异姓王七人，带有酬庸功劳的性质。因“天下初定，骨肉同姓少，故广强庶孽，以镇抚四海，用承卫天子也”。随后地方叛乱，中央乘机剪灭大部分异姓王，仅留长沙王吴芮。同时，刘邦确立了“非刘氏而王者，若无功上所不置而侯者，天下共诛之”① 的分封原则。除吕后称制时违规分封诸吕为王外，这一原则得到严格执行。文帝时，长沙靖王吴差薨，因无后而国除，异姓王遂尽矣。到武帝时，因儒家思想崛起，分封同姓王的目的由“镇抚四海”变为“**宣至尊**”。汉代为实现边境稳定，还册封了一些边境蛮夷政权的首领为诸侯王，此为“外诸侯”，为分封制的例外。

分封易，但处理中央与王国的关系难。汉初借鉴西周，实行皇帝与诸侯王共治天下。诸侯王将封地视作各自产业，官制效仿中央，“诸侯之言曰令，令仪令言是也”。② 在官吏任免和赏罚赋役方面，高度自治，俨然国中之国。往往“大者或五六郡，连城数十，置百官宫观，谮于天子。”③ 而作为代价，

① 《史记·汉兴以来诸侯王年表》。

② 《贾谊新书·等齐》。

③ 《汉书·异姓诸侯王表》。

诸侯王仅负有定期朝觐和贡献祠祭的义务。如此这般，尤其是异姓诸侯王，一开始就和皇帝存在紧张关系。

为防止诸侯王国尾大不掉，甚至割据称雄，举兵内向，中央采取了严密的防范措施。皇帝以据关中形胜遏制山东诸侯，并且严禁马匹出关，严控王国和诸侯间的人口流动。文帝在平息淮南王、济北王谋反之事后，根据贾谊"众建诸侯而少其力"的建议，"分齐为六国，尽立悼惠王子六人为王；又迁淮南王喜于城阳，而分淮南为三国，尽立厉王三子以王之"。将诸侯封地大而化小的削藩之法，可谓一举三得：一是可以不动声色、不费兵马地削弱诸侯。二是可以体现天子之无私，并未侵占诸侯一地一口。三是可以安抚诸侯子孙，使人人皆可称侯。如此，文帝之时大体维持了功臣、宗室和官僚的权力平衡。是时，"中央政府之基础日以稳固，外有以制诸王，内有以制功臣"[①]。

2. 削藩的法制化

待景帝继位时，汉廷已具备了相对诸侯王国的绝对优势。晁错直接削藩的计策虽导致了"七国之乱"，但促使之后中央采取了一系列的**法制化削藩之策**。首先，削弱诸侯治权，"令诸侯王不得复治国，天子为置吏"，[②] 并乘机同时改革王国官制，降低其品秩及待遇。其次，沿用贾谊"众建诸侯而少其力"之策，以分化瓦解王国势力。再次，继续削弱大诸侯王国的领地，将诸侯王的支郡、边郡、名山陂海收归国有。最后，制定了诸多单行刑法，对诸侯王及臣下严加约束。但凡危害中央权威之行径皆为犯罪，诸如阿党、事国人过律、非正、出界、泄露省中语等。

武帝继续推行以上削藩之法，同时还处心积虑地推行新的中央法令——**推恩令**。元朔二年（前127年），主父偃上书武帝，建议令诸侯推私恩分封子弟为列侯："今诸侯子弟或十数，而适嗣代立，余虽骨肉，无尺地之封，则仁孝之道不宣。愿陛下令诸侯推恩分子弟，以地侯之。彼人人喜得所愿，上以德施，实分其国，不削而稍弱矣。"[③] 于是，"汉有厚恩，而诸侯地稍自

① 钱穆：《秦汉史》，生活·读书·新知三联书店，2004年，第71页。

② 《汉书·百官公卿表》。

③ 《史记·平津侯主父列传》。

分析弱小云”[1]。依汉制，侯国隶属于郡，地位与县相当。结果自然是使王国势力缩小，中央权力扩大。以此为经验，武帝削藩皆是法制先行。例如，“武有衡山、淮南之谋，作左官之律，设附益之法。”且对朝臣与诸侯王交接者严惩不贷。值得注意的是，出于对地方王国的监督，武帝创造了直接任命刺史赴地方，以《六条问事》监督其事的新监察法制。如此，诸侯王“惟得衣食税租，不与政事”[2]，王国已形同郡县。

削藩的法制化进程并未停止，东汉除了全面继承西汉削藩之法外，于光武帝建武二十四年（48年），“诏有司申明旧制阿附蕃王法”。史载“自光武以来，诸王有制，惟得自娱于宫内，不得临民，干与政事，其与交通，皆有重禁，遂以全安，各保福祚”[3]。在历代汉帝的努力下，法制化的削藩之策为汉律贡献了以下主要刑事立法内容：

（1）**酎（zhòu）金律**。酎，是一种自1～8月分三次追加原料，反复酿成的优质祭祀仪式用酒。汉律规定，诸侯于宗庙祭祀时，应随同酎酒所献黄金。酿制酎酒的费用须由各诸侯承担，这笔费用称为“酎金”。此法原为汉文帝所订，“酎金律文帝所加，以正月旦作酒，八月成，名酎酒。因合令诸侯助祭贡金”[4]。武帝元鼎五年（前112年）突然以此为由，凡“少不如斤两，色恶，不如法者”“王削县，侯免国”。[5] 此法遂成定制，但适用较少。

（2）**阿党附益法**。阿党，针对诸侯王国的傅相（由中央任命，作用在于监控诸侯行动）而定。凡诸侯有罪傅相不举奏，即构成阿党罪。附益，针对在朝官员“阿媚诸侯”“欲增益于诸侯”之行为，包括为诸侯王聚敛财富，与诸侯王勾结，为诸侯王谋取利益。犯此罪，严重者弃市，较轻者则免爵。

（3）**事国人过律**。诸侯役使封国人数超过法定限度，即削爵为民。

（4）**左官律**。汉代以“右”为尊，以“左”为卑，舍天子而事诸侯为左官。凡官吏违规私自到诸侯国任职，即构成此罪。可见，此罪之目的在于限制臣民擅自出仕诸侯，削弱诸侯人才势力。

---

① 《汉书·景十三王传》。
② 《汉书·诸侯王表》。
③ 《后汉书·光武帝纪》。
④ 《礼仪志》注引丁孚《汉仪》。
⑤ 《史记·平准书》注。

（5）**私出界律**。为防止诸侯王互通有无，密谋叛乱，特规定诸侯国王未经同意不得擅离封地，违者降为侯爵。

（6）**非正与乱妻妾位律**。诸侯王施行严格的嫡长子继承制。只允许嫡子也即正妻之子为嗣。如正妻无子，则除国为郡，庶子再多也无用。若试图让庶子继承，即谓“非正”，免为庶人。如若试图从母亲那里变更庶子地位，则为“乱妻妾位”，不仅免为庶人，而且有时还处以迁刑。此律看似与推恩令相互矛盾，有嫡之诸侯庶子可以推恩，无嫡的却一律为庶人，实为彻底削藩之意。

二、汉家制度的思想流变

（一）汉初的黄老思想

正所谓“**汉承秦制**”，诸多的秦法都被赋予了新的生命力。不过，汉初并没有继承法家思想，反倒偏向于“**无为而治**”的黄老思想。一是为了修养身心，二是对秦代过度干预社会的弊端有所警惕。刘邦的重要谋士陆贾曾指出：“事逾烦天下逾乱，法逾滋而天下逾炽，兵马益设而敌人逾多。秦非不欲治也，然失之者，乃举措太众，刑罚太极故也。”是故“道莫大于无为”。[①] 不过，黄老思想依然与法家有着千丝万缕的联系。

据《论衡·自然》载：“黄者，皇帝也；老者，老子也。黄老之操，自中恬静淡，其治无为，正身共已而阴阳自和，无心于为而物自化，无意于生而物自成。”黄老思想相传源于“河上丈人派道家黄老之术”，于战国末年产生，流行于秦楚之际，至汉高祖、惠文景帝时期而极盛，武帝之后渐衰亡。长沙马王堆三号汉墓出土的《老子》卷前有《经法》《十六经》《称》《道原》四篇古佚书，被认为系《汉书·艺文志》所称的“黄帝四经”，与《老子》合在一起，应是黄老之学的经典之一。黄老学说关于“黄”的内容应该属于刑（形）名学的范畴，与老子学说迥异，乃是从老子哲学生发的一种实用主义哲学。汉初遵循的黄老之学实杂**刑名之术**。史载：“孝文本好刑名之

① 《新语·无为》。

言。及至孝景，不任儒，窦太后又好黄老术，故诸博士具官待问，未有进者。”① 因为，汉初统治者明白，想要从根本上彻底斩断同法家的联系是不切实际的幻想。正如儒家一样，秦代的焚书坑儒并没有彻底终结其命运。汉初选择黄老思想，只是选择了更加隐秘且温和的法家思想罢了。

西汉之前的诸子，都以“攀附”远古贤人作为宣传策略。比如儒家可追溯到尧舜，墨家则追溯到夏禹，道家更可追溯到黄帝。思想渊源越久远，越有经久不衰之效果。汉初宣称以“黄老”取代“法家”，正是为了迎合“苦秦久矣”的天下对太平盛世美好的向往。

在此思想指导下，汉初“七十年间，国家亡（无）事，非遭水旱，则民人给家足……”② 然而，黄老思想也留下了很多隐患。其一，由于黄老思想主清静无为、贵柔守雌等，政治上的自由导致诸侯王乘势膨胀，君弱臣强更甚。其二，经济上的放任导致官商勾结，严重侵蚀国家资产，奢侈之风甚嚣尘上。不过，文化上的自由则让包括儒家在内的诸子思想得到了一定程度的恢复和发展，为新统治学说的确立提供了机会。《史记·太史公自序》载：“自曹参荐盖公言黄老，而贾生、晁错明申、商，公孙弘以儒显。”儒家思想之所以能够最后胜出，也得益于当时能“荟萃先秦各家之重要精义，将之尽行吸收，融会为一”③。

（二）霸王道思想兼收

诚如钱穆所言：“汉之初兴，百废待举，与民休息，故黄老之说为胜；至于文景，生气转苏，而纲纪未张，文景遂外取黄老，内主申韩。武帝其时，物力既盈，纲纪亦立，而黄老申韩之学主于衰乱，惟经术儒术，高谈唐虞三代，礼乐教化，独为盛世之憧憬。如此，舍之为谁？”④ 儒学能够复兴，说明秦代的“焚书坑儒”对儒学并不是毁灭性的打击。

据《史记·儒林列传》载：“故汉兴，然后诸儒始得修其经艺，讲习大射乡饮之礼。叔孙通作汉礼仪，以为太常，诸生弟子共定者咸为选首。于是

① 《汉书·儒林传》。
② 《汉书·食货志》。
③ 钱穆：《中国历史研究法》，生活·读书·新知三联书店，2005 年，第 87 页。
④ 钱穆：《秦汉史》，生活·读书·新知三联书店，2005 年，第 65 页、第 69 页。

喟然叹兴于学。”陆贾早已主张诸子互补以为国家意识形态：“合之者美，可以为法，因是而权行。”[①] 经历文景之治之后，汉代君臣不再像秦代统治者那般偏狭，兼收并蓄诸子中有益于政治统一的学说已是武帝开启的时代潮流。武帝即位前，因“窦太后又好黄老之术，故诸博士具官待问，未有进者”。武帝即位以后，因“赵绾、王臧之属明儒学，而上亦乡之”，于是“招方正贤良文学之士”。待窦太后崩，“武安侯田蚡为丞相，绌黄老刑名百家之言，延文学儒者数百人。”[②] 此处“绌”乃“贬退”之意，并且是武帝和田蚡最早开始“绌黄老刑名百家之言”，而非**董仲舒**。班固在《汉书》中盛赞武帝“**罢黜百家，表章六经**”,[③] 并未论及“独尊儒术”。

董仲舒推崇的公羊学更非纯正的儒学，明显杂糅了阴阳五行等思想。建元五年（前 136 年），武帝设立五经博士，开始传授经学。经学独占官学，与利禄之途密切联系起来，儒学开始经学化。《诗》《书》《礼》《易》《春秋》每经只一家，置一位博士，故称**五经博士**。到西汉末，逐渐增至十四家，也称五经十四博士。传经要遵守师法和家法。师法，即一家之学创始人的说经。家法，即一家之学继承人的说经。先有师法，后有家法。这一官方主导的知识传授体系，体现着大一统专制之意：“特为欲复古者王官之学之旧，以更易秦廷末世之所建。惟深推其用意，实亦不出秦廷统私学于王官，而以吏为师之故智耳”[④]。

武帝对内大兴文治，“汉之得人，于兹为盛”[⑤]。各种贤良文学皆入其麾下，董仲舒生逢其时，他研习的《公羊传》“大一统”模式为武帝提供了重建帝国一统秩序的思想利器和可行方案。元光元年（前 134 年）董仲舒连上三篇策论，因首篇专谈“天人关系”，故称“**天人三策**”，提出了五大解决方案以备武帝选用：大一统的中央集权、政权合法性、尊儒、人才培养和选拔、思想改革问题，以“三纲五常”重建天子至高无上的社会等级秩序。在论证治国及为君之道时，董仲舒提出了三条基本原则：君王要恭敬地承受天

---

① 《新语·本事篇》。
② 《史记·儒林列传》。
③ 《汉书·武帝纪》。
④ 钱穆：《秦汉史》，生活·读书·新知三联书店，2005 年，第 65 页、第 69 页。
⑤ 《汉书·公孙弘卜式儿宽传》。

意，顺从天命；对下务必要彰明教化，感化百姓；端正法度原则，区别上下序列，杜绝欲望。而端正法度之根本则是要将三纲五常之精神贯彻到法律中。

在董仲舒看来，设置五经博士并未达到统一思想的效果："今师异道，人异论，百家殊方，指意不同，是以上无以持一统，法制多变，下不知所守。臣愚以为，诸不在六艺之科，孔子之术者，皆绝其道，勿使并进。邪辟之说灭息，然后统纪可一，而法度可明，民知所从矣。"[①] 而董仲舒主张以公羊学统一思想的策略并不可行，毕竟公羊学主要是着力阐发《春秋》的微言大义，是以意解经而非以实证解经，容易导致"言人人殊"，"质问疑谊，各持所见"[②]。

汉宣帝时，汉廷已经明确："**汉家自有制度，本以霸王道杂之**，奈何纯任德教，用周政乎？且俗儒不达时宜，好是古非今，使人眩于名实，不知所守，何足委任？"[③]"霸王道杂之"给宣帝带来了丰厚的回报，史称"孝宣之时，信赏必罚，综核名实，政事、文学、法理之士，咸精其能。至于技巧、工匠、器械，自元、成间鲜能及之，亦足以知吏称其职，民安其业也"[④]。汉元帝刘奭（shì），"少而好儒，及即位，征用儒生，……而上牵制文义，优游不断，孝宣之业衰焉"[⑤]。说明儒家此时已经能够独断朝政。经成帝、哀帝至平帝，儒者出身的外戚王莽摄政，儒家"独尊"的地位最终形成。

当时社会风行**谶（chèn）纬之学**。谶者，诡为隐语，预决吉凶，大部分为秦汉间巫师、方士编造的预示吉凶的隐语。纬者，经之支流，衍及旁义，因相对于"经书"，故称"纬书"，倾向于把儒家经典神秘化和宗教化。加上谶纬之学亦有"言人人殊"的特点，经学开始走向谶纬化。谶纬之术被私心利用后，儒学便开始走入歧途，致使东汉的意识形态更加复杂。

---

① 《汉书·董仲舒传》。

② 《汉书·儒林传》。

③⑤ 《汉书·元帝纪》。

④ 《汉书·宣帝纪》。

三、汉代立法的简繁之变

（一）从三章到九章

前206年，刘邦攻克秦都咸阳，随后宣布了“杀人者死，伤人及盗抵罪，余**悉除去秦法**”，此即著名的“**约法三章**”。仅靠三章之法当然无法维护当时混乱的社会秩序，主要以“悉除去秦法”为目的。然而，事与愿违，汉初的统治没有经验可循，只有秦法可咨参考，素有“**汉承秦制**”一说。于是，出身秦代基层的官吏萧何“攈摭（jùn zhí）秦法，取其宜于时者，作律九章”。萧何完全继承了以《法经》六篇为底本的秦法，又益以“**兴**”“**户**”“**厩**”三篇，共九章，故称“**九章律**”。这种简单地增删律篇的做法导致“九章律”的篇章结构十分混乱：“旧律因秦《法经》，就增三篇，而《具律》不移，因在第六。罪条例既不在始，又不在终，非篇章之义。”① 以事类作为篇名的增删方法，随着社会情势之发展，又造成了汉代法典“篇少则文荒，文荒则事寡，事寡则罪漏”② 的弊端。

再说，萧何所增加的“兴”（主要规定征发徭役、城防守备之事）、“户”（主要规定户籍、赋税和婚姻之事）、“厩”（主要规定牛马畜牧和驿传之事）三篇，关乎后勤建设，乃萧何的重要政绩。汉初论功行赏，萧何位列第一，诚如刘邦所言：“镇国家，抚百姓，给馈饷，不绝粮道，吾不如萧何。”③ 萧何“次律”只增加与自己相关的三篇，虽囿于当时社会环境，但很难说没有私心。

（二）六十篇及其他

由于汉初“九章律”有如此弊端，此后，“叔孙通益**律所不及**，《傍章》18篇。张汤《越宫律》27篇。赵禹《朝律》6篇。合60篇。又汉时决事，集为《令甲》以下300余篇，及司徒鲍公撰嫁娶辞讼决为《法比都目》，凡九百六卷”④。至此，“**汉律六十篇**”确立，其中《傍章》，是关于朝仪的法

①②④ 《晋书·刑法志》。
③ 《史记·高祖本纪》。

律。《越宫律》，是关于宫廷守卫的法律；《朝律》，是关于朝贺的法律。除了律之外，尚有令、比、科等重要的法律形式。

令，即皇帝诏令，是律的补充。然汉代律令概念模糊，二者之间难以明确区分。这也是后世皇帝所期望的结果：在先王之法不可更改的祖训之下，后主要有所作为，须另立法规。而“令”是最优的选择形式。正如武帝时期酷吏杜周认为：“前主所是著为律，后主所是疏为令。”①

比，又称决事比，是可用来断案的典型判例。或经由特殊案件形成，如《腹非之法比》；或由官府汇编整理的判例集，以及包含有案例的诏令册，如《春秋决事比》《廷尉比》《嫁娶辞讼比》等。比的数量极大，到武帝时，仅死罪的决事比就有一万三千余例。

1983 年发掘于湖北江陵县的**张家山汉简**表明，科已是当时独立的法律形式。东汉已存在管理“科程”的专门法曹，如太尉等公府掾（yuàn），“掾史属二十四人。……辞曹主辞讼事，法曹主邮驿科程事”②。科的作用既有定罪正刑，也有计功行赏。公府和地方官府可以用科来发号施令，自然被曹魏以及蜀吴继承。③

196 年，汉献帝迁都许昌时，因战乱，旧章湮没，书文罕存，应劭（shào）“辄撰具**律本章句**、**尚书旧事**、**廷尉板令**、**决事比例**、**司徒都目**、**五曹诏书及春秋折狱**，凡二百五十篇，蠲（juān）去复重，为之节文。又集**驳议**三十篇，以类相从，凡八十二事”④。由此看来，汉代所认可的法律形式主要有：①律本章句。律本是指汉律本文，是基本且稳定的法律形式，全文照录无所更改；章句则是对律的注释。②尚书旧事。主要为行政法规，类似于此后的“故事”。③廷尉板令。因廷尉掌刑辟，主要是有关狱讼的规定。④决事比例。即可供以后判案比附的例子。⑤司徒都目。东汉司徒为三公之一，主要包括嫁娶词讼在内的判例，似以民事为主。⑥五曹诏书。因汉有常侍曹、二千石曹、户曹、主客曹、三公曹等五曹，为尚书之下分管具体事务的行政官员，故多为行政法规。⑦春秋折狱。即董仲舒所撰以经义断案的案

① 《史记·酷吏列传》。

② 《后汉书·百官志一》。

③ 刘笃才：《汉科考略》，载《法学研究》，2003 年第 4 期。

④ 《后汉书·应劭列传》。

例。⑧议驳。即有关案件应如何处理所作的辩驳。以上八类足见汉法形式的丰富。然各种法律形式并无特别区分，缺乏统一规划和定期清理，导致汉法“世有增损，率皆集类为篇，结事为章。一章之中或事过数十，事类虽同，轻重乖异。而通条连句，上下相蒙，虽大体异篇，实相采入。……若此之比，错糅无常”[①]。“律令百有余篇，文章繁，罪名重，郡国用之疑惑，或浅或深，自吏明习者，不知所处，而况愚民。”[②] 终汉之世，汉廷也难以改变此等现状。

四、刑民法制变化与革新

（一）罪名设置的风格延续

汉律延续了秦代的罪名，除了前文所列规范诸侯王行为以达削藩之目的的罪名外，还包括以下两大类：

1. 危害皇权利益

（1）反逆。即谋反和大逆。大逆，即大逆不道，如盗毁山陵、宫阙及御物等。“大逆不道，父母妻子同产皆弃市。”

（2）大不敬、不敬。该罪所涉及的范围非常广泛，如奏疏切直、辞不逊顺、引喻不当、失大臣体、触犯皇帝名讳、征召不到、奉召不恭、坐骑至司马门、犯跸（bì）等。

（3）矫诏和废格诏令。矫诏，即篡改或诈称皇帝诏令的行为；废格，即制止或不执行皇帝的诏令或旨意。凡不奉诏书者，皆以不敬论。矫诏，重者处以腰斩；废格诏令，重者处以弃市。

（4）阑入宫殿门。阑入，即无理由无凭证擅自闯入。阑入宫门者，城旦；阑入殿门者，弃市。

（5）欺谩。即对皇帝、大臣进行欺瞒或瞒哄，具体又分为诋欺、谩、诬罔三种。诋欺，指罗织事实对皇帝、大臣进行诋欺或诬蔑。谩，指不如实向朝廷陈述，甚至故意隐瞒、欺骗。诬罔，指以不实之事诬陷君臣，属不道

---

① 《晋书·刑法志》。
② 《盐铁论·刑德》。

罪，常科以大辟。

（6）左道。即邪道，凡假托神怪，以迷信、天象及图谶蛊惑人心，批评时政，甚至诅咒皇帝等，犯者处死。

（7）首匿。主要指首谋窝藏罪犯。武帝“重首匿之科”，一概弃市，重者夷三族。

（8）通行饮食。亦称通行饮食群盗。凡为群盗通风报信、充当向导、提供饮食等，构成此罪，犯者处死。

（9）群盗起不发觉。武帝用兵征发无度，经济凋敝。百姓纷纷逃至山林草泽，结党成群，以武力反抗官府压榨。地方官对此往往行动迟缓，打击不力。于是，武帝制定《沈命法》，规定：“群盗起不发觉，发觉而捕弗满品者，二千石以下至小吏主者皆死。”“沈，藏匿也。命，亡逃也。”只不过该法收效甚微，“其后小吏畏诛，虽有盗不敢发，恐不能得，坐课累府，府亦使其不言。故盗贼寖多，上下相为匿，以文辞避法焉”。①

（10）见知故纵。见知，即官吏知晓他人犯罪而不举告者，连坐；故纵，指知人犯法而不检举，或故意开脱其罪。

（11）漏泄省中语。即泄露朝廷机密事宜，可处以腰斩或弃市。

2. 危害私人利益

（1）**杀人罪**。根据杀人的不同客体和情由，分为谋杀、贼杀、斗杀、戏杀、误杀、使人杀人、轻侮杀人、复仇杀人、狂易杀人等：

①谋杀，凡谋杀处弃市，未遂减免。

②贼杀，相当于故杀。因系故意杀人，刑罚较重。但汉成帝时规定，贼斗杀人，经上请可减死论处。

③斗杀，也称斗变杀伤，即双方因争执斗殴而杀人致死。汉律对斗变杀伤，处罚甚重，“斗变杀伤捕邻伍”，不仅要严惩犯者，还要邻伍连坐。

④戏杀，指本来无心杀人，因嬉戏而致人死亡。

⑤误杀，与故杀相对，过失杀人不坐死。

⑥使人杀人，指教唆或指使他人杀人。此种行为以首犯论处，常处以极刑。

---

① 《史记·酷吏列传》。

⑦轻侮杀人，指子孙杀死侮辱自己尊亲的行为。

⑧狂易杀人，指因病狂失去控制而杀人。

（2）**伤人罪**。伤人罪可分为斗伤、贼伤和盗伤三种：

①斗伤，指斗殴中所造成的伤害，分为刃伤与非刃伤两种。刃伤从重惩处，一般为完城旦。非刃伤从轻。

②贼伤，指蓄谋伤害人，一般处以髡钳城旦春。

③盗伤，分强盗伤人和窃盗伤人。窃盗拒捕伤人，按强盗论。

（二）刑罚配置的主要变化

汉代刑罚种类多承秦法，涵盖死刑、肉刑、笞刑、劳役刑、赎刑，还有徒边刑和禁锢刑等。

死刑沿用秦制，如族刑、枭首、腰斩、弃市等，枭首、腰斩、弃市成为常刑。死刑多采用“殊死”，即斩首处决犯人。族刑实际上是死刑的扩大化，“**夷三族**”为法定常刑。汉初“有夷三族之令。令曰：‘当三族者，皆先黥，劓，斩左右止，笞杀之，枭其首，菹（zū）其骨肉于市。其诽谤詈（lì）诅者，又先断舌。’故谓之具五刑。彭越、韩信之属皆受此诛”。[①] 三族之范围，说法不一。《仪礼·士婚礼》注曰：“三族限于同宗之久昆弟、己见弟及子昆弟。”《史记·秦本纪》张晏注则曰：“父、兄弟及妻子。”《史记·秦本纪》如淳注则曰：“父族、母族及妻族。”

肉刑主要有宫刑和斩止（趾）刑。**笞刑**成为最主要的刑罚之一。《汉书·刑法志》载：“笞者，所以教之也，其定箠令。”

劳役刑有明确刑期。城旦舂附加髡钳者（以铁束项曰钳）为五岁刑，不加髡钳者即完城旦舂为四岁刑。据《汉书·惠帝纪》载：“上造以上及内外公孙耳孙有罪当刑及当为城旦舂者，皆耐为鬼薪白粲。”应劭注曰：“取薪给宗庙为鬼薪，坐择米使正白为白粲，皆三岁刑也。”又《汉旧仪》载：“罪为司寇，司寇男备守，女为作如司寇，皆作二岁。”汉代有男罚作和女复作刑，刑期皆为1年。

赎刑增设“女徒顾山”，亦称“顾山”，是专为女犯而设立的赎刑。女犯

① 《汉书·刑法志》。

定罪后可释放回家，但每月须出钱三百由官府雇人到山上砍伐木材，以代替女犯服役。罚金刑用金属货币偿付，例如“三人以上无故群饮，罚金四两”“跸先至而犯者，罚金四两”①“诸侯在国，名田他县，罚金二两”②。

徒边刑为减死一等的刑罚，即指将罪犯连同家属，迁置于边疆服役，未经许可不得返回原籍。如章帝建初七年（82 年），“诏天下系囚减死一等，勿笞，诣边戍，妻子随，占著所在”③。以后和帝、安帝、桓帝时皆有徒边之令。

禁锢刑即剥夺罪犯的为官资格。文帝时“贾人，赘婿及吏坐赃者，皆禁锢不得为吏”。④ 禁锢事由可以为身份、犯罪、受到牵连、品行不端等。西汉一般作为附加刑使用，东汉则作为主刑使用。

（三）肉刑改革的开创贡献

汉代刑罚体系的变革当属文景时期的肉刑改革。自高祖至文景，帝国选择了极为宽和的法律适用原则，“风流笃厚，禁网疏阔”，“是以刑罚大省，至于断狱四百，有刑错之风”。⑤ 文帝之时，因**缇萦救父**之事，才对汉法做了局部性和临时性的调整，主要围绕肉刑改革展开：“其除肉刑，有以易之；及令罪人各以轻重，不亡逃，有年则免。具为令。”⑥ 目的是用不残害躯体的体罚刑和限制自由、强制劳役的徒刑取代肉刑，具有开创性贡献。

汉文帝废除肉刑前后的刑罚设置见表 2－1。

表 2－1　汉文帝废除肉刑前后的刑罚设置

改革前刑罚	改革后刑罚
髡（完）	完为城旦舂
黥	髡钳为城旦舂

① 《史记·张释之传》。
② 《汉书·哀帝纪》。
③ 《后汉书·肃宗孝章帝纪》。
④ 《汉书·贡禹传》。
⑤⑥ 《汉书·刑法志》。

续上表

改革前刑罚	改革后刑罚
劓	笞三百
斩左止（趾）	笞五百
斩右止（趾）	弃市

此次改革将过去较轻的"髡、黥"改为徒刑。"髡"为剔去须发之刑，为羞辱刑，正所谓"身体发肤，受之父母，不敢毁伤，孝之始也"[①]。此次改为"完为城旦舂"，而"城旦舂"是秦汉徒刑较重的一种。黥为墨面纹身之刑，是毁伤肢体的肉刑，改为"髡钳为城旦舂"，是比"完为城旦舂"更重的徒刑。

劓刑改为"笞三百"，"斩左止（趾）"改为"笞五百"，"斩右止（趾）"改为"弃市"。在后世各代的刑罚中，徒刑一般重于笞刑，但此次改革的笞刑反倒重于徒刑，主要原因在于，当时"笞三百""笞五百"都是较重的刑罚。"外有轻刑之名，内实杀人。斩左止者笞五百，当劓者笞三百，率多死。"[②] 景帝之际，才对笞刑做了进一步改革。一方面减少了笞数，先是"笞五百曰笞三百，笞三百曰二百"。后来更减成"笞三百曰二百，笞二百曰一百"。另一方面又制定《箠令》，规定："笞者，箠长五尺，其本大一寸，其竹也，末薄半寸，皆平其节。当笞者笞臀，毋得更人。毕一罪乃更人。"减少了受笞而死亡的可能性。然而，景帝减轻笞刑又导致了"死刑既重，而生刑又轻，民易犯之"[③] 的弊端，**刑种失衡**，"轻重乖度"[④]，死刑与生刑之间缺少过渡，不得不恢复宫刑。[⑤] 就此而言，文景帝的肉刑改革并非考虑周全，颇有应急性的特点。于是，肉刑废除并未彻底，后世出现过多次反复，并且将笞刑置于徒刑之下，作为轻刑使用。

（四）法律儒家化及其成就

法家是以"建立全能国家、统制一切"为核心归旨的学派，因与汉初之

① 《孝经·开宗明义篇》。

②③ 《汉书·刑法志》。

④ 《晋书·载记·慕容超》。

⑤ 张晋藩主编：《中国法制通史》（第二卷），法律出版社，1999年，第508页。

后的世道人心相背，待汉帝国政局稳固之后，开始出现了法律的儒家化倾向。所谓法律儒家化，表面上为明刑弼教，骨子里则是以礼入法，是关于怎样将礼的精神和内容融入法家所拟定的法律之中的问题。换句话来说，也就是怎样使统一性的法律成为有差别性的法律的问题。[①] 法律儒家化的过程可分为**引经决狱**、**引经注律**、**引经入律**三个阶段。

汉初的公卿多是军功贵族世家，执法官吏多为狱吏出身，前者少文多质，论议务在宽厚，主张无为自化；后者比附律条，在政治清明之世能够严格执法。到武帝时，“公卿大夫士吏彬彬多文学之士矣”[②]。这批新型官僚“习文法吏事，缘饰以儒术”[③]，自然会用儒经决狱，以董仲舒为代表。士人争相效仿，开始了引经注律，律学遂依附于经学。

引经注律的主要依据是儒家经典。东汉的经学已转向章句之学，即用训诂的方法逐字逐句地对儒经进行解释，重在释义篇章字句，而非阐发大义。此种注经之法被用来注律，形成“**律令章句**”，蔚为壮观。史载：“后人生意，各为章句。叔孙宣、郭令卿、马融、郑玄诸儒章句十有余家，家数十万言。凡断罪所当由用者，合二万六千二百七十二条，七百七十三万二千二百余言，**言数益繁，览者益难**。天子于是下诏，但用郑氏章句，不得杂用余家。”[④] 律学跟随经学呈现出繁荣发展之局面。

儒家经典对汉代法制影响主要体现在以下三大方面：

1. 亲亲相首匿

一定范围的亲属，除谋反、谋大逆外，均可因互相包庇、隐匿犯罪而免除或减轻刑罚。据《论语·子路》载：“叶公语孔子曰：‘吾党有直躬者，其父攘羊，而子证之。’孔子曰：“吾党之直者，异于是。子为父隐，父为子隐，直在其中矣。”于是，汉宣帝地节四年（前66年）诏曰：“父子之亲，夫妇之道，天性也。虽有患祸，犹蒙死而存之，诚爱结于心，仁厚之至也，岂能违之哉！自今子首匿父母、妻匿夫、孙匿大父母，皆勿坐。其父母匿

① 瞿同祖：《中国法律之儒家化》，载瞿同祖：《瞿同祖法学论著集》，中国政法大学出版社，2004年，第372页。

② 《汉书·儒林传》。

③ 《汉书·公孙弘卜式兒宽传》。

④ 《晋书·刑法志》。

子、夫匿妻、大父母匿孙，罪殊死，皆上请廷尉以闻。”

2. 上请制度化

所谓“上请”，即特殊人群犯罪，不得擅自拘决，需奏请皇上。该制度源于西周“八议”，最初适用于一定级别的贵族官僚。汉代的上请始于高祖七年诏曰：“郎中有罪耐以上，请之。”① 宣帝黄龙元年（前49年）诏曰：“吏六百石位大夫，有罪先请。”② 平帝元始元年（1年）又令“公、列侯嗣子有罪，耐以上先请”③。于是，六百石以上官吏、列侯嫡子犯罪均可享受上请。至东汉时，上请范围继续扩大。光武帝建武三年（27年）诏曰：“吏不满六百石，下至墨绶长、相，有罪先请。”④ 即便是不满六百石的官吏，也可享受上请。上请的对象还扩大到皇室宗亲、外戚，包括老幼之人，以及因亲情触犯法律之人。

3. 矜恤多样化

《尚书·舜典》载：“惟刑之恤哉。”汉代规定老幼废疾者或妇人犯罪，可在量刑和监禁方面给予优待。汉惠帝继位即诏曰：“民年七十以上若不满十岁，有罪当刑者，皆完之。”⑤ 景帝时又令曰：“年八十以上，八岁以下，及孕者未乳、师、朱儒，当鞠系者，颂系之。”⑥ “鞠系”即监禁，“颂系”即免戴戒具。宣帝元康四年（前62年）再次诏曰：“自今以来，诸年八十以上，非诬告、杀伤人，它皆勿坐。”⑦成帝鸿嘉元年（前20年）又令曰：“年未满七岁，贼斗杀人及犯殊死罪者，上请廷尉以闻，得减死。”⑧平帝元始元年诏曰：“天下女徒已论，归家，顾山钱月三百。”⑨东汉光武帝建武三年诏曰：“男子八十以上，十岁以下，及妇女从坐者，自非不道，诏所名捕，皆不得系。”⑩ 如此等等。

从上请和矜恤制度可见，汉代刑事责任年龄标准分别出现过10～70岁、8～80岁、7～80岁、10～80岁等多种。无论采取哪一种责任年龄，

---

① 《汉书·高帝纪》。
②⑦ 《汉书·宣帝纪》。
③⑨ 《汉书·平帝纪》。
④ 《后汉书·光武帝纪》。
⑤ 《汉书·惠帝纪》。
⑥⑧ 《汉书·刑法志》。
⑩ 《后汉书·光武帝纪》。

均比秦代以身高作为判定标准更加科学。

（五）民间财富制度化分配

战国之际，庞大而繁荣的市场中心随处可见，赚钱盈利与契约互惠的市民心态非常流行，而这两个重要条件正是重商主义发展的沃土。到了汉代，面对人口的压力，国家不得不推行劳动密集型且高度精细的集约化农业，于是出现了一种重商性农业经济的苗头。但很快被“**重农抑商**”的传统观念所扼杀。在汉初一百年内，国家一直在与颇具影响的城市商贾进行斗争，例如采取对重要商品专营、发展官营工商业、歧视性征税及其他财政货币措施，试图实现对整个社会的完全控制。

首先，商贾与犯罪官吏、亡命者、赘婿被国家同列为七种人，遣往边郡强制戍卫，称为“**七科谪**”。“七科”中商人地位最低，犯罪官吏、逃犯、赘婿谪止其身，而商贾一律谪戍，甚至推及父母、祖父母。此外，汉代更是禁止官吏为商。

其次，武帝为增加财政收入，对市场交易、车辆和财产开征新税，以补充从产品征收的实物税和人口税[①]的不足。同时为了打压商人，对其苛以重税。元光六年（前129年）的“初算商车”，即按商贾车船的拥有量征税。元狩四年（前119年）颁布**《缗（mín）钱令》**，即算缗钱，商人纳税“率缗钱二千而算一”，一算为一百二十钱，即财物按6%纳税，比手工业者税额多一倍。“商贾轺（yáo）车二算，船五丈以上一算”，即商人比有车的吏民税额也多一倍。算缗钱是专门针对工商业者制定的税目，是向货物成本即营业资本征税，属于财产税范畴。《缗钱令》颁布后，“豪富皆争匿财”。于是，元鼎三年（前114年）推出**《告缗令》**，对隐瞒不报或自报不实者，鼓励揭发。凡揭发属实，即没收被告者全部财产，并罚戍边一年，告发者奖给被没收财产的一半。此令一行，各地争相告缗。此后，又扩大了税收的征收范围。凡豪家及中产之家的财产，包括缗钱、商货、车、船、田宅、牲畜、及

---

① 人口税包括针对成年人所征收的算赋和针对未成年人的口赋。算赋是国家税收，归大司农；口赋是帝室税收，归少府。

至奴婢等，均在征税之列。直至汉末，汉代从未废止过算车、船和缗钱的税目。[①]

再次，武帝元鼎二年（前115年），担任大农丞的桑弘羊试办**均输法**："往者，郡国诸侯各以其方物贡输，往来烦杂，物多苦恶，或不偿其费。故郡国置输官以相给运，而便远方之贡，故曰均输。"元封元年（前110年），桑弘羊又创立了**平准法**："置平准于京师，都受天下委输。召工官治车诸器，皆仰给大农。大农之诸官尽笼天下之货物，贵即卖之，贱则买之。如此，富商大贾无所牟大利，则反本，而万物不得腾踊。故抑天下物，名曰'平准'。"所谓均输，就是将实物纳贡（税）转换为货币或政府所需物资（战略储备）；平准，就是通过国家采购和销售来平抑物价（打击投机倒把）。均输平准之法，古已有之，两相结合，建立了一个由朝廷大司农统一管理调度的商业运销网络，发挥了宏观经济调控、抑制民间富商大贾和充实国家财政等多种功能，多为后世效法。

最后，推行盐铁酒专卖。富商大贾"冶铁煮盐"财累万金，而"不佐国家之急，黎民重困"[②]。有鉴于此，武帝元封元年重禁山泽，实施盐铁官营。但官营逐渐使一部分财富集中于大官僚、地主及商人手中，从而剥夺了中小地主的利益。昭帝始元六年（前81年），就中央是否对盐铁实行专卖一事展开激烈辩论，史称"盐铁会议"。盐铁会议后，国家正式退出垄断经济领域。总体而言，汉代所推行的经济控制制度，"言其得失，则算缗一事，厉民最甚……告缗以外，其祸民甚者当推铸钱……汉武一朝财计，争执最大者，为盐铁之专卖……均输亦桑弘羊理财大计……要其立法本意，则未尝全无可取也。卖爵一事，波及吏治，流弊亦甚。其他关系较小，无足深论矣"。[③]

严厉打击商贾的法律政策，导致富裕的商贾转战于田地，进一步加剧了土地兼并。汉代的土地制度意在对富户豪强所拥有的土地数量给出上限，以制止对穷人的剥削并制约土地权贵的发展。[④] 在武帝元狩三年（前120年）

---

① 杨振红：《汉代算车、船、缗钱制度新考——以〈史记·平准书〉为中心》，载《文史》，2007年第4期。

② 《史记·平准书》。

③ 钱穆：《秦汉史》，生活·读书·新知三联书店，2004年，第191－195页。

④ 杨联陞：《中国制度史》，彭刚、程刚译，江苏人民出版社，2007年，第107页。

左右，董仲舒首倡限制土地所有权，但却未见实行。王莽在始建国元年（9年）推行家喻户晓的土地国有化政策，但三年后即告失败。终汉之世，土地问题始终没有解决，造成疯狂兼并，使政府减轻租税的政策全失功效。

总之，秦代以及之前累积下来的社会和经济非正义问题，尤其是**土地和财富分配的非正义**问题，在汉代进一步恶化。国家选官采用的察举制，被有钱有势者利用。这些人在政府官员中的人数开始增长，门阀制开始显现。官僚阶层的权贵化以及官、商、儒的结合，令土地和财富分配成为汉代最为棘手的难题。① 可以说，秦汉帝国虽克服了古代社会封建体制下宗主和封君之间的矛盾，但又产生了国家政权和社会豪强之间的新矛盾。

第三节　秦汉司法机制及其裁判方法

一、司法机制

皇帝对一切重大案件均有最后决定权，是最高的司法裁判者。中央负责司法事务的官员为廷尉，“廷尉”既是官名，又是机构名。“廷”，意指有断狱必经朝廷，治狱当公平。“尉”，原为军官名称，可谓兵刑同源之佐证。秦代十分重视断狱与行刑，因此，廷尉成为九卿之一，负责审理皇帝交办的案件和地方上报的重大案件，以及审断各郡的疑难案件，下设正和左右监等属官。汉代廷尉以冷酷著称，往往父传子，子传孙，位高权重。

地方并无专职司法官员，采用**行政兼理司法**，一般案件由地方郡守、县令自行审判。汉代地方权力极大，一般案件均可自行处理，甚至享有死刑案件的处决权。乡设“有秩”和“啬夫”，专理民间纠纷，协助缉捕罪犯，有时也直接受理案件。司法权的行使一般遵照以下程序：

---

① 参见许倬云：《汉代农业：早期中国农业经济的形成》结语部分，程农、张鸣译，江苏人民出版社，2012 年。陈启云：《汉代中国经济、社会和国家权力——评许倬云的〈汉代农业：早期中国农业经济的形成〉》，载《史学集刊》，2005 年第 1 期。

（一）一般程序

1. 告劾与逮捕

告，即“下告上”，分为**口诉**、**书告**、**上变**三种。口诉在汉代称为“自言”。书告分为普通上书和谒阙上书，后者指案件受害人或其他当事人到京师向中央司法机关提出诉讼，类似于越级诉讼。上变是指官吏或百姓向中央呈递文书告发。**劾**，即“上告下”，分为劾而不案、劾而后案、案而后劾等几种形式。**自告**，即自首。据《史记·淮南衡山列传》载：“闻律先自告，除其罪。”

秦代根据控告者与被告者的关系及侵害行为的性质，还将诉讼分为“**公室告**”与“**非公室告**”。例如儿子盗窃父母财物，父母（或主人）擅自杀死、刑伤、髡剃其子（或奴婢），均属于秦律规定的“非公室告”（即“家罪”），官府不予受理，如仍行控告，告者有罪，以便维护家长权。

执行逮捕的中央司法机构有执金吾（yù）[①] 和司隶校尉。地方司法机构有刺史、郡守、贼捕掾[②]、县令、县都尉、游徼、亭长等。逮捕一般须具备两个条件：一是对犯罪当事人提出告诉；二是司法机关受理该案。实施逮捕应持有逮捕凭证，有召书、系牒、诏狱书三种。

对于潜逃外地或被控而身在外地的人犯，通常有两种逮捕方法：一是移书委托当地司法机关逮捕；二是委派官吏亲赴潜逃地会同当地司法官员共同逮捕。逮捕方式有三：诏捕（即皇帝下诏逮捕）、逐捕（即追捕）、名捕（即通缉）。

2. 审判与执行

审讯“**必先尽听其言而书之**”，即先听完口供并加以记录，之后再根据其口供的矛盾和模糊之处进行诘问。刑讯是不鼓励的，仅对多次改变口供者，施加刑讯。审讯的效果分为“**上、下、败**”三等：能根据口供查清犯罪

---

① 执金吾是秦汉时率禁兵保卫京城和宫城的官员，本名中尉，其所属兵卒称为北军。武帝太初元年（前104年）改名为执金吾。王莽时改名奋武，东汉时复称执金吾。西汉执金吾担负京城内的巡察、禁暴、督奸等任务，和守卫于宫禁之内的卫尉相为表里。

② 贼捕掾是汉代主捕盗贼的小吏。据《汉书·张敞传》载：“敞使贼捕掾絮舜有所案验。舜以敞劾奏当免，不肯为敞竟事，私归其家。”颜师古注：“贼捕掾，主捕贼者也。”亦省称“贼捕”。

事实为上等；动用刑具才查明案情的为下等；采取恐吓的手段屈打成招则为“败”。

秦汉亦十分重视人证与物证。对证据的收集需要深入犯罪现场进行调查与勘验，需要查封的便进行“封守”，并制作笔录，即“**爰书**”。

审判称“**鞫狱**”。依汉制，乡、县、郡所审案件，如系大案（如杀人案）或疑案，则须将“具狱”向上级移交，称为“上具狱”。具狱是指汉代地方审判案件形成的全部卷宗。下级上报的具狱，上级可以发回重审。

鞫狱之后便“**读鞫**”，即宣读罪状和审理结果。如人犯及其家属不服，即可请求原审机关重审，称“**乞鞫**”。乞鞫可由当事人提出，也可由第三人提出。乞鞫以三月为限，逾期不采。重大疑难案件也可由御史大夫下令重审。重审时更换官员，原审所有当事人和原审法官及证人都需要出庭，最后由重审官员做出判决。就此而言，重审已并非简单的复审。倘若发现原审判决确有错误，原审官员要承担“失刑”或“不直”之责。故而，乞鞫后并不立即重审，经常是无限期拖延，以至“有罪者久而不论，无罪者久而不决”。

自秦代始，郡县分设监狱，称为“囹圄”。所谓“赭衣塞路，囹圄成市，盖随地为狱也”①。囚徒穿红色囚衣以作识别，戴木械、黑索和胫钳等刑具。郡县监狱除由郡县长官兼管外，设有专门官吏。郡监设都狱，县监设狱椽。每个监狱设“署人”和“更人”，负责看守和执勤。

（二）特殊程序

1. 疑狱奏谳

疑狱奏谳，即疑难刑案逐级上报复审制。为了解决疑案久拖不决，超期羁押的问题，汉高祖七年（前200年）诏曰：“狱之疑者，吏或不敢决，有罪者久而不论，无罪者久系不决。自今以来，县道官疑狱者，各谳所属二千石官，二千石官以其罪名当报之。所不能决者，皆移廷尉，廷尉亦当报之。廷尉所不能决，谨具为奏，傅所当比律令以闻。”② 即疑狱应从县到郡再到廷尉逐级上报，如廷尉仍难决断，即附上可比照的法律条文，报请皇帝裁决。

汉景帝时，针对地方随意处理疑狱的情况，赋予被告人上诉权，据《汉

---

①② 《汉书·刑法志》。

书·景帝纪》载："诸疑狱，若虽文致于法而于人心不厌者，辄谳之。"即便已对疑狱做出判决，只要被告人不服，仍可以上诉。为了体现慎刑精神，鼓励上报疑狱，景帝于公元前143年诏曰："狱，重事也。人有愚智，官有上下。……谳而后不当，谳后不为失。欲令治狱者务先宽。"即地方对疑狱的处理意见，即使廷尉认为不当，也不追究责任。然而，这一诏令无疑加重了中央负担，易使地方推卸责任，失去了朝廷钦恤之意。直到宋代，国家才进一步完善了疑狱奏谳。

2. 录囚制度

录囚制度始于汉代，是指皇帝、刺史、郡守审录在押囚犯，检查下级机关的缉捕、审判是否有误，及时审判和平反冤案。汉武帝时，录囚已是郡守之常职。每年八月州刺史"巡行所部郡国，录囚徒"。[①] 在"天人感应"的影响下，西汉中后期因灾录囚开始出现。自东汉始，皇帝亲自参与录囚。据《三国志·魏书·明帝纪》载，太和三年（229年），"改平望观曰听讼观。帝常言'狱者，天下之性命也'，每断大狱，常幸观临听之"。为了方便帝王录囚，设有专门的听讼观。"汉明帝继位，常临听讼观录洛阳诸狱。"[②] 此后，皇帝亲自录囚成为常制。然东汉"狱政致灾"观念得到进一步强化，更多的人将旱灾与冤狱联系起来。

不过，汉代录囚基本遵循理冤之本义，与此后出现的"**虑囚**"不同。到唐代，虑囚遂为赦之一端，因灾录囚减罪成为常事，帝王重在以怜悯之心赦宥犯罪。宋时亦然，虑囚已是不再有实质内容的规范性制度，且有增强司法任意性之虞，所以明清不再徒袭空名，而是形成了各具特色的会审制度。[③]

二、裁判方法

（一）春秋决狱

在汉儒看来，《春秋》是孔子手定的"刑书"，自然是刑狱断案的利器。

① 《后汉书·百官志》。
② 《晋书·刑法志》。
③ 马作武：《"录囚""虑囚"考异》，载马作武：《法律史思辨录》，法律出版社，2011年，第10－14页。

汉儒在立法上改行儒制进展不大的情况下，转以《春秋》作断狱之事，称“**春秋决狱**”，试图从司法上渗透法家之法，并最终实现法律儒家化的目的。此过程虽比立法改革来得缓慢，但比较隐蔽，遂能顺利推进。

春秋决狱首创者为董仲舒，其原理在于“**原心定罪**”。且看一例：“甲、乙与丙争言相斗。丙以佩刀刺乙，甲即以杖击丙，误伤乙。甲当何论？或曰：殴父也，当枭首。论曰：臣愚以为，父子至亲也，闻其斗，莫不有怵惕之心，扶杖而救之，罪所以欲诟父也。《春秋》之义，许止父病，进药于其父而卒，**君子固心，赦而不诛**。甲非律所谓殴父，不当坐。”[①] 由“君子固（原）心，赦而不诛”引出的就是董仲舒主张的“原心定罪”之原理。即无论行为结果如何，只要其动机正当就可获得赦宥，甚至有的根本就不视为犯罪。

“原心定罪”的实质是强调根据犯罪动机等主观方面来定罪量刑。“春秋之听狱也，必本其事而原其志。志邪者不待成，首恶者罪特重，本直者其论轻。”[②] 即必须根据犯罪事实来探索罪犯的犯罪动机等主观心态。凡心术不正，故意为恶者，即使未遂，也要处罚。对共同犯罪中的首谋和组织领导者等首恶分子从重处罚。而行为动机合乎道德人情，即使违反法律，也可以减轻甚至免于处罚。董仲舒断狱的例子曾被汇编成十卷的《春秋决事比》，共收录232个以《春秋》决案的典型案例作为参考。史称“故胶东相董仲舒老病致仕，朝廷每有大狱，数遣廷尉张汤亲至陋巷，问其得失，于是作《春秋折狱》二百三十二事，动以《经》对，言之详矣”[③]。

（二）引经决狱

春秋决狱是在以儒家思想“删定律令”而不得的情况下，旁出别径地推进法律儒家化进程的关键一步。法律儒家化是儒学经学化的目的，于是，汉代全面兴起了以儒家经典为裁判依据的“引经决狱”。由于经学各家解经之法各异，没有统一的标准，加之董仲舒的“原心定罪”平添了更多的人治色彩，到了西汉后期，春秋决狱成为君王乱法和官员舞文的正当理由，且愈演

① ［清］王谟：《汉魏遗书钞》辑董仲舒《春秋决事》。
② 《春秋繁露·精华》。
③ 《晋书·刑法志》。

愈烈。“及至孝武即位，外事四夷之功，内盛耳目之好，征发烦数，百姓贫耗，穷民犯法，酷吏击断，奸轨不胜。于是招进张汤、赵禹之属，条定法令，作见知故纵、监临部主之法，缓深故之罪，急纵出之诛。其后奸猾巧法，转相比况，禁罔浸密。律令凡三百五十九章，大辟四百九条，千八百八十二事，死罪决事比万三千四百七十二事。文书盈于几阁，典者不能遍睹。是以郡国承用者驳，或罪同而论异。奸吏因缘为市，所欲活则傅生议，所欲陷则予死比，议者咸冤伤之。”①

引经决狱带来的法律体系紊乱与司法腐败问题，汉代始终未能彻底解决。宋元之际的马端临在《文献通考》中对《春秋决事比》一书曾做了较为公允的评价：“《决事比》之书，与张汤相授受，度亦灾异对之类耳。帝之驭下以深刻为明，汤之决狱以惨酷为忠，而仲舒乃以经术附会之。……盖汉人专务以春秋决狱，陋儒酷吏遂得以因缘假饰。”② 这种司法裁决方法对汉代法制的根本破坏或比秦代一断于法的法家专政更具威力。汉代的儒家杂糅了先秦诸家的学说，在思想上侧重于“整合”而非“创造”，并未形成自成一体的理论。正因为如此，通过春秋决狱的方式渐进侵入汉代法律领域，是汉儒重新崛起的必然选择。

引经决狱需要不断引入儒家学说中有关“仁”“义”“孝”的原则，在公羊学、谶纬学诸如“天人感应”“阴阳灾异”等思想基础上产生了诸如“秋冬行刑”“录囚”等制度，确定了“经传决狱”“原心定罪”等法律方法，这些均对传统中华法系的发展起到了积极作用。但不得不说，自曹魏以后直至唐代立法，某种程度上说均是在汉代确立的德刑关系之儒家理论基础上，努力削除繁杂判例，从而消弭春秋决狱种种弊端之结果。

---

① 《汉书·刑法志》。
② ［元］马端临：《文献通考·经籍考》，中华书局，1986年，第1567页。

第三章

魏晋南北朝法律的关键蜕变

从公元2世纪末到5世纪初，中国历史呈现出一连串的大变革。在政治上，汉代的覆亡、三国（220—264年）的分崩离析、西晋（265—317年）短期统一的再现、晋室诸王自相残杀的“八王之乱”（300—310年）、自公元304年以来中国本部内外胡人和半胡人（五胡）的叛扰，以及东晋王朝（317—420年）向长江以南的地方撤退，持续了两个多世纪。公元383年，东晋孝武帝太元八年，著名的淝水之战摧毁了强大的异族统治者征服南中国的野心。北方拓跋魏的崛起，在5世纪初统一华北，建立北魏政权。自418年刘裕北伐后，南方的汉人几乎再也没有机会恢复北方失土。在大约200年的时间里，中国一直处在南北朝的统治格局下，直到589年，南陈被隋文帝所灭，南北方再次统一。

文化上的变革同样巨大：儒家的伦理教义日趋没落。东汉以来，经学仅限于章句训诂，微言大义完全被忽略。门阀士族垄断知识，学在家庭日渐成风。佛教开始广泛流行，不但渐为大众信奉，而且也为许多士人所接受。道教也在南北朝风行于世，儒释道三家的大争锋不断上演。这些新的思想对中国文化之影响冲击或许只有清末西方文明传入才能相比。①

冲击引发了中国本土思想的调和。东汉儒学的经学化和谶纬迷信思想令儒家的正统地位遭致怀疑，儒学的困境越发明显。从儒学义理发展出来的察举制

① ［美］杨联陞：《中国制度史》，彭刚、程刚译，凤凰出版传媒集团、江苏人民出版社，2007年，第101页。

等一系列选人任官制度逐渐异化，所选之人大都不能胜任帝国之需。曹魏出现的名理之学恰是对以往选材标准的破与立。基于现实统治需要，魏初“术兼名法，校练名理”，[1] 推行“惟才是举”的选士标准，否定了儒家名教的绝对地位。名理之学归本于道家，援道入儒成为魏晋的解救之法。儒学开始走向玄学化。“八王之乱”后长期的动荡政局，上至官吏下至百姓，皆为其命运和未来而担忧，佛教乘机而入，夺走了儒家的大批信徒。玄学、佛学、道教开始彼此融合，儒家思想呈现出佛学化和道教化，形成了魏晋南北朝之际中国思想的大论争。

关键词：玄学；名教与自然；律学章句；辩名析理；士族政治，皇权政治；清议；《泰始律》；《北魏律》《北齐律》《北周律》；《梁律》《陈律》；北优于南；三省制；京畿司法；案验；死刑复奏

---

① 《文心雕龙·论说》。

第一节　二至五世纪的儒学与玄学和律学

一、儒学玄学化、佛学化和道教化

（一）玄学的源流与主题

1. 玄学出现的背景及目的

道家的影响在东汉大有上升之势，不仅信仰者日多，而且研究者日众。东汉中后期，研究《老子》之人多达五六十家。[①] 儒学思想的功能性障碍与道学热有着紧密的因果关系。东汉后期的社会问题无法用儒家今文经学和谶纬来解释，二者内容空虚荒诞。以名教标准选拔的官吏，因察举制的腐败而严重的名不符实。于是，各家思想议论的主体均是**“名实不符”**。对现实政治名与实的探讨，再次沟通了儒、道、法诸家。大多主张不外乎是儒家的正名和法家的循名核实，由此上溯至道家的无名。

玄学的发展正是**援道入儒**，以解决儒家思想危机所致。援道入儒即是要用道家简明的概念改造儒学，一反汉代繁琐解经的主流观念，发展为更具有实用理性的以识鉴人物、辩名析理为基本特征的**名理之学**。名理之学发端于清谈，清谈又是由东汉以清议的选官标准之弊发展而来，强调品评人物时要考核名实，按照名号职称的意义来判断一个人的是非曲直，称之为“循名究理”。这一思潮发展到曹魏，渐由评论具体人物发展为讨论抽象的人才标准和才性关系，是为**才性之学**。由此可见，名理之学能为政治人事寻求一种形而上的根据，属于本体论上的终极思考，为玄学的产生提供了重要的理论基础和形式准备。

魏晋遂兴起了一种言及玄远的谈论“三玄”（《周易》《老子》《庄子》）、辨析名理、品鉴人物的风习，玄学所集中的主题虽在于万物根源存有，考究“形名”“言意”等，深受老庄思想影响，但由于清谈之士大多深受儒家熏陶，故而多以道家思想解释儒家观念，**“会通孔老”**成为一时风尚。

---

① 杨树达：《增补老子古义三卷附汉代老学者考》，中华书局，1935年，第27页。

会通孔老的意义在于：一是重现无为而治的政治意义，以削弱皇权，放任维护门阀士族特权；二是靠郁郁不得志的士人借自然（道家）来反抗统治者的虚伪名教（儒家）。故此，玄学家大致可以分为两类：一类是能将名教与自然更好地沟通起来，以建立一套全新的政治解释体系；另一类则将名教和自然完全对立起来，试图完全肢解现有的政治解释体系。因魏室政权操于儒学大家司马氏之手，故而前一类玄学家占尽风头，而后一类竟惹上杀身之祸。因此，魏晋玄学决非如后世所想象的那么超然，那么空洞，而是反映现实社会经济和政治的一套政治理论。[①]

2. 玄学思潮的主题与分期

魏末西晋的玄学思潮大致分为**正始**、**竹林和元康**三大时期。正始时期以何晏、王弼为代表，从名理发展到无名。王弼的贡献在于使儒学很容易摆脱汉儒神秘、繁琐、迂腐的经训形式，开拓出儒学重义理而疏训诂的魏晋新学风，使儒学朝着理性化的方向拓展。但王弼借此得出“**自然为本，名教为末**”的结论，以道家的自然原则统御儒家的名教，开拓儒道纷争之先河。

竹林时期以阮籍、嵇康为代表，皆标榜老庄之学，以自然为宗，不愿与司马氏政权合作。阮籍、嵇康主张的“**越名教而任自然**”之思想正是基于汉魏、魏晋的禅让政权以儒家名教为正当性的阴谋而发。正如鲁迅所言，魏晋的崇奉礼教看来似乎很不错，而实在是毁坏礼教。因崇奉礼教是用以自利，那崇奉也不过偶然崇奉。[②] 因此，阮籍、嵇康及竹林诸公对儒家许多重要理念产生了根本怀疑，并从何、王关于名教本于自然的命题出发，推导出“越名教而任自然”的结论，强调“**贵无**”和“**言不尽意**”，超越儒家而归于道家。“贵无”欲取代儒家的理想人格，有放荡于世、孤芳自傲之豪气；“言不尽意”则易导致对儒家经典的完全诋毁和消解。傅玄、杨泉、裴頠（wěi）、欧阳建对此乱礼狂放、空谈虚无的玄风进行了强有力的反驳。

元康时期以向秀、郭象为代表。向秀提出“**儒道为一**”的折中观点，既将自然与名教做了适当区别，又强调自然与名教并非完全不可调和，为解决

① 参见唐长孺：《魏晋玄学之形成及其发展》，载唐长孺：《魏晋南北朝史论丛》，商务印书馆，2010年。

② 参见鲁迅：《魏晋风度及文章与药及酒之关系》，载鲁迅：《而已集》，人民文学出版社，1980年。

儒道纷争提供了一个新思路。

此后，到了东晋之际，玄学已渐失政治性，仅为名士身份的装饰，且与佛教结合，开出儒、释、道三位一体的思潮。

（二）玄学的积极与消极

玄学思想表面上虽谈及的是自然与名教之关系，但骨子里却是关涉儒学的价值、意义与前途之问题。因此，在余英时看来，“自汉末到魏晋，士大夫的精神还是有其积极的、主动的、创造的新成分，不仅是因为在政治上受到压迫和挫折才被动地走上了虚无放诞的道路。这个成分便是‘个体自觉’或‘自我发现’”。[①] 的确，魏晋玄学的出现为僵化的儒家哲学带来了新解之法，刺激了哲学思想的发展，此为积极的意义。但其藐视世间一切，放浪形骸之外的消极悲观则是负面重重。

儒道纷争所要解决的是正统儒学与本土异端思想的冲突，而儒佛纷争则反映的是中华文化与域外文化的冲突。儒学除了陷入玄学化的危机之外，其自身也面临着深刻的信仰危机。因此，儒佛之间的冲突并不仅是夷夏之辩的问题。南朝儒学道教化和儒学佛学化的趋势正是儒学玄学化推动的结果。相反，北朝的儒学由于政治统治之需，反倒不似南朝儒学与释道结合以求创新，而是趋于回归汉末的学术传统，以接受、应用并宣传儒家经典为主旨，旨在为少数民族政权提供统御之良方，具有相当明显的实学倾向。

正是由于魏晋南朝的儒学必须面对、回应玄学化、佛学化和道教化的危机，才使儒学有了哲理化的思想变革。同时，正是由于北朝对汉代儒学经典阐释传统的恢复和延续，才使得汉代学术思想得以传承，最大程度保存了古典儒家的哲学思想。南北朝时代共同为此后宋明理学的勃兴奠定了基础。

二、经学、 玄学与律学的交互影响

（一）从附庸经学到自成一体

经学在两汉大致分为两派：今文经学与古文经学。今文经学派注重从经

① 余英时：《名教思想与魏晋士风的演变》，载余英时：《士与中国文化》，上海人民出版社，2003年，第384页。

文中阐释孔子思想，继承和发扬儒家学说；而古文经学注重对发掘的战国古文经文的本义理解和对典章制度的阐明。直至东汉末年，由郑玄将二者融合，使经学暂时进入了统一时代。

汉代儒学受经学化影响极重，经由董仲舒开创的引经决狱、引经注律，使经学与律学相互渗透，私家注律之风席卷全国，从而形成了数量颇为庞大的**律学章句**。章句，即离章辨句，是分析古书章节句读的方法，着重于逐句逐章串讲、分析大意，东汉将此法运用于解律。据《晋书·刑法志》载："若此之比，错糅无常，后人生意，各为章句。叔孙通、郭令卿、马融、郑玄诸儒章句，十有余家，家数十万言。凡断罪所当由用者，合二万六千二百七十二条，七百七十三万二千二百余言。"律学遂成为经学的一大分支而迅速发展。

然而，居于经学附庸地位的律学，用章句解诂方法，无疑让本已繁杂的律令更加繁杂，以致曹魏时期，因"言数益繁，览者益难"，曹丕即下诏"但用郑氏章句，不得杂用余家"。依靠君权强行统一律学章句，并没有阻碍律学的发展。西晋律学更加注重注释现行律文，成为名副其实的**注释律学**。例如张斐的《汉晋律序注》《律解》；杜预的《律本》；贾充、杜预合著的《刑法律本》等。张杜的注释文本，还被官方确定为权威而颁行全国。至此，律学开始摆脱经学附庸，自成一体。这主要体现在注释内容的规范化和科学化，从单纯的方法借用转变成为以探究立法技术、刑名原理、定罪量刑原则以及法律概念与术语的规范化为核心内容的**法律之学**，其中以张斐和杜预最具代表性。

（二）张斐和杜预的法律之学

张斐于晋武帝司马炎时任明法椽，因注解《泰始律》而著称于世。他认为，因律应具有变通性，认识掌握律典时便要"慎其变"；又因律含有精微玄妙之理，认识掌握律典时便要"审其理"。"**慎其变，审其理**"，即在把握律的变通性基础上，寻找并掌握其内在规律。为了"审其理"，张斐特别对《泰始律》中的重要法律概念和术语做了精要的解释。唯有正确理解这些体现"理"之基本精神的概念、术语，即"**律义之较名**"，才能对律典了熟于心。"其知而犯之谓之故，意以为然谓之失，违忠欺上谓之谩，背信藏巧谓

之诈，亏礼废节谓之不敬，两讼相趣谓之斗，两和相害谓之戏，无变斩击谓之贼，不意误犯谓之过失，逆节绝理谓之不道，陵上僭贵谓之恶逆，将害未发谓之戕，唱首先言谓之造意，二人对议谓之谋，制众建计谓之率，不和谓之强，攻恶谓之略，三人谓之群，取非其物谓之盗，货财之利谓之赃：凡二十者，律义之较名也。”这就是张斐律学所使用的辩名析理之法。杜预也使用了辩名析理的方法来解释律令关系，他主张以“律以正罪名，令以存事制”[①]来区分律令，使晋律令较之汉魏律令界限更加分明、体系更加完备。

张斐和杜预所开创的律学研究新貌，与魏晋玄学思潮紧密相关。魏晋玄学源自名理之学，其特点在于**辩名析理**，重在寻求事理内在的逻辑根据。格物致知，与汉代经学的方法论有着完全不同的内涵。汉代经学方法以**连事比附**为特征，将事物的外部联系替代为对事物自身之理的分析。在理论形态上，玄学返简归约，一扫汉代经学的繁琐烦冗；在思维方式上，玄学以辩名析理，取代了汉代经学的连事比附。这为律学从“引经注律”的经学附属地位的狭窄研究框架内突围出来，以辩名析理、注重概念、讲求逻辑、建构理论体系为归旨，创造了绝佳的机会。[②]

第二节　南北政治变化及其对律法之影响

一、皇权政治与门阀政治

（一）南方的门阀政治

三国统归西晋，西晋的统一却是一种低质量的统一，这种低质量表现在政府控制的人口急剧减少，士族门阀势力却恶性发展。士族门阀较为封闭，十分适合政局不稳、皇权不牢的形势需要，同时，察举制度赋予了文官体系近亲繁殖的能力。东汉之际，士大夫阶层已形成了根植于文官制度和察举制度的宗族力量和地方势力，士族迅速崛起。至东汉亡后，地方豪强便割据称

① 《太平御览》卷六三八。

② 参见刘笃才：《论张斐的法律思想——兼及魏晋律学与玄学的关系》，载何勤华主编：《律学考》，商务印书馆，2004年。

雄。此外，自东汉以来，禅让型的王朝更迭确保了权势传承的稳定性，魏晋权贵一脉相承。因此，东晋士族权势几乎与皇权并驾齐驱甚至时有超越，此乃“**士族政治**”或“门阀政治”。

然而，秦汉建立的以**皇权政治**为基石的大一统文化秩序，并未随着东汉覆亡而消失。三国魏晋南北朝时代的300余年，正是重整这一普世秩序的过程。[①] 直到刘裕这支次等士族（寒族）的力量出现，实现了代晋自立，才部分恢复了皇帝制度之下的权力结构和统治秩序。刘宋皇权除了重新以九品官人法来提拔出身寒微的士子外，还着力罢黜士族，恢复官场生态。此后齐、梁、陈均如法炮制，**武将执兵柄**、**寒人掌机要**、**皇子镇要藩**。只不过，此种恢复皇帝制度的努力并不奏效，由于各方力量难于均衡，导致宗室相残，皇位更迭失序。南朝上下均无力恢复由官僚组织作主的帝国体制，也没有因全局之平衡而构成一种封建的地方分权。[②]

王朝更替原本是革故鼎新的大好时机，但依赖于禅让而建立的晋廷，只能依靠“先代功臣之胤，非其子孙，则其曾玄”[③]，完整地继承了前朝所积累的政治顽疾。禅让型的政权更迭促进了皇权向特权的权势转移，为士族门阀的崛起铺平了道路，成为皇权政治的最大障碍。皇权政治与门阀政治的较量在法律上体现最为明显的是“**清议之制**”。

程树德认为“南朝诸律，率重清议……，是宋齐以来，虽未明著律条，而犯清议者，非有赦书，皆终身禁锢，久已著为成例”。[④] “清议”起源于东汉，原本是东汉官僚士大夫反对宦官专权的工具，即以儒家伦理为依据，臧否人物。为官者一旦触犯清议，便会丢官免职，禁锢乡里，不再入仕，“两汉以来，犹循此制，乡举里选，必先考其生平，一玷清议，终身不齿”。[⑤] 此即“**清议禁锢之科**”。在门阀政治占据优势的东晋，以清议为士族子弟入仕大开方便之门，正所谓“所欲与者获虚以成誉，所欲下者，吹毛以求疵。高

① 许倬云：《万古江河：中国历史文化的转折与开展》，上海文艺出版社，2006年，第132－137页。

② 黄仁宇：《中国大历史》，生活·读书·新知三联书店，1997年，第88页。

③ 《晋书·刘颂传》。

④ 程树德：《九朝律考·陈律考》，中华书局，1963年，第331页。

⑤ 《日知录·清议》。

下逐强弱，是非由爱憎”。[1] 南朝统治者自然是注意到了清议的弊端。于是，直接将“清议禁锢之科”入律，南梁规定：“犯清议则终身不齿。”[2] 南陈强调：“重清议禁锢之科，若绅缙之族，犯亏名教，不孝及内乱者，发诏弃之，终身不齿。”这样一来，士人欲想洗刷清议只能通过皇帝的赦免诏令。南朝宋开创“赦免清议”之先河，规定“犯乡论清议，一皆涤荡，与之更始”。[3] 此后，南齐、南梁、南陈皆沿此制，“赦免清议”几成定制，皇权通过赦免清议来笼络士族人心。由此可见，南朝各代皇帝充分利用了“清议之制”兼具打压与笼络士族的双重功能。

（二）北方的皇权政治

汉末魏晋以来，随着气候变冷，北方少数民族不断内迁至黄河中下游，在辽西、幽并、关陇等地，胡汉文化相互影响。四川、甘肃的民族在川、甘、陕间移动。晋人素来都对胡人充满轻视与偏见，西晋的江统作《徙戎论》上奏皇帝，提出将氐（dī）、羌等族迁出关中，并将并州的匈奴部落发还其本域，其主张未被采用。“五胡乱华”之后，黄河流域开始成为北方各族争夺的主战场，被卷入的民族称为“五胡”：匈奴、羯、氐、羌、鲜卑，再加上賨（cóng）人，合称“六夷”。其主要建立的国家有一成（汉）、二赵、三秦、四燕、五凉、一夏，史称“十六国”。除此之外，还有代（北魏）、冉魏和西燕等国建立。自公元316年西晋灭亡以后的120多年，黄河流域再无宁日，直到北魏统一北方。

胡族政权以武力占据北方后，要立足中原，须以汉法治汉人，于是开始学习儒家文化，同尚未南渡的汉人士族寻求合作。“重儒”观念在十六国统治者中普遍存在。由于这些汉人士族大多秉持古典儒学传统，并未受到玄学太多的影响，所以就保存儒学传统而言，北朝功不可没。南北朝政权的本质不同，在于皇权势力的强弱。与南朝“王与马共天下”的门阀政治相反，十六国及北朝一开始就拥有十分强大的皇权，能够复兴秦汉的官僚政治传统，在法制、考课、监察、学校、兵制、地方行政等诸多方面都重建了皇权政治

---

① 《晋书·刘毅传》。

② 《隋书·刑法志》。

③ 《资治通鉴·宋纪永初元年》。

体制。北魏太武帝拓跋焘统治期间，在保存儒家古典思想的基础上推行“混一戎华”，在北中国统一长达100余年，有力地促进了民族大融合，加速了法制文化在南北的融通。

二、门阀政治与官僚特权

汉代缺乏对官僚的特权保障，魏晋已是各进了一大步。魏晋律令对官僚（士族）特权的保护最突出的内容有：①九品中正制下的选官特权；②太康《户调式》所规定的品官占田、占客和荫亲属的特权；③魏晋律所赋予的减免刑罚特权。特权的赋予是有条件的，此三项制度的出发点均是为了加强皇权政治统治。**九品中正制**创立之初旨在将选官权收归中央，但很快被门阀士族篡夺。[①] 品官占田荫户等制度实际上可以限制士族占田荫户的特权。晋律首先是维护封建大家族制度，其次才是维护官僚特权。[②] 由此可见，这些法令并不完全是为了保障官僚特权而制。自东晋元帝以来，在皇帝与门阀士族之间，宗室诸王与门阀士族之间，流民帅（流民兵的统帅）与门阀士族之间，反复上演争夺统治权的斗争，正说明了皇权与门阀特权之间无法达成共识，导致东晋（南朝）政权十分虚弱，只以门户利益为重。[③] 皇权不可能专门为保障官僚特权这一唯一的目的而立法设制。

首先，东汉以来的世家大族欲入魏晋为士族，意识形态上由儒入玄是必要条件。在选官体制上，曹魏确立的九品中正制到西晋已被门阀士族牢牢把持，完全远离了“唯才是举”的标准。九品中正制创立之初，评议人物的标准是家世、道德、才能三者并重。品第等级分为上上、上中、上下、中上、中中、中下、下上、下中、下下共九品。由于魏晋之时，充当中正的官员一般为二品，获得二品者几乎又皆为门阀世族，故门阀世族完全把持了官吏选拔之权。才德标准逐渐被忽视，家世则越来越重要，甚至成为唯一标准，以

① 参见唐长孺：《九品中正制度试释》，载唐长孺：《魏晋南北朝史论丛（外一种）》，河北教育出版社，2000年。

② 参见祝总斌：《略论晋律之“儒家化”》，载祝总斌：《材不材斋文集》（上编），三秦出版社，2006年。

③ 参见田余庆：《论郗鉴——兼论京口重镇的形成》，载田余庆：《东晋门阀政治》，北京大学出版社，2005年。

致“上品无寒门，下品无势族”[①]。东晋之时，该制度逐渐发展为以“郡望”区别门阀高下的“门品”制度和极重视家族的“谱牒”风尚，以维系门品不坠。为区别士庶，官职分为清流和浊流。清流美职，主要是那些职闲禄重，可以无所用心的职位，均被门阀士族子弟占据。从浊职转为清职，胜过品秩的升迁。相反庶族则只可永为浊流，以保证士庶分流。

其次，门阀士族为了维持自身的优势地位，实行内部通婚，极力排除非士族混入的可能。如若违反了这种门第婚之规，往往会被士族视作“婚姻失类”，受到排抑和诋斥。齐梁以来，门阀士族致力于**士族谱牒**的撰叙辩词，企图用家世源流和婚宦记录作为自己应享特权的凭证。于是，伪造谱牒，篡改户籍，冒充士族之事常有发生。

再次，曹魏后期推行了“赐公卿以下租牛客户数各有差”[②] 的**给客制度**，将一部分典农部民、屯田客户分割给各级官僚贵族私有。私家“田客”只向各级官僚贵族地主缴纳租物、服役劳作，不为国家承担赋役义务。这是西晋**品官占田荫户制度**的源头。该制度一定程度上反映了皇权与门阀之间争夺劳动力的务实选择。当时因流民南渡，出现大批脱籍漏户，若任其发展很可能成为门阀士族的廉价劳动力，这样就处在国家控制之外，无法为国家提供赋役。于是，国家开始对流民采取检籍、土断和括户（登记户口）等政策。同时，品官占田荫户制度某种程度上也是为了限制门阀特权。例如西晋规定品官可占有佃客一到十五户，东晋品官可占有佃客五到四十户，北魏赐给王、公、侯、子臣吏十二人到二百人。凡超过令文规定的佃客和臣吏，即为非法。特权的排他性相当于规定除品官有权占有佃客、王公侯子有权占有臣吏之外，其他人则无此特权。皇帝给客、赐臣吏不一定实授，往往是在官贵已经占有大量的流民之后，给予有限的承认，凡超过规定数额的则不予承认。[③]显然，品官占田荫户制度并不能一概以特权而论。

最后，官僚（士族）的司法特权集中表现为“**八议**”之法和“**官当**”制度。“八议”之法源于周代“八辟”，即八类人犯罪须根据具体情况临时议

① 《晋书·刘毅传》。

② 《晋书·王恂传》。

③ 参见白寿彝总主编：《中国通史》（第五卷）（第八节·争夺劳动力的斗争），上海人民出版社，2004 年。

定其罪，再量定刑罚。在曹魏时期“八议”之法正式入律后，晋律又首次规定了以官职折抵徒刑的“官当”制度。“官当”即以官品抵罪，实质是“官人犯流、徒罪之特殊赎刑”。晋律确立了**杂抵罪**，即以夺爵、除名、免官来抵罪的总称，此制为“官当”之雏形。南陈正式使用“官当”之名，北魏将“官当”范围进一步扩大，首创了以爵位抵罪并折当徒刑的制度。据北魏宣武帝《法例律》载：“五等列爵及在官品令从第五，以阶当刑二岁。”[①] 从这一记载来看，北魏官爵从五品以上，一阶当刑两岁；官正六品以下、从九品以上，一阶当刑一岁。南陈则规定：“五岁四岁刑，若有官，准当二年，余并居作。其三岁刑，若有官，准当二年，余一年赎。”[②] 由此可见，陈代官员虽能以官当刑，犯四岁五岁刑却仍不免居作，但远不如北魏精密，在这一点上可见北魏官僚享受到了比魏晋南朝官僚更多的特权。至于免官如何再叙，《法例律》明确规定：“免官者，三载之后听仕，降先阶一等。”[③]而西晋至南齐免官再叙原则上要降品叙用，但并无规律可循，有降一品、二品甚至五品者。

如此说来，北朝律法在对待官僚特权上较为宽松，魏晋南朝则略显苛刻。不过，在门第固定和趋于僵化的东晋南朝，士族很大程度上是通过法外特权来维持其优越地位的，因而对法定特权创制动力不足。然而北朝的官僚特权是逐步完善的，且多以律令明文规定，属于官僚行政理性运作的产物，且均被隋唐继承，正是表明北朝皇权与官僚的互动关系正在沿着良性轨道行进，已具有官僚政治之表征，故官僚特权之目标更具理性。在皇权政治与官僚政治的互动中，北朝士族的特权诉求切合君臣双方共同利益；南朝士族的法外特权由于偏离理性的官僚政治，倾向于门阀政治，最终难以制度化。[④]

---

①③ 《魏书·刑罚志》。

② 《隋书·刑法志》。

④ 顾江龙：《两晋南北朝与隋唐官僚特权之比较——从赃罪、除免官当的视角》，载《史学月刊》，2007年第12期。

第三节　南北法制的形式之变与内容之变

一、南北朝法制的形式变化

（一）律、令

自秦统一六国后，定律令已是国家政权之昭示。曹魏称帝后即开始着手制定律典，且颇有成效。魏明帝曹叡于太和三年（229 年）下诏改定刑制，作《新律》18 篇，弥补了汉代法典“篇少则文荒，文荒则事寡，事寡则罪漏”的缺陷。据《晋书·刑法志》载：“凡所定增十三篇，就故五篇，合十八篇。于正律九篇为增，于傍章科令为省矣。”由此可见，曹魏已不再使用汉代的傍章，为晋代律令分野做好了铺垫。有关 18 篇的具体篇目，史料记载相互矛盾，“故五篇”在《晋书·刑法志》并没有明确，而《唐六典》注曰：“魏命陈群等采汉律为魏律十八篇，增萧何律劫掠、诈伪、毁亡、告劾、系讯、断狱、请赇、惊事、偿赃等九篇也。”然其余九篇篇目，后人未有定论。日本学者滋贺秀三认为十八篇篇名及顺序如下：一刑名、二盗、三劫略、四贼、五诈伪、六毁亡、七告劾、八捕、九系讯、十断狱、十一请赇、十二杂、十三户、十四兴擅、十五乏留、十六惊事、十七偿赃、十八免坐。而在此之外，再无单行律可言。汉代除了九章律之外，还有不少以“律”命名的法典和单行法。而令则是随时编纂累积的单行诏令。[①] 从上述篇章结构来看，曹魏将九章律中的《具律》改为《刑名》，列于律首，提纲挈领，法典体例更加科学。在刑罚内容的改革上，《新律》也颇为用心。不仅取消了宫刑，将刑制定为死刑、髡刑、完刑、作刑、赎刑、罚金和杂抵等七种，为旧五刑向新五刑的过渡创造了条件。此外，还将“八议”入律，礼律进一步融合。

晋文帝司马昭身为晋王时即认为“前代律令本注烦杂，陈群、刘邵虽经

① ［日］滋贺秀三：《西汉文帝的刑罚改革和曹魏新律十八篇篇目考》，载刘俊文主编：《日本学者研究中国史论著选译·法律制度》（第八卷），姚荣涛、徐世虹译，中华书局，1993 年，第 92 – 93 页。

改革，而科网本密，又叔孙、郭、马、杜诸儒章句，但取郑氏，又为偏党，未可承用。”① 西晋终于在晋武帝泰始四年（268 年）颁行晋律，史称**《泰始律》**。《泰始律》共 20 篇，计为刑名、法例、盗律、贼律、诈伪、请赇、告劾、捕律、系讯、断狱、杂律、户律、擅兴、毁亡、卫宫、水火、厩律、关市、违制与诸侯律。该律典分刑名为刑名和法例二篇，扩充了律典总则，是《北齐律》将其合为“名例”一篇的基础。《泰始律》吸收了立法的重要参与者杜预之主张，将律令按照功能明确区分开来。由于杜预主张律法“非穷理尽性之书也，故文约而例直，听省而禁简。例直易见，禁简难犯；易见则人知所避，难犯则几于刑厝（cuò）”，② 《泰始律》的条数被严格压缩到了 620 条，27 657 字，仅为汉律的十分之一。与此同时，**《晋令》**只有 40 卷，2 306 条，98 643 字，较汉代大为简省，真正做到了“蠲（juān）其苛秽，存其清约，事从中典，归于益时”③。自此，简约化的律典成为后世立法的一大追求。正是在玄学以简御繁的思维模式以及辩名析理的方法指导下，晋律方能在汉魏旧律的基础上达至简约化和科学化。由于晋律言辞简约，难免会产生歧义，张斐和杜预分别为律作注，“兼采汉世律家诸说之长，期于折衷至当”④，经晋武帝批准后颁行天下，与晋律具有同等效力。因此，《泰始律》又被称为**“张杜律”**。

令典与律典同时颁布成为魏晋的惯常做法。曹魏在颁布《新律》之际同时制定“《州郡令》四十五篇，《尚书官令》《军中令》合百八十余篇”。⑤南梁在 503 年制定《梁律》时也颁布了《梁令》，共 30 卷。南陈同时编有《陈令》，亦为 30 卷。北魏曾多次立法，但律令常常未能同时制定，遂遭到大臣孙绍的非议：“然律令相须，不可偏用，今律班令止，于事甚滞。若令不班，是无典法，臣下执事，何依而行？”⑥ 可见令已经成为必备之法规。据《太平御览》载，北魏令典有《太和职员令》21 卷。北齐在 564 年制定了篇幅达 40 卷之多的令典，其篇目编制方法与晋以来按照行政事项及职官机构的惯例不同，而是按照尚书二十四曹名称来编制，依次为：吏部、考功、主爵、殿

---

①③⑤ 《晋书·刑法志》。

② 《晋书·杜预传》。

④ 程树德：《九朝律考·晋律考序》，中华书局，1963 年，第 225 页。

⑥ 《魏书·孙绍传》。

中、仪曹、三公、驾部、主客、虞曹、屯田、起部、左中兵、右中兵、左外兵、右外兵、都兵、二千石、比部、水部、膳部、度支、仓部、左户、右户等。北周也颁布了令典。

（二）格、科

格，本有度量和等级之意，引申为限制、禁止。西晋之际，刘颂上疏要求臣下不要轻易议法，人主须遵循格以督责群下，“立格为限，使主者守文，死生以之，不敢错思于成制之外，以差轻重，则法恒全”。[①] 宋、齐、梁、陈诸朝，常见到大赦诏文出现“详为条格”的字样，这种“条格”有时又称为“条制”“条例”“条流”或“科”，足见科与格之间已有联系。格即是对诏书所提之事项作出区别对待的具体规定，如“土断条格”是关于整理侨人户籍的具体规定。“赦格”又称“恩科”，是关于赦令的具体规定。东晋至南朝均有格的存在。先后颁行的格，积之既久，必然出现相互矛盾的情况，于是北魏孝武帝太昌元年（532 年）下诏，命将诸条格相互抵触的归一。至东魏孝静帝天平年间诏“群臣于麟趾阁议定新制”，“增损旧事为《麟趾新格》”，[②] 兴和三年（541 年）再议后于“冬十月甲寅，班于天下”。[③] 即东魏**《麟趾格》**，篇目按尚书省的曹名来命名。

科是三国初期重要的法律形式之一，由临时性法规逐渐发展而来。三国之初皆承汉制，沿用汉法。但因汉法庞杂繁乱且落后于社会，三国政权均对其大加删减，并用更加灵活变通的“科”代之。曹操即针对汉律繁冗和难以适用动乱时期的缺陷，即颁定“新科”，以辅助汉律的实施。新科，即**甲子科**，因曹操并未代汉自立，故没有制定律典。甲子科对汉律的改动主要有二项：一是犯罪应除钛刑者，易以木械，即将铁制脚镣改为木制脚镣；二是依法律论罚可以减一半刑罚。“犯钛左右趾者易以木械，是时乏铁，故易为木焉。又嫌汉律太重，故令依律论者听得科半，使从半减也。”[④] 甲子科贯彻了“约法省刑”原则，为后世修律者所继承。诸葛亮、法正、伊籍、刘巴、李

①④　《晋书·刑法志》。
②　《北齐书·封述传》。
③　《北史·魏本纪》。

严等人在蜀汉亦“共造蜀科”[①]。为加强军队管理，诸葛亮还制定了“法检”“科令”“军令”等特别法规，史称“刑政虽峻而无怨者，以其用心平而劝戒明也”。[②] 吴国律令多依汉制，黄武五年（226 年）孙权“于是令有司尽写科条……令损益之”[③]，对科条进行了一次较全面的修订。嘉禾三年（234 年）孙权在征得新城后，“时年谷不丰，颇有盗贼，及表定科令”。[④] 南梁有《梁科》30 卷，南陈朝则有《陈科》30 卷。

纵观“科”的发展进程，曹魏的“科”为当时主要法律形式。至《新律》时，“科”的相关内容被抽取入律，逐渐走向衰落。两晋之际，“科”的内容被“故事”所包含，故而被取消。“故事”多为判案成例，始于东汉初年。因格与科读音和字义皆近，“格”开始作为法律形式出现。北魏中期以格代科，格成为一种辅律。北魏后期至北齐初期，格取代律渐成当时主要的法律形式。直到《北齐律》颁行，律才重回到法律形式的核心地位。

（三）故事、式

西晋的“故事”是由各官府自行把握，属于官府办事的品式章程，将故事法典化，成 30 卷，一说为 43 卷，“其常事品式章程，各还其府，为故事”[⑤]。“故事”显然包含了式的内容。西晋在平定吴之后，“又制户调之式”[⑥]，主要包括户调、占田、课田以及荫族、荫客等规定。南朝又将“故事”复改为“科”。据《唐六典》载，大约与东魏删定《麟趾格》同时，西魏大统元年（535 年），将其法令整理为**《大统式》**5 卷，“魏帝以太祖前后所上二十四条及十二条新制，方为中兴永式，乃命尚书苏绰更损益之，总为五卷，班于天下”[⑦]。《大统式》的内容今已不可见，但其性质似与仅作为行政部门办事细则、典礼仪式、法规章程的唐代“式”有着根本不同，是有关行政的施政总纲，被称为“大式”或“中兴永式”，其重要性远超过于唐代

---

① 《蜀书·伊籍传》。
② 《蜀书·诸葛亮传》。
③ 《吴书·吴主传》。
④ 《吴书·孙登传》。
⑤ 《晋书·刑法志》。
⑥ 《晋书·食货志》。
⑦ 《周书·文帝纪》。

的“式”。

魏晋南北朝法律形式的演变，一方面体现了儒学玄学化所渗透的立法方法之作用；另一方面证明了魏晋南朝与北朝的法律交融，产生了大量的辅助性法律形式。法律形式的多样化更是皇权政治与士族政治，以及汉族皇权政治与异族部落政治不断博弈的结果。在政权频繁更迭的年代，法律形式呈现出多样化的发展样态，丰富了中华法系的立法文明。

二、北系法与南系法的优劣

关于晋代之后法制发展的成就，程树德有着最为经典的评价：“南北朝诸律，**北优于南**，而北朝尤以齐律为最。”[①] 借此，程树德确定了分析魏晋南北朝诸律的南系、北系之概念框架：“自晋氏而后，律分南北二支：南朝之律，至陈并于隋，而其祀遽斩；北朝则自魏及唐，统系相承，迄于明清，犹守旧制……唐宋以来相沿之律，皆属北系，而寻流溯源，又当以元魏之律为北系诸律之嚆矢（hāo shǐ）。”[②] 在他看来，北优于南的原因在于南朝律学的不发达：“自晋氏失驭，海内分裂，江左以清谈相尚，不崇名法。故其时中原律学，衰于南而盛于北。北朝自魏而齐而隋而唐，寻流溯源，自成一系，而南朝则与陈氏之亡而俱斩。窃尝推求其故，而知南朝诸律，实远逊北朝，其泯焉澌灭，盖有非偶然者。”[③] 这一看法成为当前分析南北朝法制的经典论断，今人已有质疑。[④] 若论律学之北盛南衰，程氏之说可称得当。但在制定律典的成就上，则无法明确判定北优于南。陈寅恪从更为宏观的角度论证了南北系律典对中国律令体系发展的重要贡献：“司马氏以东汉末年之儒学大族创建晋室，统制中国，其所制定之刑律尤为儒家化，既为南朝历代所因袭，北魏改律，复采用之，辗转嬗蜕，经由（北）齐隋，以至于唐，实为华夏刑律不祧之正统。”在他看来，北朝律吸收了南朝律的精华，而“隋唐刑

---

① 程树德：《九朝律考·北齐律考序》，中华书局，1963 年，第 393 页。

② 程树德：《九朝律考·后魏律考序》，中华书局，1963 年，第 339 页。

③ 程树德：《九朝律考·南朝诸律考序》，中华书局，1963 年，第 311 页。

④ 参见王娟：《〈九朝律考〉“北优于南”说献疑》，载《河北法学》，2009 年第 5 期，张君虎等：《南朝律学研究》，载《边缘法学论坛》，2011 年第 2 期。吕志兴：《南朝法制的创新及其影响——兼论“南北朝诸律，北优于南”说不能成立》，载《法学研究》，2011 年第 4 期。吕志兴：《南朝律学的发展及其特点——兼论“中原律学，衰于南而盛于北”说不能成立》，载《政法论坛》，2012 年第 1 期。

律近承北齐，远祖后魏，其中江左因子虽多，止限于南朝前期”。[①] 由此，隋唐时期的律典应该继承了南北朝诸律之精髓，而非仅是北朝律。

（一）北优于南

南系法当以《泰始律》为标杆，《泰始律》持续在东晋南朝沿用达235年，是魏晋南北朝施行时间最长的一部法典，对后世立法影响深远。北系法则以**《北魏律》**和**《北齐律》**为代表。陈寅恪对北魏法制形成的原因、北朝与南朝法律的异同进行了考证，其称：“拓跋部落入主中原，初期议定刑律诸人多为中原士族，其家世所传之律学乃汉代之旧，与南朝之颛守具律者大异也。……至宣武正始定律，河西与江左二因子俱关重要，于是元魏之律遂汇集中原、河西、江左三大文化因子与一炉而冶之，取精用宏，宜其经由北齐，至于隋唐，成为二千年来东亚刑律之准则也。”[②] 北方少数民族政权为了巩固政权统治，均十分注重立法建制，尤其是后来统一北方的北魏拓跋氏政权，立法上更是积极推进汉化。少数民族统治者容易挣脱中原儒家伦理之束缚，不必太过顾忌祖法，因而在立法改革上反倒更为彻底。由于《泰始律》宽简周备，南朝无需做更多的改革创新便能直接承袭。这是南朝诸律创新不足的原因所在。

北魏统一北方后，启用五胡乱华时逃往辽东、西凉的儒者（如崔浩、卢元等），重建汉人官僚行政体制，改定律令，确立皇权政体。天兴元年（398年）北魏太祖拓跋圭“患前代刑网峻密，乃命三公郎王德除其法之酷切于民者，约定科令，大崇简易”，[③] 后经约100多年的修律，至孝文帝在位（471—499年）期间终成《北魏律》，又称《后魏律》。这大概算得上是中华史上修订时间最长的一部法典。《北魏律》参考曹魏律和《泰始律》的篇目体例，共20篇，唐朝即已失传。根据《魏书》《通典》《唐律疏议》等记载，其可考篇目仅有15篇：刑名、法例、宫卫、违制、户律、厩牧、擅兴、贼律、盗律、斗律、系讯、诈伪、杂律、捕亡、断狱。《北魏律》的颁行，

① 陈寅恪：《隋唐制度渊源略论稿》，生活·读书·新知三联书店，2001年，第111－112页。
② 陈寅恪：《隋唐制度渊源略论稿》，生活·读书·新知三联书店，2001年，第107页。
③ 《魏书·刑罚志》。

一改北魏初期“礼俗纯朴，刑禁疏简”“临时决遣”[①] 的法制状况。因参与修律的崔浩、高允、游雅等人均是当时汉族著名律学家，故能保障《北魏律》“综合比较，取精用宏”，遂成北系律典之经典。

北魏后期为应付动乱局面，魏孝武帝太昌元年（532 年）诏曰：“前主为律，后主为令，历世永久，实用滋章。”于是“令执事之官，四品以上集于都省，取诸条格，议定一途，其不可施用者，当局停记，新定之格勿与旧制相连，务在通约，无致冗滞”[②]。此后，格取代律令成为主要法律形式。不久北魏分为东魏、西魏，与南梁三分天下，彼此征战而无暇顾及律令编修，因此一直沿用北魏末期的格。直至兴和三年（541 年），才颁定了著名的《麟趾格》。北齐文宣帝时（550—559 年）“议造齐律，积年不成”[③]，于是只得重新刊定《麟趾格》，作为正刑定罪依据，格由副法上升为主法。北齐中后期，政局渐稳，格虽为“通制”，但律令才是法律之正统。早在北齐初期就有人反对废律用格，“大齐受命已来，律令未改，非所以创制垂法，革人视听”。[④]至北齐武帝河清三年（564 年）方制成《北齐律》，才使以格代律的局面告终。

《北齐律》是在崔昂主持下，以《北魏律》为蓝本，校正古今，锐意创新，并以省并篇名、刻求清约为原则，由封述、赵彦深、魏政、阳休之、马敬德等一大批律学家共同参与，历 10 余年完成，共 12 篇，949 条（另说为 963 条），以“法令明审，科条简要”[⑤]著称于世。篇目依次为：名例、禁卫、婚户、擅兴、违制、诈伪、斗讼、贼盗、捕断、毁损、厩牧、杂律。将刑名与法例合为名例一篇，改宫卫为禁卫，将宫廷警卫扩至关禁；增加违制，完善了吏制的规定。北齐之后，北周因崇尚西周礼治和法度，所以仿《尚书》和《周礼》修律，至武帝保定三年（563 年）修成《大律》，共 25 篇，1 537 条，篇目依次为：刑名、法例、祀享、朝会、婚姻、户禁、水火、兴缮、卫宫、市廛、斗兢、劫盗、贼叛、毁亡、违制、关津、诸侯、厩牧、杂犯、诈伪、请求、告言、逃亡、系讯、断狱。因《大律》仿《尚书》《周礼》，杂采魏晋诸律，削足适履，左支右绌，令律典“今古杂糅，礼律凌乱……大略

①③④⑤ 《隋书·刑法志》。
② 《魏书·出帝平阳五纪》。

滋章，条流苛密，比于齐法，繁而不要”。[①] 就此而言，《北齐律》克服了南朝律的繁芜，且不似北周刻意仿古，注重礼律并举，又在罪名与刑制上皆有创新。因此，隋朝虽承北周，然“独采北齐而不袭周制”[②]。

（二）南优于北

1. 律典编纂的贡献

南朝执政者并未因沿用晋律而终止完善法制的努力。从律文的充实、令制的完备到刑制的进化，乃至于具体制度的创设如官当入律等，南朝均有其突出贡献。就此而言，南朝诸律并非毫无可取之处。章太炎曾盛赞魏晋、宋、齐、梁律之美，认为“汉法贼深，唐律承袭齐、隋，有所谓十恶者，皆深刻不可行，唯五朝之法，宽平无害”[③]。

在南朝皇权政治取代东晋门阀政治之后，皇权复归，可以初步驾驭士族，遂开始删定律典。宋孝武帝大明四年（460 年），曾“改定制令”，三年后又下诏，“详省律令，思存利民”[④]，具体内容不详。齐武帝永明年间令王植删改张杜旧律，曾制定《永明律》，仅是将张杜二人的注释“集为一书”，成律文 20 卷，共 1 532 条。[⑤]《唐六典》载：“宋及南齐，律之篇目及刑名之制略同晋氏，唯赎罪绢兼用之。”梁武帝于天监元年（502 年），命蔡法度等人制定了《梁律》20 篇，即刑名、法例、盗劫、贼叛、诈伪、受赇、告劾、讨捕、系讯、断狱、杂律、户律、擅兴、毁亡、卫宫、水火、仓库、厩律、关市、违制。条文增加至 2 529 条，体例完全参照《永明律》修订，内容与晋律同。陈武帝即位后，认为《梁律》“纲目滋繁”“宪章遗紊”，又命范泉等删定《陈律》30 卷，其“篇目条纲，轻重繁简，一用梁法”[⑥]。即便如此，以王植为代表的南朝律学家将汉魏律章句之学转变为**律疏之学**，为唐代律疏并行体制做足了准备。

---

① 《隋书·刑法志》。

② 程树德：《九朝律考·后周律考序》，中华书局，1963 年，第 411 页。

③ 参见章太炎：《五朝法律索隐》，载章太炎：《章太炎全集》（第四册），上海人民出版社，1985 年。

④ 《宋书·孝武帝纪》。

⑤ 《南齐书·孔稚珪传》。

⑥ 《隋书·刑法志》。

2. 司法实践的贡献

趋于务实的南方政治环境造就了律典因袭晋律的特点，但东晋南朝的历代统治者在司法实践上进一步探寻科学性与完备性，取得了诸多成就。

南梁废除了晋代以来的“腰斩”，死刑仅有“枭首”与“弃市”，而北魏死刑有“斩、绞、腰斩、轘（huàn）、沈渊”5种，北齐有“绞、斩、轘、枭”4种，北周也有“罄、绞、斩、枭、裂”5种死刑，可见十分残酷。南梁亦首次将**流刑**适用于普通人犯罪，解决了汉代文景刑罚改革后死刑与徒刑之间跨度太大的问题，使刑制结构趋于合理。北周在此基础上进一步规范了流刑不计道里的不合理情形，按照远近分为五等：自距皇畿2 500里起，每加500里为一等，称卫服、要服、荒服、镇服、蕃服，并且依等各加鞭笞，数量有差。虽然囿于北周国土狭隘，使流刑等级流于形式，但此后被隋代依照道里远近来确定流刑等级所吸收。

缘坐，即连坐，指一人犯罪而株连亲属，又称“从坐”“随坐”“相坐”。秦汉以来一直有此规定，尤其是妇女因父亲犯族刑，要从坐受戮；夫家犯族刑亦须“随姓之戮”，使妇女“一人之身，内外受辟”。直至曹魏《新律》颁布后才规定：“在室之女从父母之诛，已嫁之妇，从夫家之罚。”[①]开缘坐不及出嫁女之先例，后世多循此制。此外，《新律》对缘坐范围有所缩小，“大逆无道，腰斩，家属从坐，不及祖父母、孙”。南朝在魏晋基础上进一步缩小缘坐范围，最具代表性的是《梁律》规定了谋反、降叛、大逆等罪虽缘坐妇人，但“母妻姊妹及应从坐弃市者，妻子女妾同补奚官为奴婢”，开创从坐妇女免处死刑的先例。梁武帝大同元年（546年）诏曰：“自今犯罪，非大逆，父母、祖父母勿坐。”此后，《陈律》虽然恢复了父母连坐之刑，但不能否认南梁的贡献。相较而言，《北魏律》的缘坐范围较广，曾有门房之诛（即诛灭全族），凡大逆罪犯之亲属，不分男女老幼一律处斩。至孝文帝延兴四年（474年）有所减轻：“非大逆干纪者，皆止其身，罢门房之诛。”[②] 但在实际执行中往往滥用株连。

南朝的刑讯制度更为规范，较为突出的是南梁的“**测罚**”和南陈的“**测**

---

① 《隋书·刑法志》。
② 《魏书·刑罚志》。

立”之制。“测罚”即以罚站和挨饿的办法来审讯，梁武帝首创“测罚”之制：凡在押人犯，讯问时抵触不答，应对其施以测罚。“宜测罚者，先参议牒启（奏报朝廷），然后科行。断食三日，听家人进粥二升，女及老小，一百五十刻乃与粥，满千刻而止。”① 陈武帝在“测罚”的基础上创立“测立”之制，对证据确凿而不招供的囚犯先鞭二十，笞三十，然后身戴刑具，在“高一尺，上圆，劣容囚两足立”的土垛上站立，以逼其招供。据《陈书·沈洙传》载：“比部郎范泉删定律令，以旧法测立时久，非人所堪。分其刻数，日再上。”即南陈在南梁“测罚”之制的基础上缩短了人犯在土垛上罚站的时间。沈家本对测立、测罚之法颇有赞誉：“测罚之法，惟梁陈用之，上测有时，行鞭有数，以视惨酷之无度者，实为胜之。”② 隋代在这一启发下，对刑讯做了更加简约的规定：“讯囚不得二百，枷杖大小皆为之程品，行杖者不得易人。”③明清亦效仿创制了立枷、站笼等制。

如前所述，《陈律》正式使用“官当”之名，虽无北魏保障官僚特权之全面，但区分了公罪和私罪的不同适用标准：“若公坐（因公务犯罪）过误，罚金。其二岁刑，有官者，赎论。一岁刑，无官亦赎论。”④《陈律》还对行刑的具体时间加以限制。天嘉元年（560 年）诏曰：“自今孟春，讫于夏首，罪人大辟，事已款者，宜且申停。”“当刑于市者，夜须明，雨须晴；晦（月末）、朔（月初）、八节、六斋、月在张心日，并不得行刑。”⑤ 这一规定是对汉代秋冬行刑理论的继承，也为隋唐提供了进一步完善的方向。

（三）南北合作

1. 从旧五刑到新五刑

在汉代刑制改革的基础上，魏晋南北朝共同推进了旧五刑（墨劓剕宫大辟）向新五刑（笞杖徒流死）的转变，刑罚制度渐趋轻缓，愈发文明。

曹魏明帝修订《新律》时力排众议，拒绝恢复肉刑，最终设立死、髡、完、作、赎、罚金与杂抵罪等七种刑名共 37 等。⑥ 其中死刑分为 3 等：枭

①③④ 《隋书·刑法志》。

② 沈家本：《历代刑法考·刑法分考》，中华书局，1988 年，第 508 页。

⑤ 《册府元龟·刑法部·定律令第三》。

⑥ 《晋书·刑法志》。

首、腰斩、弃市；髡刑与徒刑结合使用，从五年至二年分为4等；完刑分为3等；作为劳役刑的作刑也分为3等；赎刑分为11等；罚金分为6等；杂抵罪分为7等。完、作、赎刑等级具体如何划分，以及杂抵罪的具体内容，现已不可考。[①] 实际上，曹魏的作刑与徒刑没有实质性区别。晋律简化了曹魏的刑罚种类，取消完、作，采用死、髡、赎、罚金、杂抵罪5种。死刑分为枭首、斩、弃市3等，髡刑仍为4等，分别是髡钳五岁刑，笞二百；以及髡钳四岁刑、三岁刑、二岁刑。赎刑与罚金各为5等，适用于非恶意的犯罪，分别是赎死缴金二斤，赎髡钳五、四、三、二岁刑则依次缴金一斤十二两、一斤八两、一斤四两和一斤。杂抵罪所分等级不详。

自南朝宋时起，广泛使用"流徒"刑，即将罪犯流放到边远地区。《梁律》亦将死刑分为枭首、弃市2等，并使用鞭杖刑，分为二百、一百、五十、三十、二十、一十等6等。

北朝已初步确立新五刑制度。北魏采用死、流、徒、鞭、杖等五刑；北齐基本沿袭，只是将徒刑称为"刑罪"；北周则改为由轻至重排列，即**杖**、**鞭**、**徒**、**流**、**死**，更为科学。

北魏和东魏仍有宫刑，直至北齐后主天统五年（569年）诏曰："应宫刑者，普免刑为官口。"[②] 宫刑正式被废止，《北齐律》遂确立了死、流、徒、鞭、杖的五刑体系。北周在此基础上进一步规定了五刑25等的刑罚体系：①杖刑5等，由十至五十；②鞭刑5等，由六十至一百；③徒刑5等，徒一年至五年，按等附加鞭、笞；④流刑5等，以五百里为单位，流二千五至四千五百里，按等附加鞭、笞；⑤死刑5等，分为磬、绞、斩、枭首、裂。以上刑罚均可赎。

2. 法律儒家化新突破

正如杜预所言："法者，盖绳墨之断例，非穷理尽性之书也。……使用之者执名例以审趣舍，伸绳墨之直，去析薪之理也。"[③] "析理"表现在律法的儒家化之上，即在律典中灌输儒家思想。魏晋之际律典的儒家化体现得十

① 程树德：《九朝律考·魏律考》，中华书局，1963年，第200页。
② 《北齐书·后主纪》。
③ 《晋书·杜预传》。

分明显。“八议”和“官当”自不必说。因清议的标准是礼，即对违反礼者的道德惩罚，所以南朝“清议入律”也是“纳礼入律”的法律儒家化之体现。而魏晋南北朝最为显著的儒家化制度则有以下三大突破。

（1）**重罪十条**

历代都倾向于重惩反、叛、贼、盗等严重威胁政权安危和破坏社会秩序的行为，如秦代有“不道”“不敬”等，汉代有“不道”“不孝”“不敬”“犯上”等；曹魏有“五刑之罪，莫大于不孝”[①]的规定。北魏规定“大逆不道腰斩，诛其同籍，年十四以下腐刑，女子设具官”，且将“害其亲者”视为大逆之重者，处轘刑；将“为蛊毒者”视为不道，“男女皆斩，而焚其家”[②]。南梁则规定“其谋反、降、叛、大逆以上，皆斩；父子同产男无少长，皆弃市；母妻姊妹及应坐弃市者，妻子女妾同补奚官为奴婢；赀产没官”[③]。

《北齐律》首次集中规定了从严惩处的“重罪十条”，并列于《名例》篇，置于律首。“其犯此十者，不在八议论赎之限”[④]，这十条重罪为反逆、大逆、叛、降、恶逆、不道、不敬、不孝、不义、内乱，是根据儒家三纲原则而定，但凡严重违背“君为臣纲、父为子纲、夫为妻纲”的行为均被列入。隋唐律在此基础上发展为“**十恶**”，并为后世承袭。

（2）**存留养亲**

存留养亲，亦称“**留养**”，是指犯人的直系尊亲属因年老需要照顾，而家中又无其他成年男丁奉养时，允许罪犯暂缓执行刑罚。死罪非十恶，允许上请，流刑可免发遣，徒刑可缓期，待直系尊亲属去世后再依法服刑。

存留养亲正式确立于北魏，是北魏积极推进汉化的体现。《北魏律》规定：“诸犯死，若祖父母、父母年七十以上，无成人子孙，旁无期亲者，具状上请，流者鞭笞，留养其亲，终则从流，不在原赦之例。”[⑤]

（3）**五服制罪**

五服制罪，全称为“**准五服以制罪**”，该原则首创于晋律，但可能早在

---

① 《魏书·少帝纪》。
② 《魏书·刑罚志》。
③④ 《隋书·刑法志》。
⑤ 《魏书·刑罚志》。

东汉建安年间曹操制定的魏科中就已出现。[①] 但“准五服以制罪”依然是晋律儒家化最显著的体现，目的在“峻礼教之防”，以维护儒家“亲亲尊尊”之原则。准，即依照，当亲属相犯时，须依照亲属关系的远近亲疏来量刑。五服，指亲等制度，中国古代以五种丧服作为判定亲属远近亲疏关系的标准。五种丧服分别是**斩衰**（cuī）、**齐衰**（zī cuī）、**大功**、**小功**、**缌麻**。丧服不同，守丧的时间亦不同：①斩衰是用极粗生麻布制成的丧服，衣服不缝边，用于子为父、妻为夫、臣为君。斩衰服丧三年，实际为27个月。②齐衰，用次等粗生麻布为丧服，衣服缝边，分为齐衰三年、齐衰杖期（1年，实际为13个月）、齐衰不杖期、齐衰5个月、齐衰3个月，主要是夫为妻、孙为祖父母、为兄弟姊妹等。③大功服丧9个月，用粗熟麻布为丧服，为堂兄弟、出嫁的姐妹等。④小功服丧5个月，用稍粗的熟麻布为丧服，为曾祖父母、叔伯祖父母等。⑤缌麻服丧3个月，用细熟麻布为丧服，为曾祖的兄弟、祖父的堂兄弟等。

五服制罪作为一项适用于五服内**亲属相犯**的司法原则，具体包含以下三种：①在人身伤害犯罪中，以尊犯卑，服制愈近，罪责愈轻；以卑犯尊，服制愈近，罪责愈重。②在亲属相奸犯罪中，不论尊卑，服制愈近，罪责愈重。③在亲属相盗犯罪中，服制愈近，罪责愈轻。因此，亲属相犯的案件，依律应先确定尊卑亲疏关系，再决定如何适用法律。

魏晋的五服制罪主要体现在**亲属株连**方面，而在亲属相犯方面尚被限制在家庭范围内，没有对五服服叙的要求。南北朝时期亲属株连的范围逐步向家庭范围压缩，而亲属相犯的范围则由家庭向宗族扩展，五服制罪的重心便由亲属株连向亲属相犯转移，这标志着国家与宗族的关系由对抗逐步走向联合，为唐律确立更加全面的五服制罪奠定了基础。[②]

① 丁凌华：《中国丧服制度史》，上海人民出版社，2000年，第200页。
② 丁凌华：《中国丧服制度史》，上海人民出版社，2000年，第213－214页。

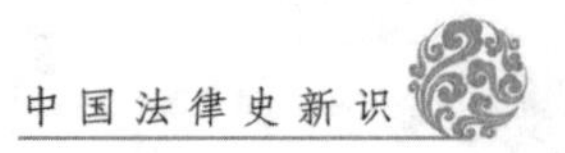

第四节 魏晋南北朝司法制度的变化革新

一、行政体制与司法层级

（一）中央

尚书省的前身为尚书台，原是九卿之一的少府下设的文秘机构，专掌皇室文书图籍和皇帝旨意，相当于皇帝的秘书。因位于宫中的中台，故以台名，又称中台、台阁、台省。汉武帝因穷兵黩武遭到外朝反对，因此设立以大将军为主的内朝，成立尚书台，尚书成为沟通内外朝的重要职位。尚书令常由皇帝的亲信和秘书担任，并由大将军兼任非常设的“录尚书事”一职，权力迅速扩大。东汉光武帝将机密之事全交由尚书负责，以此制约三公，便于集权。此后，尚书分设六曹，其中二千石曹“主辞讼事”。曹魏初期，尚书台正式脱离少府，成为全国政务的总汇。南梁改称尚书省，长官为尚书令，左右仆射二人副之，下设六曹，分理政务。同样为了制约尚书省的权力，曹操置秘书令，典尚书奏事。魏明帝设中书监、令，皆为分尚书之权。于是，尚书台之外复有中书省。当需要限制中书省的权力时，皇帝又开始重用常侍左右的侍中和散骑常侍，让其参与国政。侍中秦代已设，因侍奉皇帝而得名，职卑权重，汉魏开始参与机要，到晋代愈发重要，于是成立以侍中为长官的门下省，以牵制中书省。如此，便形成了尚书、中书、门下三省并立的中央行政体制。

三省制的形成是基于法家人性恶的前提预设，任何权力都需要制约，以便皇帝掌控。三省制的出现使三公徒具虚名，九卿逐渐沦为冗曹，朝廷机构人员必然臃肿。

魏晋南北朝多承汉制，中央司法机关称廷尉。曹魏在廷尉府设置律博士1人，以提高司法专业素养，确保审判质量，此后相沿不改。吴国将廷尉改称大理，北周因复周制改称秋官大司寇。北齐亦将廷尉称为大理，并改称其

官署为“寺”，自此，机构名与职官名不再同一。**大理寺**“掌决正刑狱”[①]，设卿、少卿、丞各1人为主官，其下设正、监、平各1人，律博士4人，明法掾24人，司直、明法各10人。另外，作为中央监察机关的御史台除了加强监察职能外，审判职能亦明显增强，为隋唐“**三法司**”的形成奠定了基础。

中央专职司法机构得到了完善，同时，新设机构也分享了部分司法审判权。尚书台置有负责司法行政和刑狱的专门机构：曹魏承袭汉制，除了保留三公曹、二千石曹等掌管中央司法行政并兼理刑狱外，还增设**比部郎**专司刑狱。晋初以三公尚书掌刑狱，武帝太康年间废三公尚书，由吏部尚书代之。南朝宋设**都官尚书**掌京师地区司法，并兼理刑狱。北齐以尚书省六尚书分统各曹：殿中尚书统“三公曹”，“掌五时读时令，诸曹囚帐、断罪、赦日建金鸡等事”；都官尚书统“比部曹”，“掌诏书律令勾验等事”。[②]中央行政机构兼领司法事务，推动了隋唐刑部的产生。

（二）地方

随着州、郡、县三级行政区划的形成，地方司法机关亦形成了三级体制，地方司法权分别由县令、郡太守、州刺史掌领。

随着南朝宋设立了都官尚书之后，南朝各代均加强了**京畿地区司法**配置，以防中央司法与地方司法混淆不清。在司法职能的分配上，南朝赋予了京畿地区司法机关在处理本地司法案件上与中央司法机关具有同等的权力。南梁在建康设有与廷尉平级的正、监、平三官，并以“廷尉寺为南狱，建康县为北狱”[③]，严格划分了京畿地区的司法权力，避免中央司法权对京畿的干扰。

二、诉讼审判制度的创新

（一）上诉与审判监督

为防止讼事拖延，曹魏一改汉代乞鞫之常规，但凡“两年徒刑以上者，

①② 《隋书·百官志》。
③ 《隋书·刑法志》。

须本人乞鞫，家人不得代为”[①]。直诉作为正式制度则形成于西晋。晋武帝设登闻鼓，悬于朝堂外或都城内，有重大冤屈者可击鼓鸣冤，有司闻声录状上奏，此制度为历代相承。《北魏律》还规定了已判决案件的重审制度：“狱已成及决竟，经所绾，而疑有奸欺，不直于法，及诉冤枉者，得摄讯复治之。”[②] 即对有疑问或有冤屈的生效判决，可重新审理。

魏晋南北朝的皇帝亲自参与审判非常普遍，自上而下的司法监督颇受重视。至魏晋，县令的审判权受到限制，凡重囚审判后须上报郡，由郡守派督邮进行案验审核后方可执行。南朝宋因嫌督邮职位太低，改为将案卷及重囚一并送往郡，由郡守复核后方可执行。郡守难以裁决，还要逐级移送刺史，州刺史不能决断则上交廷尉，形成了**自上而下逐级案验**的司法监督体制。

（二）会审与死刑复奏

南陈“常以三月，侍中、吏部尚书、尚书三公郎、部郎令史、三公录冤局，令史、御史中丞、侍御史、兰台令史，亲行京师诸狱及治署，理察囚徒冤枉”,[③] 此为会审的萌芽，唐朝发展成为“**三司推事**”，最终形成了明清会审制度。

秦汉郡守县令多有生杀之权，权大且缺乏监督。魏明帝青龙四年（236年）诏曰：“廷尉及天下狱官，诸有死罪具狱以定，非谋反及手杀人，亟语其亲治，有乞恩者，使与奏。”[④] 即对要求恩赦的死刑重囚，及时奏闻朝廷，此乃死刑复奏之先河。南朝亦曾规定：“其罪甚重辟者，皆如旧先上。”[⑤] 北魏也推行“诸州国之大辟，皆先谳报乃施行”“当死者，部案奏闻”。[⑥]死刑决定权开始被皇帝收回。只不过，这一时期死刑案件的审判复核和死刑的执行复奏并无明确区分，且因战乱频繁，难以贯彻。

① 《晋书·刑法志》。
②⑥ 《魏书·刑罚志》。
③ 丘汉平：《历代刑法志》，群众出版社，1988 年，第 260 页。
④ 《三国志·魏书·明帝纪》。
⑤ 《晋书·孝武帝纪》。

第四章

隋唐的律令政治与法律新貌

在经过数百年的纷争之后，入侵中国的游牧民族已被汉化。华夏文化的影响力依然顽强地根植于古老的农业社会中，但中央专制集权的重建面临着诸多困难，因为它必须将庞大的农业人口重新掌控在中央政权之下。而且在吸取了门阀士族政治的历史教训后，中央专制集权尚不能容纳中间势力阶层的存在、发展和壮大。

隋唐两代励精图治，竟完成了这些看似不可能完成的任务。公元6到9世纪的东方隋唐皇朝，与西方拜占庭帝国和西亚阿拉伯帝国，成为当时世界上经济最为发达的地区。长安、巴格达、君士坦丁堡，是当时世界上著名的大都市。自武德元年（618年）到开元二十九年（741年）的123年间，是中古时期中国发展最为强盛之时期。在这一时期，儒家文化在与佛家和道家的竞争中进一步维持了自身的优势，为形成帝国一统的意识形态奠定了基础。而自科举创立以来，中央政府对社会精英的控制，直接束缚了中间势力阶层的壮大发展。另外，中国南方的经济发展推动了隋唐时期农作物的多样化，随之而来的是城市范围的扩大和水路运输的空前繁荣，逐渐改变了中国社会的面貌，使社会更为繁荣，但并未从根本上改变隋唐社会的贵族本性。

关键词：关陇军事贵族集团；三省六部制；中书门下；使职制；律令格式；律令政治；《唐律疏议》；一准乎礼；良贱有别；义绝，和离；均田制；府兵制，募兵制；租庸调制，两税法；三法司

第一节 法制的政治权力基础

一、关陇军事贵族集团与隋唐士族政治

隋唐皇室均出自西魏**宇文泰**创建的关陇军事贵族集团，宇文泰凭借六镇之一小股武力，割据关陇，与山东高欢和江左萧梁鼎足而三。以物资论，其人力、财富远不及高欢所辖之境域。以文化言，则魏孝文以来洛阳及洛阳的继承者邺都之典章制度，亦荒残僻陋的关陇所不可比。自晋室南迁以后，江左本为神州文化正统所在，又值梁武帝统治时期，有“江左五十年无事”之说。因此，宇文泰要想对抗高齐与萧梁，除了推行整顿军务、发展农业的物质政策外，还须别有一个精神上自成系统的文化政策来维系关陇境内的胡汉诸族之人心，使其可融合为一牢固的团体，即所谓“**关陇文化本位政策**”。该政策的核心是“阳传周礼经典制度之文，阴适关陇胡汉现状之实”①。宇文泰利用关中士族的保守性，假借关中之地本为姬周旧土，可为名号，于是拟周官之古制，仿周官六军之制，以恢复鲜卑旧制。因为，北魏正光五年（524 年）发起的六镇起义，皆是在北魏迁都后，六镇鲜卑和鲜卑化贵族反汉化所致，作为起事者的宇文泰，恢复鲜卑旧制自在情理之中。

由宇文泰创立的西魏实行军政合一，进一步完善了府兵制，在府兵的顶端设置**八柱国**、**十二大将军**。柱国，本为春秋战国时楚国所设，意为军队高级统帅。西魏大统十六年（550 年）之前，柱国大将军共封 8 人：宇文泰、元欣、李虎、李弼、于谨、独孤信、赵贵、侯莫陈崇，号称“八柱国”，由北魏六镇武将、代北武川的鲜卑贵族和关陇地区豪族组成。宇文泰总领诸军，而元欣为西魏皇族，兵权受限，剩下 6 人每人各统领 2 名大将军，即为“十二大将军”。八柱国十二大将军中产生了自西魏到北周再到隋，直至唐初的皇室贵族，统称为“**关陇军事贵族集团**”。其中宇文泰子孙为北周皇族，李虎子孙为唐朝皇族，大将军杨忠子孙为隋朝皇族，北周历代皇后也多从这些家族产生，隋文帝的皇后与唐高祖李渊之母均出自于独孤信。八柱国十二

① 陈寅恪：《唐代政治史述论稿》，生活·读书·新知三联书店，2001 年，第 197－199 页。

大将军及其府兵制被隋唐军事体制继承，西魏北周复古的六官制，也成为后世六部制的蓝本。正如陈寅恪所言："李唐一族之所以崛兴，盖取塞外野蛮精悍之血，注入中原文化颓废之躯，旧染既除，新机重启，扩大恢张，遂能别创空前之世局。"①

关陇军事贵族集团的一统天下，并没有完全改变三足鼎立的地域政治格局。**关陇**、**山东**、**江南**三方很难迅速融入新的政治秩序之中。而伴随魏晋以来的士族政治对皇权政治的约束依然困扰着隋唐统治者。据《周书》载："今之称门阀者，咸推八柱国家。当时荣盛，莫与为比。"深知门阀政治危害的隋唐统治者在打压门阀士族上颇为用心。可以说，隋唐各地域集团的政治和社会矛盾主要围绕士族问题而展开。隋朝采取了一系列打压山东士族的措施，但尚未意识到士族势力对地方豪强势力的抑制作用。唐代一改隋代打压的政策，太宗时修定**《氏族志》**，以重新排定士族谱系，从制度上承认了士族的势力，进而消解地域分歧并恢复政治秩序。《氏族志》采用**官僚体制下的政治标准**，从而取代**门阀体制下的社会标准**来划分士族等级，兼有门阀制和官僚制的特点，而后者占有优势。② 随着《氏族志》的推出，唐初的旧士族开始承认关陇士族的统治地位，山东、江南与关陇的政治冲突开始消解。因此，唐代的士族政策以消解央地的紧张关系，并以兼顾政权的社会基础与官僚体系的效能为主要目标。

魏晋以来的门阀士族在隋唐开始走向衰落。士族赖以生存的两大基础——九品中正制和占田荫客制到隋代已不复存，但士族还在利用科举制延续其政治地位。据统计，以科举出身者而言，69%是士族，13%是小姓，18%是寒素。③ 虽然科举入仕在入流总数（门荫入仕和杂色入流也是隋唐重要的入仕途径）中仅占较小比重。另外，唐中期均田制遭到破坏也是世家大族维持其经济特权的一种体现。总之，门阀士族在政治和经济两大方面进行了顽强的抗争。

---

① 陈寅恪：《金明馆丛稿二编》，生活·读书·新知三联书店，2001年，第244页。

② ［日］池田温：《唐朝氏族志研究——关于〈敦煌名族志〉残卷》，载刘俊文主编：《日本学者研究中国史论著选译》（第四卷·六朝隋唐），中华书局，1992年，第664页。

③ 毛汉光：《中国中古社会史论》，上海书店出版社，2000年，第335页。

二、南朝化或北朝主流论与多元化政治

中古时代的中国经历了七八百年的民族重整过程，原只有“汉人”的中国，在接纳无数北方、南方的外族成分后，逐渐形成了一个庞大而多元的民族。这个民族是基于同一个文化传统的认同，但又呈现出多元化的人群，造就了隋唐各种制度多元化的性格。

这种多元化的性格早在南北朝汉化和胡化时一直都有体现，迨至隋唐，律法倾向于北朝化，但在诸如兵制、财政和土地政策方面，均有南朝化的趋势。① 原因在于，唐朝正是胡化消失，开始向东晋传统继承之时。② 不论隋唐制度是否承续南朝，抑或以北朝为主流，胡汉融合自关陇贵族集团一直延续到隋唐。宇文泰力推胡化的同时，汉化仍在进行，六镇起义实际上是将六镇势力拉入了新一轮汉化的过程。

综合而言，隋唐的南朝化揭示了汉文明的持久生命力，而北朝主流论揭示了少数民族给华夏文明带来的新动力。隋唐分别继承了北朝的政治制度和南朝的礼乐文化，共同为多民族的融合提供了法制资源。同时，唐代的中国俨然已被纳入东亚与东北亚的列国体制中，成为中国典章制度之所以能够影响东南亚诸国的重要缘由。③

三、从三省六部到中书门下体制的转变

开皇元年（581 年），隋文帝废北周所置的六官，确立了三省六部制。三省为尚书省、内史省（即中书省）、门下省。尚书省负责处理政务，内史省负责起草诏令，门下省负责审查政令和封驳，即“**中书取旨，门下封驳，尚书奉而行之**”。尚书省下设吏部、礼部、兵部、都官、度支、工部六部。开皇三年（583 年）改都官为刑部，度支为户部，此后历朝沿袭。另外，中央还设有御史台、太常、大理等九卿，以及左右卫、十二府。

---

① 陈寅恪：《隋唐制度渊源略论稿》，生活·读书·新知三联书店，2001 年，第 156 页。

② 唐长孺：《魏晋南北朝隋唐史三论——中国封建社会的形成和前期的变化》，武汉大学出版社，1992 年，第 491 页。

③ ［美］许倬云：《万古江河：中国历史文化的转折与开展》，上海文艺出版社，2006 年，第 134、167、176 页。

唐代继续沿用隋朝体制，中央设“三师”（太师、太傅、太保）和“三公”（太尉、司徒、司空）等职，为官衔荣誉的最高等级，均非实职，由三省六部负责具体事务，此外还有御史台和太常、光禄、卫尉、宗正、太仆、大理、鸿胪、司农、太府等九寺，国子、将作、少府、都水、军器等五监，以及左右翊、左右骑等十六卫，统称为“**三省六部九寺五监一台十六卫**”。

唐代皇权政治继承了秦汉以来发展甚久的一整套体系，由皇帝承受天命治理天下，加以文官系统辅佐。以文官为主的行政组织，在中央实行决策、执行与监察的三权并立，推行**群相制**——唐初以中书令、门下侍中、尚书令为宰相。后因太宗曾任尚书令之故，尚书令空置，以尚书左右仆射为尚书省长官，与中书令、门下侍中同承相职。三省事权分立多有弊端，尤其是掌握出令权的中书省和掌握政令审核权的门下省时而因政见不同而互相掣肘，太宗遂赋予三省长官（中书令、侍中、尚书左右仆射）共同行使相权，称**政事堂集议**。政事堂最早设置于门下省，参加政事堂会议的最初为三省长官，之后别官又参加政事堂会议，称为参知政事、同中书门下三品等。“八议”制度中以“都堂会议”议定应“议”者罪名刑罚，便以“政事堂会议”议决。中宗即位后，移政事堂于中书省，以强化决策之权威。

高宗和武则天统治时期，尚书六部直接统领寺监和州县的行政体制面临着越来越多的困境，**使职差遣**大量出现。使职，因事而设，事已则罢；差遣，即临时派遣官员执行使命。差遣官由皇帝直接任命，绕开了由吏部或中书门下铨选授职的选拔程序。此后，临时派遣的使职逐渐变为固定职务，并形成一个与尚书六部行政体系不同，且按照新机制处理政务的体系——本司之官不治本司之事，除非有特别授权，否则由他官来处理，这标志着以**职能分工**为中心转向以**事务统筹**为中心的职官模式的产生。使职因有皇帝特别授权，在处理具体事务时可以直接越过尚书六部，向皇帝或宰相负责，造成尚书六部权力渐失：“尚书诸司，渐至有名无实，废堕已久。”① 这进一步导致了三省制发展为**三省合一制**。玄宗开元十一年（723 年），“改政事堂号‘**中书门下**’，列五房于其后：一曰吏房，二曰枢机房，三曰兵房，四曰户房，

① 《旧五代史·职官志》。

五曰刑礼房，分曹以主众务焉”[①]。掌决策的中书省与掌考核的门下省合为集议制议事，“中书门下”不仅依然具有原来政事堂的决策功能，而且集最高决策机关兼行政机关于一身，故以政务处理程序而分工，决策与行政相分离的三省制名存实亡。

中书门下的建立并非偶然，由于西魏以来的府兵制逐渐转变为募兵制，地方势力乘机坐大，已有对抗中央之势。中央唯有通过调整官制来掌控地方官员，才能挽回不断弱化的地方治理能力。当然，中书门下体制建立以后，三省机构依然存在。然三省与宰相分离，中书门下成为宰相府署，独立于三省机构之上，可直接指挥诸使、诸郡、诸军执行政令。因此，从魏晋南北朝以尚书省为宰相机构，到隋唐三省共同构成宰相机构，再到开元以后至北宋以中书门下为宰相机构的过程，正是说明了皇帝开始逐步走向政务决策的位置，皇权通过中书门下来干预行政事务，甚至直接插手原来由尚书六部处理的事务。而宰相逐渐成为政务裁决和执行的角色。这是后来明代皇帝可以废丞相而直接指挥尚书六部进行施政的一个重要前提。[②]

第二节　法制思想及立法变迁

一、一准乎礼与思想定型

经由南北朝法律儒家化的推动，加之隋代的继承发扬，唐代立法的指导思想已十分明确。长孙无忌等人所修撰的《唐律疏议》在篇首对唐律的立法原则做了十分清晰的阐释：“德礼为政教之本，刑罚为政教之用，犹昏晓阳秋相须而成者也。”“**德主刑辅，礼法并用**”成为当时立法的指导思想。正如清代纪昀在《四库全书总目·唐律疏议提要》所说：“论者谓唐律**一准乎礼**，以为出入**得古今之平**。”这一评价较之“德主刑辅，礼法并用”更为精炼。

中唐以来，在立法、执法、法律监督等基本问题上，一直坚持着某些定型化的观念。例如，在关于法的基本认识上，均认为贤人重于良法；在犯罪

---

① 《新唐书·百官志》。

② 刘后滨：《唐代中书门下体制下的三省机构与职权——兼论中古国家权力运作方式的转变》，载《历史研究》，2001年第2期。

根源与预防体制上，均认为要富民而教之；在关于立法的主张上，均认为需要注重宽简和稳定；在执法的观念上，则强调恤刑慎狱、用刑平等、原情定罪、赏罚必当等。这些定型化的思想全部被统合在儒家伦理法体系中，基本围绕“德主刑辅，礼法并用”的原则而渐次展开。隋唐之际法律思想定型的原因，一则是因为法律制度的定型化使得法律思想观念几无重大发明；二则是因为皇权专制主义所导致的社会思想僵化；三则是因为生产方式和社会生活长期停滞不前，缺少思想原发动力。①

二、律令体系与立法变迁

（一）隋代律典简约的极致

开皇元年，隋文帝为改革旧律，命高颎（jiǒng）及重臣郑译、杨素、苏威、裴政等14人，“沿革轻重，取其折衷”，删除鞭刑及枭首轘裂之法，对流徒之罪皆减从轻，于十月完成**《新律》**并颁行。《新律》确立了死、流、徒、杖、笞五刑二十等刑罚体制，新五刑制度正式确立——死刑二等：绞、斩；流刑三等：一千里、一千五百里、二千里，或服劳役二年、二年半、三年；徒刑五等：一年、一年半、二年、二年半、三年；杖刑五等：自六十到一百；笞刑五等：自十至五十。王夫之评价道：“今之律，其大略皆隋裴政之所定也。政之泽远矣，千余年间，非无暴君酷吏，而不能逞其淫虐，法定故也。……政为隋定律，制死刑以二：曰绞、曰斩，改鞭为杖，改杖为笞，非谋反大逆无族刑，垂至于今，所承用者，皆政之制也。若于绞、斩之外，加以凌迟，则政之所除，女直、蒙古之所设也。”② 开皇三年，文帝“因览刑部奏，断狱数犹至万条。以为律尚严密，故人多陷罪”，又命苏威、牛弘等人，本着删繁就简、以轻代重的原则，对《新律》重新更定，除去死罪81条、流罪154条、徒杖等1 000余条，定留唯500条，是为**《开皇律》**12卷：一名例、二卫禁、三职制、四户婚、五厩库、六擅兴、七盗贼、八斗讼、九诈伪、十杂律、十一捕亡、十二断狱。史称“刑网简要，疏而不失”。另外

---

① 范忠信：《唐代以后中国法律思想的定型化或僵化》，载《湖南省政法管理干部学院学报》，2000年第6期。

② 《读通鉴论·隋文帝》。

《开皇律》将北齐“重罪十条”改为“十恶之条”，即：一谋反、二谋大逆、三谋叛、四恶逆、五不道、六大不敬、七不孝、八不睦、九不义、十内乱。“犯十恶及故（意）杀人狱成（经审讯已定案）者，虽会赦（大赦）尤除名。”历代法典均相沿不改。同时，颁布《开皇令》27 篇，共 30 卷。隋文帝删繁就简，化重为轻的立法原则为唐代简约而周备的立法成就积累了经验，但并未得到彻底执行，史载“仁寿中，用法益峻，帝既喜怒不恒，不复依准科律”[①]。

炀帝继得大统后，仍然认为法网深刻，遂再次删修律令，除十恶之条，大业三年（607 年）律成，是为**《大业律》**18 篇，共 500 条，篇目为：一名例、二卫宫、三违制、四请求、五户律、六婚律、七擅兴、八告劾、九贼律、十盗律、十一斗律、十二捕亡、十三仓库、十四厩牧、十五关市、十六杂律、十七诈伪、十八断狱。虽删除“十恶”之名，但仍保留其中的 8 条融入相关法条内，并减轻一些犯罪的处刑，“其五刑之内，降从轻典者，二百余条。其枷杖决罚讯囚之制，并轻于旧”[②]。大业年间还修订了**《大业令》**30 卷。程树德评价道：“盖炀帝好大喜功，特欲袭制礼作乐之名，本无补弊救偏之意。弘窥见其旨，故篇目虽增于旧，而刑典则从轻。至其末叶，刑罚滥酷，本出于律令之外”[③]。

《北魏律》最初仅有 760 余条，此后律条数量增长不断，到北周竟达 1 537 条。各朝难享长久国祚，多少与法典繁密有关，隋朝以此为鉴，遂不断精简律条。然而，由于隋朝两代帝王只图律典形式的简约，本质上却走向深刻。清代沈家本在《历代刑法考》中称：“观于炀帝之先轻刑而后淫刑，与文帝如出一辙。文淫刑而身被弑，炀淫刑而国遂亡，盖法善而不循法，法亦虚器而已。”

（二）唐代立法的主要演变

1. 唐代法典的编纂历程

（1）律典的编修

唐高祖李渊于太原起兵时，“即布宽大之令，百姓苦隋苛政，竟来归

①② 《隋书·刑法志》。

③ 程树德：《九朝律考》，中华书局，2003 年，第 424 页。

附”。在入长安之后，便又约法12条，“唯制杀人、劫盗、背军、叛逆者死”。武德元年（618年），便下令刘文静等人制定律典，“篇目一准隋开皇之律，刑名之制又亦略同，唯三流皆加一千里，居作三年、二年半、二年皆为一年，以此为异；又除苛细五十三条”。至武德七年（624年）修成并颁行天下，是为《**武德律**》。随后制定了《武德令》31卷。

太宗继位后历时十余年，至贞观十一年（637年）方才完成《**贞观律**》。“自是比古死刑，除其太半，天下称赖焉。玄龄等定律五百条，立刑名二十等，比隋律减大辟九十二条，减流入徒者七十一条，凡削烦去蠹，变重为轻者，不可胜纪。”[①]《贞观律》对《武德律》的改动包括：废除斩趾酷刑，增设加役流；大大减少旧律中重刑条款数量；缩小族刑、连坐范围；确立五刑、十恶、八议、请、减、赎、当、免及化外人有犯、类推、死刑复奏等基本原则和制度。与《贞观律》同时撰成并颁行的还有《贞观令》，共27篇，分30卷，共1 590条。

唐高宗永徽二年（651年），命长孙无忌等人，以《贞观律》为蓝本，修订并颁布《**永徽律**》20篇，502条，篇名依次为：名例、卫禁、职制、户婚、厩库、擅兴、贼盗、斗讼、诈伪、杂、捕亡、断狱等。鉴于对法条理解不一，高宗又下令对《永徽律》逐条逐句进行解释，汇总而成《律疏》30卷，附于律文之下，与律文具有同等的法律效力，于永徽四年（653年）颁行天下，称《**永徽律疏**》，后世称《**唐律疏议**》。虽然《永徽律》仅是《贞观律》的翻版，但其重大成就则是附在其内的《律疏》。因此，武则天亦遵循永徽律令，“其律令唯改二十四条”。然“则天以女主临朝，大臣未附；委政狱吏，剪除宗枝。……然后起告密之刑，制罗织之狱，生人屏息，莫能自固”。于是，“推劾之吏，皆以深刻为功，凿空争能，相矜以虐”[②]，重蹈隋氏父子之覆辙。

据统计，唐代较成体系的修律共11次，其中3次规模较大，均在武德、贞观和永徽开朝之初。一般而言，各朝定律大体由前三代帝王完成，后世出于遵循先王之制的需要，律文几无变更。为了适应形势之变，其他法律形式

① 《资治通鉴·唐纪十》。
② 《旧唐书·索元传》。

开始出现，以弥补律典不足。在贞观中期之后，律令格式相互为用成为立法共识。太宗相继“颁新格于天下，凡律五百条……格七百条，以为通式。”又“降大辟为流者九十二，流为徒者七十一，以为律；定令一千五百四十六条，以为令；又删武德以来敕三千余条为七百条，以为格；又取尚书省列曹及诸寺、监、十六卫计帐以为式”①。律令体系于是趋于成熟。

（2）**格式的编修**

玄宗之后律令几乎不再修订，一直持续到唐末。格的修改次数最多。唐代共有15次修格，颁布格19部。格除了弥补律令之不足外，还在一定程度上控制了逐渐增多的诏敕数量。贞观之际，太宗删敕3 000余条，定留700条，成格18卷。随后，格的卷数开始激增，适用范围也有了前所未有的扩大，出现了《**散颁格**》和《**留司格**》，分别作为地方和中央适用的两套行政规则。据《旧唐书·刑法志》载：“永徽初……旧制不便者，皆随删改。遂分格为两部：曹司常务为《留司格》，天下所共者为《散颁格》。《散颁格》下州县，《留司格》但留本司行用焉。”于是，定《留司格》18卷，《散颁格》7卷。武则天整理了武德至垂拱年间颁布的大部分诏敕，并编纂成格，取名为《新格》以示区别。式的修改，从唐初至开元二十五年（737年）有10次。武德定式14卷，贞观定式33卷，垂拱定式20卷，《神龙式》和《开元式》也均为20卷，②史称“垂拱格式，议者称为详密。其律令惟改二十四条，又有不便者，大抵依旧”③。格与诏敕同，便于皇帝行事；式主要是行政程式，关乎帝国行政运作。格式的修改变化反映了历代帝王执政的独有特点，且以年号命名，颇有威严。

玄宗开元七年（719年）“律令式仍旧名，格曰《开元后格》”④。玄宗开元二十二年（734年）因重振政局之需，开展了大规模的修订法律活动：“共加删缉旧格、式、律、令及敕，总七千二十六条。其一千三百二十四条于事非要，并删之。二千一百八十条随文损益，三千五百九十四条仍旧不改。总成《律》十二卷，《律疏》三十卷，《令》三十卷，《式》二十卷，《开元新格》十卷。又撰《**格式律令事类**》四十卷，以类相从，便于省览。

① 《新唐书·刑法志》。

② 陈灵海：《唐代刑部研究》，法律出版社，2010年，第182－191页。

③④ 《旧唐书·刑法志》。

二十五年九月奏上，敕于尚书都省写五十本，发使散于天下”①。据此，开元二十二年法律总数达7 026条，删改了3 500多条，法条依然简约。最值得称道的是，《格式律令事类》将所有的律、律疏、令、式、格共计102卷压缩至40卷，分类编排，且将格式放在律令之前，体例分明，完全能达到“便于省览”的目的。而且“事类”作为新兴的法律形式，更是以简约易行为目的。据《唐会要·定格令》载：“自肃宗以来，所可书者几希矣；懿宗以后，无所称焉。”可见中唐之后，立法几无称道之处。

繁多的法律形式，令唐代中晚期的法律开始呈现出**层叠化**的特点，即颁布在后的法律虽然不断增加，但尚未整合到既有的法律中，而是直接叠加在原有的法律之上，形成一种叠床架屋的规范样态。从律令到格、敕、格后敕、再到事类、统类、要录等，均是新旧法相互叠加，冲突不断。②于是，中唐之后的法律体系极度紊乱，并且日趋繁杂，最终无法实施。原因在于，中唐为应对皇权衰落的困境，开始通过频繁发布敕令，来强化中央法令的地方权威。于是，敕、典、疏、例、要类等法律形式大量涌现。③

2. 律令格式事类与六典

律令格式，作为四种基本法律形式，隋唐之前早已有之。但律令格式四者并行于世则始于隋，而后成熟于唐。据《新唐书·刑法志》载：“唐之刑书有四曰：律令格式。令者，尊卑贵贱之等数，国家之制度也；格者，百官有司之所常行之事也；式者，其所常守之法也。凡邦国之政，必从事于此三者。其有所违及人之为恶而入于罪戾者，一断以律。”可见，律是刑事法规，是定罪量刑之依据。令关乎国家体制和基本制度，包括刑事、行政、民事、经济、军事等多个方面，是律的重要补充，“律无正文者，则行令”。

格来源于诏敕，又称为**敕格**。经过一段时间格就要整理一次，遂以整理的时间命名，如《贞观格》《永徽格》《神龙格》《太极格》《开元格》和《开元后格》等。整理之后再颁发的敕条，称**格后敕**，或**格后长行敕**。格后敕是由敕到格的过渡形态，这使得许多制敕不经编定为格即获得了持久的法

① 《旧唐书·刑法志》。
② 陈灵海：《唐代刑部研究》，法律出版社，2010年，第224页。
③ 参见张建国：《中国律令法体系概论》，载张建国：《帝制时代的中国法》，法律出版社，1999年。

律效力。唐格的性质偏重于禁防，此外也有赏格、选格、勋格等内容。

式的含义比较广泛，有典礼仪式、公文程序等，但唐式最主要的内容是律令执行的细则及百官诸司的办事章程。最早的式是《贞观式》，共33篇，分20卷，以尚书省二十四司及秘书、太常、司农、光禄、太仆、太府、少府、监门宿卫、计帐为篇名。后世多次删定，有《永徽式》14卷，《垂拱式》《神龙式》《开元式》等各20卷，篇数均为33篇。唐式以官府名作为篇名，可能是沿袭曹魏末年的办法，把各种细则规定按性质归类，分别由官府掌握，以便贯彻。

开元十年（722年）玄宗召起居舍人陆坚修六典，在中书令张说、萧嵩、张九龄等人的先后主持下，开元二十六年（738年）撰成并注释，次年由宰相李林甫奏呈，共30卷，近30万字。岑仲勉认为，《唐六典》未经朝廷颁布施行已无可怀疑，但六典是按照现行令式编成的，现行令式本来具有法律效力。不过其中有一部分在编撰时就已改变，或后来改变，因此未能事事遵用。[①]

该书本应按《周官》分为理典、教典、礼典、政典、刑典、事典六部分，故书名为**《唐六典》**。但唐代官制与周官大不相同，《唐六典》实则还是以唐代诸司及各级官佐为纲目。首卷为三师、三公、尚书都省；以下依次分卷叙述吏、户、礼、兵、刑、工六部；然后叙门下、中书、秘书、殿中、内侍等五省，以及御史台、九寺、五监、十二卫和东宫官属；末卷为地方职官，分叙三府、都督、都护、州县等行政组织。通说认为《唐六典》是史上第一部行政法典，主要规范了唐代中央和地方国家机关的机构、编制、职责、品位、待遇等，由正文和注文两部分组成。约占全书1/3的注文，或记职官沿革，或作细则说明，或附录有关诏敕文书。正文所叙诸官司的职掌，多直接取自当时颁行的令、式。注文所叙职官的沿革，多取自先代典籍。该书保存了大量唐朝前期的田亩、户籍、赋役、考选、礼乐、军防、驿传、刑法、营缮、水利等制度资料，对唐以后历代会典的编纂具有深远影响。

① 岑仲勉：《隋唐史》，河北教育出版社，2000年，第524页。

（三）律令体制与律令政治

律令体制下的法制与律令政治紧密相关，以律令制为代表的唐代法律体系曾有效地促进了政治组织的良好运作。甚至连日本学界都将唐前期的政法体制界定为“律令制度”，并加以借鉴。然而，到了开元年间，三省六部制渐遭破坏，中书门下体制取而代之。随着官制的日渐紊乱，法律形式趋于复杂。武则天在垂拱年间的立法就可以证明这一点。《垂拱格》和《垂拱留司格》的颁布，瓦解了原有的律令体制，律令的地位已大不如前，当时的律法统称为格式律令事类，便可见“格式”已位列在“律令”之前。垂拱以来不断重视格和格后敕，加上安史之乱的社会变动，唐代中央已经很难再按照律令政治来运转，与中书门下体制相适应的“格”成为立法中心。随后，**以效率见长的使职化体制**迅速击溃了**以规范见长的三省六部制**，与之相适应的是，以效率见长的制敕也迅速冲垮了以规范见长的律令格式。①

敕的地位是在安史之乱后的紧急状态下不断得到增强的。据统计，唐后期的7次大规模立法就有6次是编纂格后敕，并且是不定期的。相较于宋代的编敕，唐后期只是简单地通过“格后敕”这一形式来制敕，“格后敕”仅是对敕的简单编集，编写顺序完全按照格的篇目分类法，还保留了皇帝发布敕的日期。②“格后敕”这一称谓是唐后期在皇帝“诏敕”和与使职化官制相适应的“格”之间做出一种区分，恰恰表明“敕”当时尚未成为与“格式律令”相当的正式法律渊源。“格后敕”的“后”也可说明唐末统治者还是将“格”放在法律形式之首。制敕作为晚唐惯常使用的法律形式，尚处在不断规范化的过程中，使得“敕”在宋代从“非常态之法”逐步升格为“常态之法”，甚至以敕破律。总体而言，律令政治自晚唐开始走向衰落，这在立法上有着清晰的体现。

---

① 陈灵海：《唐代刑部研究》，法律出版社，2010年，第226页。

② 戴建国：《唐格后敕修纂体例考》，载《江西社会科学》，2010年第9期。

第三节 唐律典范及核心内容

一、篇条设计

（一）疏议之名及广泛影响

初唐建立在相当简明而又普遍统一的国家机构之上。在面对如此广袤的国土和庞大的人口时，法律若要得到普遍适用，就必须以概括的形式制定出来，使法律具有高度的概括性、适用性和灵活性。[①]唐律的制定即是如此。如果说概括性的唐律体现了“疏而不漏”的特点，那么这一特点首先在《唐律疏议》的“疏”中找到。

《唐律疏议》有律文、注文和疏文。“注”夹嵌在律条文句中间，或紧接于律条之后，用比律条相对小的字体书写，是对律文含义的补充和适用的说明。而“疏”或者“义疏”是对律文包括注文的逐字逐句解释，约占总字数的80%。义疏又称律疏，疏文广引博征，既有儒学经典，又有具体案例，还有典、令、格、式等其他法律形式中的相关内容。这种解释方法可使律义的内容达到最大的深度与广度。“疏”是由“议”和必要（而非必备）的“问答”两部分组成。由于“疏”以“议曰”作解释的发语词，遂形成“**疏议曰**”的写法。到元代后，因为疏文部分开头所标的“疏”与“议曰”之间的句读关系被忽略，整个解释部分被直呼为“疏议”，就产生了《唐律疏议》这一名称。就此而言，“**疏义**”才是《律疏》性质最佳表达，[②]《唐律疏议》亦可称为《**唐律疏义**》。

律疏起到阐明唐律的指导思想、协调令格式与律之间的关系、协调前后律之间的关系、解释律义、简述律及一些基本制度的沿革、补充律中无明文规定的内容等作用，使律文富有灵活性。就此而言，“疏”为律文的简约奠定了基础，官员在审判过程中常“引（律）疏分析之”[③]。这就同时解决了

---

① ［英］崔瑞德：《初唐法律研究》，张中秋译，载《南京社会科学》，1993年第3期。

② 钱大群：《唐律研究》，法律出版社，2000年，第78页。

③ 《旧唐书·刑法志》。

律文在具体司法实践中难以统一遵守的问题。与现代刑法相比，唐律关于犯罪刑罚的规定（包含刑法规定的假定和处理两部分）主要由疏议来阐释，因此，单就律文本身而言，其所规定的刑法规范几乎不能单独存在，或是极不完整或不明确的。①总之，唐律疏文在阐明法理和补充律意上发挥了重要作用，使简约明晰的唐律更加严密。

五代立法基本上取法于唐，唐律成为后世立法的标准，持续影响到清代。沈家本在《重刻唐律疏议序》中称，清代“所载律条与唐律大同者四百一十有奇，其异者八十有奇耳。今之律文，与唐律合者，亦什居三四”。与此同时，隋唐成为东亚列国体制的一部分，律令的影响已波及亚洲邻近诸国。例如高丽，“至于刑法，亦采唐律，参酌时宜而用之，曰狱官令二条，名例十二条，卫禁四条，职制十四务，户婚四条，厩库三条，擅兴三条，盗贼六条，斗讼七条，诈伪二条，杂律二条，捕亡八条，断狱四条，总七十一条，删繁取简，行之一时，亦不可谓无据”②。其篇目体系和内容皆与唐朝律令相近。日本孝德天皇时期的“大化革新”，更是全盘移植唐代律令体制。据清代黄遵宪《日本国志·刑法志》载：“孝德朝依仿唐制，始设刑部省，省中分二司，曰赃赎司，曰囚狱司，于是始有刑律。律分十二，一曰名例，二曰卫禁，三曰职制，四曰户婚，五曰厩库，六曰擅兴，七曰贼盗，八曰斗讼，九曰诈伪，十曰杂律，十一曰捕亡，十二曰断狱。亦用五刑，别有八虐、六议等条，大概同唐律。其时遣唐学生颇有习律者，归以教人，而法制颇详明矣。”此后，如天智天皇七年（唐高宗乾封二年（667 年））的《近江令》、文武天皇大宝元年（武则天大足元年（701 年））的《大宝律令》、元正天皇养老二年（唐玄宗开元六年（718 年））的《养老律》及随后的《养老令》，基本上是沿袭唐代。

（二）篇目安排与核心内容

1. 篇目安排

《唐律疏议》12 篇的条文配置及相关内容大致如下：

① 徐忠明：《关于唐代法律体系研究的述评及其他》，载《法制与社会发展》，1998 年第 5 期。
② 《高丽史·刑法志》。

总则即《名例律》57 条，是关于刑名和法例的一般规定，包括五刑、十恶、官僚特权制度等一般规定和法律原则。

实体法分为事律和罪律，共计 10 篇。事律 5 篇，其中：《卫禁律》33 条，是关于违反宫殿、宗庙、禁苑、车驾、关津、城垣、边镇警卫秩序的法律规定，主要为了保护皇帝的人身安全，维护皇帝的权威和保卫国防边境安宁；《职制律》59 条，是关于官吏违反职责和礼制方面犯罪的法律，主要包括违反国家编制和公务规纪、贪赃、渎职、违礼等犯罪的处罚规定，侧重于惩治官吏的失职、渎职和贪赃枉法；《户婚律》46 条，是关于违反户籍、土地、赋税、婚姻、家庭、继承等方面犯罪的法律，侧重于保障国家赋税的来源和维护封建婚姻家庭关系；《厩库律》28 条，关于违反官私牲口牧养及征用、官府仓库管理等方面犯罪的法律，也包括家畜毁伤他人人身和财物时的处罚或赔偿的有关规定，用以保护国家和私人财产；《擅兴律》24 条，是关于违反徭役兴发、公共设施兴造修缮、军需供应、兵员调遣、城郭防守、兵器储用等方面犯罪的法律。

罪律 5 篇，其中：《贼盗律》54 条，是关于危害国家安全、危害君主和皇室成员、盗用御物、侵害人身、侵害财产、抢掠和诱拐人口、侵害坟墓尸体、绑架勒索和劫囚等方面犯罪的法律，多属“十恶”，是唐律量刑最重的一篇；《斗讼律》60 条，是关于斗殴、争讼、诉告等方面犯罪的规定。“斗殴”主要包括斗殴杀伤、故杀伤、误杀伤、过失杀伤、戏杀伤人等犯罪，包括尊卑长幼之间、夫妻之间、官民之间斗殴的处罚法律。“诉讼”主要包括越诉、诬告、匿名文书、控告尊长（后世称“干名犯义”）等方面的犯罪以及子孙违反教令、同居相隐、保辜等问题；《诈伪律》27 条，是关于伪造、诈骗等方面犯罪的法律，主要包括伪造皇帝御宝和制书、伪造官文书、伪造宫殿门符和兵符、诈骗财物、妄认良人为奴、教唆犯罪、伪证等方面犯罪的法律；《杂律》62 条，是关于上述八大类犯罪以外的其他杂项犯罪的法律，主要包括违反买卖、借贷、市场交易、度量衡、债权债务、埋藏物、遗失物等方面犯罪的法律，以及犯奸、赌博、纵火失火、坐赃等方面犯罪的法律，还包括“违令”“不应为”等两个最大的“口袋式”条款；《捕亡律》18 条，是关于捕捉逃亡罪犯、逃役人、其他逃亡者和举告犯罪、救助受害人等方面犯罪的法律。

程序法作为专则规定，即《断狱律》34 条，是关于司法审判和狱政方面犯罪的法律。主要包括审判程序和原则、法官责任、考讯囚犯、证据制度、刑罚执行、死刑复奏、监狱管理、法律责任等方面。

《唐律疏议》各篇所占比重见表 4－1。

表 4－1　《唐律疏议》各篇所占比重

目次	篇	条	百分比（%）
总则	名例	57	11.3
事律	卫禁	33	6.6
	职制	59	11.7
	户婚	46	9.2
	厩库	28	5.6
	擅兴	24	4.9
罪律	贼盗	54	10.8
	斗讼	60	12
	诈伪	27	5.4
	杂律	62	12.3
	捕亡	18	3.5
专则	断狱	34	6.7
合计	12	502	100

2. 核心内容

《唐律疏议》12 篇最具代表性的核心内容主要包括：

（1）**五刑与十恶**

《开皇律》确立了笞、杖、徒、流、死新五刑体制，为唐代继承，一直延用到清末。隋唐新五刑体制的内容如下：

笞刑五：笞一十，赎铜一斤；笞二十，赎铜二斤；笞三十，赎铜三斤；笞四十，赎铜四斤；笞五十，赎铜五斤。

杖刑五：杖六十，赎铜六斤；杖七十，赎铜七斤；杖八十，赎铜八斤；杖九十，赎铜九斤；杖一百，赎铜十斤。

徒刑五：一年，赎铜二十斤；一年半，赎铜三十斤；二年，赎铜四十斤；二年半，赎铜五十斤；三年，赎铜六十斤。

流刑三：二千里，赎铜八十斤；二千五百里，赎铜九十斤；三千里，赎铜一百斤。

死刑二：绞、斩，赎铜一百二十斤。

《名例律》将“十恶”的设置目的和渊源表述如下：“五刑之中，十恶尤切，亏损名教，毁裂冠冕，特标篇首，以为明诫。其数甚恶者，事类有十，故称十恶。然汉制九章，虽并湮没，其“不道”“不敬”之目见存，原夫厥初，盖起诸汉。案梁陈已往，略有其条。周齐虽具十条之名，而无十恶之目。开皇创制，始备此科，酌于旧章，数存于十。大业有造，复更刊除，十条之内，唯存其八。自武德以来，仍遵开皇，无所损益。”相较于《北齐律》的“重罪十条”，唐代的“十恶”主要有三大变化：①将北齐的“反逆”“大逆”“叛”改为“谋反”“谋大逆”“谋叛”，加强了对危害国家和皇权行为的防范。对于此类犯罪，不仅要惩罚“已行者”，而且要“惩及于谋”，即对谋划犯罪、准备犯罪，甚至意图犯罪的行为也要加以惩罚。②将“降”“叛”合为“谋叛”，同时增加了“不睦”，较北齐更重视家庭和谐和家族伦理。③将“不敬”改为“大不敬”，缩小了入罪的范围，加强了对危害皇权犯罪的惩治力度。

“十恶”可分为三类：第一类是直接威胁损害皇帝人身、权力、尊严的**谋反**、**谋大逆**、**谋叛和大不敬**，此为“十恶”之核心；第二类是严重危害社会秩序的犯罪，如**不道**；第三类是破坏伦常关系的**恶逆**、**不孝**、**不睦**、**不义和内乱**。具体而言：

一谋反，即图谋颠覆朝廷、推翻政权、反抗统治的严重犯罪。凡犯谋反罪者一律处斩，且株连。

二谋大逆，即图谋毁坏宗庙神灵、皇家陵寝及殿廷宫阙的严重犯罪。其与谋反罪处刑相同。即使“谋而未行”，仍要处绞。

三谋叛，即图谋背叛朝廷、投降敌伪的严重犯罪。凡欲谋叛“始谋未行事发者”，首犯处以绞刑，从犯流三千里；若已付诸实施，即“已上道者，不限首从，皆斩”，“妻、子流二千里。若率部众百人以上，父母、妻、子流三千里”。此三类简称“**三谋**”。

四恶逆，包括：①殴打或图谋杀害祖父母、父母；②杀害伯父母、叔父母、姑母、兄姐、外祖父母、丈夫、丈夫的祖父母或父母等恶性犯罪，一律

处斩。

五不道，包括：①杀死一家没有犯死罪的人达三人以上，不分首从皆斩，妻、子流二千里。②肢解人。不分首从皆斩，妻、子流二千里。③造畜蛊毒，畜养毒虫害人。即便没有造成危害结果，罪名也成立。罪犯及教令者，绞；同居家属不论是否知情，皆流三千里；里正未能及时告发，流二千里。④厌魅，利用鬼神邪术诅咒人、害人或企图控制他人。如欲意图以巫术杀人，以谋杀罪减二等论处；致人死亡的，以杀人罪论处。如针对皇帝施用巫术，首从皆斩。

六大不敬，包括盗窃御用物品、因失误而致皇帝的人身安全受到威胁、不尊重皇帝及钦差大臣等犯罪，直接或间接地威胁到皇帝与神灵安全、尊严的失礼行为，皆死。

七不孝，包括：①告发、咒骂祖父母、父母，绞。②祖父母、父母在，另立门户、分割财产，徒三年。如果是祖父母、父母要求分家则无罪。③违反祖父母、父母的教令，徒二年。④供养有缺，即对祖父母、父母供养不力，徒二年；⑤为祖父母、父母服丧期间，谈婚论嫁、寻欢作乐、不穿孝服，徒三年；⑥知祖父母、父母丧，隐瞒不办丧事，流二千里；⑦谎称祖父母、父母丧，徒三年。这些行为在性质上与恶逆同，只是程度更轻。

八不睦，包括：①谋杀缌麻以内的亲属。谋杀缌麻以内尊长的，流二千里；已伤者，绞；实际杀死的，不分首从皆斩。相反，尊长谋杀缌麻以内卑幼亲属的，各依故杀罪减刑二等论处；已伤者，绞；已杀者，依故杀罪论处。②出卖缌麻以内亲属。将期亲以内的卑幼亲属（包括弟妹、子孙、侄子孙、外孙、子孙之妻、堂弟妹）“略卖”（即强行出卖为奴婢）的，与斗殴杀死期亲以内卑幼亲属之行作同样处理（如斗杀弟妹徒三年，斗杀子孙徒一年半等）。如果是“和卖”（得到被卖者同意的），各减一等处刑。出卖其他缌麻以内的亲属要按照普通的略卖、和卖良民为奴婢罪处理。③妻子殴打、谩骂或告发丈夫大功以上的尊长和小功以内的尊亲属。妻子殴打、谩骂丈夫尊长亲属的，比照丈夫的同样行为减罪一等（如果减刑后过轻，可以按照比常人加一等处罚）。告发丈夫以及丈夫的祖父母、父母的，徒二年。

九不义，包括：①平民谋杀本地各级地方长官（包括朝廷派出的使节、刺史、县令），士兵谋杀本部五品以上的长官，学生谋杀时任教师。预备谋害的，流二千里；已有伤害的，绞；已杀害的，皆斩。②妻子听闻丈夫去世后不立即哭泣服丧，或者在服丧期间奏乐、脱掉丧服改穿吉服，甚至在服丧期间改嫁的，与子孙为祖父母、父母服丧时不孝之行作同样处理。

十内乱，包括：①和小功以内的同辈亲属通奸，双方均流二千里。如果强奸的，男方处绞。②和祖父、父亲的妾通奸的，或是小功以内不同辈分之间的通奸（具体而言指伯叔母、姑、姐妹、儿媳或孙媳、侄女），绞。缌麻亲是指男性同一高祖父母之下的亲属，小功亲是指男性同一曾祖父母之下的亲属，大功亲是指男性同一祖父母之下的亲属。

重惩“十恶”表现在以下四个方面：①凡预谋者，即构成犯罪。如谋反、谋大逆、谋叛、谋杀祖父母、父母等。②罪犯本人一律处以重刑。凡构成“三谋”，不分情节，或死或流。③株连亲属和知情不告、知情不追者。④不可得到宽宥，死刑立即执行。“十恶”通常是“常赦所不原”，即使是享有特权的官僚贵族，亦不准适用议请减赎等优遇，必须按常法惩治。凡谋反、谋大逆、谋叛、恶逆应处死刑者，不受时间限制，即“决不待时”。

（2）**议请减赎当**

1）**议**：一**议亲**，包括皇帝袒免以上亲属，太皇太后或皇太后缌麻以上亲属，皇后小功以上亲属；二**议故**，指享受皇帝特殊厚待恩遇的亲密故旧；三**议贤**，指德行品性堪称楷模的贤人君子；四**议能**，指治国用兵、辅佐朝廷等政治、军事方面具有杰出才能者；五**议功**，指为国家或朝廷立有卓著功勋者；六**议贵**，包括三品以上职事官、二品以上散官及有一品爵位的高级官僚显贵；七**议勤**，指恪尽职守、勤劳奉献的文臣武将，或不畏艰难险阻、维护国家利益的出外使节；八**议宾**，指被尊为国宾的前朝皇室后裔。上述八议人员犯死罪，须将所犯罪行及应议理由先奏报皇帝，交由尚书省议定后再奏请皇帝裁夺，不得按照一般审判程序直接定罪。如犯流刑以下罪，则减一等量刑。然犯十恶及其他法定重罪者除外。

2）**请**：皇太子妃大功以上亲属、应议者期亲以上亲属与子孙、官爵五品以上者等三种人为“请”的对象。此三种人犯死罪，须将所犯罪行、应请理由及依法应处绞或斩刑的意见奏请皇帝，听候制敕裁决。如犯流刑以下罪，亦减一等量刑。但犯十恶重罪及因谋反、大逆罪受株连缘坐，或在监临主守任内奸淫、盗窃、掳掠人口、受财枉法者除外。

3）**减**：改变《开皇律》关于“其在八议之科，及官品第七以上犯罪，皆例减一等”的“例减”制度，规定“减”的对象主要有两类：一类是六至七品文武官员；另一类是应请者的祖父母、父母、兄弟、姊妹、妻子、子孙。这些人犯流刑以下罪，皆各减一等。

4）**赎**：改变《开皇律》关于“其品第九以上犯者，听赎”的“例赎”制度，规定三种适用“赎”的对象：一是上述应议、请、减者；二是八至九品文武官员；三是应减者的祖父母、父母、妻子、子孙。这些人犯流刑以下罪，允许以铜赎免刑。但犯有加役流、反逆缘坐流、子孙过失杀害祖父母父母流、不孝流、虽遇赦仍流等“五流”及其他重罪者除外。

5）**当**：各级官员可以官职折抵徒流刑。“诸犯私罪，以官当徒者，五品以上，一官当徒二年；九品以上，一官当徒一年。若犯公罪者，各加一年当。”但“以官当流者，三流同比徒四年”。在将流刑折算为徒刑时，较隋代多折抵一年。两个以上官职须先以高者当；罪轻折抵不尽官职，留任改处赎铜；官少折抵不尽全罪，可以前任官职折当，也可以铜赎免未折当余罪。

（3）**六赃与七杀**

1）六赃。唐代首次规定了六种非法占有公私财物的犯罪，统称为“六赃”，包括：**强盗**、**窃盗**、**受财枉法**、**受财不枉法**、**受所监临及坐赃**。除此之外，《名例律》还对准枉法论、准盗论、以枉法论、以盗论等构成及概念作了详尽的规定，便于更好地类推定罪。

强盗，指以暴力获取公私财物。若不得财，徒二年。持凶器得财者，一尺徒三年，十匹及伤人者绞，杀人者斩。窃盗，指以隐蔽的手段将公私财物据为己有。不得财者，笞五十，得财者至五十匹，处加役流。

受财枉法，指官吏收受财物导致枉法裁判。凡官吏受财枉法，赃满十五匹处绞。受财不枉法，指官吏虽收受财物，但并无枉法裁判，赃满三十匹处仅次于死刑的加役流。且规定“事后受财”，即“诸有事先不许财，事过之后而受财者，事若枉，准枉法论；事不枉者，以受所监临财物论”。

受所监临，指官吏利用职权收受所辖范围内百姓或下属财物。凡官吏出差不得在所到之处接受礼物，主动索取或强要财物加重处罚。监临主守官盗取自己所监临财物或被监临人财物的，比窃盗加二等处罚，赃满三十匹者绞。不得利用职权经商谋利，否则处笞杖或徒刑。官吏应约束家人不得接受被监临人的财物。若家人有犯，比照官吏本人减等治罪。如监守自盗的比一般盗罪加等处罚，赃满三十匹者绞。

《职制律》将受所监临具体分为 4 种情形：①**私役使所监临**，指官吏因私无偿或不按市价使用其管辖范围内的物力与人力。不应由本官役使之人而役使者，计庸坐赃治罪。若有红白喜事者，准许借使监临部内，但所使总数不得超过 20 人，每人不得超过 5 日，超过者计庸坐赃治罪。为营造公廨使者，各计庸赁坐赃论减二等治罪等。②**贷所监临财物**。指官吏在自己所管辖的范围内利用职权借贷或买卖财物，从中非法牟利。官吏于所部借贷财物，一律以坐赃论。官吏以胁迫方式强行借贷，加二等治罪。官吏于所部强行买卖财物，以贪赃论。官吏于所部借用公家衣物、毡褥、器玩之类，满 30 日不归还者，除将所借之物归还外，另罪止徒一年。③**出使受财**。指官吏奉命出使，在所使之处受赠以及索要财物。奉派出使官吏接受所出使地区馈送财物，计赃论罪。出使官吏在其经过地区接受财物，减一等治罪。职负纠弹的官吏，虽于经过之处接受财物，亦按所监临财物治罪。④**监临主司受财**。指负有领导、监督之责或主办某项工作的官吏接受他人财物而枉法。一尺杖一百，一匹加一等，十五匹绞；不枉法者，一尺杖九十，二匹加一等，三十匹加役流。监临主司受财较一般官吏重，枉法者处死，不枉法者亦罪止加役流。

坐赃，指官吏或常人非因职权之便收受他人财物，他人不限于监临范围内的人。

2）七杀。《贼盗律》《斗讼律》根据犯罪主观意图将杀人行为分为“六杀”：**谋杀**、**故杀**、**斗杀**、**误杀**、**过失杀和戏杀**。此外，在谋叛、劫囚、略人略卖人、强盗四类律文中明确规定了“劫杀”这一加重情节，可概括为“劫财杀人”，作为“六杀”之外单独的一种杀人行为，是为“七杀”。[①]

谋杀指预谋杀人；故杀指事先虽无预谋，而是于情急杀人时已有杀人的故意；斗杀指斗殴过程中出于激愤而失手杀人；误杀指错置了杀人对象；过失杀指“耳目所不及，思虑所不到”，即出于过失杀人；戏杀指“以力共戏”而致杀人。

① 参见刘晓林：《唐律“七杀”研究》，商务印书馆，2012 年。

谋杀，一般减杀人罪数等处罚；但奴婢谋杀主、子孙谋杀尊亲则处死。故杀，一般处斩刑；误杀则减杀人罪一等处罚；斗杀亦同。戏杀则减斗杀罪二等处罚。过失杀，一般允许以铜赎罪。

二、适用原则

（一）责任年龄与公私区分原则

刑事责任年龄划分标准为：15 岁以上 70 岁以下承担完全刑事责任，7 岁以上 15 岁以下、70 岁以上 90 岁以下承担部分刑事责任；7 岁以下和 90 以上不承担刑事责任。若犯罪时尚未达到老疾，事发时已老疾的，按老疾对待；犯罪时幼小，事发时长大者，则依幼小论。

残疾则分为残疾、废疾、笃疾三等。残疾具有完全刑事责任能力，废疾（痴哑、侏儒、目盲、肢折）为不完全刑事责任能力，笃疾（癫狂、两肢折、双目盲、又聋又哑）除重大犯罪外，不承担刑事责任。

公罪是指“**缘公事致罪而无私曲者**”，即在执行公务中，由于公务上的关系造成失误或差错而犯罪，如“擅赋敛”而无私人获利者。

私罪包括两种：一种是指“**不缘公事私自犯者**”，即所犯之罪与公事无关，如盗窃、强奸。另一种是指“**虽缘公事，意涉阿曲**”的犯罪，即利用职权，徇私枉法，如受人嘱托、枉法裁判；虽因公事，也以私罪论处。适用官当要区分公私罪，犯公罪者可多当一年徒刑。公罪从轻，私罪从重。

（二）共犯累犯与数罪并罚原则

二人以上为共犯，并区分首从，对首犯从重严惩，从犯相对减轻。对普通共犯，“**以先造意为首，余并为从**”为原则，对首谋、主使的首犯加重惩处，随从者减一等处置。对祖、父、伯、叔、子、孙、弟、侄之类家人共犯案，以男性“同居尊长”为首犯，止坐尊长，卑幼无罪。有隶属关系的上下级或官民之间的共犯，则不论谁造意，均以“监临主守”的上官为首犯，从犯按普通常人减一等处置。不过，对于有些性质严重的共同犯罪，如谋反、谋大逆（“逆事已行者”）、谋叛（“已上道者”）、强盗等重罪，则不分首从，一律严惩。

累犯称为**更犯**，是指在犯罪已被告发、审判和刑罚执行期间重新犯罪。若人犯一罪已被告发或正在服刑，又犯笞刑以上新罪，则将前后所犯罪行累计，数罪并罚。

一人犯数罪且均被官府查知的，根据案发前一人所构成的两个或两个以上犯罪规定了不同的定罪量刑标准：

（1）一人所犯两个以上罪且同时被告发或纠举，以最重之罪论处；若两个以上罪轻重相等，则仅追究其中一罪的刑责。

（2）一人所犯两个以上罪中的一罪先被告发或纠举，且已判决处理，又发现其他犯罪时，若该罪轻于前罪，或与前罪轻重相等，则维持原判。若该罪重于前罪，则按后发罪重新论处。

（3）累犯赃罪有不同的定罪量刑原则。一般累犯罪法相等的数个赃罪，须将所犯数赃罪累计后，按其总额折一半后定罪量刑。若累犯罪法不等的数个赃罪，则先将其所犯重赃并入轻赃，再按累计赃数总额折一半，以轻赃罪名定罪量刑。但监临主守官员累犯受贿或贪污自盗，则按累计赃数总额定罪量刑，不再折半。

（4）一罪构成两个以上罪名时如罪法相等，则累计数罪后，按同一量刑标准数罪并罚。若罪法不等，则先将重罪并入轻罪，再按合并后轻罪罪名的量刑标准处罚。无论是累计或合并，其处罚都须重于数罪中重罪应处之刑。倘若累计或合并后所处之刑轻于其中重罪应处之刑，则应按重罪科刑。

（三）自首自新与轻重相举原则

唐代继承了自首减免刑罚的原则，并进一步完善。自首的基本要求是犯罪未发，即未被官府查实。唐代的自首严格区分**自首与自新**，以犯罪未被举发而到官府交代罪行的，称自首。但犯罪被揭发或被官府查知逃亡后再投案者，称自新。犯罪一经告发，不论官司是否已经处理，均视为犯罪已发，虽主动到官司投案，亦不能按自首处理。若犯有轻重不同的罪名，轻罪虽被发觉，但能够自首重罪者，可免除其重罪刑责。

凡自首不实及不尽者，仅追究其不实不尽之罪的刑责，应判死刑者则可减一等治罪。自首不彻底的称“**自首不实**”，对犯罪情节交代不彻底的称“**自首不尽**”。遣人代为自首与本人自首相同，相为容隐者告发亦与本人自首

相同。如果犯罪者本人已知道他人欲到官府告发而自首，虽不能完全免责，但可减罪二等。不适用自首的犯罪包括：①伤害罪。一般不得减免刑罚，但若伤害是因他罪引起而自首，“得免所因之罪”。例如因盗而伤人自首，盗罪可免，伤害罪不可免。②针对“不可备偿之物”的犯罪。所谓不可备偿之物是指宝印、符节、制书、官文书、甲弩、旌旗、幡帜、禁兵器及禁书之类私家不应有之物。但若“本物见在首者，听从免法”。③私度、越度关罪。④奸良人罪。若奸贱民仍成立自首。⑤私习天文罪。

类推，即“**诸断罪而无正条，其应出罪者，则举重以明轻；其应入罪者，则举轻以明重**”。律文无明文规定的同类案件，凡应减轻处罚的，则列举重罪处罚情形，比照以裁决轻案。凡应加重处罚的，则列举轻罪处罚情形，比照以裁决重案。例如谋杀尊亲处斩，但无已伤已杀重罪之条，在处理已伤已杀尊亲的案件时，通过类推便可知更应当处斩刑。再如夜半闯入人家，主人出于防卫登时杀死闯入者，则不论罪。因律文没有致伤的条文，但比照杀死已不论罪之规定，致伤就无需论罪。

类推还包括**不应得为**，汉代称为“不当得为”。疏议注曰：“谓律令无条，理不可为者。”凡按“理”不应该做的，均是统治者实行的“法外加罪”。

总之，唐代刑律适用依据包括：①有律条可依据的，依律条处理。②律条无规定的，可以比附律条。应出罪者，举重以明轻；应入罪者，举轻以明重。③不能举重以明轻或举轻以明重比附律条的，依《杂律》违令条规定处理。凡是违令的笞五十，违式的减一等，笞四十。④违令条规定不能处理的，按不应得为，轻者笞四十，重者杖八十。

（四）保辜与化外人相犯之原则

保辜，指对伤人罪的后果不是立即显露的，规定加害方在一定期限（**辜限**）内对被害方伤情变化负责的一项特别制度。且辜限法定，以辜限内的不同结果作为定罪量刑的依据。保辜或首创于西周。[①] 据汉代《急就篇》载：“保辜者，各随其状轻重，令殴者以日数保之，限内至死，则坐重辜也。”

① 蔡枢衡：《中国刑法史》，广西人民出版社，1983年，第208页。

《斗讼律》规定："诸保辜者，手足殴伤人限十日，以他物殴伤人者二十日，以刃及汤火伤人者三十日，折跌肢体及破骨者五十日。"在限内受伤者死去，伤人者承担杀人的刑责；受伤者在限外死去或者限内以他故死亡，伤人者只承担伤人的刑事责任。保辜仅适用于殴打或伤害他人但尚未当场致死的案件。辜限的长短与斗殴时即时造成的伤害程度和使用的凶器危害程度成正比。斗殴造成的伤势越重，使用的凶器危害程度越深，辜限则越长；反之，辜限则越短。宋元明清各代对保辜均有所发展。

唐朝对外交往频繁，外国来唐出使、留学、经商、侨居者众多，这些人被称为"化外人"，即指"别立君长""各有风俗，制法不同"的他国人。为了维护本国律法权威，唐律规定了化外人犯罪的司法适用原则："**诸化外人，同类自相犯者，各依本俗法；异类相犯者，以法律论**。"凡同一国家的外国人之间发生纠纷，实行"属人主义"，依本国法律或习俗处理。如属不同国家的外国人之间发生纠纷，则实行"属地主义"，依唐律处理。

第四节　民政田赋与经济制度

一、身份与婚配

（一）身份制度

唐代**良贱有别**，《唐律疏议》涉及良贱身份的律疏近100条，约占1/5。良即良人，包括士农工商四类，良人之间相互平等。贱指贱民，分为**官贱民**和**私贱民**两类。官贱民包括官奴婢、官户、工乐户、杂户、太常音人等，乃重罪罪犯的后代子孙；私贱民包括**奴婢**、**部曲**、**客女**等。奴婢贱人，律比畜产。奴婢可拥有自己的家庭和财产，可以财产自赎，但不得与其他阶层通婚，所生子女世代为奴。奴婢将女儿嫁与他人，则被视为盗窃主人财产。部曲是已释放而未离本主的奴婢，身份高于奴婢而低于良人，女子称客女。

部曲基本上拥有家庭，婚姻虽需主人同意，但可自收聘金，将女儿嫁与他人并不被视为侵夺主人财产。部曲除了耕作地主土地外，其余则可以耕作自用地。部曲、客女"当色"（即门当户对）为婚，身份世袭。放免部曲、

客女为良，要由家长给手书，长子以下连署，牒报官府，方为有效。良贱身份并非固定，良人可因犯罪或缘坐而沦为贱民，私贱民也可能因“自赎”或主人“放良”成为良人。

（二）婚姻关系

隋唐婚姻的成立遵循“父母之命，媒妁之言”的礼制，且须履行聘娶的“六礼”程序。婚龄多有变化，太宗规定男为20岁，女为15岁；开元年间男为15岁，女为13岁。除了禁止良贱为婚、禁止同姓、近亲及外姻尊卑为婚外，还进一步规定：①居父母丧或父母被囚不得嫁娶，居夫丧不得改嫁，违者分别以“不孝”“不义”等严惩。②禁止监临主守官员与所辖区内女性为婚。另外，婚姻关系的解除，唐律称“**离**”，分强制离婚与协议离婚两种形式。

强制离婚包括：①丈夫和夫家强制离异，称“出妻”“休妻”或“弃妻”，简称“**出**”，还是遵循先秦以来“七出三不出”的规定。若妻无“七出”行为，丈夫或夫家将其休弃者，徒一年半；妻虽犯七出，有三不去而出之者，杖一百，同时还要恢复婚姻关系。以无子休妻者，必须是妻年五十以上无子；妻若犯恶疾及奸罪者，虽有三不去的理由，仍可休弃之。②官府强制离婚一般称为“**断离**”，凡有“违律为婚”或“嫁娶违律”等行为，婚姻无效，且追究有关人员责任。此外，“**义绝**”是唐代首次规定的强制离婚条件，是指夫妻间，或夫妻双方亲属间，或夫妻一方对另一方亲属间，但凡有殴、骂、杀、伤、奸等，视为夫妻恩断义绝，均由官府强制离婚，违者徒一年。

协议离婚，称“**和离**”，《户婚律》规定：“若夫妇不相安谐而和离者，不坐。”夫者，妻之天也。因此夫妻之间发生骂詈、殴打、致伤、杀害等时，同罪异罚。《斗讼律》规定，夫“诸殴伤妻者减凡人二等，死者以凡人论”，轻伤仅笞四十。“妻殴夫”则属“不睦”，未伤亦徒一年，殴伤则加凡人三等。至于杀夫，更属“恶逆”，一律处斩。唐代实行一夫一妻制，有妻可以娶妾。然妻妾地位不同，妾不得为妻，违者亦构成犯罪。

二、赋役与交易

（一）府兵制与均田制

府兵制由西魏宇文泰于大统年间创立，至玄宗天宝年间停废，历时约200年。府兵制需与均田制结合，本质上是均田制下的寓兵于农，农民受田为国家府兵。府兵要自备粮资，便减少了国家的养兵费用，且有利于保障府兵兵源和加强中央集权。开皇十年（590年），隋文帝下令府兵户籍由**折冲府**（“折冲”一词取于古语“折冲于樽俎之间”，有不战而胜之意）掌握。平时府兵耕种田地，并在折冲将军领导下进行日常训练。战时则由朝廷另派将领聚集各地府兵出征，战事结束后各地府兵仍归本镇，重新纳入当地折冲将军管辖下，即“兵散于府，将归于朝”，使“士不失业，而将帅无握兵之重”。[①] 每一中等折冲府能出兵千人，共有634府的府兵在短时间内至少可征集兵员50万。府兵制与户口登记相匹配，选农为兵，内地与边防服役时间不同。府兵制的优势在于**平时为民，战时为兵；兵不识将，将不知兵**，尽可能地利用了农业人口，防止拥兵自重。

随着唐朝中期之后边患增加，用兵不断，戍期延长，加上腐败严重，已无人愿当府兵。天宝八年（749年），折冲府已无兵可交，唐代不得不改行**募兵制**。募兵制由国家招募丁男当兵，供给衣食，免征赋役，大大减轻了农民的兵役负担，节省了府兵往来与路途的消耗，有利于生产发展，军队强健。不过，募兵制以当兵为业，将领长期统帅军队，兵将之间有隶属关系，容易导致军阀割据。

隋代曾几度下令均田，大抵沿袭北齐均田制，普遍推行国有授田，以加强对土地的集权管理。如开皇元年“自诸王已下，至于都督，皆给永业田，各有差。多者至一百顷，少者至四十亩。其丁男，中男永业露田，皆遵后齐之制，并课树以桑榆及枣”[②]。然隋朝的均田制实施得并不彻底。唐初的均田制规定：中男（16～20岁）、丁男（21～59岁）受田一百亩（其中八十亩

---

① 《新唐书·兵志》。
② 《隋书·食货志》。

为口分，二十亩为永业）；老男、笃疾、废疾者四十亩，寡妻妾三十亩，道士三十亩，女冠二十亩；官员受田有永业、职份和公廨田之分，郡王、国公至五品官员，永业田从一百顷至五顷等差，六品官以下在本乡分配。武德二年（619 年）在均田制基础上制定了租庸调赋税制：租即田租，每丁纳粟二石，岭南诸州纳米（上户 1.2 石，次户 8 斗，下户 6 斗）；调是户调，男丁随乡土所产而纳，每户每年交绢二丈，绵三两，产布之乡纳布二丈五尺，麻三斤；庸是力役，每丁每年为官府服役 20 天，遇闰加 2 天。此外，有事而加役 15 日者免调，加役 30 日者租调皆免；但连正役不得超过 50 日。不亲自服役者，可纳绢代役，每日绢三尺，贵族免役。[①] **有田则有租，有家则有调，有身则有庸**。课税以人丁为本，不因增加生产而增税，也不因怠耕而减其租；不因勤劳而加重力役，不以游惰而减其庸，利于农民附着土地，调动生产积极性。

帝国并不能保证每丁百亩的授田额，却仍以此征收租庸调。再加上唐代尚有**杂征和杂徭**。杂征包括户税，户税依据每户的等级（据资产多寡定级）征收。皇亲国戚和贵族官员等均毋须负担以上各项赋役。在授田普遍不足的情况下，赋役的征收对象实际指向人头税。为此，唐代设计了严格的户籍制度，百姓不得无故脱籍。后因户籍常不清理，人口无法更新，土地买卖兼并，加上时局动荡，民户日渐贫困，弃地逃亡，租庸调制难以为继，于代宗大历和德宗建中年间被废。自宋代以后，帝国不立田制，不抑兼并。

（二）两税法与并税制

大历十四年（779 年）德宗即位，宰相**杨炎**提出了用两税法代替租庸调的方案，建中元年（780 年）颁布两税法。两税法的主要原则为“户无主客，以见居为簿；人无丁中，以贫富为差”。主要内容为：①量出以制入。先计算国家财政总开支，再以此决定征收额度。②不论是土著居民，还是外地迁来的侨居户口均要纳税。③民户按资产分为九等，按每户的等级征税，不考虑丁男与中男之区别。④坐商与行商，均按资产三十税一征收两税。⑤原来的租庸调及杂征、杂徭并入两税。⑥按大历十四年垦田数征收地

① 《旧唐书·食货志》。

税。⑦一年分两次征税，夏税六月截止，秋税十一月截止。夏税和秋税合称“两税”，抑或户税和地税合称“两税”，两种说法均无不可，是为**并税制改革**。重要的是，新法规定在两税之外擅自加征者，以违法论。

两税法将中唐极其紊乱的税制统一起来，限制了赋税的额外加征，改变了过去“旬输月送”的状况，有利于百姓安心生活。一经推行，“自是人不土断而地著，赋不加敛而增入，版籍不造而得其虚实，吏不诫而奸无所取，轻重之权归于朝廷矣。”[①] 直到明代万历九年（1581年）才被一条鞭法取代。后世批评两税法最为尖锐者乃明清之际的王夫之。他认为两税法已经“取暂时法外之法，收入于法之中”，即将此前临时征收的各种苛捐杂税一并计入两税税额之中。一旦计入两税，临时摊派就成了合法的固定税收：“乃业已为定制矣，则兵息事已，国用已清，而已成之规不可复改。人但知两税之为正供，而不复知租、庸、调之中自余经费，而此为法外之征矣。既有盈余，又止以供暴君之侈、汙（wū）吏之贪，更不能留以待非常之用。他日者，变故兴，国用迫，则又曰：‘此两税者正供也，非以应非常之需者也。’而横征又起矣。”[②] 黄宗羲对此指出：“唐初立租庸调之法，有田则有租，有户则有调，有身则有庸。租出谷，庸出绢，调出缯纩（zēng kuàng）布麻，……杨炎变为两税，人无丁中，以贫富为差。虽租庸调之名浑然不见，其实并庸调而入于租也。相沿至宋，未尝减庸调于租内，而复敛丁身钱米。后世安之，谓两税，租也，丁身，庸调也，岂知**其为重出之赋**乎？使庸调之名不去，何至是耶！故杨炎之利于一时者少，而害于后世者大矣。”[③] 即租庸调制本来分土地税（租）、人头税（庸）和户税（调）。两税法全以贫富（即占有土地多少）为标准来征收，虽然没有了户税和人头税，但这两项早已并入了土地税。沿至宋朝，一直没有从中减去户税和人头税，却在此之外又开征新的人头税目（“丁身钱米”），乃是重复征税。因此，两税法改革一时有小利，却给后世留下大害。

唐前期的租庸调制以**户口丁身**为征收标准，户部四司（一曰户部，二曰度支，三曰金部，四曰仓部）按照土地户籍与租调征收、国度支用、库藏仓

---

① 《新唐书·杨炎传》。
② 《读鉴通论·德宗四》。
③ 《明夷待访录·田制三》。

储出纳等不同环节分工管理，不需要掌握各地的土地状况。两税法实施后，赋税征收标准由户口变为土地财产，**版图**随之变得重要。安史之乱后，由户部诸司来承担赋税征敛和战备供应的任务已不可能。当时“兵部无戎帐，户部无版图，虞水不管山川，金仓不司钱谷，光禄不供酒，卫尉不供幕，秘书不校勘，著作不修撰。官曹虚设，禄俸枉请”①。整个尚书六部全面闲废。史称“自天宝末，权置使务已后，庶事因循，尚书诸司，渐至有名无实，废堕已久”②。在均田制、租庸调制和府兵制遭到破坏以后，赋税征收方式的转变和募兵制的出现，致使使职制常态化。因此，财政使职不断扩大，出现了由一人以**判度支**的使职身份总管财政的情况。天宝之后，度支使、盐铁转运使和户部使三司分掌财政，只是分割了原有判度支的职权，于唐前期户部四司在不同环节上的分工管理不同。唐明宗长兴元年（930 年）将三司使并为一职。这是宋代最高行政权一分为三，即由中书门下、枢密院、三司分掌民政、兵政和财政的制度滥觞。③

（三）市场化与契约化

经济的繁荣和市场化首先依赖于隋唐人口的增长和便利的交通，唐朝的人口峰值出现在玄宗时期的公元 755 年前后，有 8 000 万人左右。④隋唐行政区划的设计，已初见当时道路网络的发达。隋代因地制宜，便设立了一些称“**道**”的行台，如河北道、河南道、淮南道，但似乎并未固定。这些行台是中央的临时延伸，沿着交通路线——黄河、淮河的南边或北边的道路移动。唐代，道成为一级行政单位，初为 10 道，后多至 15 道、17 道，道的边界不外乎沿着山谷河道。经由羁縻州府体制统治帝国外围的外族，和经由册封制度吸纳邻近国家依附于帝国体制内，以中国为首的东亚世界开始形成，使隋唐的中国成为一个庞大的国际网络之核心。中国商品经由海陆两道与中东交易，并转运欧洲，经济贸易繁华无限。发达的交易保障体制推动了唐代经济的飞速发展。公元 7 世纪到 10 世纪初，中原、江南、四川与岭南等地区的经

① 《全唐文·陆长源·上宰相书》。
② 《旧五代史·职官志》。
③ 刘后滨：《安史之乱与唐代政治体制的演进》，载《中国史研究》，1999 年第 2 期。
④ 葛剑雄：《中国人口发展史》，福建人民出版社，1991 年，第 159 页。

济发展使传统经济从上古时期进入中古时期。

由于谨守重农抑商之国本，唐前期区分了匠籍和市籍，对工商业者采取人身控制，比照农民征收重税，并且在名田、派役、入仕和服制方面采取了种种歧视和限制政策。同时，推行坊市制度，主要包括县下不设市场、坊市分区、定时启闭坊市门以及夜禁等，控制工商业者活动范围，力促百姓固籍，减少土地流转，以免冲击农本。安史之乱后，户籍紊乱，控制约束商人的诸多制度开始松动，地方经济获得了发展的契机。中央推行盐、茶、酒等专卖制度而垄断性经营，排斥地方分利，地方则鼓励发展商品经济，希求扩大商税收入。中唐之后，发端于地方的经济繁荣，历经五代，至宋被固定下来。

即便在均田制下，土地买卖市场依然十分盛行，虽然唐代对土地买卖交易市场有着严格的限制：①只有贵族官僚所得赐田、五品以上官员的官勋田、永业田可自由买卖。平民的永业田只能在供丧葬费用或迁居的情况下才可出卖，口分田也是如此。②应先向官府申请，得到批准文牒后才可进行。两税法实施以后，还要向官府申请转移该项土地所负担的赋税，即“**过割**”，方可进行买卖。③买卖契约需写明四至，含有“车行水道依旧通”等涉及地役权的惯用语。④土地上的附着物随之转让，即俗语所讲的“树当随宅，别无酬例”。部分动产买卖，如买卖奴婢、牛马骡驴等，须在 3 日内于市司订立契券，交纳税金。同时设定了买卖物的瑕疵担保，允许在“立券之后，有旧病者三日内听悔；无病欺者市如法，违者笞四十”。

借贷分为两种，即有利息的“**出举**”和无利息的“**负债**”。公私以财物出举者，任依私契，官不为理。为禁止高利贷盘剥，限定了公私出举的利息“不得过六分（6%），积日虽多，不得过一倍”，且不得利滚利、利生利，否则利息全部没入官府。开成二年（837 年）规定，私人出举利率不得超过每月五分，只能“四分计息”（月利 4%），凡重利盘剥，违法放债取息者，脊杖二十，且戴枷示众一个月。官府放债可以五分计息。[①] 若违约即构成“负债违契不偿”，债权人可控告至官府，按照违约标的价值和逾期时间进行赔偿。同时，负债契约必须要有担保，但严禁债权人私自扣押债务人财物，否则构成犯罪。

① 《宋刑统·杂律》引唐格敕。

第五节　司法体制与制度特色

一、司法机关

隋代延续北齐**大理寺**“掌决正刑狱”的职能，开皇四年（584年）罢大理寺监、平及律博士等，并加置大理寺正四人，属官虽较北齐有所减少，但各官职能更为集中。至隋炀帝时增大理寺正6人，置司直16人，官秩视同五品，职责为复核御史、诸官吏所监察、弹劾、审判的案件，以增强中央对地方审判的监督。唐代司直为六品，奉旨巡察四方，复核各地案件。如果大理寺中有疑狱，则负责参议。隋代置评事48人，秩正九品，掌同司直，出使推按，参决疑狱，唐宋沿设，减为12人，唐秩从八品下，宋改为正八品，与司直详断疑案。唐代的大理寺共有官吏285人，职权更为分明，主要负责审判朝廷官员的罪案和京畿地区徒刑以上案件，流刑以上案件判决后须报刑部复核，并负责审核刑部移送的各地疑难案件和刑部复核的死刑案件。

隋初尚书省下设吏部、礼部、兵部、都官、度支、工部等六部。开皇三年改都官为**刑部**，主官为刑部尚书，炀帝定刑部次官为侍郎。刑部主要负责复核大理寺判决的徒流刑案件，审判各地上报的死刑案件并报大理寺复核，还掌管全国的狱囚簿录、给养供应等司法行政事务，受理各地申诉，并筹划法律修订事宜等。唐代刑部共有191人，刑部尚书、侍郎为正副长官，以下有郎中、员外郎等官及众多属吏。刑部内设四司，分别为刑部、都官、比部和司门。唐中期以后多次以刑部官吏为主编修法律，刑部地位渐高。

贞观之前，**御史台**无司法权，仅负责风闻奏事。贞观年间，御史台设置台狱，审理特殊案件。开元十四年（726年）后，专设受事御史一员，每日一人轮流受理词讼。自此，凡重大案件，御史台和刑部、大理寺组成“**三法司**”联合审理。大理寺负责审讯人犯、拟定判词，刑部负责复核，同时报御史台监审。凡鞫大狱，以刑部侍郎与御史中丞、大理卿为三司使，称“**三司推事**”，是后世“三司会审”的前身。中央常派大理寺评事、刑部员外郎、监察御史前往会审地方重大疑难案件，称“小三司推事”。有时还由御史台侍御史、中书舍人、门下给事中共同对朝廷直诉案件进行初审，决定受理后再移交有关机构，称“**三司理事**”。

二、诉审制度

（一）起诉

唐代起诉有三种方式：**告诉、告发和举劾**。告诉是指当事人亲自到官府控告，可由亲属代诉；告发是指他人举告或揭发犯罪。对谋叛以上重罪，人人均有告发义务。应告而不告者，处流刑或徒刑；举劾是指各级官吏和监察机关纠举犯罪，应纠举而不纠举或纠举不及时的官吏和监察机关应承担刑事责任。

唐代对于告状人的资格有明确限制：①现禁囚不得告举他事，《斗讼律》规定：“诸被禁囚，不得告举他事。其为狱官酷己者，听（告）之。”②同居应相隐者不得告言亲属，部曲奴婢不得告主人及主人近亲属，但告发谋反、谋大逆、谋叛除外；③80岁以上10岁以下及笃疾之人，除谋反、谋大逆、谋叛、子孙不孝等可告发外，余皆不得告诉告发；④凡田宅、婚姻、钱债之类的案件，只能在每年的十月初一至次年的三月三十这6个月内起诉和受理。

为防止诬告，唐代规定：“诸告人罪，皆须注明年月，指陈实事，不得称疑。违者笞五十。官司受而为理者，减所告罪一等。”与此同时，禁止投匿名书告人，“诸投匿名书告人者，流二千里。得书者，皆即烧之；若将送官府者，徒一年。”且沿用诬告反坐原则。

（二）审判

所有案件均以州县为第一审，京师官吏徒刑以上案件，则以大理寺为第一审；步军统领衙门（京师卫戍司令部）纠获的案件也送大理寺一审。县可以终审笞、杖刑案件；州可以终审徒刑案件、流刑应决杖征赎案件。流罪（应发遣）和死罪案则上报尚书省刑部、大理寺复审。对于死刑案件，隋文帝在继承南北朝的死刑奏报基础上，决定“诸州囚有处死，不得驰驿行决”；“诸州死罪不得便决，悉移大理案覆，事尽然后上省奏裁”，“死罪者三奏而

后决”，此即死刑“**三复奏**”。唐代作了更加严格和详细的规定：凡各地的死刑判决作出后，必须三次奏报皇帝批准，待批准下达3日后方可执行。未经3次奏报批准的或批准后未满3日执行的，均处相应刑罚。京师地区的死刑执行更为严格，必须经过“**五复奏**”。

《斗讼律》规定：“（诉讼）若应合为受（理），推抑而不受（理）者，笞五十。”即不得无故拒绝诉讼。若两地均有管辖权，“囚徒伴在他所者，听移先系处并论之”，即移送管辖。移送的原则为：轻罪囚就重罪囚；若轻重相等，则囚少就囚多；若多少相等，则后禁囚就先禁囚。但若两地相距百里以上，不必移送，“各从事发处断之”。

凡审判官与当事人有亲属师生或仇嫌关系，均须另择审官，唐代称“**换推**”。《狱官令》规定：“诸鞫狱官与被鞫人有五服内亲，及大功以上婚姻之家，并受业经师，为本部都督、刺史、县令，及有仇嫌者，皆须听换推；经为府佐、国官于府主亦同。”回避的范围包括被告人的宗亲和姻亲、仇嫌，曾任被告所在地区主官、曾为被告人的僚属等多种情形。此外，《狱官令》还规定：“诸讯囚，非亲典主司，皆不得至囚所听闻消息。”以防止其他官员干扰审判。

《断狱律》规定：“诸应讯囚，**必先以情**，审察辞理，反复参验；犹未能决，事须讯问者，立案同判，然后拷讯。”“以情”即“动之以情，晓之以理”。《狱官令》规定：“诸察狱之官，**先备五听**，又验诸证信。事状疑似，犹不首实，然后拷掠。”通过五听察言观色，查明真情，验诸证信。刑讯只是最后不得已的手段。《开皇律》明确了刑讯的标准：“讯囚不得过二百。枷杖大小，咸为之程品。行杖者不得易人。”唐代拷讯亦有十分完备的规定：①有据可证但被告仍不供认者，方可拷讯，且要“立案同判”，即同审官员共签。②拷讯须用法定规格的常行杖，且不得超过3次，每次间隔不得超过20天，拷打总数不得超过200，中途不得更换拷打之人。杖以下罪不得过“所犯之数”。被拷者限满不招供，反拷告人（受害人及其亲属告发者除外），拷满后仍不招供，取保放人。③有议、请、减特权者不得拷讯，老幼、笃疾、孕妇及初产妇不得拷讯，有疮病在身者不得拷讯。对不得拷讯之人，要有3人以上证实其罪，方能定罪。④依法拷讯，邂逅致死者勿论。违法拷讯致死者，徒二年。

唐代继承了**律法断罪**的魏晋传统，明确规定“诸断罪，皆须具引律、令、格、式正文，违者笞三十”。凡依律作出的徒流罪以上判决，应向犯人及其家属宣读，允许申诉和上诉。上诉案件先由原审机关重审，仍不服可逐级上诉至州、尚书省、三司和皇帝，一般不得越级上诉。隋代规定“有枉屈，县不理者，令以次经郡及州。至省（中央三省）仍不理，乃许诣阙申诉”。越诉及受理越诉者，各笞四十。虽然禁止越诉，但唐代允许**直诉**，包括：①邀车驾，即通过拦截皇帝仪仗的方式直诉；②擂击皇宫外的登闻鼓；③上表申诉，即向尚书省告状。《斗讼律》规定：“邀车驾及挝登闻鼓，若上表诉，而主司不即受者，加（受理越诉之）罪一等。……以身事自理诉，而不实者，杖八十。”

第五章

宋元时代的法律交互及演变

宋元（960—1368 年）是帝制中国文明融合进一步深化的重要时期，更是中华法系发展史上的成熟期。公元 907 年，契丹耶律阿保机称天皇帝，960 年后周赵匡胤立宋，中原文化和少数民族文化开始频繁交锋。在统一各藩后，宋太祖太宗发动了宋代仅有的几次北伐，使宋代前中期时局基本趋稳，此后一直采取重内轻外的消极防御策略。建宋之初，赵匡胤为避免重蹈藩镇割据和宦官干政之覆辙，将军权收归中央，崇文抑武，使宋朝少有廷臣豪强乱政。经济、科技、文化的繁荣，为中原文化的成熟提供了良好的内外部环境。就历史发展而言，此时中国已进入了被称为“唐宋变革”的历史转折期。从法制演进上看，唐宋变革期结束于北宋后期。[①]建宋之初，强权与武力要比文化的力量有效得多。但当一个相对稳定的王朝秩序建立起来以后，尤其是仁宗朝之后，重新寻求礼制与文化的支持就会显得尤为必要而迫切。[②]

佛教与道教皆不能发挥端正社会风气、笼系人心的作用，唯有重振儒学，方可维系政治秩序与伦理道德。于是，复兴儒学与兴利革弊的政治需求历史性地融入在一起。重在塑造士人气节和匹夫有责共治天下的政治品格，成为唐宋变革期思想转向的重要特点。一大批德才兼具、文武兼备、极具报国情怀的思想家和实干家，在北宋中前期发挥着积极作用，如周敦颐、张载、程颢程颐两

① 戴建国：《唐宋变革时期的法律与社会》，上海古籍出版社，2010 年，第 3 页。

② 葛兆光：《中国思想史》，复旦大学出版社，2009 年，第 168 – 182 页。

兄弟、范仲淹、欧阳修、李觏（gòu）等人。北宋中期之后，理学逐步成熟，尤其是在义利关系上的新解为北宋经济繁荣和政治发展扫清了思想障碍。到了南宋，儒家思想日渐成熟，事功学派逐渐兴起，以恢复失地为己任的功利主义开始占据上风。以朱熹为代表的理学信奉者多被功利主义代表人陈亮和叶适等人批判。虽然儒家知识分子中不乏复兴宋代之志士，但多数文人开始转向内在，重塑道德伦理。总之，儒家思想在经由两宋哲理化的过程中得到了进一步扬弃，理学赋予了中原正统意识新的意义，包括法律思想和法制实践在内的中原文明继而被南下的北方民族移植接续，为明清之际的法律发展奠定了基础。

关键词：祖宗之法；事为之防，曲为之制；二府三司；与士大夫共治天下；刑统，敕例并行；理学，内在转向；王安石变法；良贱划一；女性继承权；义利并重，不立田制；鞫谳分司，翻异别勘；洗冤集录；《重熙条制》；金以儒亡；条格、断例；大宗正府、肃政廉访司；约会制

第一节　宋代权力结构与治理原则

一、祖宗之法与防弊之政的新思维

“祖宗之法”是宋代政治史的核心问题，也是宋代制度史的精髓。[①]所谓“祖宗之法”是指始于太祖太宗朝而陆续制定的一些维持大宋王朝长久统治的基本方略和原则，其核心内容是“防弊之政”，旨在通过防微杜渐确保政治格局和统治秩序的稳定。宋太宗的即位诏书已将“祖宗之法”表述得十分明确：“先皇帝创业垂二十年，**事为之防，曲为之制**，纪律已定，物有其常，谨当遵承，不敢逾越。”[②]“事为之防，曲为之制”成为祖宗之法的核心原则。

“事为之防”要求凡事都需未雨绸缪。“预则立，不预则废。”[③]“曲为之制”则要求委曲周全地进行权力制约。宋代中央高度集权，政权设计均体现了“祖宗之法”所要求的“**文武相制，内外相维，上下相轧**”的原则。北宋之初实行“稍夺其权、制其钱谷、收其精兵”的集权政治，均是对该原则的贯彻。有宋一代利用了严谨细密和简易可控的制度程序保障，从而以具体的法律规则和行政章程制约人的行为和主观能动性。[④]就此来看，宋代颇重律法，拘泥于具体法规而限制着决策人、执行人的能动作用。不过，正是对“祖宗之法”的过分看重和绝对遵从，才酿成赵宋因循保守的政风，以致通常在国家兴亡的关键时刻束手无策，坐以待毙。[⑤]

（一）中央政治制衡设计之道

北宋前期三省主要职掌归中书门下，中央行政事务多归三司及审官院（淳化四年（993 年）置，职权相当于尚书省吏部）等，三省六部虽存，但

① 邓小南：《祖宗之法——北宋前期政治述略》，生活·读书·新知三联书店，2006 年，第 9 页。

② 《续资治通鉴长编》卷十七。

③ 《礼记·中庸》。

④ 邓小南：《祖宗之法——北宋前期政治述略》，生活·读书·新知三联书店，2006 年，第 522 页。

⑤ 邓小南：《创新与因循：“祖宗之法”与宋代的政治变革》，载《河北学刊》，2008 年第 5 期。

具体职掌很少。九寺除大理寺外，不同程度地成了闲散机构。原因在于，北宋行政的重点已从传统的抽象原则转向脚踏实地，从重农政策转向留意商业，从一种被动的形势转向争取主动，给王朝带来了一种新观感。这体现在北宋设立的许多新机构上，最重要的当属枢密院（主军事）和三司（主财政）。这些新机构使朝廷以更加务实的姿态去处理各种军事和财政事务。

"中书主民、枢密主兵、三司主财"[①] 是北宋重要的行政安排。枢密院与中书门下共掌文武大权，统称"**二府**"。枢密院由文臣主持，主管军政，但另设三衙（殿前司、侍卫亲军马军司、侍卫亲军步军司，主官称"**三帅**"，分别为殿帅、马帅、步帅）掌禁兵和厢兵。枢密使有发兵之权而无统兵之重，三衙有统兵之重而无发兵之权，二者互相牵制。宋初，中书宰相因不带枢密衔而不能干预军事，庆历年间用兵西夏一度由宰相兼枢密使。南宋宁宗后宰相开始按照惯例兼任枢密使，文武相制的格局被打破，宰相再次握有民政、财政和军政大权。主管财政的最高机构称"**三司**"，即盐铁、度支、户部，主官统称三司使。神宗元丰改制后，三司的大部分职权归户部和工部，宰相实际兼管财政，除枢密院保留外，其余则以《唐六典》为准权归六部，结束了唐末到宋初官制上的混乱。

（二）虚三级体制与官职差遣

宋代地方实行州（府、军、监）县两级制。北宋初年，沿袭唐制，将全国划分若干道作为监察区，太宗改道为**路**，作为州县之上朝廷的派出机构。元丰八年（1085年）全国分为23路，路没有统一的行政机构和单一的行政长官，亦不存在单一的行政区划。其地位虽在州之上，但州可以不通过路直接向中央奏事，因此，这种行政体制为"**虚三级**"体制。北宋前期，各路皆置转运使司和提点刑狱司，有些路常置安抚使司，各设官衙办事。安抚使司俗称"**帅司**"，由本路最重要的州府长官兼任，主管一路军政，兼管民政、司法和财政等。转运使司俗称"**漕司**"，主管所领州县的水陆转运和财政税收，兼管司法和民政等。提点刑狱司俗称"**宪司**"，主管一路司法，兼管财政等。神宗时增设提举常平司，俗称"**仓司**"，主管本路常平、义仓、免役、

---

① 《宋史·范镇传》。

市易、坊场、河渡、水利之事，在南宋时与提举茶盐司合并，增管茶盐。此外，又设提举坑冶、茶马、市舶等司，漕、宪、仓等司总称**监司**，与帅司之间职权相混，互为牵制。因此，监司又号称“**外台**”，具有监察职能，权任颇重。

各州（府、军、监）直属朝廷，由朝廷委派京、朝官管理州郡事，称“知某州军州事”，简称“**知州**”，表示全权管理本州军民之政。知州多用文人，并经常调换。知州以外，设“通判某州军州事”同领州事，简称“**通判**”，裁处兵民、钱谷、户口、赋役、狱讼听断等事，行文与知州联署，相互牵制，互负连带责任。属官有录事、司户、司法、司理等各曹参军。录事参军主管州衙庶务，纠察各曹稽违；司户参军主管户籍、赋役、仓库受纳；司法参军主管议法断刑；司理参军主管审讯狱讼。各县设知县或县令，州县长官均由京朝官兼摄，带中央官衔。

唐代有**散官**与**职官**之分，散官是身份荣誉称号，没有实权。职官才表示实际职守，有职有权。宋代官制基本沿袭唐代，元丰改制之前分为**官**、**职**和**差遣**三类。“官以寓禄秩、叙位著，职以待文学之选，而别为差遣以治内外之事。”① “官”“职”仅是代表俸禄高低和荣誉，实际的职责和权力则由“差遣”决定。“故仕人以登台阁、升禁从为显宦，而不以官之迟速为荣滞；以差遣要剧为贵途，而不以阶、勋、爵邑有无为轻重。”② 例如，真宗朝寇准曾为虞部郎中、枢密直学士、判吏部东铨。郎中是官，直学士是职，判吏部东铨是差遣，才是实际职权。元丰改制后，定阶官以寄禄，将知、判等差遣变为职事，恢复唐代旧制。就此而言，北宋初年的官职结构，源自于晚唐的使职制，直至宋神宗元丰年间的官制改革才将使职制融入原有六部体制之内，重新强化了六部职权。

二、科举时代的律学与士大夫政治

宋代政治的另一个关键点在于“**皇帝与士大夫共治天下**”，因此，包括官制改革和机构设计在内都尽可能纳入更多的士大夫，这样既保证了士大夫之间的相互掣肘，也体现了与士大夫共治天下的政治态度。熙宁四年（1071

①② 《宋史·职官志一》。

年）三月，宋神宗在资政殿召对二府大臣议事，三朝元老、枢密使文彦博对神宗说道："祖宗法制具在，不须更张，以失人心。"神宗反问道："更张法制，于士大夫诚多不悦，然于百姓何所不便？"文彦博对答道："为与士大夫治天下，非与百姓治天下也。"[①]"与士大夫治天下"是由魏晋隋唐的贵族政治转变为宋代之后**官僚政治**的重要标志。当然，与士大夫共治天下发展成为宋代任用官员的一个显著特点——**异论相搅**，即同时起用派系不同、政见不同的大臣，以便相互牵制，最初始于宋真宗天禧年间。

为充分贯彻与士大夫共治天下的原则，"自五季以来，取士不问家世，婚姻不问阀阅。"[②]科举取士的范围进一步扩大。出于防弊之政的考虑，宋代皇帝和士大夫均对法律产生了浓厚的兴趣，形成了"天下争诵法令"[③]的时尚。至北宋中叶，士大夫阶层已是"**文学法理，咸精其能**"。[④]"工吏事，晓法律"成为士大夫的一种风尚。[⑤]科考对测试士子法律知识的态度随之发生了变化。

早在东汉之际，政治势力的主流便是标榜经学、轻视律令实务的豪门士族。在此背景下，大约东汉中期以后，社会上渐渐形成了**重经卑律**的风气，律令之学逐渐没落。[⑥]自曹魏设置律博士到隋代，绝大多数的律学博士被安置在国家司法机构内，律学具有培训专门司法官员的功能。唐代律学时设时废，其功能在培训专门法律人才与具有法律知识的普通文官之间摇摆，其归属也就在大理寺和国子监之间反复。玄宗以后，律学一直隶属国子监，旨在培养具有法律知识的普通文官。**明法科**是唐代常举六科之一。明法出身者难升高官，远不及进士科。因此，唐代的律学作为专业教育，在尊圣崇儒的文教政策下，地位远低于儒家经学诸科。北宋前期并未设置律学，而是设律博士掌授法律，隶属不详。明法科虽然还是常举科目之一，但通经已成为明法科考的一个要求。熙宁六年（1073 年），北宋开始在国子监设置律学，其主

① 《续资治通鉴长编》卷二二一。

② 《通志》卷二五《氏族略第一》。

③ 《文献通考·选举考十一》。

④ 《宋史·曾巩传》。

⑤ 陈景良：《试论宋代士大夫的法律观念》，载《法学研究》，1998 年第 4 期。

⑥ 参见邢义田：《秦汉的律令学——兼论曹魏律博士的出现》，载邢义田：《治国安邦：法制、行政与军事》，中华书局，2011 年。

要目的变为提高官员的法律素养，以改变他们“所习非所学”的弊端，招收对象仅是官员和举人，且以官员为主，并无定员。王安石变法废诸科后，专以进士一科取士，同时设新科明法，考试内容为律令、断案、刑统大义等。变法失败后，新科明法虽未遭废，但经义成了考试的重要内容，比重甚至超过了法律。

综上，北宋的明法科从不试经，到鼓励明法通经，再到明法必须通经，甚至经的比重超过律，表明专门习法做官的概率在宋代变得越来越低，明法科逐渐沦为选拔低级法律官吏的渠道，最终到南宋遭废。专门习律学讼则归于民间，主要是胥吏或幕友，因此，南宋时已很难寻觅到律博士或律学的踪影。[①] 正如司马光所言：“至于律令敕式，皆当官者所须，何必置明法一科，使为士者豫习之？夫礼之所去，刑之所取，为士者果能知道义，自与法律冥合，若其不知，但日诵徒流绞斩之书，习锻炼文致之事，为士已成刻薄，从政岂有循良。”[②] 因此，律学在南宋的消亡正是在重经义、重儒学的大背景下，国家要求“士大夫知律”之结果，更是与士大夫共治天下的自觉行为。

第二节　宋代立法变迁及重要转向

一、刑统及法典编撰之态

（一）宋刑统之名称与内容的创新

北宋的基本法典命名为“刑统”，显示了当时统治者对建立统一国家政权的期许。“刑统”作为律典名称，继承的是唐宣宗时期《**大中刑律统类**》和后周《显德刑律统类》，以刑律为主，附上相关的令、格、式、敕，使“**刑名之要，尽统于兹**”，不仅是中唐以来立法编撰形式的重要变化，也是律典传统命名的一次改革。[③]太祖建隆四年（963 年）七月，窦仪等人完成刑统的编撰，由太祖诏“付大理寺刻板摹印，颁行天下”，成为史上首部刊印颁

① 叶炜：《论魏晋至宋律学的兴衰及其社会政治原因》，载《史学月刊》，2006 年第 5 期。
② ［宋］司马光：《司马光奏议·起请科场札子》。
③ 薛梅卿主编：《新编中国法制史教程》，中国政法大学出版社，1995 年，第 206 页。

行的法典，全称为《**宋建隆重详定刑统**》，简称宋刑统。当时刑统之外还出现了一部重要的律令通俗读本《刑统赋》，作者为左宣德郎律学博士傅霖，共2卷118条，曾在宋元广为流传。

宋刑统的体例虽然多有创新，如增加“起请条”，关于强盗、窃盗等罪的量刑加重等，但抄袭唐律的痕迹十分明显，两者篇目内容大体相同。与《唐律疏议》相较，宋刑统12篇502条，又分为213门，将性质相同或相近的律条及有关的敕、令、格、式、起请等条文作为一门。同时还收录了唐开元二年（714年）到宋建隆三年（962年）的敕、令、格、式中的刑事规范，视需要选出209条（包括“臣等起请”32条）附于律文之后，与之并行。“臣等起请”是指窦仪等修律者为适应社会发展之需，对前朝行用的敕令格式经审核详虑后向朝廷提出的变动建议，是作为“参详”且同样具有法律效力的条文。

宋刑统一方面继承了五刑二十等的新刑罚体系，另一方面在其后所附敕条中亦规定了宋代的新刑罚体制——**折杖法**，即以杖刑作为笞、杖、徒、流的代用刑，以减轻刑罚处罚的改革措施。其算法见表5－1。

表5－1　折杖法之算法

		流刑				徒刑					杖刑					笞刑		
		加役	三千里	二千五百里	二千里	三年	二年半	二年	一年半	一年	一百	九十	八十	七十	六十	五十	四十、三十	二十、一十
折杖法	臀杖										二十	十八	十七	十五	十三	一十	八	七
	脊杖	二十	二十	十八	十七	二十	十八	十七	十五	十三								
	配役	三年	一年	一年	一年													
	放免					放	放	放	放	放	放	放	放	放	放	放	放	放

折杖法的实施使“流罪得免远徙，徒罪得免役年，笞杖得减决数”，[①] 体现了轻刑省罚思想，对缓和当时社会矛盾、稳定社会秩序有一定的积极作用。然而，传统五刑制变为只有杖刑和死刑的**两刑制**，致使刑罚严重失衡。

① 《文献通考》卷一六八。

为了解决这一问题，刺配和编管等其他刑罚应运而生。**刺配**，源于五代后晋天福年间，主要用于逃亡军士、官吏犯赃及窃盗赃满至死特为宽贷之人。对这些被赦免死刑的罪犯，处以“决杖、刺面、流配”三刑合一的刑罚，仍不失轻刑性质。到了后世，刺配滥用，乘机复活了肉刑，又没有发配地近远之限，影响极其恶劣，随着适用范围的不断扩大，逐渐成为常法。**编管**，即于外州编入户籍，接受监督管制，限制罪犯人身自由的处罚方法，适用范围较广，适用性更强。

宋刑统规定的死刑方式仅有绞、斩两种，但神宗年间重新启用了**凌迟**。凌迟，原为“陵迟”，意指山丘缓坡，比喻缓缓割肉，肉尽剖腹断首。凌迟的别名尚有脔（luán）割、剐、寸磔（zhé）、千刀万剐等，源自五代乱世，至《庆元条法事类》正式列为法定死刑之一，沿用至明清。《大清律例》规定了凌迟的刀数，分为24、36、72、124刀四种。只准依此减刀，不准接受被害人家属请托而随便增刀。后来凌迟都是快8刀毙命，除特旨外很少使用124刀。

（二）刑统之外的一般法与特别法

北宋太祖乾德四年（966年）、神宗熙宁四年（1071年）、哲宗绍圣元年（1094年）、南宋高宗绍兴元年（1131年）先后4次修订刑统，至少约有1/6的内容被修订。在刑统修订之外，为了应对当时贼盗猖獗的突发状况，北宋仁宗嘉祐七年（1062年）还制定了刑事特别法《**窝藏重法**》，严惩窝藏盗贼行为。同时把开封诸县划为**重法地**，规定凡在重法地犯贼盗罪者加重处罚。神宗熙宁四年（1071年）再颁行《**盗贼重法**》，不仅扩大了重法地的范围，而且还首创**重法人**。重法人是指以武力犯禁之人，无论在何地犯罪，一经落网，即按重法地的标准论处。不仅诛杀本人，而且还要籍没家产，株连亲属。针对贼盗的刑事特别法是建宋之初“乱世用重典”之体现。

除了宋刑统之外，“宋代法典之多，超越各代，前此的法典不过是每易一君主即编修一次而已，但宋代则每改一年号必有一次至数次的编修，所以宋初到亡国时所历年月无不从事于编纂法典的事业”[①]。据统计，北宋9帝

① 杨鸿烈：《中国法律发达史》，上海书店，1990年，第554页。

167年，共制定194部法典，年均制定1.2部，每位帝王平均制定21.6部。南宋9帝153年，共制定48部，年均制定不到1部，每位帝王平均制定5.3部。两宋帝王热衷于立法，每位帝王平均制定13.4部，这与宋代帝王坚持防弊之政的“祖宗之法”相关。“宋朝的皇帝懂法律和尊重法律的比中国任何其他的朝代都多。北宋的太祖、太宗、真宗、仁宗、神宗，南宋的高宗、孝宗、理宗这八位皇帝，在法律制度和司法制度上都曾经有不少贡献。”①

二、编敕与敕例并行体制

宋代法律形式多样，如律、令、格、式、敕、诏、敕、宣、制、御笔、赦书、德音等，还有例和指挥。“例”按调整对象分为断例和事例。按创制方式又有判案之断例、特旨理为贯例、指挥自是成例之分。如此繁多的法律最突出的莫过于编敕和编例。缘于遵守“祖宗成宪”，继任之君便通过最为得心应手、最为灵活方便的编敕和编例来弥补刑统之不足，他们可以随时颁发敕例，任意解释刑统。自神宗改“律令格式”为“**敕令格式**”后，编敕一跃成为宋代最主要的立法形式，遂有“**以敕代律**”② 之势。

编敕覆盖甚广，有全国性的综合编敕，一路、一州、一县、一司、一务皆有敕。全国性的综合编敕从《建隆编敕》到《淳祐编敕》前后共编纂了19部，累计高达3 000余卷，前后朝连续不断。③自宋太祖建隆四年（963年）至南宋理宗宝祐二年（1254年）的290年间，共修订法典240多种，其中新编修敕令格式约210种，占法典总数的87%。

敕有**前敕**与**后敕**之分。已颁布编敕之后再行发布的敕称为“后敕”，又称“续降”“散敕”，事关全国性的敕则称为“海行续降”，后敕往往是对前敕的修正。为了避免法令改动频繁，两宋采取了每半年定期编纂散敕的做法，并且设置了专门的编敕机构——**详定编敕所**。④即便如此，也难以有效缓解散敕迅速增长的状况。编敕体量不断膨胀，宋真宗前期颁布的《咸平三司

---

① 徐道邻：《中国法制史论集·宋律中的审判制度》，台湾志文出版社，1976年，第80－90页。

② 裴会涛：《敕与北宋立法关系研究》，河南大学2011年博士学位论文，第213页。

③ 孔学、李乐民：《宋代全国性综合编敕纂修考》，载《河南大学学报（哲学社会科学版）》，1998年第4期。

④ 戴建国：《宋代刑法史研究》，上海人民出版社，2008年，第36－37页。

编敕》（999 年）仅 6 卷，但到神宗的《熙宁三司敕式》（1072 年）已多达 400 卷。特别是宋神宗之后，法典中增加了《申明》《看详》（类似于立法说明）等附目，更加庞杂。如仁宗《嘉祐编敕》（1059 年）仅 30 卷，而神宗《元丰敕令格式》（1084 年）竟多达 2 006 卷。宋哲宗元祐初年，时人认为元丰编敕细碎繁多，难以检用，但重新编订的《元祐敕令格式》（1087 年）也达到了 1 000 卷。

附加名目的增多是造成法典繁杂的重要原因，如宋徽宗《政和重修敕令格式》530 卷中的《看详》竟占了 410 卷。元丰七年（1084 年）确立了“以后条贯自为后敕”[①] 的做法，将条贯（即条例）纳入到敕的范围后修订的《六曹条贯及看详》高达 3 694 册。[②] 刑统之后，宋代立法未曾做过精细的清理，各种附加名目重复繁杂，后世在修订时又不忍删减，故而卷数常超千卷。[③]

南宋初年文籍散落，法条逸散，主要以**指挥**行事。指挥在于一时之计，属编例之一种，不适宜作为常法常经适用，但因其反映朝廷的即刻旨意，必须严格遵行。既然如此，只能将指挥纳入到敕令格式之中，使之规范化，如此则进一步增加了法典数量。如绍兴元年（1131 年）编敕已达 3 768 卷之多，但在绍兴三年（1133 年）至十年（1140 年）的 7 年内，仅吏部的续降指挥就多达约 2 700 余件。[④] 到乾道六年（1170 年），续降指挥已超过 22 000 余件。[⑤]因各种指挥相互抵触，根本无法清理，遂致乾道年间法制混乱：“法令虽具，然吏一切以例从事，法当然而无例，则事皆泥而不行，甚至隐例以坏法，贿赂既行，乃为具例。”[⑥]

三、事类合编与转向内在

为了缓解法律繁杂无章的压力，宋神宗元丰二年（1079 年）开始打破单纯依律分门的立法旧制，采取以事为经，以敕令格式为纬的**敕令格式统类**

---

① 《续资治通鉴长编》卷三七四。

② 《宋会要辑稿・刑法》一之一四。

③ 郭东旭：《宋代法制研究》，河北大学出版社，1997 年，第 24 页。

④ 《宋会要辑稿・刑法》一之四一。

⑤ 《宋会要辑稿・刑法》一之四八。

⑥ 《宋史・刑法志》。

合编体例，把原来综合性的编敕按照敕、令、格、式四种法律形式分类编纂，重新界定各种法律形式之功能，并大致形成了十年新编一部**综合性敕令格式**的惯例。除此之外，还编订了多部仅适用特定地区或者部门的**专门性敕令格式**，如《开禧重修尚书吏部七司敕令格式申明》。虽然此种专门性和综合性相结合的立法模式兼顾了稳定性和灵活性，并且定期修订也能确保前后法律之间的协调，但频繁的立法致使这种法典编撰体例难以奏效。

南宋淳熙年间，同一事类因敕令格式不同而散见于各编，检阅大为不便，致“用法之际，官不暇徧（biàn）阅，吏因得以容奸”①。因此，孝宗开始下令完善统类合编的体例：“将见行敕令格式及申明，体仿吏部七司条法总类，随事分门修纂，别为一书。若几事共条，即随事厘入，仍冠以淳熙条法事类为名。”②此即为**条法事类合编体例**，于淳熙七年（1180 年）完成 420 卷的《淳熙条法事类》，编敕的数量才有所下降。此后编纂的 80 卷《庆元条法事类》和 430 卷《淳祐条法事类》等均是遵循这一原则而来。自度宗后，遵而行之，无所更定。③

为了强化皇权政治，北宋出于防弊之政的考虑，对制度的重视到了无以复加的地步，便宜法律形式多样，终致乱法疲政。到了南宋，一些倾向保守的知识分子开始转向儒学，以重建伦理道德作为救亡图存之道，这种保守主义思想终于被提升为国家意识形态，成为影响后世近千年的**理学**。④

南宋理学的正统地位，预示着自唐宋以来崇尚**扩张性和竞争性的外向性格**已走到了尽头。理学家大多主静主敬，沉浸于唯心主义，朱熹更是以宇宙事物去证实他心中的伦理道德。可以说，理学家总体上是提倡内向的，正如孟子所言：“行有不得者，皆**反求诸己**，其身正而天下归之。”⑤当集权的政治和繁杂的制度开始失效，南宋又难以抵挡北方铁蹄入侵之时，内忧外患的社会形势便迫使思想界的领袖诉诸己身，期望以强化伦理道德的方式来解救苍

①③ 《宋史·刑法一》。

② 《宋会要辑稿·刑法》一之五二。

④ ［美］刘子健：《中国转向内在：两宋之际的文化内向》，赵冬梅译，江苏人民出版社，2012 年，第 3 页。

⑤ 《孟子·离娄上》。

生，所有的制度皆转向内在的伦理道德。① 明代的王阳明更是将理学发展为心学，将**内向性格**普及于政治界和知识界，旨在建立一种缺乏竞争性的社会，并深刻影响了明清的政治体制。②

第三节 宋代财税改革与民政法制

一、财税改革之得失

为了扭转北宋“**三冗**”“**两积**”引起的严重社会危机，王安石以“因天下之力以生天下之财，取天下之财以供天下之费”为原则，于神宗熙宁元年（1068 年）首设“**制置三司条例司**”，作为原来掌管财政三司的上级，统筹财政，从而拉开了“**熙宁变法**”的帷幕。王安石推行的变法绝大部分都与理财相关，例如**方田均税**、**青苗**、**免役**、**市易**、**免行**、**均输**等法。前三法主要针对农民，当然免役法也包括一些坊郭户，后三法则主要针对商人。

王安石变法坚持“善理财者不加赋而国用足”，但反对者司马光却认为：“天地所生财货百物，止有此数，不在民则在官。譬如雨泽，夏涝则秋旱。不加赋而上用足，不过设法以阴夺民利，其害甚于加赋。”③ 各项变法举措初衷甚好，然而事与愿违。如熙宁五年（1072 年）开始推行的方田均税法，其目的在于清丈土地、规定赋额、均平负担、增加税收。以东西南北四边各千步为一方，丈量各州县已垦种土地，核定民户占田实数，按土地质量分五等定税。重新丈量土地尚需耗费大量时日，且各县原税额按实际田亩数摊派，侵害了豪强地主和士大夫的既得利益。到宣和二年（1120 年）该法废除。又如青苗法，规定凡州县各等民户，于每年夏秋两收前可到当地官府借贷现钱或粮谷，以补助耕作，防止富户趁青黄不接之时放高利贷盘剥。借户贫富搭配，十人为保。贷款数额依各户资产分五等：一等户每次可借 15 贯，末等户 1 贯。当年借款随春秋两税归还，每期取息二分（20%）。地方官员为

---

① 黄仁宇：《现代中国的历程》，中华书局，2011 年，第 30－43 页。

② 黄仁宇：《放宽历史的视野》，生活·读书·新知三联书店，2005 年，第 166－168 页。

③ 《续资治通鉴》卷六十六。

了邀功，强行摊派借贷，且随意提高利息，民间高利贷只不过变成了政府垄断高利贷。又如免役法，即将此前按户服“差役”改为政府募人“雇役”的形式，各户按等级和产业多少出钱代役，为免役钱。此法推行后，原来在实行差役法时不需充役的，如客户、单丁户、未成丁户、女户、坊郭户以及享有特权的官户和寺院户等，也要按同等人户的免役钱之半交纳“助役钱”。州县所需役钱本该只按雇役多少而定，但却在该数额之外多征两成以备天灾人祸，且在执行时年年征收。

再如市易法，即京畿地区建立“市易司”，其他地区建立“市易务”，防止囤积居奇和垄断价格，发挥平抑物价和调剂供求的作用。该法推行之后就变成了官府垄断货源和定价权。免行法也是如此，国家对商人除了征税之外，还有一种额外的摊派。如欲免除摊派可交钱代替，即免行钱。该法推行之后，免行钱逐渐演变成为“入行钱”，商人均需交纳免行钱方可营业。均输法更是如此，均输的本意是为了保障京城皇室、百官的消费供应而又要避免商人屯积，在淮、浙、江、湖六路设发运使，按照“徙贵就贱，用近易远”和“从便变易蓄买，以待上令”的原则，负责督运各地上供物品，意在省劳费、去重敛、减税负。该法推行之后却被六路发运使利用，他们将就近采购的高价产品就地出售变现后，再从价格较低的地方买回。如有特产则以当地平均价格计价，然后运输到其他地区高价售出，通过官营销售各地上贡货物而获利。

总之，王安石及其追随者从熙宁二年（1069 年）到熙宁九年（1076 年）陆续实行了多项变法改革，其目的正是为了解决**扩张性或敛财性的财税难题**而发，但均归于失败。究其原因，正如黄仁宇所言，当时健全且正常的组织并不存在，往往用以应付局面的机构至少比欲解决的问题落后两三百年。王安石的多项改革，均涉及当时中国进行大规模的商业以及数目字管理，但不见容于当时的官宦文化，亦缺乏相关技术能力而无法成功。[①]

---

① 黄仁宇：《大历史不会萎缩》，广西师范大学出版社，2004 年，第 5 页，第 273 – 274 页。

二、民政法制之进步

（一）良贱划一与女性地位

中唐以后，土地兼并日烈。伴随着两税法的实施，租佃雇佣制进一步发展，良贱制度随之发生变化。由私奴婢演变成的典身制，类似债务奴婢，不属贱籍，不能转卖。官奴婢劳作达到规定年限后，准许从良。因此，两税法以后奴婢总量少于均田制时期，但奴婢买卖依然合法。至北宋，良贱有别被打破。官奴婢的数量相对减少，[①] 仁宗以后逐渐减少了将罪犯籍没为官奴婢的做法。到南宋建炎三年（1129 年）后，籍没罪犯为官奴婢的制度正式废止。

北宋嘉祐七年（1062 年）以敕的形式正式将男女奴婢的称谓改为体现雇佣关系的“**人力、女使**”。人力、女使与雇主的主仆关系，与主人奴役奴婢的关系有着本质区别。“诸于人力、女使、佃客称主者，谓同居应有财分者。”[②] 景祐元年（1034 年），私人奴婢的地位与商人、佃农同，并且日渐重视奴婢的生命权：“开封府言旧制，公私家婢仆疾病三申官者，死日不须检验，或有夹带致害无由觉察。”仁宗时诏令：“今后所申状内无医人姓名及一日三申者，差人检验。”[③] 相较而言，仁宗朝为私奴婢的死亡增设了医师签署死亡报告的条件，以约束雇主。徽宗建中靖国元年（1101 年）规定：“主殴人力、女使有愆犯，因决罚邂逅致死，若遇恩，品官、民庶之家，并合作杂犯。”[④] 若杀有罪人力、女使为死罪，对比真宗时杀无罪奴婢流三千里，量刑再次加重。南宋时擅杀人力、女使更是只有死罪。

宋代婚姻继承沿用唐制，同时亦有类似代位继承的规定，若兄弟亡者，子承父分。兄弟俱亡，则诸子均分。**寡妇的继承权**虽无明文规定，但司法实践已形成了一些比较明确的规则。寡妇包括妻妾以及为被继承人生养过子女的女婢，凡被继承人有子女者，只能拨田与寡妇“赡养”。且寡妇不能随意

① 戴建国：《“主仆名分”与宋代奴婢的法律地位》，载《历史研究》，2004 年第 4 期。

② 《庆元条法事类》卷八十。

③ 《宋会要辑稿·刑法》六之三一。

④ 《庆元条法事类》卷一六。

处分随嫁奁（lián）田，不得将前夫遗产随意遗赠予人。而寡妇改嫁他人后，其继承权将受到极大限制："寡妇无子孙，并同居无有分亲，召接脚夫者，前夫田宅经官籍记讫，权给，计直不得过五千贯。其妇人愿归后夫家及身死者，方依户绝法。"①

宋代允许无子平民立嗣，一为户主生前立嗣（相当于收养）；二是户主死后，由家属或者家族为之立嗣。后者又分"**立继**"和"**命继**"两种。夫亡妻在者，由妻立嗣，称"立继"。由近亲尊长者立嗣，称"命继"。继子与绝户之女均享有继承权。如户绝家庭只有在室女（未嫁女）的，在室女享有3/4的财产继承权，继子享有1/4的财产继承权。只有出嫁女（已婚女）的，出嫁女享有1/3的财产继承权，继子享有1/3的财产继承权，另外1/3收归官府。由此可见，宋代女性地位很高。不论宋代法律是否明确规定了**女性的继承权**，其嫁妆权利已为大多数人接受和认可，成为一种事实上的继承权。父母或家长通过嫁妆的形式将财产分配给女儿，正是对法定继承权的回避或挑战。② 妇女失去娘家、夫家财产的继承权，完全沦为若离开父、夫的男性社会就无法生存的附庸品始于元代。

（二）土地制度及交易规则

唐宋都城布局的差别即能反映出宋代商品经济的发达。唐都长安采用严格的**市坊制**格局。居民区"坊"和商业区"市"彼此分离，四周围有隔墙或篱栅。坊市门的启闭时间由官府统一规定。"市"比较固定，面积狭小，且严禁市外交易。宋代则打破了市坊界限，商业区和居住区混杂，交易时间不再受限。商人地位的提高，端赖于宋代对"**义利并重**"的创造性解释。

宋代采"**田制不立**""**不抑兼并**"的政策，土地分为私有制、国有制和寺院所有制。土地私有制成为国家编户齐民的基础，国家根据常产的有无和是否承担国家赋税将民户划分为主户和客户，而且还根据常产的多少将主户

---

① 薛梅卿、赵晓耕主编：《两宋法制通论》，法律出版社，2002年，第320－321页。

② 参见［美］伊佩霞：《内闱：宋代的婚姻和妇女生活》，胡志宏译，江苏人民出版社，2004年。［美］白凯：《中国的妇女与财产：960—1949》，上海书店出版社，2003年，第7页。毛立平：《"财"与"德"的纠葛——近年美国学界关于中国妇女嫁妆研究的焦点与趋向》，载《中国社会历史评论》（第十卷），天津古籍出版社，2009年，第390－396页。

划分为五等，划分的基础仍然是土地的多少和好坏。[①] 土地私有促使官僚富户竞相购置田宅。“不抑兼并”的土地政策并非一直畅行，品官限田之制时有出现。徽宗政和元年（1111 年）诏曰：“政和中，品官限田，一品百顷，以差降杀，至九品为十亩（当为顷之误）。限外之数，并同编户差科。”[②] 土地国有制则包括官田、职田和学田。虽然宋代寺院数量并不多，但寺院却占有不少土地。据统计，北宋寺院占田约在 15 万顷上下，南宋当在 12 万顷左右。[③]

国家保障公私土地所有，严禁公有土地私有化和私有土地公有化。宋刑统规定：“诸卖口分田者，一亩笞十，二十亩加一等，罪止杖一百，地还本主，财没不追。”“诸占田过限者，一亩笞十，十亩加一等。过杖六十，二十亩加一等。罪止徒一年。”“诸盗耕种公私田者，一亩以下笞三十，五亩加一等。过杖一百，十亩加一等，罪止徒一年半。”“诸妄认公私田，若盗贸卖者，一亩以下笞五十，五亩加一等；过杖一百，十亩加一等，罪止徒二年。”“诸在官侵夺私田者，一亩以下杖六十；三亩加一等，过杖一百；五亩加一等，罪止徒二年半。”

宋人有十分强烈的契约意识，官府加盖官印的契约称“**红契**”或“赤契”，受官方保护。民间私自订立的契约称“**白契**”，不受法律保护。契约主要有**卖买契约**。不动产卖买分**绝卖**与**活卖**，动产卖买又分即时卖买、赊卖及定金卖买等。不动产卖买及奴婢家畜的卖买，一律要求书面立契；动产卖买一般也多需书面立契。其中动产卖买中的**赊卖**是宋代卖买关系发展的标志之一。赊卖分两种：一种是在商家与顾客之间，一种是在商人同业者或商人与手工业者之间。乾兴元年（1022 年）诏曰：“赊卖与人者，即买主量行货多少，召有家活物力人户三五人以上递相委保，写立期限文字交还。如违限，别无抵当，只委保人同共填还。……若是内有连保人别无家活，虚作有物力，与店户、牙人等通同蒙昧客旅，诳赚保买物色，不还价钱，并乞严行决配。”[④] 此外，租赁契约、借贷契约、行纪契约和合伙契约在宋代亦十分盛行。

---

① 蒲坚主编：《中国历代土地资源法制研究》，北京大学出版社，2006 年，第 284 页。

② 《宋史·食货志·农田》。

③ 漆侠：《中国经济制度史》（宋代经济卷），经济日报出版社，1996 年，第 315 页。

④ 《宋会要辑稿·食货》三七之九。

债的发生主要基于契约关系。田宅、家畜的典当买卖须于成交3日内订立“市券”，且要求一式四份，“一付钱主，一付业主，一纳商税院，一留本县”，同时应当输钱印契，否则发生争讼，官府不予承认。[①] 土地交易的契约称“**合同契**”，由朝廷统一印制，各州通判专卖，有固定格式与内容。交易需要**取问亲邻**，宋刑统规定：“应典卖倚当物业，先问房亲，房亲不要，次问四邻；四邻不要，他人并得交易。”目的在于维护亲邻和睦，但交易操作多有不便。有关债的履行、消灭及担保制度十分先进。如关于履行标的就规定得相当细致。据《庆元条法事类·财用门三·理欠》载：“诸买纳官，纳毕委官定验。如巧伪湿恶及正数不足，估剥所亏钱，勒元买纳人依理欠分数，限六十日尽估卖财产备偿。不足，勒保人亦限六十日填纳。又不足，关理欠司。”履行地点在《庆元条法事类·财用门·上供》规定得亦十分明确：“诸起发上京钱物，公文具名色数目，仍指定卸纳仓库。”对无故迟延履行或不履行债务者，宋刑统规定：“诸负债违契不偿，一匹以上，违二十日笞二十，二十日加一等，罪止杖六十；三十匹加二等，百匹又加三等；各令备偿。”因时效而消灭之债的规定也相当完备。据《庆元条法事类·财用门三·理欠》载：“诸负债违契不偿，官为理索。欠者逃亡，保人代偿，各不得留禁。即欠在五年外，或违法取利及高抬卖价，若元借谷米而令准折价钱者，各不得受理。其收质者过限不赎，听从私约。”债的担保甚至有抵押权和留置权的雏形。据《庆元条法事类·库务门一·商税》载：“诸税钱未纳，听以物克当，别注历，收经一年，不赎者没官。其物准钱，不足，干系人赔。”此外，宋代已有先付定金的习惯，并出现了因违约而处罚金的规定。

第四节　宋代司法制度的主要变化

一、皇权对司法权力的监控

（一）皇帝直接行使的司法权

皇帝直接享有的司法权主要体现为死刑决定权。太祖建隆三年（962

① 《宋会要辑稿·食货》六二之一。

年）诏曰："郡国断大辟，录案朱书格律断词、收禁月日、官典姓名以闻，取旨行之。"[①] 宋代死刑复奏较唐制为简，但依然实行疑狱奏谳制度。疑狱主要指**法重情轻**、**情重法轻**、**刑名疑虑**、**酌量情状**的四类案件，凡此四类案件须经路级监司核查后，将全部卷宗呈请天子定夺。非疑狱而奏谳者科以"不应奏而奏"之罪。

诏狱是直接由皇帝下诏所兴之狱讼，审理结果最终由皇帝决定。有宋一代屡兴诏狱，宋神宗还特设**制勘院**为专门审理诏狱的机构，京城和地方均有设置。到北宋后期，诏狱成为权臣排除异己的工具。除此之外，皇帝还**内批**手诏断狱。皇帝决断后直接交付执行，称内批，也称"御批"和"御笔"。宋徽宗时常批复御笔手诏，变乱成法。崇宁五年（1106 年）诏曰："出令制法，重轻予夺在上。比降特旨处分，而三省引用敕令，以为妨碍，沮抑不行，是以有司之常守，格人主之威福。……自今应以特旨处分，间有利害，明具论奏，虚心以听；如或以常法沮格不行，以大不恭论。"凡承接御笔断罪案件的官府，"稽滞一时，杖一百。一日徒二年，二日加一等，罪止流三千里，三日以大不恭论"[②]。

（二）皇帝对司法权力的配置

1. 中央司法机关

北宋前期，大理寺为慎刑机构，主管奏谳，不主审判。元丰改制后，恢复了大理寺的最高审判权。凡原应送三司和各寺监等断遣的刑狱公事，除本司公人犯笞杖罪，仍由追究者裁处外，其余案件均送大理寺详断。淳化二年（991 年），太宗虑"大理寺、刑部法吏舞文巧诋"，置**审刑院**于中书门下之西，主官为知院事，下设详议官六人，均由京官充任，其职权为："凡狱具上奏者，先由审刑院印讫，以付大理寺、刑部断复以闻，乃下审刑院详议，中覆裁决讫，以付中书，当者即下之。其未允者，宰相复以闻，始命论决。"[③] 到淳化四年（993 年），"诏大理寺所详决案牍，即以送审刑院，勿复

---

① ［宋］王栐：《燕翼诒谋录》卷三。
② 《宋史·刑法二》。
③ 《续资治通鉴长编》卷三二。

经刑部详复"[①]。于是案件的复审权归审刑院，刑部权力被大为削减。咸平元年（998 年）诏曰："大理寺断狱有合上请者，审刑院即行驳问，无得奏裁。"[②] 审刑院遂成为跃居大理寺之上的监督机关。大中祥符二年（1009 年）设置**纠察在京刑狱司**，对包括御史台在内的所有中央及京畿司法机关进行纠察监督。"其御史台、开封府，在京应有刑禁之处，并得纠举。逐处断徒以上罪，于供报内未尽理及淹延者，并追取案牍，看详驳奏。"[③] 到元丰三年（1080 年），审刑院并入刑部，纠察在京刑狱司之职由**御史台**兼之。御史台本不能独立审理重大刑案，宋代扩大了其刑事审判职能：一是审断本台受理的案件，如官员犯罪或复审中央其他审判机关及各路提刑司未能审理的疑难案件。"州郡不能决，而付之大理，大理不能决而付之刑部，刑部不能决，而后付之御史台。"[④] 二是审理诏狱。御史台的司法权则由尚书省左司纠察之。刑部复为审判监督机构，其职能扩大为"掌刑法、狱讼、奏谳、赦宥、叙复之事"，包括对死刑案件的复核："令诸州自今决大辟讫，录案闻奏，付刑部详复之。"[⑤]

此外，开封府虽为京畿司法机关，"掌正畿甸之事。中都之狱讼皆受而听焉，小事则裁决，大事则禀奏。若承旨已断者，刑部、御史台无辄纠察"[⑥]。但也行使中央司法职权，如"群臣犯法，体大者多下御史台狱，小则开封府、大理寺鞫治焉"[⑦]，成为与御史台、大理寺并列的中央审判机关。南宋的临安府也有类似职权。

中央设有**登闻鼓院**、**登闻检院**、**理检院**、**军头引见司**等直诉机构。登闻鼓院、登闻检院均沿用唐制，太宗淳化三年（992 年）设理检院，凡"登闻院、鼓司进状人，有称冤滥沉屈者，即引送理检院审问"[⑧]。军头引见司本掌禁军拣阅、引见、分配之事，但"凡乘舆行幸有自诉者，审诘事状禀奏"[⑨]。

---

① 《续资治通鉴长编》卷三四。
② 《宋会要辑稿·职官》二五之二九。
③ 《宋大诏令集》卷一六一。
④ 《宋会要辑稿·职官》七之一二。
⑤ ［宋］李焘：《续资治通鉴长编》卷三。
⑥ 《文献通考·职官十七》。
⑦ 《宋史·刑法志》。
⑧ 《宋会要辑稿·职官》三之六二。
⑨ 《宋会要辑稿·职官》三六之八一。

直诉案件受理有严格的程序要求："初诣登闻鼓院，次检院、次理检院。""未经鼓院进状，检院不得接收；未经检院，不得邀驾进状，如违，亦依法科罪"①。天圣七年（1029 年）又置**理检使**，以御史中丞为之，"其冤滥枉屈而检院鼓院不为进者，并许诣理检使审问以闻"②。若以上机构均不受理，还可以邀车驾和经军头引见司向皇帝进状。

2. 地方司法机关

地方三大监司和帅司互不统属，但职权交叉，皆有司法权。各路最初未设专理司法的监司，刑狱全由转运使司处理。淳化二年（991 年）开始在转运使司内设**提点刑狱官**。景德四年（1007 年），"虑四方刑狱官吏未尽得人，一夫受冤即召灾沴（lì）"，故专置诸路提点刑狱司，"不隶转运，别为一司，稍重其权"。③ 以京官朝官充任提点刑狱公事，主管复核所属州县案件，平反冤狱，旬录囚帐，并受理各类案件。熙宁十年（1077 年）成为定制，并拥有审核诸州死刑的判决权。提点刑狱司设置后，转运司仍有司法权。安抚司和提举常平司在翻异案件中有权差官别勘，拥有部分司法权。北宋还设有提点开封府界诸县镇公事一职，掌刑狱、盗贼、场务税收、河渠修理等事务。如此，地方并置多个同级司法机构，其目的在于互相制衡，便于皇帝监控。

各州的通判负责监督地方知州司法权限，知州、通判对所判案件负全责，各参军及推官、判官负连带责任。县级司法审判权与唐代同，"诸犯罪，皆于事发之所推断。杖以下，县决之。徒以上及应奏者，并追证勘结圆备，方得送州"。④ 各路监司和帅司监察州县司法，"诸监司每岁分上下半年巡按州县，具平反冤讼，搜访利害，及荐举循吏，按劾奸赃以闻"。此外，监司之间及监司和帅司之间则相互督查，"如或违戾，许互察按举，仍各具已行事件申尚书省"⑤。

---

① 《宋会要辑稿·刑法》三之一四。
② 《续资治通鉴长编》卷一〇七。
③ 《文献通考·职官十五》。
④ 《庆元条法事类》卷七十三《刑狱门三·检断》。
⑤ 《庆元条法事类》卷七《职制令》。

二、皇权对诉讼机制的设计

（一）躬亲审理与据状勘鞫

宋代以前，刑狱多由佐官或狱吏代审，主官只签发有关文书或判决，临决时审问一下而已，极易造成奸吏擅行决罚。北宋太宗太平兴国九年（984年）诏曰："御史台推勘公事，其当须推御史并当面推勘，不得垂帘，只委所司取状。"[①] 在此基础上，至道元年（995年）再次诏曰："诸州长吏凡决徒罪，并须亲临。"[②] 宣和二年（1120年）则规定了相应的刑罚："县不亲听囚而使吏鞫审者，徒二年。"[③] 至此形成了**州县长官亲自坐堂问审**的制度。

宋刑统承袭唐制，规定了类似不告不理的原则："诸鞫狱者，皆须**依所告状鞫之**。若于本状之外别求他罪者，以故入人罪论。"此目的是为了防止随意状外穷治，滋生奸狱，陷人于罪。淳熙十六年（1189年）重申："自今狱事**无得于状外求罪**，如有违戾，重实于法。"[④] 但劫盗杀人重案则不受此限制。同时，为了保障据状勘鞫，特别规定上级不得干预下级审判。

（二）鞫谳分司与限期审断

鞫谳分司是将审判分离，由不同官员执掌。鞫，指负责推鞫，即审理犯罪事实；谳，指检法断刑，即据法条判决。太祖开宝六年（973年）各州司法机构**马步院**改称**司寇院**，并选派新及第的进士而非武官任司法参军，主管审判。太宗改司寇院为**司理院**，改司寇参军为司理参军，专管狱讼勘鞫而不兼他职。司法参军职掌"鞫狱断刑"相应变为"检法断刑"。自此，司理参军便成为"**鞫司**"（又称"推司""狱司"），负责推鞫人犯。司法参军便成为"**谳司**"（又称"法司"），负责检法断刑："狱司推鞫，法司检断，各有司存，所以防奸也。"[⑤] 边远小州因司法官配备不足，往往有录事参军兼司法

① 《宋会要辑稿·职官》五五之二。

② ［宋］王栐：《燕翼诒谋录》卷三。

③ 《文献通考》卷一六九。

④ 《文献通考》卷一六七。

⑤ 《历代名臣奏议》卷二一七。

参军的现象。县不实行鞫谳分司，因“诸县不设制推、法司”[①]，即不设“谳司”。

中央司法机关亦实行鞫谳分司。元丰改制后，大理寺设左右推负责鞫狱，另设检法案“掌检断左右推狱案，并供检应用条法”[②]。御史台受理命官重案，凡鞫狱“言事、按察御史轮治”[③]，设检法官“掌检详法律”[④]。司法官在同一案件中只能充任或审或判的角色之一，并且禁止鞫谳官相见，“相见者各杖八十”[⑤]。未结案前，“推司不得辄与法司商议”[⑥]。且判决需录事、司法参军连署，承担连带责任。

为防止诉讼久拖不决，乾道二年（1166 年）规定州县民事案件的词诉结绝期限。凡半年内未结绝者，即可上诉。庆元年间亦规定简易民事案件应当日结绝。需证人证言者，县衙限5 日审结，州限10 日，监司限半月。同时还规定了民事诉讼时效：因战乱出走而返回认领田宅超过15 年者不再受理；田地房屋纠纷，事后家长及见证人死亡、契书毁烂超过20 年者不再受理；债务纠纷，债务人、保人逃亡超过30 年者不再受理，等等。

刑事案件的审限按大、中、小事而分。太宗时，大理寺分别限25 日、20 日和10 日。审刑院分别限15 日、10 日和5 日。各州分别限40 日、20 日和10 日。哲宗时，按案卷纸张多少判定大、中、小事：20 缗以上为大事，10 缗以上为中事，不满10 缗为小事。大理寺、刑部复审案件的大、中、小事分别为10 日、9 日和4 日。京师及诸路地区复审案件分别为10 日、5 日和3 日。除此之外，亦有特殊的断狱时限。

（三）多重录问与翻异别勘

录问囚徒起于五代后唐明宗天成三年（928 年），即案件经过初审后，另委派官员核实，案犯如无异词则可检法议刑；如有异词则须重审。徒罪案件须县令、县佐集体录问，死罪案件及涉及人数较多的案件，经州府长官集

---

① 《建炎以来朝野杂记》（乙卷）卷一四。
② 《宋会要辑稿·职官》二四。
③④ 《宋会要辑稿·职官》一七。
⑤ 《庆元条法事类》卷九。
⑥ 《历代名臣奏议》卷二一七。

体录问后，还须由其他部门差官录问。元丰改制前，在京死罪须由纠察有京刑狱司录问，元丰改制后，京城死罪改由御史台录问。御史台狱囚由尚书省右司录问，其他案件须由门下省和谏院差官录问。

录问囚徒时若犯人称冤，则案件交由其他司法机关重审，这一创造性的制度称为“**翻异别勘**”。翻异别勘分为两种类型：①**移司别勘**。即在原审机构内移送至另一部门重审。为了配合这一制度，各级同时设有并列的审判部门。如大理寺设左断刑和右治狱，左断刑下设左右推，若遇囚徒翻异，大理寺“即左移右推，右移左推”[①]。开封府亦设左右厅和左右军巡院，左右厅协助长官“日视推鞫”。元祐六年（1091 年）左右厅对诉案“据号分治”，分别开庭。左右军巡院分掌京城争斗及推鞫之事。[②] 州也设置了州院（府院）和司理院。②**差官别推**。即由上级机关委任其他官重审。一般要先经提刑司差官或亲自审问后，仍翻异者则依次由转运司、提举常平司和安抚司差官别推。如再翻异，则由邻路监司差官别推。乾道四年（1168 年）成为定制：“自今遇有翻异公事，先须本路提刑、转运、安抚司遍行差官推勘。倘尚伸冤，却于邻路再差，勿复隔路。其已遍经邻路置勘而又翻异者，令后勘官，开具前后所招及翻异因依，申取朝廷指挥。”[③] 北宋前期的“移司别勘”和“差官别推”是两个前后衔接的程序，以录问为界。未录问而翻异称冤者适用“移司别勘”，录问时翻异称冤者适用“差官别推”。

翻异别勘要求委任“不干碍官”，即实行回避。凡案犯亲属或曾从事该案侦查审断者均属有干碍，必须回避。北宋及南宋初年实行**三推制**，以限制差官别推的次数。但三推之限尚有例外：①犯人告本推官受贿而枉受其罪者；②犯人称冤有确凿证据者；③上级机关认为有复审必要可主动差官别推。到淳熙四年（1177 年）改行**五推制**。若五推后又翻异者，可申大理寺处理。若案件大情不圆，难以便行处断者，还可由邻路监司差官再推。唯有罪犯终无异词才可交付执行。

除此之外，对疑难案件，可奏请皇帝召集台省等朝臣集体讨论，称“**杂议**”，类似会审。民事案件也设置了多重的上诉机制，上诉最多可达 6 次：

---

① 《宋会要辑稿·职官》二四之一二。

② 《宋史·职官志》七。

③ 《宋会要辑稿·刑法》三之八五。

“人户讼诉，在法先经所属，次本州，次转运使，次提点刑狱司，次尚书本部，次御史台，次尚书省。”[①] 另有3种情况不在越诉禁止之列：①逾期未给断由者。凡民事案件结案后3日内应给断由；②下户为豪强侵夺案件，州县予受理。民事案件的受理遵循“**务限之法**”。“务”指农务，入务指农忙时节，务开为农闲时期。每年农历二月初一至九月卅日为务限期，州县官府不受理民事案件。如有民事纠纷，应在十月初一至次年正月卅日递交诉状，官府须于三月卅日之前审结完毕，逾期不能结案者须上报原因。为防止富户趁入务之限阻拦业主赎回出典土地，宋代特别规定侵夺财产案不受务限之法的限制：“应婚田之讼，有下户为豪强侵夺者，不得以务限为拘，如违，许人户越诉。”[②] ③对案件故作迁延，不及时审断者，允许越诉。

（四）证据与法医检验成就

命案告破须备五大证据：**尸**、**伤**、**病**、**物**、**踪**。尸，指尸体；伤，指经过尸检后发现的致命伤痕；病，指经过尸检后发现的致死病因；物，指物证，尤其是致命凶器；踪，指证人证言等足以证明行凶情节的踪迹。尸最为重要，“活要见人，死要见尸”。若未发现尸体，即使有其他旁证，仍不能直接定罪，可作为疑案上奏，请求圣裁。

法医检验一般须经过**报检**、**初检**、**复检**三个程序。一旦发生杀伤案件，地邻、保甲人有义务向州县报检。接到报检后，州县召集地保正、副及死者家属等**干连人**在场进行初检。初检后还需复检，复检官须另选。京师地区的初检和复检由御史台负责。夏秋两季尸体不易保存，自缢、投水、病死等致死原因清楚，只需经过初检。检验须作笔录，有验状、检验格目和检验正背人形图三种。凡杀伤公事及非理死者死前无近亲在旁的两种非正常死亡，必须差官检验，以确定死因。奴婢、狱囚、仆人等死亡，除有证据证明是病死外，也须检验。检验既适用于尸体，也用于活体。因病死应验尸但其至亲请求免验者；僧道未死前有近亲在旁，其寺观主事人保明无他故者；朝廷命官病死，所居处的寺观主事人或店户、邻居并当地人员等保明无他故，官司审

① 《宋会要辑稿·刑法》三之三一。
② 《宋会要辑稿·刑法》三之四八。

察明白者，均可免检。

法医检验在宋代的巨大成就，得益于唐宋科技的巨大进步。先后出现的宋代法医检验著作大致有无名氏的《内恕录》、1200年郑克的《折狱龟鉴》、1213年桂万荣的《棠阴比事》、赵逸斋的《平冤录》以及郑兴裔《检验格目》等。在此基础之上，古代中国第一部系统的法医著作《**洗冤集录**》由宋慈于1247年完成。宋慈20余年官宦生涯中的大部分时间皆与刑狱有关，深知"狱事莫重于大辟，大辟莫重于初情，初情莫重于检验"，法医检验乃是整个案件"死生出入之权舆，直枉屈伸之机括"。于是他博采近世所传诸书撰成《洗冤集录》，共5卷53目，约7万字。卷1载条令和总说，卷2验尸，卷3至卷5备载各种伤、死情况，记述了人体解剖、检验尸体、检查现场，鉴定了死伤、自杀或谋杀等各种现象，介绍了各种毒物以及对应急救、解毒的方法等。《洗冤集录》刊出后，即不胫而走，后世检验官吏无不作为必备之书，入官僚佐者无不肆习。

第五节　辽金元的法律因应及影响

辽代是中国历史上第一个以边地少数民族政权而列入中国正史的王朝。辽代之前的少数民族政权一直被中原王朝视为中国之外的"外国"，从辽代开始才成为中国的一部分。金代进一步加强了少数民族政权作为中国历史一部分的重要性，并且提供了一个汉化得更加彻底的经验样本。元代打破了中国必须是汉人政权这一狭隘观念，是第一个统一整个中国的少数民族政权。元代不仅可以代表中国正统，而且还是中国历史上最有世界性的政权，其开放程度超过汉唐。中国境内各民族的大融合随着元代的统一而得到了加强，深刻地影响了明清中国，尤其是清代的法律文化与法律实践。

一、辽代法制二元分治始末

（一）一国两制下的二元体制

契丹民族原本逐水草而居，实行**捺钵制**。据《辽史·营卫志》载："辽国尽有大漠，浸包长城之境，因宜为治。秋冬违寒，春夏避暑，随水草就畋

（tián）渔，岁以为常。四时各有行在之所，谓之捺钵。”捺钵，汉语译为“行营”“行在”“营盘”，是契丹皇帝在游猎畋渔地区所设的行帐（行宫），以区别于皇都的宫帐，随四季迁徙，分为春、夏、秋、冬**四时捺钵**。辽代虽然设立了五个首都（五京），但一年中大多数时间皇帝并不在皇宫理政，而是迁徙于各个渔猎地区之间。除了打渔狩猎之外，捺钵时皇帝在行帐处召开政事会议，召集契丹及汉族大臣处理政务，并且接受其他民族首领参拜。[①] 会议完毕，皇帝便拔帐起行到下一个行猎地点。大部分汉官则返回中原居守，处理汉人事务，北面官则一直跟随皇帝。终辽一世，辽代的政治中心并不在五京，而是始终在契丹本土不停地四季迁移。

契丹境内以长城为界可分为南北两个区域：“长城以南，多雨多暑，其人耕稼以食，桑麻以衣，宫室以居，城郭以治。大漠之间，多寒多风，畜牧畋（tián）渔以食，皮毛以衣，转徙随时，车马为家。此**天时地利所以限南北也**。”[②] 天时地利只是限南北的一个地理因素，主要是在于以奴隶制为主的契丹人和以封建制为主的汉人之间存在巨大差异。如辽代死刑执行的习惯血腥残酷、花样繁多，如行军打仗之时所用的“射鬼箭”（将死囚或俘虏绑在立柱之上，然后“于所向之方乱射之”）成为死刑常用的执行方式。酷刑多达23种：绞杀、斩首、凌迟、投崖或投高崖、五车杀、腰斩、枭首、磔、生瘗（yì）、肢解、炮掷、炮烙、铁梳、践骑、弃市、大辟、钉割、脔（luán）杀、戮、刺死、焚、沉河以及剖，惨无人道。杨鸿烈对此评价道：“辽代在五代之后，以畜牧的契丹民族占据北部中国有二百多年之久，它的司法状态极显出和汉人固有制度搀混不能融贯的奇观：它的刑名残忍严酷，较之此前的北朝诸国五代等西北民族有过之无不及；它的司法事业包括相习于帐幕间施行最简单速敏的裁判和执行的原始游牧民族和几千年已经进步得繁复而迂缓的一切汉人的汉官威仪，这样就大有文野的差别。”[③]

因此，耶律阿保机明智地采取了“**因俗而治**”的统治方针，在法律上形成了辽汉“一国两制”的二元格局。神册六年（921年），耶律阿保机克定诸夷后，“乃诏大臣定治契丹及诸夷之法，汉人则断以律令，仍置钟院以达

---

① 傅乐焕：《辽史丛考》，中华书局，1984年，第92－97页。

② 《辽史·营卫志中》。

③ 杨鸿烈：《中国法律发达史》，中国政法出版社，2009年，第245页。

民冤”。[①] 这次修律史称《**神册律**》，形式上采用唐律或汉人其他律令，内容上则以“契丹及诸夷”习惯为主，且直接表明了《神册律》与汉人律令并用的效力，奠定了辽代开国之初**法律二元并行**的体制。在渤海国覆灭（925年）和燕云十六州并入（938年）后，太宗耶律德光继续推行“因俗而治”的方针，进一步完善南北两套不同的政法机制。“官分南北，**以国制治契丹，以汉制待汉人**。国制简朴，汉制则沿名之风固存焉。”[②] **南北面官**之名，源于契丹古老的“尚东”传统。契丹人认为东方最神圣，因此，辽皇帝是坐西朝东，班列于皇帝两侧的臣子便当然是北面一班南面一班。

北面以契丹原有官制为基础，称“**国制**”。北面官始终跟随帝王四时捺钵，分北面朝官、北面御帐官、北面皇族帐官、北面帐官和北面宫官等，一律任用契丹贵族，以**世选制**为基础。世选制不同于世袭制，只能从出自皇族耶律氏和后祖萧氏的子弟中择优任用官吏，其他家族不得参与，并根据不同等级的世家选任不同等级的官员。南面模仿唐制而有所变通，称“**汉制**”，设立在渤海和燕云十六州，以统治农耕区的汉人和渤海人。史载“既得燕云十有六州，乃用唐制，复设南面三省，六部、台、院、寺、监、诸卫、东宫之官”[③]。为了与南面设立的刑部与大理寺相对应，北面设立了专管刑狱的**夷离毕院**。地方行政仍旧实行“一国两制”，即**部族制和州县制**。契丹和其他游牧民族地区推行部族制，汉人包括渤海人则编入州县制，正所谓“蕃不治汉，汉不治蕃，蕃汉不同治”[④]。在州县制的基础上，辽代设置了**头下军州**，作为契丹贵族及官僚的私属领地。头下军州既依附于领主，又隶属于朝廷。头下军州的刺史由领主提名并报朝廷任命，而掌管军政的节度使须由朝廷选派。头下军州的属户，多数是称为部曲的农民和牧民，少数是奴隶。头下部曲既纳课于领主，又输租于朝廷，被称为“二税户”。“凡市井之赋，各归头下，惟酒税赴上京，归于朝廷。”[⑤]

“一国两制”格局已成辽代的既定国策，历世宗、穆宗、景宗三朝

① 《辽史·刑法志上》。
② 《辽史·百官志一》。
③ 《辽史·百官志三》。
④ 《辽史·百官志二》。
⑤ 《辽史·营卫志上》。

（947—982年）而未改变。然南北分治并非绝对，国制同样适用于在辽为官的汉人，汉制也时有适用于契丹人、奚人（或其他少数民族）、汉人、渤海人之间，即所谓“四姓相犯，皆用汉法”[①]。

（二）以汉法齐一辽法的努力

随着契丹人同汉人之间差别日渐缩小，“因俗而治”所导致的民族矛盾开始逐步扩大，辽法的改革势在必行。统和元年（983年），萧太后和辽圣宗耶律隆绪“诏北府司徒颇德译南京（今北京）所进律文”[②]，以翻译的汉法为参照开始调整并消除蕃汉异治、轻重不均的现象。太平六年（1026年）辽圣宗《**平法诏**》表达了以汉法统一辽法的决心：“朕以国家有契丹、汉人，故以南北二院分治之，盖欲去贪枉，除烦扰也；若贵贱异法，则怨必生。夫小民犯罪，必不能动有司以达于朝，惟内族、外戚多恃恩行赌，以图苟免，如是则法废矣。自今贵戚以事被告，不以事之大小，并令所在官司按问，具申北、南院复向得实以闻；其不按辄申，及受请托为奏言者，以本犯人罪罪之。”

景福元年（1031年）辽兴宗耶律宗真继位后继续推动齐一辽法的改革。重熙五年（1036年），他参照唐律修订太祖以来的法令，编订《新定条例》547条，又称《**重熙条制**》，成为辽代基本法典。《重熙条制》抄袭唐律达88条，“其刑有死、流、杖、及三等之徒，而五凡，547条”[③]。“五凡”即“五刑”，死刑确定为绞、斩、凌迟三种，同时附加以“籍没”之法，广泛适用于辽代统治阶级内部，“其首恶家属没入瓦里（宫帐部落所设官府奴婢的服役场所）”。“籍没”之法通过没收财产，为统治者正当地削弱威胁政权的皇族势力提供了依据。流刑按照所犯罪行轻重适用不同的流放距离。轻者“置至边域部族之地”，较重者“投诸境外”，最重者“罚使绝域”不得生还。徒刑分终身、五年、一年半三等，分别附加决杖五百、四百、三百，并配有黥刺之法。杖刑最低五十，最高三百，以五十递增。平民和低级官僚采用皮制沙袋击打受刑，高级官僚则采用木剑或铁骨朵执行，皮肉受苦轻，以羞辱

① ［宋］余靖：《武溪集·卷十八·契丹官仪》。

② 《辽史·圣宗纪一》。

③ 《辽史·刑法志下》。

为主。二元分治在立法上已趋于融合。

辽道宗耶律洪基进一步吸收汉法和汉化辽法的行动在咸雍六年（1070年）开始大规模实施，“于是命惕隐苏、枢密使乙辛等更定条制。凡合于律令者，具载之；其不合者别存之。时校定官即重熙旧制，更窃盗二十五贯处死一条，增至五十贯处死；又删其重复者二条，为五百四十五条，取律一百七十三条，又创增七十一条，凡七百八十九条，增重编者至千余条，皆分类列。以大康间（1075—1084年）所定，复以律及条制参校，续增三十六条，其后因事续校，至大安三年（1087年）止，又增六十七条”①，称为《**咸雍条制**》，辽法和汉法皆归于此，二元分治至少在形式上已不复存在。新法颁行后仅两年，道宗以新律繁杂，“典者不能遍习，愚民莫知所避，犯法者众，吏得因缘为奸”，遂下令恢复《重熙条制》。因此，辽法虽有圣兴二宗的切实改革，也有道宗的最后努力，然终未脱南北二元之窠臼。② 这一难题是贯穿辽金元法制史或者法律移植史过程中的重大问题。辽代的法律实践过程或许表明了部落法制向封建法制过渡时期内的艰难。

二、金代法制彻底汉化过程

（一）汉法对辽金的不同意义

金代是女真族建立的王朝，维系了120年（1115—1234）。建国之初，朝廷中枢机构实行女真传统的**勃极烈制**，是一种辅佐皇帝的贵族议事制度，以少数高级核心官员合议制的形式决定国家的大政方针，皇权遂受到牵制。该名称来自于女真传统的行政组织即**猛安谋克制**。“猛安”为部落单位，“谋克”为氏族单位。一个猛安由7～10个谋克组成，理论上每个谋克统领300户，实际上要少于此数。7～10个谋克为一个猛安，猛安首领就称为“勃极烈”。猛安谋克平时射猎，战时为兵，逐渐发展为兼具军事和地方行政双重职能的组织。当金人进入燕汉之地后，“始用辽南北面官僚制度”③。即采用女真旧制和汉制的双重体制。“南面官”即**枢密院制**，“北面官”主要指勃极

① 《辽史·刑法志下》。

② 王继忠：《论辽法二元现象及其融合趋势》，载《安徽大学学报》，1997年第6期。

③ 《金史·传赞》。

烈制，这种二元政治体制大约存在于 1123 年至 1138 年。金熙宗天眷元年（1138 年）八月颁行官制，即**天眷新制**，以三省六部制取代金初以来实行 20 余年的勃极烈制。同年九月，改燕京枢密院为**行台尚书省**，将枢密院变为中央尚书省的派出机构即行台尚书省，标志着二元政治的终结。这一改革历时约 9 年之久，除猛安谋克制外，女真旧制大都被废，是金代走向全盘汉化的重要一步。

辽代的汉化色彩始终不明显，一个重要原因便是一直坚持推行二元分治。金人曾刻意区分与辽人之不同，但能够最后全盘而彻底的汉化，首要原因在于辽金**国家本位观**之差异："本朝与辽室异，辽之基业根本在山北之临潢，……我本朝皇业根本在山南之燕。"[①] 金代在海陵王时代就已确立了汉地本位。海陵王于天德二年（1150 年）废罢行台尚书省，贞元元年（1153 年）正式迁都燕京，改燕京为中都，燕京由此成为四朝都城，大大加速了金代的汉化。金代中期以降，女真人改汉姓、着汉服的现象越来越普遍，世宗和章宗曾屡诏禁止，采取积极措施遏止汉化趋势，被称为**女真文化的复兴运动**。如大力提倡女真语言和文字，还创办女真进士科并鼓励女真骑射之技。章宗于明昌初年设置诸路提刑司"仍专管猛安谋克，教习武艺及令本土纯愿风俗不致改易"[②]。然而，泰和六年（1206 年）允许猛安谋克户与州县民户自由通婚，泰和七年（1207 年）"诏策论进士免试弓箭、击毬"[③]。这两项法令的颁布宣告了遏制女真汉化的失败。600 年后女真人后裔建立的大清同样面临着与金章宗完全相同的处境。

金代的灭亡或许可归结为全盘汉化，即所谓的"**金以儒亡**"。在金亡 13 年之后，时为藩王的忽必烈在召见金代遗臣张德辉时问道："或云'辽以释废，金以儒亡'。有诸?"[④] 汉化之后的女真人逐渐失去了战斗力，对蒙古铁骑不堪一击是不争的事实。[⑤] 金代"一变五代、辽季衰陋之俗"[⑥]，在大力推行汉化政策的过程中，形成了不同于宋代的独特风貌，但其剽悍勇猛的崇武

---

① 《金史·梁襄传》。

②③ 《金史·章宗纪四》。

④ 《元史·张德辉传》。

⑤ 参见刘浦江：《女真的汉化道路与大金帝国的覆亡》，载袁行霈主编：《国学研究》（第 7 卷），北京大学出版社，2000 年。

⑥ ［金］元好问：《遗山先生文集·内相文献杨公神道碑》。

精神伴随着汉化的过程亦逐渐消失，可谓利弊兼有。

（二）金代立法的变迁及内容

金代立国之初，沿用本民族习惯，法制简易，**无轻重贵贱之别**。只区分罪之轻重，没有规定具体罪名，轻者施以笞刑，重者（如杀人和盗劫）则处死，并没收财产，祸其家人，而受害人则可以获得财产赔偿；罪行可赎，范围颇广，不论轻重；刑罚种类多样，笞刑、死刑、籍没刑、赎刑均可适用。除此以外，仍保留传统的残酷肉刑（如劓、刵）。至《泰和律义》才仿效唐代实行五刑，将徒改为七等，新增四年与五年两等，并分别附杖六十至一百。同时，保留劓、刵、击脑、黥刺等酷刑。女真贵族通行**多妻制**，对**良贱为婚**采取放任态度。**收继婚**长期存在，即“父死则妻其母，兄死则妻其嫂，叔伯死则侄亦如之。故无贵贱，人有数妻”[①]。允许**抢婚和放偷**等婚姻形式。据《松漠纪闻》载：“金国治盗甚严。每捕获，论罪外，屇七倍责偿，唯正月十六日则纵偷一日以为戏，妻女、宝货、车马为人所窃，皆不加刑……，亦有先与室女私约至期而窃去者，女愿留则听之，自契丹以来皆然，今燕亦如此。”

金在灭辽进入黄河流域后，逐渐参照辽宋法律，多元法制并存。熙宗皇统年间以“本朝旧制”为基础，“兼采隋唐之制，参辽宋之法”，制定并颁行了金代第一部成文法典《**皇统制**》。刑罚种类有死、流、徒、杖。死刑除斩刑外增加绞刑；流刑则“止流犯人之家属也”，这应是女真习惯；徒刑从一年至五年，应是参照辽法；杖刑不能完全替代徒刑，且仅作附加刑使用：“徒五年则决杖二百，四年则百八十，三年百六十，二年百四十，一年百二十。杖无大小，止以荆决臀，实数也。”与辽制差别不大。《皇统制》还保留了诸多女真习惯，如“殴妻至死，非用器刃者不加刑”，以及“唯僧尼犯奸者死，强盗不论得财与不得财并处死，强奸者斩”。强盗不论是否得财一律处死的做法，与女真习惯“杀人及盗劫者，击其脑杀之”相一致。

海陵王正隆年间（1156—1161 年），金代又颁布《**续降制书**》，与《皇统制》并行。世宗大定二十二年（1182 年），颁布《大定重修制条》12 卷，

① 《大金国志·卷三十九·婚姻》。

共1190条。章宗时金代立法进入高潮。明昌元年（1190年）**制律相混**，仿宋制设**详定所**，审定律令，于明昌五年（1194年）兼采历代律令，以宋刑统疏文为参照，编成《**明昌律义**》，但未颁行。泰和元年（1201年）在《明昌律义》的基础上，改以《唐律疏议》为蓝本，编成《**泰和律义**》12篇30卷563条，篇名与《唐律疏议》完全相同，不同在于“加赎铜皆倍之，增徒至四年、五年为七，削不宜于时者四十七条，增时用之制百四十九条，因而略有所损益者二百八十有二条，余百二十六条皆从其旧；又加以分其一为二、分其一为四者六条，凡五百六十三条”①。由此，《泰和律义》直接沿用《唐律疏议》共126条，略有损益282条，拆分6条，共计414条，约73.5%的条文与《唐律疏议》有着直接或间接的渊源关系。同时编成《**新定律令敕条格式**》53卷，包括律令20卷、新定敕条3卷、六部格式30卷。

三、元代法制的内容和特色

蒙古族的兴起使中原文化又一次与异族文化发生了碰撞，草原民族的制度显然无法维持一个地跨欧亚、文化多样的庞大帝国的正常运转。在帝国逐步的扩张与整合中，蒙古统治者逐渐明白了因俗统治，分而治之的道理。然而，蒙古人当然不会主动全盘接受作为战败国的中原文化，这不仅由于蒙汉之间存在诸多不可调和的民族差异，而且作为征服者和胜利者来统治中原的蒙古人具有先天的优越感。此种优越感在蒙古的统治下逐步形成一种根深蒂固的民族等级制。蒙古不能鲜明地倡导汉化，是元代社会治理面临的一个突出难题。然而，与辽金夏相比，蒙元汉化虽然曲折漫长，但程度更深，这得益于辽金历代帝王的汉化实践。总之，辽金夏元的汉化是一脉相承的，始终在儒家文化的内核中创新发展，移植转化。这正是蒙元时期中华文化不致中断的重要原因。

（一）条格断例

元法并没有照搬唐律，自始至终未能形成一部包罗万象的法典，以条格和断例为主要形式。宫崎市定认为中国由唐而至宋，经历了一场社会大变

---

① 《金史·刑志》。

迁，中世纪的立法已与社会不相适应，元代未颁布律令，原因正在于此。进入宋代以后，个人本位极大地兴盛起来。在这种情况下，包裹着中世之律外衣的古礼，与新时代已不相适应。[1]杨鸿烈认为元代民间已异常复杂，远非唐律和宋刑统时代可比，所以法律也增加，罪名也日新而月不同。[2]立国之后，元代统治者并不急于立法，而是延续成吉思汗1255年颁布的**《大札撒》**或《扎撒大全》，汉语称为《令》，及临时颁行的皇帝圣旨、诏令等条格，是为“取所行一时之例为条格而已”[3]。正如元初儒臣胡祗遹（zhǐ yù）所言：“法之不立，其源在于南不能从北，北不能从南。然则何时而定乎？莫若南自南而北自北，则法自立矣。以南从北则不可，以北从南则尤不可。**南方事繁，事繁则法繁；北方事简，事简则法简**。以繁从简则不能为治，以简从繁则人厌苦之。”[4]元代统治者对繁杂的立法程序和汉人立法技术并不习惯，甚至表现出了厌恶的情绪。

元世祖忽必烈1260年在《中统建元诏》中宣称：“稽列圣之洪规，讲前代之定制。”[5] 即一方面要考虑大蒙古国前几位大汗的“洪规”，另一方面又要采用中原历代相传的“汉法”，此即元初“**附会汉法，祖述变通**”这一立法指导思想的渊源，也是为了蒙汉二元分治。元初一直沿用金代《泰和律义》作为执法依据，到至元八年（1271年）《泰和律义》被禁用后，才开始着手制定法典。至元二十八年（1291年），元世祖命中书右丞何荣祖“以公规、治民、御盗、理财等十事辑为一书”，即**《至元新格》**，包括公规、选格、治民、理财、赋役、课程、仓库、造作、防盗、察狱十大治国理政基本内容，“大致取一时所行事例，编为条格而已，不比附旧律也”[6]。仁宗又以格例条画，类集成书，称**《风宪宏纲》**，主要是为了整治吏治。惠宗至元二年（1336年）在此基础上，将御史台的有关典章制度汇编为**《宪台通纪》**，作为督察官员之法。

---

① ［日］宫崎市定：《宋元时期的法制与审判机关——〈元典章〉的时代背景及社会背景》，载杨一凡总主编：《日本学者考证中国法制史重要成果选译·宋辽西夏元卷》，中国社会科学出版社，2003年，第2-3页。

② 杨鸿烈：《中国法律发达史》，上海书店，1990年，第681页。

③ 《明史·周桢传》。

④ ［元］胡祗遹：《紫山大全集·论定法律》。

⑤ 《元史·世祖纪一》。

⑥ 《元史·刑法志》。

元代前期立法只是条格、断例和诏令的汇编。条格、断例、制诏均可看成是广义的条格。到武宗至大元年（1308年），朝廷颁行的临时性条格已达9000余条。[①]格例的繁多引发了各种问题，至大二年（1309年），据尚书省称："国家地广民众，古所未有，累朝格例，前后不一，执法之吏，轻重任意，请自太祖以来所行政令九千余条，删除繁冗，使归于一，编为定制。"[②]英宗于至治二年（1322年）编撰《**元典章**》，全名《大元圣政国朝典章》。该典章按照大类、门、目进行编撰，目下列举条格事例，共81门，467目，2 391条，十分类似于《唐六典》，很可能与当时的官衙架阁书档分类有关。不过，《元典章》中的单项法令、个别指令和判例多，作为普遍定制的律条少，反映了元代"**有例可援，无法可守**"[③]的特点。对格例的系统编纂则在至治三年（1323年）完成，定名为《**大元通制**》，分为三纲一目：三纲为诏制、条格和断例，一目为别类。另仿唐宋旧律篇目，分为名例、卫禁、职制、祭令、学规、军律、户婚、食货、大恶、非、盗贼、诈伪、诉讼、斗殴、杀伤、禁令、杂犯、捕亡、恤刑、平反20篇，2 539条。《大元通制》是从唐、宋、金的法典体系演变而来。相较于唐宋的律（敕）、令、格、式体例和金代包括律义（律）、律令（令）、六部格式（格式）《泰和律》体例，《大元通制》内含断例717条、条格1 151条、诏制（制诏、诏敕）94条、令类（别类）577条，主体部分仍是条格和断例。顺帝至元四年（1338年），中书省上奏曰："《大元通制》为书，……距今二十余年，朝廷续降诏条，法司续议格例，岁月既久，简牍滋繁，因革靡常，前后衡决，有司无所质正。往复稽留，奸吏舞文。台臣屡以为言。请择老成耆旧文学法理之臣，重新删订为宜。"[④]两年后便颁布了《**至正条格**》2 909条，其中诏制150条、条格1 700条、断例1 059条。

就此而言，元代大部分立法具有法例汇编性质，主要是条格和断例，这是立法奉行"**古今异宜，不必相沿，但取宜于今者**"[⑤]的结果。《大元通制》

① 《元史·武宗纪》。
② 《元史·武宗二》。
③ 《历代名臣奏议》卷六七。
④ ［元］欧阳玄：《圭斋文集·至正条格序》。
⑤ 《元史·成宗纪三》。

条格数占45%，具有刑法性质的断例仅占27%。到《至正条格》，条格已占60%，断例占37%。[①]这是条格在稳定性上较断例更胜一筹的结果。而灵活变通的条格断例在元代法典中共占了97%，律文的数量便少之又少。条格和断例没有及时地升格为律文，各级官员在断案时无不需要大量地查找相关格例，故而官员兴起了抄写格例的风气。由于格例繁多，抄写起来多至几十册，被称为“格例簿”。同时，格例为官吏滥用权力大开方便之门，《元史》称元律“**失在缓弛**”便更加容易理解。

（二）习惯入法

唐宋以来，汉地特别是江南的奴婢基本上成为雇佣奴，而蒙古入主之后，继续保留了大量终身占有的驱奴（蒙古在战争中俘掳了大量奴隶，这些奴隶被称为“驱奴”），并在法律上维护主从之间的隶属关系。元代明确规定了驱奴与良民不同的法律地位。蒙汉在驱奴法律问题上冲突最为激烈。同样，元代将**籍没刑**适用于各种犯罪，与汉法也产生了冲突。诸如此类均是元代主从隶属关系在法制上的反映。烧埋银是元代独具特色的赔偿制度，源自于蒙古的命价习惯，主要适用于杀人或伤人致死。凡杀人，则向罪犯家属征“烧埋银”50两给苦主（即受害人家属），具有一定的损害赔偿性质。此外，蒙古人因争及乘醉殴死汉人者，断罚出征，并全征烧埋银，[②] 他们往往以此逃避刑责。

蒙古有以罪犯为兵的惯例，是为**出军刑**。出军刑参考了宋代的刺配法，形成了元代的流刑，这是蒙汉法制相互融合的例证。最能体现蒙汉法律相合的例证则是元代的五刑制度。笞杖刑等以七为准，是为“天饶他一下，地饶他一下，我饶他一下”[③]，分笞刑七至五十七，六等；杖刑六十七至一百零七，五等，以十为等差。徒刑分徒一年，杖六十七；每半年加杖十；三年，杖一百七，先决杖后居役。流刑分为二千里、二千五百里、三千里三等，死刑分凌迟与斩两种，但新增了劓、黥、醢、剥皮等酷刑。

蒙古婚姻比较自由，至元八年（1271年）定制：“诸色人同类自相婚姻

---

① 李玉年：《元代法律体系之构建——元代法律组成解析》，载《安徽史学》，2007年第3期。

② 《元史·刑法志四》。

③ ［元］叶子奇：《草木子·杂制篇》。

者，各从本俗法。”[1] 较有特色的蒙古族婚姻为收继婚。弟收兄嫂，多发生在亲兄弟之间，远房兄弟一般不准收继。收继婚只适用于本来就有该习俗的民族，其他民族禁止适用，是唯一从蒙古习惯转化而来并适用于汉族的婚姻形式。

（三）司法特色

1．司法机关

元代废除大理寺，改革刑部，允许御史台、**大宗正府**、**肃政廉访司**参与诉讼事务。刑部“掌天下刑名法律之政令。凡大辟之按覆，系囚之详谳，孥收产没之籍，捕获功赏之式，冤讼疑罪之辨，狱具之制度，律令之拟议，悉以任之”[2]，一跃成为最高司法行政和审判机关。

大宗正府的设立源于蒙古札鲁忽赤，即**大断事官**。大断事官是元初最高行政官职，“治政刑，则有断事之官”[3]。忽必烈即位后，逐渐被中书省取代。但断事官并没有完全废除，大宗正府开始出现。与其他朝代专掌皇族事务的宗正机构不同，元代大宗正府主要治理诸王、驸马或蒙古、色目人的犯罪，以及居住在大都、上都，与朝廷关系极深的汉人诉讼和犯罪等。元中期以后，其职能部分归于刑部，但权限仍然很大。

宣政院掌管全国佛教事宜和藏族地区军政事务，负责宗教审判。凡僧侣涉案，地方长官不得擅自处断，须报宣政院主持审判。若僧侣自相争告，则由寺院支持审理。宣政院审判独立于大宗正府与刑部之外，因此，僧侣之间相互包庇在所难免，至仁宗至大四年（1311 年）改制，凡僧人词讼皆归**管民官**决断。

御史台在地方设有江南、陕西两个**行御史台**，简称“行台”，是中央的派出机构，统辖全国 22 道监察区。每道监察区设提刑按察司，后改称肃政廉访司，监察地方行政与司法事务。肃政廉访司分 8 个内道，隶属御史台；江南 10 道，隶属江南行台；陕西 4 道，隶属陕西行台。每道置廉访使 2 人及下属各官。除此之外，枢密院与中书省负责审理涉及军事机密的重案要案；中政院有权审理宫内人员案件；道教所可兼理与道教有关的案件。中央各部

---

① 《通制条格·户令·婚姻礼制》。

② 《元史·百官志一》。

③ ［元］虞集：《经世大典序录·官制》。

门同时兼理司法，互不统摄。

地方重案须经行省上报中央，刑部判决也经行省下达执行。行省之下设路（道）、府、州、县，均置**达鲁花赤**1人为监临官，在各路总管及府、州、县主官之上，有权干预或直接审判。各路设有推官，专掌刑狱，府、州、县主官兼理司法。同时，地方军人军户案由各**管军官**审断；佛教僧侣案件，州有僧正司，县有都纲司或寺院住持自行审理；道教案件，由道观职事审理。

地方一切公事，需由长官和正官集体与议，共同署押，称“**圆坐署事**”。据《元典章·吏部七》“公规·圆坐署事”条载：“京、府、州、县官员每日早聚，圆坐参议词讼，理会公事。”“诸官府凡有保明官吏，推问刑狱，科征差税，应支钱谷，必须圆签文字。”因路设有专门推官，署理刑名，可不参加其余诸色事务。凡有罪囚，先由推官鞫问，待问明案情后，再由全体官员通审圆署。州县如超出权限，刑案亦由路府推官审理。一般案件，路及路以下州县可自决。重大案件须上报行省及中央，逐级审理。总之，元代司法机关繁杂，司法权分散，最终统一到中书省，保障了司法权的多样与一统，亦是蒙汉融合的产物。

2. 立会裁判

元代将境内居民按职业划为数十种户，称**诸色户计**。户一经划定，世代相承，不得随意变动。由于诸色户计隶属不同，凡遇到不同户籍、不同民族及僧俗之间的刑名词讼，需采取**约会制**，即将有关户计的直属上司约到后共同归断。届时，文武官吏及各阶层职业，约定日期相会，实行“立会裁判”。

《元典章·刑部十五》特设“约会”一项，有列举“诸色户计词讼约会”“儒、道、僧官约会”“医户词讼约会”“乐人词讼约会”“投下词讼约会”“军民词讼约会”“都护府公事约会”“投下并探马赤词讼约会”“灶户词讼约会”等类型的立会裁判。

第六章

明代的集权扩张与法律变革

公元1368年，元代的南方造反者朱元璋称帝，国号明，定都南京。然而，明代却从未真正征服过蒙古本部，北方边患不断，直到另一个游牧民族女真崛起并征服中国为止。自唐代以来，中原民族一直不敌外族，为了避免重蹈覆辙，朱元璋必须建立一个更为强大的中央政府，才能形成强有力的国防动员和资源整合力量。而明代选择的国家建设方案依旧是建立在传统以农为本的中央集权体制之上，更进一步加强户籍管制、控制迁徙、削弱大户兼并的能力。同时，强化对官僚集团的监控，减少中间机构层级，简化人事组织，使官民距离不至于太远。经济上则继续打压工商业，以免危及国本。

总之，朱元璋要建立的是一个等级分明、秩序严谨、近乎僵化的社会。他设计了一个由皇权直接掌控的简单官僚组织，从固定的农业人口中征兵取税，以使统治的整体结构稳固。只不过，这种简约复古的模式在应对复杂的明清时局时，显得力不从心。朱元璋的后代子孙们在僵化地谨守他所定的祖制时，错失了很多革故鼎新的良机。

关键词：朱元璋；内阁；明刑弼教；《大明律》《大诰》；重其所重，轻其所轻；一条鞭法；讲读律令；都察院；厂卫；九卿圆审

第一节　政法变革及立法创见

一、政法结构与思想之变

（一）政治结构革新

为了慎固边防，翼卫王室，朱元璋于洪武三年（1370年）、十一年（1378年）、二十四年（1391年）和二十五年（1392年）分别将二十四子和一从孙分封各地，规定诸王不能干预地方民政，但王府设亲王护卫指挥使司，拥兵以防事变。在朱元璋看来，中央集权金字塔结构的中层由封建的世袭贵族来组成最为稳固。然北方诸王势力最大，终酿成“靖难之役”。除了分封诸子，洪武十三年（1380年），朱元璋借胡惟庸案彻底废除了丞相制度，由皇帝直辖六部。然皇权负荷过重，两年之后遂设立**内阁**以辅助皇帝亲理政务。作为秘书机构的内阁随后取得了代替皇帝“**票拟**”批复奏章的权力，成为新的中枢机构。内阁人选经由“廷推”——官僚集团内部推举确定的惯例，区分为“首辅”“二辅”“三辅”等。首辅地位日渐突出，成为群臣之首，虽无丞相之名却有丞相之实。

其他行政机构大多沿袭唐宋，六部九寺照旧，仅将御史台改为**都察院**，枢密院一分为五，名之中、左、右、前、后五军都督府，其监察和国防职能均未改变。三省废除后，朱元璋将原隶属于门下省的“**给事中**”抽调出来，新设立吏户礼兵刑工“**六科**”，作为独立部门监察六部。给事中虽品级不高，然对奏折乃至诏书均可弹劾驳斥，权力极大，对司法也有影响。朱元璋又设**通政使司**，以沟通君臣上下，后来演变为处理奏折的办事机构，同时参与会审。

地方采用省、府、县三级制。省以下有道的设置，但道是监察区而非行政区，主要有**分守道与分巡道**两种。凡由布政司的佐官左右参政、参议分理各道钱粮的，称为分守道，全国共有60道，各省分道数目不等。凡由按察司的佐官副使、佥（qiān）事分理各道刑名的，称为“分巡道”，全国共有69道，各省分道数目不等。明初改路为府，洪武六年（1373年）府分为**上**

府、**中府**、**下府**三等，共159府。全国共有234州，州分为**直隶州**（隶于布政司）和**散州**（隶于府），直隶州地位同府，散州地位同县，但州官品秩相同。全国共有1 171县。朱元璋仿照宋代，在省级设立**承宣布政使**、**提刑按察使**、**都指挥使**，合称“**三司**”，分理行政、司法、军事，彼此互不统属。虽能防止地方权力过大，但又难免运转不灵之弊。因此，中央又派遣监察御史或部院大臣出任总督（也称总制）、巡抚、巡按各差，凌驾于三司之上。总督和巡抚都属于都察院的差遣职官，之后成为定制，到晚明已是一省的最高长官。

明代对官员异常苛刻，官员待遇极低，但考课十分详尽。考课分**考满和考查**。考满是由上级主管官员对任期届满的下级官员进行考察评定，依据任期内的政绩表现，作出称职、平常、不称职三类“考语”。称职者升官，平常者复职（在同级别内转任他职），不称职者降级调用。考查又分为“**京察**”和“**大计**”两种。京察由都察院主持，考查在京各级官员，每6年一次；大计由各地上级官员对下级进行考查，每3年一次。考查的主要内容是按“八法”纠查官员，即指贪、酷、浮躁、不及、老、病、罢（疲软）、不谨八种违法失职行为。犯此八法，即上报皇帝分别处以降级调用、勒令致仕、闲住为民等，甚至送刑部判罪发落。如有发现官吏营私舞弊，按保举连坐法严惩。除了考课之外，还有御史台和六科给事中的弹劾纠察。与此同时，既取消了官当，又推行了一种专门针对大臣的“**廷杖**”，还创设**奸党罪**，广为株连。

（二）法政思想变化

朱元璋将朱熹之理学奉为圭臬，坚持礼刑并用，明确提出“朕仿古为治，明礼以导民，定律以绳顽”“**明刑所以弼教**”[①] 等主张，强调以刑罚手段推行德礼教化，是对“德主刑辅”思想的进一步拓展。总之，明代法制整体回归到内在，选择了简约保守的进路。这是南宋以来内在转向的延续，也是在一定程度上继承元代法制的结果。

明代以八股文取士，但并没有大兴文字狱，为王阳明（1472—1529年）

① 《明史·刑法志一》。

心学思想的出现创造了条件。心学的核心是“**致良知**”，包括心即理、知行合一致良知，以及万物一体之仁等方面，其思想出发点是建立在对朱熹“格物致知”的批判上。阳明后学中影响较大的是晚明泰州学派，以李贽（zhì）（1527—1602年）的异端学术思想为代表。李贽的叛逆主要体现在批判宋明理学正统，他从心学的基本原则出发，竭力反对理学正统的道德说教和神秘主义。异端思想的出现意味着宋明理学正统的式微，即便是心学同样也无法解救现实危机。这一思想界的变化表明，传统法制几乎已经走到了尽头。深刻批判传统法制的当属黄宗羲（1610—1695年），人称“梨洲先生”。他的代表作《明夷待访录》集中探讨了明代君权政治法制之得失，开篇即对君权给予了痛击：“其未得之也，荼毒天下之肝脑，离散天下之子女，以博我一人之产业，曾不惨然！曰‘我固为子孙创业也’。其既得之也，敲剥天下之骨髓，离散天下之子女，以奉我一人之淫乐，视为当然，曰‘此我产业之花息也’。然则**为天下之大害者，君而已矣**。”因此，“天下大害”的君权法制当然是“非法之法”：“藏天下於筐箧（qiè）者也；利不欲其遗于下，福必欲其斂于上；用一人焉则疑其自私，而又用一人以制其私；行一事焉则虑其可欺，而又设一事以防其欺。……法愈密而天下之乱即生于法之中，所谓非法之法也。”随后，黄宗羲提出了置相、清议、封建、井田、迁都等建议，但这些建议在本质上只是延续了皇权专制的做法而已。传统政法的根本问题在于难以面对和适应新兴的工商业等产业部门，黄宗羲除了认为“夫工固圣王之所欲来，商又使其愿出于途者，盖皆本也”外，再无他法。

二、立法形式及重要变化

（一）律令大诰与例典

1. 律令

明代的法律形式包括律、令、诰、例、典等。1367年，朱元璋称吴王后，令左丞相李善长等人制定律令，并于当年十二月完成，此次编制定律共285条，令145条，合称“**吴元年律令**”。其中，律一反唐宋以来律典的结构篇目，而承袭《元典章》体例，依六部顺序编排。令145条，完成时明代已建立，故称《大明令》，于洪武元年（1368年）颁行，包括《吏令》20条、

《户令》24 条、《礼令》17 条、《兵令》11 条、《刑令》71 条、《工令》2 条。因缺少名例篇，故如“五刑”“十恶”“八议”“赎刑”“二罪具发”等总则性的条文只能在《刑令》中加以规定。《大明律》颁行后，《大明令》的许多刑法总则性条文便失去了效力，但其他部分条文依然沿用到明代中后期，许多条文直至清代还附于律后。《大明令》成为史上唯一一部完整保存至今且是最后一部以令为名的法典。律令之关系正如《大明律令·卷四十四》所载：“令以教之于先，律以齐之于后。”“故令与律相为表里。”格、式、敕等在明代均已消失。在吴元年律令颁布后，编撰**《律令直解》**为其注释，以便百姓周知。

朱元璋称帝后，令儒臣会同刑部官员，每日为其讲解唐律 20 条，作为修订明律的参考。洪武六年（1373 年）冬下令刑部尚书刘惟谦等草拟**《大明律》**，至洪武七年（1374 年）二月成稿，编目仍依唐律 12 篇，30 卷，但将名例律置于篇尾，律文增至 606 条。洪武九年（1376 年）和洪武十六年（1383 年）再次修改，洪武二十二年（1389 年）全面修订。鉴于洪武十三年（1380 年）废宰相，而以吏、户、礼、兵、刑、工六部掌中书省职权，故洪武二十二年所定《大明律》以名例律冠于篇首，下按六部官制，分吏、户、礼、兵、刑、工，为 7 篇，30 卷，460 条。《大明律》继承了宋代将律文分“门”的做法，比唐律查阅更为方便，以下为各篇门的类别：名例律一卷共 47 条；吏律的职制门（15 条）、公式门（18 条）二卷共 33 条；户律的户役门（15 条）、田宅门（11 条）、婚姻门（18 条）、仓库门（24 条）、课程门（19 条）、钱债门（3 条）、市廛门（5 条）七卷共 95 条；礼律的祭祀门（6 条）、仪制门（20 条）两卷共 26 条；兵律的宫卫门（19 条）、军政门（20 条）、关津门（7 条）、厩牧门（11 条）、邮驿门（18 条）五卷共 75 条；刑律的盗贼门（28 条）、人命门（20 条）、斗殴门（22 条）、骂詈门（8 条）、诉讼门（12 条）、受赃门（11 条）、诈伪门（12 条）、犯奸门（10 条）、杂犯门（11 条）、捕亡门（8 条）、断狱门（29 条）十一卷共 171 条；工律的营造门（9 条）、河防门（4 条）二卷共 13 条。

洪武三十年（1397 年）将洪武二十二年律中畸重者 78 条加以改定，又将《钦定律诰》147 条附于律文之后，正式颁布天下，**命子孙守之，永世不**

得更改，“群臣有稍议更改，即坐以变乱祖制之罪”[①]。由于《大明律》本着“明礼导民”的儒家传统所制定，因此，律典在名例律中首列《**刑图**》，次列《**礼图**》。皇太孙朱允炆曾请“明刑所以弼教，凡与五伦相涉者，宜皆屈法以伸情”。为此，朱元璋改定73条，同时告诫太孙：“吾治乱世，刑不得不重；你治平世，刑自当轻，所谓‘**刑罚世轻世重**’，即为此理。”[②] 这便是儒家所一直强调的“刑罚世轻世重”之原则。历时30年完成的《大明律》除了附在后文的《钦定律诰》在明中叶被废之外，其余则一直被视为成法谨守。在《大明律》颁布之后，“凡榜文禁例悉除之，除谋逆并律诰该载外，其杂犯大小之罪，悉依赎罪之例论断”[③]。这表明，《大明律》颁布前后，榜文、诏令、例、告示禁约等均是明初法制形式，且被清代继承。不过，明代中叶以后，宦官专权，政治腐朽，朝廷为应对时局，大肆颁布各种条例，**以例代律**。

2. 大诰

除了《大明律》之外，朱元璋钦定《**大诰**》强化皇权。《大诰》模仿《尚书·大诰》，包括《御制大诰》《御制大诰续编》《御制大诰三编》《御制大诰武臣》四部，分别于洪武十八年（1385年）到洪武二十年（1387年）间颁行。四部《大诰》是朱元璋亲选的案例、新增的刑事法令、新刑罚和对臣民的训诫，主要目的是惩治贪赃官吏和害民豪强，约有70%的条款针对贪污，20%的条款针对地方豪强，余下不足10%的条款才是针对强盗、贼杀等行为。

与《大明律》相比，《大诰》的特点在于：①罪名新增，用刑加重。如“滥设官吏”，明律仅杖一百，徒三年，《大诰》则以其乱政而改处族诛；“违限不纳夏粮”，明律仅杖一百，《大诰》却处凌迟；“贪赃”，明律计赃论罪，《大诰》一律处死；《大明律》并未处罚应征不到、拒绝做官、不食皇粮等行为，《大诰》则将其处死，并株连亲属。②法外处刑，酷刑繁多。《大明律》并没有族诛、凌迟、枭首、斩、文面、挑筋、剁指、刖足、断手、阉割

① 《明史·刑法志一》。
② 《明史·刑法志一》。
③ 《明太祖实录》卷二五三。

等酷刑，但《大诰》均有："凡三诰所列凌迟、枭示、族诛者，无虑千百，弃市以下万数。"① ③重典治吏，严厉惩贪。《大明律》除了沿用"六赃"，并将其绘制成图置于律首，作为仅次于十恶的重罪予以惩处之外，有关官吏贪污、受贿、盗窃等条文较唐代增多，且更加细密全面。《大明律》专设"受赃"一卷，规定官吏受财、坐赃致罪等内容，量刑明显重于唐宋各律。《大诰》则有过之无不及，规定了极其严厉的入罪标准和处刑方式，即凡贪60两以上者要剥皮实草，悬挂于官衙旁的"皮场庙"以示警戒。

3. 例典

律者，万世之常法，例者，一时之旨意。由于《大明律》不可更改一字，继任者为了应对社会变化，便制定适用广泛且方便的例。例，又称条例，包括判例和经编纂而成的事例。至明代中叶，一事三四例者有之，以例代律，以例破律者亦有之，例的规范化整理已迫在眉睫。

宪宗成化元年（1465年）曾下令"谳囚者一依正律，尽革所有条例"。但孝宗弘治十三年（1500年），便开始倾向于主要依赖于例，于是命九卿议定**《问刑条例》**297条，颁行天下，与律并行。《问刑条例》细化了《大明律》条款，但轻重无常，显得杂乱无章。同时，尚未突破《大明律》的框架，名为"问刑"，主要是强调铁腕手段治理的作用，尚缺乏调整新兴商业领域的远见。世宗嘉靖年间"以事例繁多，引拟失当"，将新旧条例重修为249条。神宗万历十三年（1585年）增至382条，并以"律为正文，例为附注"②，称**《大明律附例》**，以保律之根本地位。律例合编的这一做法为清代继承。经过不断修订，例经历了**例以辅律、律例并行、律例合编、以例破律甚至代律**的过程。

洪武二十六年（1393年），朱元璋仿《唐六典》敕修**《诸司职掌》**，分吏、户、礼、兵、刑、工六部和通政使司、都察院、大理寺和五军都督府十门，共10卷，是截止到洪武二十六年明初官职制度的全面规范。孝宗嗣位后，于弘治十年（1497年）敕命纂修，十五年（1502年）修成，名曰**《大明会典》**，共180卷，但未颁行。武宗正德四年（1509年）命重校，正德六

① 《明史·刑法志》。
② 《明史·刑法志一》。

年（1511 年）刻印颁行，世称**《正德会典》**。宗人府列为首卷，第 2—163 卷为六部掌故，第 164—178 卷为诸文职，末 2 卷为诸武职，详记明初至弘治年间的行政典章制度，开创了明代会典的基本体例。到嘉靖年间，会典共 2 次续修达 53 卷，世称**《嘉靖续纂会典》**，然未颁行。万历四年（1576 年）又重修《大明会典》，十五年（1587 年）刊行，世称**《万历重修会典》**，共 228 卷，增补了嘉靖二十八年至万历十三年（1549—1585 年）的事例。现存仅有正德和万历两朝会典。

（二）律法重要变化

1．刑法体系与刑罚

《大明律》新增了许多罪名以加强皇权控制。如增设了“奸党”，严惩官吏交结朋党、营私乱政。凡有下列行为者，均属奸党：“凡奸邪进谗言，左使杀人者，斩。若犯罪律该处死，其大臣小官巧言谏免，暗邀人心者，亦斩。若在朝官员交结朋党，紊乱朝政者，皆斩。妻子为奴，财产入官。若刑部及大小各衙门官吏不执法律，听从上司主使出入人罪者，罪亦如之。”与此相关，还规定了“交结近侍官员”和“上言大臣德政”等专条：“凡诸衙门官吏，若与内官及近侍人员互相交结，漏泄事情，夤（yín）缘作弊，而符同奏启者，皆斩；妻子流二千里安置。”“凡诸衙门官吏及士庶人等，若有上言宰执大臣美政才德者，即是奸党，务鞫问穷究来历明白，犯人处斩，妻子为奴，财产入官。若宰执大臣知情，与同罪。”

《大明律》坚持“**重其所重，轻其所轻**”的刑法原则，对直接危害统治的“贼盗及有关帑（tǎng）项钱粮等事”较唐代处刑较重。如谋反、谋大逆和谋叛，唐代首斩从绞，株连家属但免于死刑；明代则本人凌迟、三族内成年男子一律处斩。又如强盗罪，唐代既区别是否得财或赃数多少，又区别是否持械和有无杀伤人：不得财者徒二年，得财价值十匹及伤人者绞，杀人者斩；持杖者，不得财流三千里，得财五匹绞，伤人者斩。明代则规定：凡强盗已行不得财者，皆杖一百，流三千里；但得财者，不分首从，皆斩。又如监守盗，唐宋三十匹绞，元代三百贯处死；明代则不分首从，并赃论罪，一贯以下杖八十，四十贯处斩；再如官员受财枉法，唐代十五匹绞，元代一百贯以上杖一百零七；明代则一贯以下杖七十，八十贯绞。但是，对诸如“典

礼及风俗教化”等一般性犯罪，明代在用刑上则较唐代为轻。如祖父母在，子孙别籍异财，唐代徒一年，明代仅杖一百；闻父母丧，匿不举哀，唐代流二千里，明代则杖六十，徒一年。由于元代不屑于汉人伦常，对风俗犯罪的惩罚有所偏轻，明代延续了这一传统。

在刑法的适用上，唐代以来一般采用从旧兼从轻原则，即以犯罪被揭发时的法律论罪，不以新定重法处罚过去的犯罪，即“凡犯罪未发，及已发未断而逢格改者，若改重则以旧条，轻从轻法”。明代则采从新原则，即“凡律自颁降日为始，若犯在以前者，并以新律拟断”。针对化外人犯罪亦以明律处断。

刑罚仍然适用五刑体制，但徒刑五等分别附加杖六十至一百，流刑三等分别附加杖一百。此外，又增加**凌迟**、**充军**、**枷号**等律外酷刑。死刑虽未将凌迟作为行刑方式，但律文却有13项罪名适用凌迟。充军源于宋代刺配，明代成为常刑。充军分为终身与永远两种；终身是指本人充军至死，则刑罚执行完毕；永远是指子孙世代充军，直至“丁尽户绝”为止。其发配地点从一千里到四千里，均附加杖一百。枷号是强制罪犯在监狱外或官衙前戴大枷示众，以对其羞辱折磨，始于唐末，宋元广泛适用。刑期为一、二、三、六个月及永远五种，大枷重量有十几斤至几十斤不等。

2. 法律知识的传播

为了严格贯彻《大明律》，明代初年朱元璋展开了声势浩大的法制宣传，各级官吏率先垂范。自元代废律博士后，明代亦不设律学专科，但中央和地方官学以及私学、书院都设有法律课程，学习律令。[①] 而一旦入仕则“务要熟读讲明律意剖决事务……若有不能讲解，不晓律意者，初犯罚俸钱一月，再犯笞四十附过三犯于本衙门递降叙用”[②]。此即明代官员的“**讲读律令**”之规。同时，普法入户，“律令之设，所以使人不犯法。……直解其意，颁之郡县，使民家喻户晓。……今吾以《律令直解》遍行，人人通晓则犯法自少矣”[③]。为了普及《大诰》，朱元璋曾下诏：“一切官民诸色人等，户户有

① 何勤华：《中国法学史》（第二卷·修订本），法律出版社，2006年，第225页。
② 《大明律·吏律》。
③ 《明太祖实录》卷二八。

此一本，若犯笞杖徒流罪名，每减一等，无者每加一等。”[①] 后来竟出现了“天下有讲读《大诰》师生来朝者十九万余人，并赐钞遣还”[②] 的盛况。官方法律宣传的主要途径包括宣传国家的基本法令、张挂法律摘要、特别条例及各类告示、公布案件裁决，宣传圣谕等，借此作为政治统治的策略和知识控制的手段。[③] 此外，省府州县均在各乡设立申明亭，“凡一乡劝善惩恶、申明教化之事，俱在此惩戒”[④]。“凡民间应有词状，许耆老李章准授于本亭剖理。”[⑤] “耆老李章”为由本乡民众推举的公正权威人士，多由致仕的官吏和地方士绅充任。明代中后期亦效仿此制推行乡约制度，每里为 1 约，设约正、约副、约讲、约史各 1 人，每隔半月集合本里人宣讲圣谕、调处纠纷。

随着印刷技术的进步和商业消费文化的繁盛，明代刊刻出版了大量书籍以备日常生活所需。这类书籍内容主要是与日常生活相关的通俗知识，包括天文地理、琴棋书画、婚丧礼仪、关禁契约、讼学知识等，称之为“**日用类书**”。如关禁契约有各种文契式等范例供参考；呈结诉讼有执照、呈状、结（保）状的范例，或诉状的介绍说明及范本实例。尤其是对诉状各段撰写要领、总体原则，及适用于不同对象、事项、情况的遣词用字话套等，均有详尽的解说与模式范本，可谓一应俱全。[⑥] 晚明已出现了日用类书普遍使用插图的风潮，进一步提高了法律知识的可读性。[⑦] 明代笔记小说中大量出现的讼师无不表明，当时的社会生产力已能支撑得起法律行业的繁荣，讼师不再普遍受到歧视和打压。如民间开始广为流传一种**讼师秘本**，约在嘉靖年间至万历初年已经流传的**《萧曹遗笔》**，是后世社会基层用于诉讼的指导用书。[⑧]

---

① 《大诰·颁行大诰第七十四》。

② 《明史·刑法志》

③ 参见徐忠明：《明清国家的法律宣传：路径与意图》，载徐忠明、杜金：《传播与阅读：明清法律知识史》，北京大学出版社，2012 年。

④ 《明太祖实录》卷七二。

⑤ 《大明律集解附例》卷二六。

⑥ 尤陈俊：《法律知识的文字传播：明清日用类书与社会日常生活》，上海人民出版社，2013 年，第 50－54 页。

⑦ 参见杜金、徐忠明：《索象于图：明代听审插图的文化解读》，载徐忠明：《明镜高悬：中国法律文化的多维观照》，广西师范大学出版社，2014 年。

⑧ ［日］夫马进：《讼师秘本〈萧曹遗笔〉的出现》，载［日］寺田浩明主编：《中国法制史考证·丙编第四卷·日本学者考证中国法制史重要成果选译·明清卷》，郑民钦译，中国社会科学出版社，2003 年，第 490 页，第 485 页。

同时，处理司法事务的吏员（幕僚）开始兴起，影响巨大的“**绍兴师爷**”在司法中扮演着越来越重要的角色。以司法为业的讼师和师爷成为士子人生规划的重要选择，法律知识的传播与普及可见一斑。

第二节　民商事规范与司法权变革

一、民商事规范

（一）民事规范

明初户籍管理沿袭元代，分为提供兵役的**军户**和提供赋役的**民户**，另外还有多种名目的贱民户籍，如匠户（手工业）、灶户（煮盐业）、乐户（娱乐业）等。户籍世袭固定，严禁私自逃亡换籍。对民户而言，“十户为保，百一十户为里”，设保长、里长，负责贯彻法令、征敛税赋。民户均登记在册，因为用黄纸为封面，所以称为“**赋役黄册**”。婚姻制度基本沿袭唐宋旧律，只不过需**写立婚书**，据《大明律·户律三·婚姻》规定：“凡男女定婚之初，如有疾残、老幼、庶出、过房、乞养者，务要两家明白通知，各从所愿，写立婚书，依礼聘嫁。”对待婚姻违律，明代量刑比唐代略轻。如同姓为婚者，唐代各徒二年，明代则各杖六十。

明代仍然维持土地私有，民间土地画成图案，标明所有人和四至，因其形似鱼鳞而被称为“**鱼鳞图册**”，赋役黄册和鱼鳞图册是征税派役的依据。土地允许私人买卖、典当，也承认租佃、雇佣。土地交易不再“先问亲邻”，交易得以更自由地进行。宋代出现的永佃权在明代得到了大规模推行，发展成**田底权和田面权**，即“**一田两主**”，所有权形式更加多样化。土地所有者拥有田底权，可买卖、出典、招佃，并负责纳税，但不能随意退佃换佃。租佃者拥有田面权，也可以转让、继承，且不受田底权变更的影响，正所谓“换东不换佃”。佃户除了按时缴纳地租外，如何经营田地完全由自己决定。佃户甚至还可以雇佣或者转佃，形成“一田三主”。明代合同形式多样，且规范日趋精密。除了买卖、租佃、雇佣合同之外，因利用剩余资金放贷以收取利息在明代十分普遍，抵押贷款合同大量存在。《大明律》规定了利息上限，每月取息不过三分（30%），年月虽多也不过一本一利（一倍）。不过，因明代货币全靠外贸流入的银元维持，通货严重不足，导致借贷利息偏高。明中叶以后，土地兼并剧烈，加之徭役日重，农民纷纷逃徙，里甲户丁和田额多已不实，财政收入减少，张居正的**“一条鞭法”**由此产生。

一条鞭法自嘉靖九年（1530年）开始推行，初名条编，又名类编法、明编法、总编法等，后“编”又作“鞭”，间或用“边”。此前赋税制度基本是唐代的两税法，赋役分开征收。赋以田亩纳课，役以户丁征集，赋役之外还有名目繁多的方物、土贡之类的额外加派。一条鞭法将所有赋役并为一体：将役归于地，计亩征收；力役改为雇役，由官府雇人代役。赋役统一，使官吏难以巧立名目。田赋除苏杭等少数地区仍征实物以供皇室之外，其他地方一律改征**折色**，即折为色银。与此同时，赋役征课不再由里长、粮长办理，改由地方官吏直接征收，解缴入库。不按实物征课，省去了输送储存之费；不由保甲人员代办征解，免除了侵蚀分款之弊，使征收方法更臻完善。

一条鞭法介于唐代两税法与清代摊丁入亩之间，代表了16世纪明代管理者试图达到一种税收的理想状态：役被完全取消；里甲体系不复存在；任何残留的人头税都将并入田赋之中。纳税人可通过分期支付单一的、固定的白银来履行国家义务。但这一理想距现实非常遥远。首先，役并未完全取消，仍有一部分劳役独立于一条鞭法之外。其次，实物税保留，尤其是供应宫廷的物资。最后，丁银意味着人头税依旧存在。原因在于，一条鞭法与两税法颇为类似，皆是应对财政不足之策，最终结果均宣告了官府试图控制基层、将民众固定在土地上的失败。不过，一条鞭法的积极效果亦十分明显，其将力役部分摊入田赋，推进了力役由户丁转向土地的进程。同时，折银制度和雇役反映了商品经济发展所带来的民户人身依附关系的松弛，赋税折银征收，又促进了货币地租的产生和部分农产品的商品化。

（二）商事规范

明初采取简单的暴力形式打压工商业，致使北宋以来引导或保障商业的系统性立法仅剩少许禁令。大商人经济几乎消失殆尽，小商业者按照法律要求需“审编铺户”，进行登记以备政府监控。具有一定规模的经营者则要被强制迁移到都城集中经营。行商外出交易要申请通行证“路引”，否则军户

按逃兵罪、民户按私度关津罪处罚。旅店经营者更是需要“店历”以登记往来客商人数、货物和去向，于每月交由地方审察备案。

传统大宗商品交易的盐茶仍然实行**禁榷**。明代第一次将“盐法”“茶法”纳入国家法典，《大明律·户律五·课程》首次设立“盐法”及“私茶”专条。盐茶商须经过法定程序，取得“盐引”“茶引”等专卖许可才能经营，否则构成私盐、私茶罪。凡犯私盐罪者，杖一百徒三年；若有军器，加一等，拒捕者斩；即使买食私盐者，也要杖一百。如果买后又转卖者，杖一百徒三年。国家鼓励告发私盐犯和私盐犯自首，并且打击倒卖盐引和盐货。凡犯私茶罪者，同私盐法论罪。《私茶条例》甚至规定，凡内地人潜往边境与化外人交易私茶，则不论斤两，连同知情人一律发往烟瘴地区充军；倘若私茶出境和关隘失察者，并凌迟处死。

《大明律·户律四·仓库》首次设立“钱法”“钞法”专条，确立了宝钞与铜钱并行的体制。不得重钱轻钞，违者处杖刑；伪造宝钞，不分首从，一律处斩，没收财产；窝主、知情者、使用者与伪造者同罪；描改者杖一百、流三千里；私铸铜钱者处绞，匠人同罪。严厉打击私自买卖废铜的行为，违者各笞四十，以防铸造伪钱。鉴于元末通货膨胀之弊，明代转而取消纸币而实行钱本位，但很快引起钱荒。大明宝钞再次发行以应对交易所需，不到若干年，宝钞也形同废纸，无需官府干预的碎银成为主要货币。此后，官府几乎彻底放弃了对金融领域的调控，《大明律》的相关规定形同虚设。

二、司法权变革

1. 司法机关

明代司法权的配置在中央司法机关上变化最为显著。大理寺虽已恢复，但刑部依然是上诉案的主审机关，其下设**十三清吏司**，复审相应的各省上诉案件，并负责京师百官案件，以及审核重罪案件。御史台改称都察院，下设**十三道都御使**定期巡行各省，接收针对地方官的诉讼。大理寺反倒成为复核审判和平反冤狱的机关。刑部、都察院审结的案件均需移送大理寺复核，大理寺认为不当则驳令重审。

厂卫是明代十分特殊的司法机关。“卫”全称为“锦衣卫”，原是十二卫御林军的一部，一度充当了朱元璋大兴冤狱的打手，后来朱元璋下令“悉焚卫刑具，以囚送刑部审理”。明成祖重建了锦衣卫，并下设南北镇抚司，南司管本卫内部词讼，北司则专理诏狱。然锦衣卫毕竟是外朝机构，皇帝指挥不便。于是，成祖永乐十八年（1420年）从宦官中挑选可靠之人刺探群臣，因地址设在北京东安门北，故俗称“东厂”。宪宗、武宗时期还曾设西厂和内行厂，但在群臣强烈反对之下很快被取消。卫不如厂亲近皇上，厂一直领导卫，经常以卫充当爪牙。因两者职权相近，且经常联合行动，所以统称为“厂卫”。

厂卫根据皇上的特旨抓人，可随时到任何官衙访缉查讯，自行审理所获人犯，各种法外酷刑无所不用。且“三法司”审案，厂卫也有权旁听。据《明史·刑法志》载：“刑法有创之自明，不衷古制者，廷杖、东西厂、锦衣卫、镇抚司狱是已。是数者，杀人至惨，而不丽于法。踵而行之，至末造而极。举朝野命，一听之武夫、宦竖之手，良可叹也。”不过，明代宦官大概从未真正控制过人事财政和军事大权，只是在司法权上稍有影响。厂卫之所以兴起，原因在于皇帝不得不依赖于侍卫武官和宦官来对抗官僚集团。作为皇权镇压官僚集团的工具，厂卫司法越是猖行之时，便越是君臣斗争激烈之时。

2. 会审制度

时代审判机制的突出变化体现在会审制的发达。唐代已有“三司推事”，明代正式立制。凡重大疑难案件，由“三法司”联合审理，称“**三司会审**”。有更为重大的案件，则由六部尚书、大理寺卿、都察院都御史、通政使共同审判，称“**九卿圆审**”。除此之外，不定期的录囚同会审结合起来，形成“**朝审、大审、热审**”三大审判制度。

朝审首次出现在洪武三十年（1397年），朱元璋命五军都督府、六部、都察院、六科给事中、驸马和都尉等人，于霜降后“秋冬行刑”前共同复核刑部在押囚犯，称“**会官审录**”。因官员太多，审判流于形式，难以为继。于是，英宗天顺二年（1458年）改为只有“三法司”外加三公（太师、太傅、太保）、侯伯爵等参与审判，是为朝审。大审亦始于英宗时期，定型于宪宗成化十七年（1481年），由皇帝的亲近宦官会同“三法司”共同审理案件，凡5年一次，是明后期宦官干预司法的表现，清代废弃不用。此外，因暑热将至，需清理监狱以免瘟疫，每年小满后十余天，“三法司”要联合审

理狱中在押犯人，是为热审。热审级别较低，处理的只是轻罪和“事出有因，查无实据”而长期羁押的人犯，审毕一般都能释放出监，有些重罪犯疑有冤枉者也可获得“暂免枷号”的优待。

其他诉讼程序变化不大，军民案件实行分流。军户之间的奸盗、诈伪、户婚、田土、斗殴纠纷，一般不受普通司法机构管辖，而由各卫所的镇抚司、省都指挥使司的**断事司**审理。但人命案件则沿用元代的约会制，约会当地司法机构检验审理，军民相犯案件也由军事机构与当地司法机构会同审理。

第七章

清代的法律成就及移植新途

皇太极于1636年改后金国号“大金”为“大清”。但改清之理由，清代官方传世文献均未见有记载。后有清代文人附会，指清之名来自《诗经·颂》“维清缉熙”之句，意以清压明（熙）。还有以五行更替解释为明取火故清取水，寓意水灭火云云。然而，不论何种解释，清代治国的基本原则依旧是“法明”，以承接自唐宋明以来中华法系发展的优良特质。因此，黄仁宇称“清代的改革与整顿，纪律与技术上的成分多，组织和制度上的成分少”[①]。此种政治特征同满族人内敛务实的性格大有关系。清代中央专制集权达到顶峰，官僚组织运作务实高效。清代的务实性甚至对乾嘉考据学派（朴学）和洋务运动后兴起的经世学派均有较大影响。务实高效仰赖于满族统治者对纪律的整饬与强化，这与满洲人传统的骑射与渔猎习性联系紧密。

清代法律自雍正后基本定型，开始呈现出鲜明的特色，处于“古今绝续之交”[②] 的地位。这与政治结构密切相关，满人对纪律的强调形成了清代中央和地方政府一以贯之的“一人负责制”。皇帝在中央独断乾坤，省级总督的权力日益膨胀，巡抚、布政使、按察使等已具有属吏化的倾向，州县也是“一人政府”，集权化从中央一直延伸到地方。[③] 这种政治结构支撑的法制维持了清代亿万农民

① 黄仁宇：《放宽历史的视界》，三联书店，2001年，第168页。

② 《清史稿·刑法志》。

③ 瞿同祖：《清代地方政府》，范忠信等译，法律出版社，2003年，第14页。

安居就业和上万官僚恬静在职于一种精微的平衡。为了保持平衡，清代不愿对财政做更大的更革，整个清代也不能在数目上进行管理。鸦片战争之后，清代继续闭关自守，始终以精神和信仰上的运作掩饰组织上的缺陷。[①]

正是鸦片战争后的洋务运动成为清代改革的重要契机。洋务运动又称“自强运动”，取自《周易·乾》“天行健，君子以自强不息”，足见其防御之目的。以“中学为体，西学为用”来强调“师夷长技以制夷”亦体现了这一目的。自强运动则代表着当局一厢情愿且简单的功利目的：希望借助西方科技来提升军事实力以对抗西方。此后的“百日维新”强化了自上而下推行变法的传统，因此，在建构制度的过程中，完全忽视了制度参与群体的诸多缺点。若把自强运动归结为“造舰船制枪炮”，百日维新则不妨称为“编预算写宪法”。然而，器物或制度的变革，均不能阻挡社会的全面解体。一个社会的解体是社会群体没有共识的反映。晚明尚有深入讨论与反思传统的风气，但在康雍之后，思想定于一尊，且学风繁琐，再加上经济繁荣、生活逸乐，少有人能深入思考根本性问题。[②] 于是，清廷对于外敌内乱，没有足以抵抗的资源与机制，导致全国力量缺乏整合机制。至鸦片战争之后，清代在西方的冲击下，开始脱离传统，只能自觉接受西方法律的改造，法律移植一直受到追捧。

关键词：参汉酌金；军机处、密折；满汉复职；八旗；文字狱、乾嘉学派；五朝会典；理藩院；摊丁入亩；逐级审转覆核制、秋审；京控、领事裁判权；官制改革、预备立宪；资政院、谘议局；沈家本；礼法之争；部院之争

---

① 黄仁宇：《中国大历史》，生活·读书·新知三联书店，1997年，第244页。

② 许倬云：《万古江河：中国历史文化的转折与开展》，上海文艺出版社，2006年，第315－316页。

第一节　政治与法制关系

一、行政架构与用人机制

（一）央地行政机构设置

清代的领土面积约是明代的三倍，后期人口是明代的数倍，但在法制上几乎完全照搬明代的模式。在作为征服者的满洲贵族中，仰慕汉文明的人占了上风。因此，早在清入关前，皇太极就意识到广泛吸收汉文化的重要性。天聪五年（1631 年），皇太极仿明制设吏、户、礼、兵、刑、工六部。与明制稍有所不同的是，皇太极所设六部虽直属其本人，却由八旗贝勒管理六部事务，具有**旗政合一**的性质。在此基础上，天聪七年（1633 年），文馆大臣宁完我曾就修改《大明会典》一事，明确提出了“**参汉酌金**”的概念。所谓“参汉”，就是参考以明代法制为代表的汉族法制；所谓“酌金”，就是根据时代的进步，斟酌吸收满族固有习惯。

顺治、康熙两代沿用内阁六部制，内阁仅为名义上的最高行政机关。清初凡军国大政，皆交由**议政王大臣会议**决定，简称“国议”，权力很大。会议成员概由满族贵族组成，汉人不得参与。康熙又在宫内设**南书房**，择才品兼优者充任。谕旨多命南书房翰林撰拟，从而削弱了议政王大臣会议的权力。雍正七年（1729 年），为了削弱内阁权力，雍正在寝宫养心殿附近的隆宗门内设立了“军需房”，协助皇帝处理军务，1732 年正式改称“**军机处**”，承旨办理机务，取代议政王大臣会议，剥夺了诸王议政之权。军机大臣由皇帝在满、汉大学士及各部尚书、侍郎中选定，名为“军机大臣”“军机大臣上行走”等，为首者称为“领班”，亦称“首枢”。军机处开始为临时机构，有官无吏，军机大臣均为兼职，只有少量品级低的办事人员“军机章京”负责日常工作。军机处的优势在于“**简、速、密**”。国家重大政务由皇帝考虑后，交由军机大臣起草诏旨。诏旨一般经正常程序先发内阁，次及各部院，称“**明发**”。或绕过内阁，由军机处密封后直达地方督抚，称为“**廷寄**”。地方督抚奏章，也可由军机处直达皇帝，由此皇权得以加强。军机处逐渐成为

新的中央权力核心，内阁反倒沦为例行公事的办事机构。除此之外，迟至康熙中叶，康熙允许一些亲信官员用奏折报告机密事件，官员由皇帝发给折匣，皇帝与官员本人各掌一把钥匙。官员奏折派遣专人投送京师，不经过通政使司、内阁，直达皇帝。皇帝用朱笔将批示写于奏折上面，发还官员本人执行，此乃**密折制度**，具有“**详**、**速**、**密**”的特点。雍正以后密折使用范围进一步扩大，许多官员都获得了使用密折的权力，皇权对官僚的控制力大为增强。

六部实行**满汉复职制**，每部设满汉尚书各一人，体现“满汉一体”的治国原则。然而，满汉复职制将满汉歧视公开化，且越在高层歧视越严重。军机大臣基本都是满蒙人担任，而被架空的内阁官员则以汉人居多。所有官职分为**满官缺**、**蒙古官缺**、**汉军官缺**、**汉官缺**四种，不同官缺只能由特定的人出任或补授。六部主官虽设满汉复职，但实权操于满官之手。理藩院、宗人府及掌钱粮、火药、兵器府库等重要官职均为满官缺，驿丞等小官才是汉官缺。地方督抚、司道、总兵、提督等虽满汉兼用，但近畿和要隘多用满官。

明代的九寺五监到清代只保留了五寺（光禄寺、鸿胪寺、太常寺、大理寺、太仆寺）二监（国子监、钦天监），仅维持礼仪象征的功能，一直沿用到清末。监察体制的变化最大，康熙二十九年（1690 年），令左都御史为议政大臣，参与朝政决策，充分发挥**科道**作为皇帝耳目的作用。按察使派出“分巡道”和省布政使派出“分守道”分别监察府、州、县官员，沿用明制，同时废除了巡按御史。雍正元年（1723 年）将六科给事中并于都察院，于是，六科给事中与十五道监察御史合称“科道”，分别负责对京内外官员的监察和纠弹，监察实现了一体化。

地方分为**本部**、**藩部和东北特别行政区**。本部即内地各省；藩部指北方、西北、西南边疆少数民族聚居区；东北即关外满族兴起之地。内地各省依然实行省府县三级制，但省府之间的“道”仍存在，名义上为省的派出机构。守道是小行政区，巡道只是监察区。除此之外，还设立一些专业道员，如负责河务、盐务、茶务、粮务等的河务道、盐茶道和督粮道。省则由中央派出的**总督**辖制。清初一省或数省设总督 1 人（从一品），各省设巡抚 1 人（从二品）。至乾隆时期，内地各省确定为总督 8 人、巡抚 18 人。总督俗称“制台”，巡抚俗称“抚台”。自巡抚成为一省之长后，布政使（俗称“**藩**

台”）和按察使（俗称“**臬台**”）均为巡抚属官，都指挥使司则因八旗驻军而取消，还有提督学政1人，掌教育科举。

（二）职官的选任与考核

清代采用满洲八旗并结合科举制选拔官员，一定程度上恢复了汉代贵族官僚制，行政权力得到空前强化。于是，掌握国家大权的满蒙人基本不出自科举，科举仅作为汉族官员入仕的渠道。科举每3年一考，分乡试、会试、殿试三级。正途之外，还有“特简”“会推”“捐纳”“荫生”等。“特简”由皇帝直接任用；“会推”是由大臣互推任用；“捐纳”是捐钱买官；“荫生”又分恩荫、难荫和特荫三种：恩荫主要用于三、四品以上高级官员的子孙；难荫是指殁于王事的官员可荫一子入国子监读书，期满候选；特荫是指功臣子孙可送吏部引见加恩赐官。一品官的荫生以五品缺用，二品官的荫生以六品缺用，三品官的荫生以七品缺用，四品官的荫生以八品缺用。至于袭荫的顺序，按嫡长子孙、嫡次子孙、庶长子孙、庶次子孙、弟侄依次进行。

清初沿用明代的考满法考核职官，康熙四年（1665年）实行京察与大计。京察是对京官和地方督抚的考核，每3年举行一次。结果分为称职、勤职和供职三等，按考核等级实行奖惩。大计是对督抚以下外官的考核，也是3年一次。大计分卓异与供职两等，按考核等级予以奖惩。京察与大计的标准统一，即“**四格六法**”。“四格”是从“守”（廉、平、贪）、“政”（勤、平、怠）、“才”（长、平、短）、“年”（青、中、老）四个方面对官员作出评价；“六法”是从“不谨”“罢软无为”“浮躁”“才力不足”“年老”“有疾”六个方面处理不称职官员。凡不谨、罢软无为者革职，浮躁、才力不足者降调，年老、有疾者致仕（退休）。考核优异者可得到引见、升官、晋级、赏赐、封赠等奖励，考核差劣者则给予罚俸、降级留任、革职等处分。

二、八旗制度与旗人特权

（一）八旗制度

满人建立的大清国创造了一个统治上的奇迹。一个只有几十万人口的民族，竟征服并牢牢控制了人口将近一亿的汉族地区和蒙藏回疆广袤的土地。

其中的奥秘就存在于被称为“**八旗制度**”的满人组织形式内，可以说八旗制度是清代政治统治架构的基础。

八旗是努尔哈赤创建的一种耕战合一的社会组织。满族的先世女真人以射猎为业，每年到采捕季节以氏族或村寨为单位，由有名望的人担任首领开展集体狩猎，此种方式被称为**牛录制**，总领称为牛录额真。牛录意为大箭，原是满人狩猎时的一种组织方式。额真又称“厄真”，意为主。努尔哈赤将其改造成满洲社会的基层政权组织，既是生产组织，也是军事组织。每300人为1牛录，设牛录额真1人；5牛录为1甲喇（队），设甲喇额真（参领）1人；5甲喇为1固山，设固山额真（都统、旗主）1人，副职1人，称为“左右梅勒额真（副都统）”。因出征时用正黄、正白、正红、正蓝、镶黄、镶白、镶红、镶蓝八种颜色的军旗以示区别，故称“八旗”。八旗可以概括为“用血缘粘合地缘，用族权支持政权”。与鲜卑的府兵制、女真的猛安谋克等结构类似，固山统带甲喇、甲喇统带牛录的组织架构形成了标准的权力金字塔结构。后来满人将征服的蒙古人、汉人编为蒙古八旗和汉八旗，连同满洲八旗一共24旗。满清入关后，八旗军又分成了禁旅八旗和驻防八旗。由皇帝控制的镶黄、正黄、正白三旗，称为上三旗；由诸王、贝勒统辖的正红、镶红、正蓝、镶蓝、镶白五旗，称为下五旗。上三旗较下五旗为崇，此后终清未改。

（二）旗人特权

刑事方面，旗人犯罪享有“减等”和“换刑”的特权。如笞杖可用鞭责来代替，充军、流、徒可免于发遣到远地服役，只在当地枷号。旗人“若有罪，轻则折罚，重则责惩而加圈禁。若罪大则奏闻以俟旨”[①]。亲王、郡王犯法，不可随意传讯到庭。宗室（皇帝本支）、觉罗（皇族远亲）犯罪，有司不得锁禁锁拿。如有必要传讯或锁拿，必须上奏皇帝批准。若官吏将旗人擅自夹责，要受到降级、调用的处分。

民事方面，旗地、旗房、旗人财产继承权等均受特殊保护。严禁民人典

---

① 《光绪会典·宗人府》。

买旗地、旗房，所谓“旗人产业，不准典卖与民”①。对于典买、典卖者双方均要治罪，交易银没收，甚至失察的监临官也要受到严惩。

旗人案件由特定机关审理。刑事案件，凡京师平民旗人由步军统领衙门审理，贵族则由宗人府审理；民事案件由户部现审处审理。内务府所辖旗人诉讼，由内务府慎刑司审理。地方旗人案件，则要经过各省督抚或满洲将军审理，流以上案件上报朝廷。

这些特权助长了旗人侮辱汉人的势头，连在京畿之内，雍正皇帝也不得不承认：“旗人暴横，小民受累。”② 当然，旗人必须保持粗朴剽悍的骑射风俗和生活习俗才能享受到以上特权，如满汉不婚，不得从事农工商业，不得乘轿，鼓励学习满文满语等。

三、清承明制与立法变化

入关之前，满人的法律同辽金元一样原始、简单，出于对劳动力的需要而不置流徒等刑，普遍采用便捷的肉刑如鞭责、打腮、贯耳鼻、射鸣镝箭等，赎刑广为适用。死刑有斩首、烧杀、炮烙、碎尸等，极其野蛮。确定“参汉酌金”的立法原则后，顺治二年（1645 年）置律馆修律，次年五月**《大清律集解附例》**宣告完成。律典采《大明律》7 篇体例，30 卷 458 条，仅比《大明律》少 1 条，又仿《问刑条例》增加附例 430 条，实乃《大明律》之改名也。

康熙九年（1670 年）下令修律，次年刑部编成**《刑部现行则例》**以备不时之需，新律则在 55 年之后的雍正三年（1725 年）才正式颁布，仍称《大清律集解附例》，共30 门436 条，另附例824 条。例来源于**成案**，清代亦使用比附定案，用以比附的案件称为“成案”，但须奏请皇帝。随着成案不断增加，刑部遂将某些成案简化为条文，经皇帝批准后附在律文之后是为“例”。因律乃祖宗成法，不可轻易增删，“例”既可补充律之不足，又可经常修订，遂不断增加。乾隆五年（1740 年）进一步修律，不过，因清代从未有过诸家律注汇集的解释，故而将律名中的“集解”二字去掉，律文仍为30

① 《清代文献通考·赋考五》。

② 《畿辅通志》卷二。

门436条，但附例增至1 049条。此后不再修律，而例则形成“五年一小修，十年一大修”的定例。至同治九年（1870年），例增至1 892条。对例的如此倚重，使得以例代律，“有例则置其律”的现象在清代十分普遍。随着清代法制的不断完善，法制的变化与革新有如下表现：

（一）刑罚种类的变化

清代沿用五刑，但具体适用有些许改变。笞杖可折为**板责**，每十下折责四板，再除去不足五板的零数。笞十至五十，依次折责为四、五、十、十五、二十小竹板。杖六十至一百，依次折责为二十、二十五、三十、三十五、四十大竹板。徒一至三年共五等，分别附加杖六十至一百，每等递增十杖。流二千里至三千里共三等，每等附加杖一百。乾隆八年（1743年）编纂《三流道里表》分别载明了各省、府的三等流刑应发往的地点，以防随意发配。充军重于流，比明代等级分得更加细致，具体分为附近（二千里）、近边（二千五百里）、边远（三千里）、极边（四千里）、烟瘴（四千里）五等，因此又称为“**五军**”，且只罚及本人。充军一般在定罪后由兵部发配，乾隆三十七年（1772年）专门制定《五军道里表》，并载于《大清律例》之内，以统一充军地点的标准。清代首创“**发遣**”，即将犯人发往黑龙江、吉林、新疆等地给驻防官兵当差为奴，比充军略重。发遣对象主要是犯徒罪以上的文武官员，一般只限本人，情节轻微的尚有机会放还。《大清律例》规定的发遣共达134项之多。还有一种刑罚称“**迁徙**”，介于徒流之间，形式上与流相近，但比流要轻，是将犯人强制迁离原籍一千里外安置，未得官府许可，永不得回原籍，多适用于斗殴杀人。迁徙、充军、发遣等罪犯可带家属前往服刑，不遇恩赦准许，终生不能返回原籍。

刺字是一种常用的附加刑，有刺面、刺臂之分，所刺内容有所犯事由或所配地方。早期仅用于强盗、窃盗等案，后来使用范围扩大，凡凶犯、逃军、逃流、外遣、改发等均要刺字。若被刺人犯数年内无过，或缉获强盗2名以上，准予起除刺字，复为良民。**枷号**也是一种附加刑，主要适用于伦理、风化案，一般在主刑执行完毕以后，将人犯带枷立于衙门之外、城门口或集市，时间约1～2个月。枷号一般重25斤，重枷则为35斤。

死刑分**立决和监候**两类。立决又分为斩立决与绞立决，即宣判后立即执行斩刑、绞刑，以示对危害极大的犯罪决不待时。监候分为斩监候和绞监候，是对已构成死罪但并非罪大恶极者先行拘押，待秋审复核后再决定是否执行死刑，这意味着罪犯尚有免死减刑的机会。此外，**凌迟**、**枭首**、**戮尸**等酷刑在适用范围和行刑方式上均较明代有所发展。明代关于凌迟的律例共13条，清代除全部加以继承外，还陆续增加劫囚、发冢、谋杀人、杀一家三人、威逼人致死、殴伤业师、殴祖父母或父母、狱囚脱监、谋杀本夫等9条，行刑方式更为残酷。枭首在清代最初只适用于凌迟重犯，但后来广泛适用于江洋大盗、爬城行劫、粮船水手行劫等犯罪。戮尸是对凌迟和枭首的一种补充，如被判处凌迟和枭首的罪犯在执行前已经死亡，则要戮尸。执行死刑时，由刑部侍郎1人会同刑科给事中1人共赴法场，等待恭接京畿道御史捧至的勾本，遵旨监视行刑，刑毕复命。

（二）刑罚适用的变化

清代加重对谋反、谋大逆和强盗等罪的处罚。凡反逆案犯，不分首从，共谋者凌迟处死，16岁以上同居男子斩决，15岁以下男子及女性家属罚没到功臣之家为奴。凌迟犯子孙实系不知情者可免死，但均解交内务府阉割，发新疆为奴，10岁以下幼童则监禁至11岁时阉割。清代还扩大反逆、谋叛罪的范围。例如上书言事不当或犯忌讳，常按谋大逆处罚。对于强盗罪，得财不分首从皆斩；如有杀人放火、奸污妻女、打劫牢狱仓库、侵犯城池衙门等行为，积至百人以上，不分得财与否，一律枭示；响马强盗，执弓矢军器，白日邀劫道路，赃证明白者，不分人数多寡，一律枭示；越城入室行劫，伙盗行劫官帑、漕船，粮船水手行劫杀人等，一律枭示。

清代一方面扩大了自首的适用范围。例如康熙《督捕则例》鼓励逃人“自回自首”，逃亡3次自首仍可免罪；嘉庆时在监犯人因故逃逸又自行回归者，按原罪名减一等处置。另一方面加重处罚家人共犯。凡家人共犯奸盗杀伤之罪，不分首从，一律按首犯论处。同时，实行**类推报批**。凡断罪无正条，虽允许类推，但必须上报皇帝批准，不得擅自裁断。化外人案件则一律适用清代法律，“凡化外（来降）人犯罪者，并依律拟断”。

清律采取高压政策对汉民族予以严厉镇压。为防止汉人聚众造反，严禁结盟组社，如“抗粮聚众、罢考罢试至四五十人者”，首斩从绞；“倡立邪

教，传徒惑众滋事”，首斩从绞，父母流三千里；甚至“异姓人歃血订盟，焚表结拜兄弟者”，首绞从流。同时，虽然儒家思想作为官方学说的地位并未改变，杀戮文人被视为“亡秦之政”，清代诸帝多次宣称“不以语言文字罪人”。清律确实未曾专设“**文字狱**”条款，但文字狱均引用“谋反大逆”惩处，“凡妄布邪言，书写张贴，煽惑人心，为首者斩立决，为从者斩监候”。罪名严厉，且株连极广。“文字狱”是指因文字著述而造成的冤狱，即因著书、作文、赋诗、上疏等在文字上触犯了统治者，被认为含有诽谤朝政等“逆词恶言”而锻炼成狱。因“文字狱”获罪的行为主要有私修明史，指斥朝廷；恃功不臣，怀有二心；攀援门户，党翼诸王；妄议朝政，谤议君王；隐寓讥讽，诋讪怨望；诋毁程朱，倡为异说以及收藏禁书、谋大逆等等。其中多是无中生有，牵强附会，且处刑严酷，动辄处死、戮尸并大肆株连。汉族知识分子为了避免其祸，便将其全部精力投入考证古文文字（字形）、音韵（字音）、训诂（字义）中，形成了影响深远的“**乾嘉学派**”。

乾嘉学派的出现推动了古文经学和考据之风的盛行，使得整理、考订、辑校前朝法律典籍和律学著作的研习之风十分普及，王明德的《读律佩觿（xī）》、吴坛的《大清律例通考》、沈之奇的《大清律辑注》、薛允升的《唐明律合编》以及清末沈家本的《历代刑法考》等先后诞生，成为律学经典作品。然而，这些律学注解并没有触动传统法典的整体结构。

第二节　行政与司法变革

一、会典则例及其行政法制

与行政管理相关的会典在清代异常发达，自康熙二十九年（1690年）至光绪二十五年（1899年）止，一共推出康、雍、乾、嘉、光**五朝会典**，内容涉及面广，规模宏大，令人叹为观止。康熙会典原名《**大清会典**》，创修于康熙二十三年（1684年），完成于1690年，共162卷。“夫会典所载，皆百臣奉行之政令，诸司分列之职掌，即官礼诸制，无不条悉其中。”① 会典的

① ［清］魏象枢：《寒松堂集》卷一。

编纂体例基本采取"以官举职、以职举政"或"以官统事、以职隶官"的方式并按四个层级分类编排：第一个层级以官府机构分类，首列宗人府，其下依次是内阁及吏、户、礼、兵、刑、工六部，再下是理藩院、都察院、通政使司、内务府等院、府、监机构。第二个层级是在官府之内以事分列，如吏部划分为叙官、官制、铨政、考察、致仕、告病、功过、期限、交代回籍、守制、终养、世爵、封赠、荫叙、土官、书吏之类。第三个层级则是在事类下列出具体事宜作为会典条目，按年代先后进行"循序分编"。因"岁月久远，卷籍不存"或"止有更定年分，而其始莫可考者"则笼统列举。第四个层级是在各条之末附上则例。通过这一体例层层分设，达到"庶几大经大法，炳耀日星，而遵道路者，咸得有所据依矣"[①]。

雍正会典续纂于雍正二年（1724年），告成于1732年，依旧采典与例合编体例，共250卷，卷增加了1/3。乾隆会典续修于乾隆十二年（1747年），告成于1764年。鉴于"例可通，典不可变"，典与例合编不易识辨，使后人妄相牵引，无所适从，所以乾隆将附于会典内各条的则例分出，由此撰成《乾隆会典》100卷，《乾隆会典则例》180卷。嘉庆会典辑于嘉庆六年（1801年），告成于1818年，体例仍沿袭乾隆之旧，以衙门为纲，每会典一卷各以事例副之，不复分列诸司，各就一衙门之事例分列数门，每门之下析为子目，每目之下仍按年编次，其门目皆标明于每卷之首，故易"会典则例"之名为"会典事例"。会典卷数减于前，为80卷。而事例大增于前，为920卷，目录8卷。图别为卷，成《清会典图》132卷，目录2卷，总计1 140卷。光绪会典增辑于光绪十二年（1886年），告成于1899年，全书分为《清会典》100卷，目录1卷；《清会典事例》1 220卷，目录8卷；《清会典图》270卷，总计1 599卷。

"会典乃载大纲，则例乃定细目。"[②] 则例乃例之一种，即将衙门经办的事例归纳选编成册，作为会典实施细则，由皇帝批准实施。清代的例可分为**条例**、**则例**、**事例**、**成例**等。条例专指刑事单行法规；则例指针对某一行政部门或某项专门事务的单行法规汇编；事例指皇帝就某项事务所发布的上谕

---

① 《清实录·康熙朝实录》。

② 《大清会典·凡例》。

或经皇帝批准的行政部门所提之建议；成例是一种统称，包括条例及行政方面的单行法规，是经过整理编写的事例。

会典与则例的选材或为谕旨、诏令、实录，或为内外臣工条奏，或为衙门成案，或为现行规条。自乾隆以后，各部院衙门无一不编则例。则例有的以衙门命名，如《宗人府则例》《理藩院则例》《吏部则例》《户部则例》《礼部则例》《刑部则例》《工部则例》《内务府则例》《光禄寺则例》《太常寺则例》《国子监则例》等。还有的以专项内容命名，如《兵部处分则例》《吏部处分则例》《吏部铨选则例》《户部军需则例》《兵部军需则例》《工部军需则例》《工部军器则例》《工程做法则例》《户部关税则例》，以及《八旗则例》《宫中则例》《督捕则例》《河工则例》《物料价值则例》等。等同于则例而名之条例、全书者尚有许多，这些条例和全书均以专项内容命名，如《科场条例》《磨勘条例》《律例全书》《学政全书》《赋役全书》等。地方则有省例则例，如《粤东省例》《福建省例》《江苏省例》《顺天府则例》《山海关钞关则例》《浙海钞关征收税银则例》等。边疆有律例、章程、事宜等，如《回疆则例》《蒙古律例》，可谓名目繁多，"终清一代行政，大约'例'之一字，可以概括无余"①。

会典的纂修并没有时间限制，但由于则例随着行政事务的积增日繁，新旧例之间难免产生抵牾，如例意两歧、例语含浑、例文不备等，须定期清理则例。故而则例确立了"**五年一小修，十年一大修**"的模式，但未能严格遵守。例如《礼部则例》自乾隆三十五年（1770 年）告竣后，到四十八年（1783 年）重修已隔 13 年；《吏部铨选则例》继道光二十三年（1843 年）续修后，至同治十二年（1873 年）续修已隔 30 年。则例续修后，有原例者，则先叙原例于前，次列现改新例于后，分"修改""修并""增纂""续纂"等名目，冠以年份，以别新旧。并于本例之下，逐加按语，以识删改缘由。如此做法可使执行时互稽参照，更准确地把握例文例意，但亦造成了例文的繁杂。

① 王钟翰：《清代各部署则例经眼录》，载王钟翰：《清史续考》，台湾华世出版社，1993 年，第 284 页。

二、理藩院及民族治理法制

清代入关后，一方面遵循原有的统治方式，以汉制和汉官治理汉人；另一方面在满蒙藏地区以喇嘛教为精神纽带，以婚姻为亲缘纽带，以盟会朝觐为仪式，以朝贡赏赐为交换，统治着草原民族。满蒙藏事务统由理藩院、内务府及旗务系统管辖，直属皇帝。**汉地体系与满蒙藏体系**，叠合成为清代的二元体制，使得民族立法发展迅速，且成果璀璨，主要有适用于蒙古族、藏族等西北地区少数民族的《理藩院则例》，包括《酌定西藏善后章程十三条》《藏内善后章程二十九条》《新治藏政策大纲十九条》等处理西藏事务的重要章程；适用于维吾尔族的专门法规《回疆则例》；适用于青海地区少数民族的《青海善后事宜十三条》《青海禁约十二事》《西宁青海番夷成例》；适用于苗疆地区的各种条例、禁约和章程，等等。

（一）理藩院事务及其制度

理藩院前身为崇德元年（1636 年）专门设立的处理蒙古事务的蒙古衙门。因蒙古部落归附清代日多，崇德三年（1638 年）蒙古衙门改成“按蒙古土俗，酌定法律”的理藩院，专门负责对蒙事务。清代统一蒙古诸部后，首先为其划定疆界，将游牧蒙古人固定在一个狭小的旗界以内。各部不能再像以往那样进行氏族或部族活动，于是蒙古人失去了重新联合的可能，只能身处严密管束之中，便于清廷“分”而治之。

顺治十八年（1661 年），理藩院不再附属礼部，其官制与六部同，且理藩院尚书可参与中枢议政。到乾隆年间，理藩院共设旗籍、王会、典属、柔远、徕远、理刑六司。其中，理刑司“掌蒙古、番、回刑狱争讼”。少数民族案件，先由本民族统治者审判，不决者再报理藩院定案，重案也须报理藩院核查。理藩院受理的案件如罪至发遣，须会同刑部裁决；死刑案件必须会同“三法司”审核拟罪。随着帝国疆土日渐扩张，理藩院成为管理蒙古、西藏、青海、新疆以及西南土司等少数民族事务的行政机关，并兼理对俄事务。咸丰十年（1860 年）成立总理各国事务衙门后，理藩院不再管理外交事务。光绪三十二年（1906 年），理藩院更名为理藩部，1912 年清帝退位后理藩部改为“蒙藏委员会”。

理藩院主持编纂了诸多民族法规，最重要的当属**《理藩院则例》**。嘉庆十六年（1811 年）正式开设**则例馆**，由理藩院组织编纂《理藩院则例》。嘉庆二十年（1815 年）编成，共 64 卷 713 条，分通例和旗分两部分。通例是对理藩院管制设置及职责的规定；旗分共 50 门，是有关蒙古和对西藏、西北地区民族事务的规定。主要内容包括：①关于理藩院的机构职掌及编制；②关于蒙古地区的行政区划、职官和各项社会管理制度；③规定蒙古地区的刑法制度；④规定首告、人誓、审断、留养、收赎、赦免、监禁、解递等适用于蒙古地区的诉讼制度；⑤规定西藏、青海和新疆地区的职官制度和社会管理制度。道光三年至七年（1823—1827 年）重修《理藩院则例》，共 65 门，1 454 条。道光十三年至二十三年（1833—1843 年）再次修纂，共 63 门，69 卷。光绪十六年（1890 年）最后一次修订《理藩院则例》，修纂 130 余条，计 70 卷。理藩院更名为理藩部之后，改名为《理藩部则例》，内容未作修改。《理藩院则例》每次修成后，均以满、蒙、汉三种文字同时刊刻颁行。[①]

（二）西藏与西北民族治理

西藏信奉佛教，因此之故，乾隆的《蒙古律例》12 门专列“喇嘛教”1 门，《理藩院则例》也专列“喇嘛教”5 门，共 100 多条，内容包括：①树立四大活佛体系，在达赖之外建立了三个活佛体系，以分散其力量；②严惩反抗的喇嘛，以儆效尤；③设立理藩院喇嘛印务处，总管喇嘛各大小事务；④赡养喇嘛，在经济上依赖清廷，并限制其迁居；⑤设置金瓶抽签制，禁止转世活佛生于达赖、班禅及蒙古贵族家，使僧、俗贵族成为两个独立的系统，便于操纵；⑥设立喇嘛旗，保护喇嘛上层利益。在此框架下，清廷早期并不直接插手西藏事务。雍正五年（1727 年），西藏发生内讧，清廷才开始在拉萨设置**驻藏办事大臣**正副 2 人，任期为 3 年，协助西藏处理政务。同时，在西藏留驻川陕兵 2 000 人，归驻藏大臣指挥，以备不测；在昌都留驻滇军 1 000 人，两地驻军 3 年一轮换。自此，清廷逐渐控制了西藏政务。到乾隆十六年（1751 年），清廷颁发《酌定西藏善后章程》，改革西藏治理方式，核

① 光绪《理藩院则例》，杨选第、金峰校注，内蒙古文化出版社，1998 年，第 37 页，第 43－44 页、第 47 页。

心是废除郡王制，建立**噶厦政府**，设噶伦4人，1僧3俗，在驻藏大臣和达赖喇嘛领导下共同处理政务，实行政教合一。

西北边疆的统治实行**军府制度**，分别建立2个由中央直辖的行政区。北部，即额尔齐斯河以北以东，以及唐努乌梁海之一部，由乌里雅苏台定边左副将军属下的科布多参赞大臣管辖；南部，即额尔齐斯河以西以南，以及天山南部、巴尔喀什湖以东以南直至帕米尔地区，称为新疆，属总统伊犁等处将军管辖。南部军府制下的统治形式多元，兼顾各民族之间的安定团结：乌鲁木齐等地因内迁而来的汉族较多，实行州县制，遵守内地法律；哈密、吐鲁番等地实行**札萨克制**，札萨克意为“执政官”，由朝廷授予，受当地将军、都统、驻扎大臣的节制；天山南路八城为维吾尔族聚居区，实行**伯克制**，伯克原是维吾尔贵族的世袭官职。光绪十年（1884年）建立新疆行省，被裁撤的伯克充当了汉地乡绅的角色，全省均推行郡县制。

三、土地财政及其商贸法制

（一）土地赋税

摄政王多尔衮在满清入主中原后即颁布了**圈地令**、剃发令、**投充法**、**逃人法**、禁关令以及屠城令，史称“**清初六大弊政**”。圈地令、投充法和逃人法是与土地相关的三大弊政。满人早期土地公有，天命六年（1621年），努尔哈赤发布“计口授田谕”，将征服的辽东土地除保留一部分公田之外，按“每一男丁五日种粮之田，一日种棉之田”进行授田。授田之后，“三男丁耕种公田一日，二十男丁内，一人当兵，此二十丁内，一人应役”。

“计口授田”滋长了入关后八旗子弟圈占汉人土地之风。清军入关即行圈地，既抢占明代官田，又以暴力掠夺汉族人土地。顺治二年（1645年）正式颁行圈地令，将所圈土地分给八旗将士。八旗兵丁自然无力也不愿耕种圈占的大量土地，于是推行“投充法”。所谓“投充”，名义上是汉民穷困无法过活，投靠旗人充当奴仆。然而，大面积的圈地造成近百万无地农民，大都直接成为农奴。八旗子弟还强迫大量农民“带地投充”，成为圈地之外掠夺土地的新方法。圈地、投充形成了大量的八旗“庄子”，八旗子弟依靠收租获利。与投充相关的弊政还有逃人问题。当时逃人分两种：一种是被逼勒投

充者，不甘充当奴隶而陆续逃亡；另一种是满洲官兵从关外带来的大批奴隶。若旗下奴仆大量逃亡，则直接影响到八旗生计，清廷为此制定了严苛的逃人法，设立督捕衙门，督捕逃人，惩罚窝主。凡查获的逃人鞭一百，归还原主；藏匿逃人者从重治罪，本犯处死，家产没收，邻里、甲长、乡约各鞭一百，流徒边远地区。

清中期以后，圈地、投充不再实行，私人土地允许自由转卖、招佃和典当。八旗子弟日渐颓废，经常抵押抛售土地。官府则严禁旗民典卖、出售旗地，即禁止“**旗民交产**”。康熙时已出现“典卖旗地，从盗卖官田律”的规定，雍正即位后又重申“八旗地亩，原系旗人产业，不准典卖与民”，并拨款强制回赎旗地。雍正二年（1724 年）还曾试行井田制以解决无业无地的旗人之困境，但难以维持，至乾隆元年（1736 年）废除。直到清末修律，才彻底废除“禁旗民交产”的法令。

满人对汉人的管制遵循“上严下宽”的政策，对基层社会相对宽松，最典型的举措便是推行“**摊丁入亩**”。清代继续施行一条鞭法，部分丁银摊入田亩征收，部分按人丁征收。康熙五十一年（1712 年）下诏宣布，以康熙五十年（1711 年）的人丁数为定额征收丁银，今后滋生人丁，永不加赋。即按康熙五十年（1711 年）中央掌握的全国人丁应征 335 万余两丁银，作为今后每年征收的常额基准，之后新增成丁被称为“盛世滋生人丁”，永远不再征税。至雍正元年（1723 年），摊丁入亩推行全国，将人头税的税额合并到土地税中一并征收，统称“**地丁银**”，从而简化了征税标准，削弱了农民的人身束缚，导致雍乾之际人口激增，促进了人口流动。

（二）农工商贸

清代之前，凡受雇于人的均称“**雇工人**”，除了在宋代一度取得和雇主“视同平人”的地位之外，基本上都低雇主一等。清代将从事农业的佃户、短工和从事商业的“店铺小郎”等依据契约而存在的雇佣者统称为“**雇工**”，和雇主完全平等，不承担契约之外的义务。一旦契约结束即为凡人，几乎没有人身依附关系。只有家庭仆役仍称“雇工人”，有“主仆名分”，还存在着一定程度上的不平等。

传统社会一直存在许多从事特定贱业的**世袭贱民**，除了娼优隶卒之外，还有一些地方性的贱民，比如晋陕“乐户”、绍兴“惰民”、徽州“伴当”、宁国“世仆”、河南“丐户”、广东“疍户”等。雍正曾多次下令将贱民改编为良民，允许他们参加科举。奴婢获得了一定程度上的解放，即奴婢可以自己赎身。康熙二十一年（1682 年）制定了最早的**奴婢赎身法**：“定旗下印券所买之人及旧仆内有年老、疾病，其主准赎者，呈明本旗，令赎为民。”后又发展为普通奴婢经过主人允许可以自赎，在籍奴隶可获得一定的人身权，是谓“**开户**”。

顺治三年（1646 年）下令废除明代匠籍制度，将匠户编入民籍，与农民一体纳税当差，禁止官府以各种名义无偿役使手工业工人。同时，放宽了国家对手工业的专擅垄断，除武器制造、货币铸造及宫廷所需重要物品由官府经营外，其他行业经批准都允许民间手工业者经营。同时，大力提高商人地位，康熙六年（1667 年）下令禁止官僚贵族欺压掠夺商贾，保护商人合法经营。康熙二十五年（1686 年）建立牙行制度，由其代表官府监督商税征收，管理市场物价，规范市场交易。不过，这些立法上的变化并未改变重农抑商的基本原则。盐茶诸榷依然存在，虽然在工商业内占比已经降低。矿业显著发展起来，清廷并未限制民间开矿，仅是给予严格监控，如开矿须申领执照，矿工只能从本地招募，矿产品缴纳高额矿税，或者任意无偿摊派矿产等。

清代对外贸易政策反复无常。顺治十二年（1655 年）宣布实施**禁海令**，违者按通敌罪论处。此后又三次宣布**迁海令**，强制闽粤苏浙沿海居民内迁 50 里，越界立斩，海外贸易遭到禁绝。直到康熙二十二年（1683 年）收复台湾后才解除海禁，允许出洋贸易。至康熙五十六年（1717 年）再颁禁海令，停止与南洋贸易，并严禁卖船给外国和运粮出口。违者，造船人与卖船人皆立斩。如出洋人留在外国，要将知情同去人枷号三月，并行文外国，将其解回立斩。外国商船需由地方严加防范。乾隆二十二年（1757 年）又规定“**一口通商**”，外国商船只能在广州港停泊交易，由粤海关征收船舶税和货税，总称**关税**。当时严格限制出口货物种类和数量，凡马牛、军需、金、银、铜、铁、铅、锡、铜钱、硫磺、书籍、粮食等都不准出口，允许出口的丝绸、茶叶、大黄等则有严格的数量限制。此外，广州的对外贸易须通过官方指定的垄断代理商行“**十三行**”完成，其全权代理外国商人，包销进口商

品、代缴关税、采购各类出口商品。而清代真正意义上的海外贸易法律大概从未完全形成，并遭到洋商多次反对，直到鸦片战争爆发。

四、司法机制及其变革影响

（一）康雍乾的司法体系

清代中央司法体制沿用明代“三法司”的结构，不过大理寺的职能进一步弱化。地方司法则采县、府或道、按察使、督抚四级制。笞杖案件由州县自行审结。凡应拟徒的案件，由州县初审，依次经府、按察司、督抚逐级审核，最后由督抚作出判决，这就是清代司法审判的一大特征：**逐级审转覆核制**。流、充军等案，由各省督抚审结后咨报刑部，由刑部相应的清吏司核拟批复，后交各省执行。至于死刑重案，由州县初审后逐级审转覆核，再由督抚向皇帝具题，最终由“三法司”核拟具奏。京师死刑案则由刑部直接审理，题奏于皇帝，再经“三法司”拟核，最终须经皇帝勾决，方能执行。

涉及户婚田土等诉讼在清代称为“**词讼**”或“自理案件”“细事”，而涉及谋反、命盗等诉讼称为“**案件**”或“重情”。词讼一般由州县自行审理并作出判决，无须逐级审转覆核。结案形式多为“甘结”“保状”与州县官的“批字”。一般在作出“再不滋事”的“甘结”之后，州县批“准结”二字结案。“保状”是由监护人或乡邻族党吁请保释，州县若同意即批“取保”结案。此外，民事案件大力倡导调处息讼，从顺治《圣谕六条》和康熙《圣谕十六条》，到雍正的《圣谕广训》都贯穿了这一精神。调处带有相当的强制性，是民事案件的必经环节，故而“甘结”中多有“依奉结约”之句。

清代规定了“**词讼日**”以限制诉讼。清初每月逢三、六、九日为词讼日。中后期改为每月逢三、八日为词讼日。凡涉及户婚、田土、钱债等民事诉讼，只能在每月的特定时间内提起诉讼。另外，每年四月一日至七月三十日为“**农忙止讼**”期。在此期间内，除谋反、大逆、盗贼、人命等重案外，其他轻微案件不得提起诉讼。

明代的“九卿圆审”在清代改称“**九卿会审**”。凡特别重大案件，由“三法司”会同吏、户、礼、兵、工各部尚书和通政使共同审理，最后奏请皇帝审核批准。最能体现清代司法特色的当属**秋审**。明代朝审在清代演化为秋审和朝审两种。秋审和朝审号称“秋谳大典”，专门审理死刑监候（斩监候、绞监候）案件。秋审针对地方案件，朝审则针对京师百官案件，在秋审的前一天举行，二者程序大同小异。地方官员在上一年秋审结束后便要对狱中在押绞监候以上人犯逐一审录，并将案卷统一造册后，连同案犯一起解送省城，称“**解省**”。各省按察使负责全省案件审录，复核案卷，然后再将案卷和所作批语递交督抚。督抚审理完毕后要将意见以“**具题**”的形式“**汇题**”到刑部秋审处，进入秋审程序。

刑部对上报的秋审案件进行“**看详**”和“**核拟**”，要出具看语或意见，拟为“**情实**”“**缓决**”“**可矜**”“**留养**”四大类别。情实即是确实可杀，缓决即不妨再议，可矜乃是情有可原，留养则是亲老子独，其区分标准并无明确规定。核拟之后就需准备秋审大典。每年八月，六部尚书、大理寺卿、都察院左右都御史、通政使、詹事、科道、军机大臣、内阁学士甚至太常、太仆均列队于天安门前金水桥西。刑部将事先备好的案卷搬出，刑部书吏按招册“逐一唱名”，如有反对即可当场提出。凡可矜和留养犯到此程序结束，公文发还省内，人犯当即释放。缓决犯需继续羁押，等待下一年秋审继续审理，大多数缓决犯基本是无期羁押，直至死在狱中。情实犯执行前向皇帝复奏，然后由皇帝亲自或命大学士执笔，在案犯名字上画勾，即批准执行死刑，此为“**勾决**”，是秋审的最后程序。

（二）嘉道以后司法变革

清代司法在乾隆日臻成熟后，历经嘉道咸同时期，大概有六大变革，有些变革一直持续到清末变法：

（1）乾隆末期出现**班房**。班房，原为三班衙役的值房，后来成为监狱的代称。当时，除案犯外，连乡邻地谊、干连佐证乃至事主师亲都应处处随审，均需住于班房。如此，既可防犯人脱逃，又能方便衙役敲诈。班房具体何时设立已难以考证，1788年人口急剧膨胀，案件成倍增长，乾隆帝对频繁发生的犯人越狱及递解人犯中途逃逸等事件大为恼火，遂饬令邻封相距远近统于一日行走不至之处，建造收禁解犯的卡房，班房遂开始出现并渐成规模。

（2）嘉庆初年开放**京控**。清代没有直诉制度，但上控制度完备，分为**地**

方上控、**京控**、**叩阍**（hūn）三种。地方上控包括府控、道控、司控和院控。当事人或其亲属如认为州县初审失当，可逐级上控于府、道、司、院，直至京控、叩阍。京控即京城控告，“其有冤抑赴都察院、通政司或步军统领衙门呈诉者，名曰京控”①。与其相关的叩阍则指“其投厅（登闻鼓厅）击鼓，或遇乘舆出郊，迎驾申诉者”。以上几类到京城控诉的方式可统称为京控。②嘉庆初年已不再把钦差审理和刑部提审作为京控案件的常规处理方式，而明确了奏交、咨交和直接发回三种交由本省审理的方式。③

（3）道光年间确立**领事裁判权**。鸦片战争之后，道光二十三年（1843年）中英《五口通商章程》第13条规定：“凡英国禀告华民者，必先赴管事官处投禀，候管事官先行查察谁是谁非，间有华民赴英官处控告英人者，管事官均应听诉。倘遇有交涉词讼，管事官不能劝息，即移请华官共同查明其事，秉公定断，其英人如何科罪，由英国议定章程、法律发给管事官照办。华民如何科罪，应治以中国之法。”这一规定被视为领事裁判权的肇始。领事裁判权是指一国通过驻外领事等，对处于另一国领土内的本国国民，根据本国法律行使司法管辖权的制度，是一种**治外法权**。1844年中美条约和中法条约，1847年中国与瑞典、挪威签订的条约以及1858年中俄条约均有类似规定。咸丰八年（1858年）中英《天津条约》中除了规定实行“被告主义”原则外，还规定了“两国交涉事件，彼此均须会同公平审断”的“会审制度”。光绪二年（1876年）中英《烟台条约》则规定了原告人的本国官员可以“赴承审官员处观审”，有不同意见则“可以逐细辩论”的“**观审制度**”。同治七年（1868年）根据上海道台和英美等领事馆商订的《洋泾浜设官会审章程》规定，在英美租界内设立**会审公廨**（xiè）（英文为Mixed Court）。由上海道台任命中方专职会审官（谳员），与外方陪审官（领事）会同审理租界内与华人有关的案件。若涉及洋人或洋人雇佣的华籍仆人，由外国领事参加会审或观审；华人案件由中国谳员独自审断。此后外国领事以工部局（驻沪外国侨民设立的租界管理机构）以及巡捕房为工具，擅自扩大外方陪审官的权力，任何案件均可插手，甚至强行陪审并审判华人案件，使中国谳

---

① 《清史稿·刑法志》。

② 那思陆：《清代中央司法审判制度》，北京大学出版社，2004年，第214－218页。

③ 《钦定大清会典事例》卷一〇〇二。

员几乎丧失了审判权，直至1927年1月1日会审公廨才被取消。

（4）嘉道年间引入**发审局**。清代中后期案件数量激增，逐级审转覆核制运转困难，特别是京控、上控等重大疑难案件超出了既有审判体制的应对能力。具有"准专门性/专业性法庭"特点的发审局开始出现。[①] 发审局又称"**谳局**"，嘉道年间大多省份已设立，主要经办三类案件：**京控交审案件**、**部驳发回之案**和**提审后发交案件**。提审案件又可细分为三类：①地方招解至省的重大案件。经按察使或督抚覆核后，如发现案情疏漏、供证不符或犯证翻供，直接交由发审局审办；②因上控而提审发交发审局审办的案件；③逆伦重案或者官员犯罪案件的预审。按察使为了慎重对待此类重大案件，一般会在覆核定案之前委派发审局再审。发审局所审案件的共同特点是案情重大复杂或当事人屡屡上控，缠讼不休，难于审结。因此，发审局是作为传统的上控、审转覆核制与上诉制度的过渡形态。在清末司法改制过程中，发审局自然成为各省建立审判厅的司法资源。

（5）道咸时期的**就地正法**。就地正法即在犯罪当地执行死刑，此语在道光年间的官方文献中开始普遍使用，最初仅针对作战而发，此后成为解决押解犯人经费不足的一种方案。

（6）光绪末年间**废除流刑与改革监狱**。[②] 监狱改良主要体现在创办新式监狱，包括**模范监狱**、**罪犯习艺所**和**看守所**三类。模范监狱包括京师模范监狱和省模范监狱。1910年4月，京师模范监狱开工修建。省级模范监狱如1907年湖北模范监狱和1908年奉天模范监狱都已建成，其他地区如两江、云贵、广西等省，均已次第筹设。罪犯习艺所主要用以专门安置发遣、充军、流刑、徒刑的罪犯，是强制他们做工习艺的场所。通过习艺所做工习艺，既可惩罚罪犯，又可令犯人在出狱之前习得一份手艺，使生善心，自食其力。罪犯习艺所是专为补救发遣、充军、流刑、徒刑罪犯管理上的弊端而设立的，具有保安处分性质。而看守所主要作为拘留判决未定的被告人的场所，属于未决监。清末官制改革之后，监狱由法部典狱司管理，罪犯习艺所则归属民政部警政司管理，看守所由大理院各级审判厅管辖。

---

① 李贵连、胡震：《清代发审局研究》，载《比较法研究》，2006年第4期。

② 张世明：《法律、资源与时空建构：1644—1945年的中国》（第一卷），广东人民出版社，2012年，第54页。

以上六大变革大多出现在嘉道时期，正说明清代司法开始在嘉道之际出现散乱的迹象，逐渐逸出康雍乾司法的框架，正所谓："嘉庆道光以来，岂尽雍正乾隆之旧?"[①] 这些变革预示着清代中央司法权不断下放。京控的开放绕开了康雍乾司法的逐级审转覆核制，中央权力开始下移。道光年间出现的"就地正法"证明了中央死刑执行权力的下移。随着嘉道司法制度的蜕变，班房私禁和瘐毙人犯的现象层出不穷、法外的就地正法屡屡发生、成案类比广泛适用、刑名幕友和胥吏操纵司法、师爷讼棍架闭唆讼、民事案件放任调处等，使得清代司法更加复杂。

第三节　清末变法与修律

一、官制改革与预备立宪

（一）首推官制改革

清末法制改革首重预备立宪，而预备立宪的成败关键在于官制改革。庚子事变后，两宫回銮，国势积弱，民心日躁，岌岌可危。当此时也，变法图强之声，不绝于耳，尤其是在日俄战争之后，效法日本、立宪救国的呼声更是日盛。1906 年 9 月 1 日，清廷迫于朝野压力颁布《宣示预备立宪先行厘定官制谕》："廓清积弊，明定责成，必从官制入手，亟应先将官制分别议定，次第更张，并将各项法律详慎厘订。"官制改革成了预备立宪的先锋。慈禧太后既担心君权旁落，又担心改革过快引起政治动荡，便下"**五不议**"诏——军机处不议、八旗事不议、内务府事不议、翰林院不议、太监事不议、限制官制改革的范围和内容。9 月 4 日，召开第一次编纂官制会议，会后专门成立编制馆拟订官制改革方案。此次会议被袁世凯操控，其欲推行三权分立，实行责任内阁，限制君权，因此拟定的中央方案为：①撤销军机处，内阁设总理大臣 1 人，左右副大臣 2 人，各部尚书均为内阁政务大臣；②设十一部七院一府。首为外务部，依次为民政部（以巡警部改设，并将步军统领

① 《清德宗实录》卷四七六。

衙门所掌事务及户、礼、工三部所掌有关民政各事并入)、财政部(以户部财政处改设)、陆军部(以兵部练兵处及太仆寺裁并改设)、海军部(暂归陆军部办理)、法部(以刑部改)、学部、农工商部(以商部、工部归并设立)、交通部、理藩部(以理藩院改)、吏部;改政务处为资政院,改礼部为典礼院,改大理寺为大理院,保留都察院,新设集贤院、审计院、行政裁判院及军谘府。因该方案触及了皇室利益,如裁撤军机处、礼部、翰林院、宗人府等机构,当即招致强烈反对。到11月6日,慈禧太后钦定的上谕《裁定奕劻等核拟中央各衙门官制谕》宣示了改革官制之结果:罢设内阁之议,保留军机处;各部名称与方案类似,次第有所不同,依次为外务部、吏部、民政部、度支部、礼部、学部、陆海军部、法部、大理院、农工商部、邮传部、理藩部、都察院、资政院、审计院、军谘府。此11部4院1府正式确定了中央官制改革的基本架构。在内阁13名阁员中,满族占9人,汉族仅占4人,时论讥之为“**皇族内阁**”。

究其实质,朝野各派对新式官制改革各有盘算。梁启超的奏议旨在确立君主立宪政体,实行国会和地方自治之夙愿。袁世凯则意借官制改革削弱满人特权,扩大汉人在中央的势力,操控内阁,限制皇权。以慈禧为代表的皇族宗室则欲通过官制改革解除袁世凯兵权,进一步强化皇权对于要害权力部门的控制。

直到1911年5月8日,清廷再次诏立责任内阁,设总理大臣1人,协理大臣2人,下设10部:外务部、民政部、度支部、学务部、陆军部、海军部、司法部、农工商部、邮传部、理藩部。同日颁布新订《内阁官制》及《内阁办事暂行章程》,裁撤军机处等机构,至此,官制改革历时5年终告结束。此次责任内阁所辖10部均被数月后的中华民国南京临时政府沿用。除未设理藩部外,其余9部大体相同,接近于日本的内阁官制。

(二)预备立宪清单

除了官制改革外,预备立宪几无实质进展,舆论批评声不断。所谓“预备”即立宪之准备,按照清廷的规划,立宪在预备期(过渡期)内具体完成以下三项任务:①改考察政治馆为**宪政编查馆**,中央设立预备立宪的设计和督导机构,在形式上推进立宪之进展;②派大臣分赴英、日、德等国考察宪

法，比较优劣，以确定立宪蓝本；③拟定过渡期逐年应办事项，排列日程，确定正式立宪时间。然而时过两年，进展缓慢，立宪派遂于1908年春夏的短短4个月内发动各省谘议局代表进京请愿12次。迫于各省督抚士绅和社会舆论压力，1908年8月27日清廷下诏宣布立宪当仿日本为宜，效仿日本明治十四年宣布立宪、二十二年开国会的时间表确定了9年预备期。诏书内附《钦定宪法大纲》《议院法选举法要领》**《九年预备立宪逐年筹备事宜清单》**等事关立宪路线图和时间表的重要文件。

《九年预备立宪逐年筹备事宜清单》所列事项，依起讫年份分为24项：①筹备各省谘议局，举行谘议局选举；②颁布资政院章程，举行资政院选举，召集资政院议员开院；③颁布厅州县地方自治章程，筹办城镇乡地方自治；④颁布调查户口章程，调查各省户数和人口；⑤筹办各省省城及商埠等处各级审判厅；⑥厘订京师官制，编订文官考试与任用章程，颁布新定内外官制；⑦颁布法院编制法；⑧颁布清理财政章程，调查各省岁出入总数，确定全国预算与决算，制定预算案；⑨编辑与推行简易识字课本和国民必读课本，创设厅州县简易识字学塾，普及教育，提高识字人口比例；⑩设立厅州县巡警；⑪编订与实行会计法；⑫颁布地方税和国家税章程；⑬制定与实行户籍法；⑭核订并实行新刑律；⑮颁布民律、商律、刑事民事诉讼律等；⑯设立行政审判院，成立府厅州县各级审判厅，成立乡镇初级审判厅；⑰确定皇室经费；⑱变通旗制，融合满汉；⑲设立审计院；⑳颁布宪法；㉑颁布议院法；㉒颁布上下院议员选举法，举行上下议院议员选举；㉓宣布皇室大典；㉔设弼德院顾问大臣。

以上24项清单体系严密、臻详完备、先易后难、兼顾各方利益，是9年预备立宪的具体路线图，所涉制度建设可概括为六大方面：①官制改革；②央地关系改革（议院和谘议局的开设、推行地方自治）；③法制改革（立法和司法改革）；④民族关系改革（融合满汉关系）；⑤教育改革；⑥财政改革。各部门负责事项大致有：宪政编查馆28项、民政部26项、度支部15项、法部9项、政务处8项、学部7项、修订法律大臣5项、资政院和税务处各2项，军机处、宗人府、内务处、变通旗制处各1项，督抚42项。有些事项需要几个部门共同负责，如修订法律大臣与法部同办修改新刑律。在诸多部门中，宪政编查馆统揽全局，事繁责重。举凡法律、制度、章程的编订和颁布，几乎都由其主办。重要事项的试办与推行，也由其督办，成为预备立宪的中枢机构。以上事项均确立了十分详细的时间表，如在法制改革清单便要求在第一年（1908年）着手修订新刑律、编订民律、商律、刑事民事诉讼诸律；第二年（1909年）核定以上法律，颁布《法院编制法》，筹办各省城及商埠等处各级审判厅；第六年（1913年），推行新刑律，颁布新定民律、商律、刑事民事诉讼律等法典，且直省、府厅、州县、城治各级审判厅全部成立。新式法律和《法院编制法》是各省地方审判厅成立的前提，整个清单环环相扣，所列事项均有"限年内一律成立"的时间要求，且所列每一事项指定了责任者，分工明确。

为了保证清单事项按时完成，上谕要求宪政编查馆将清单附于谕旨之后，刊印誊黄，分发在京各衙门，在外督抚、府尹、司道，"悬挂堂上，即责成内外臣工遵照单开各节依限举办"，每半年"将筹办成绩胪列奏闻，并咨报宪政编查馆查核""并著该馆王大臣奏设专科切实考核。在京言路诸臣亦当留心察访，傥有逾期不办，或阳奉阴违，或有名无实，均得指名据实纠参，定按溺职例议处，诸王大臣等若敢扶同讳饰，贻误国事，朝廷亦决不宽假"。在清单颁布后的四年内，各责任部门和大臣督抚每年均要向朝廷奏报已完成的"筹办事宜"。宪政编查馆主编的《政治官报》，每日1期，向社会各界发布清单的执行情况。然而，最令立宪派不满的是9年后开国会的安排，与其要求3年开国会的主张相差太远。因此，立宪派在京城和地方发动了一系列的请愿活动，提出"定期三年，召集国会"的主张。清廷不允，立宪派遂同各省督抚联合对抗。到1910年11月14日，清廷迫于压力宣布缩短预备立宪期限为5年，只是未及实施，清廷即告覆灭。

（三）钦定或民定宪法

与《九年预备立宪逐年筹备事宜清单》同时发布的还有《**钦定宪法大纲**》，共23条，由"君上大权"14条和"臣民权利义务"9条两部分构成。与此同时，还颁布了确保宪法实施的《议院法选举法要领》。《钦定宪法大纲》明确规定，"大清皇帝统治大清帝国万世一系，永永尊戴"；"君上神圣尊严，不可侵犯"。皇帝有权颁布法律，发交议案，召集及解散议会，设官制禄，黜陟百司，编订军制，统帅陆海军，宣战媾和及订立条约，宣告戒

严，爵赏恩赦，总揽司法权及在紧急情况下发布代法律之诏令。且“用人之权”“国交之事”“一切军事”，不付议院议决，皇帝皆可独专。另外，以附则形式规定臣民有纳税、当兵、遵守法律的义务。在法律范围内享有言论、著作、出版、集会、结社、担任公职等权利和自由。但是“臣民权利义务”比“君上大权”规定的要简略，而且明定皇帝诏令可限制臣民自由。与1889年明治天皇颁布的《日本帝国宪法》相比，相同条文占34.8%，相似条文占56.5%，不同部分仅占8.7%。

《钦定宪法大纲》的出台客观上产生了积极的影响。第一，《钦定宪法大纲》的制定与内容虽在本质上是非立宪主义的，却是基于西方立宪主义与中国传统政治哲学结合而成的，在中国传统价值体系之基础上采纳了西方立宪主义的基本理念；第二，《钦定宪法大纲》在一定程度上体现了三权分立的理念，第一次从法律上限制了皇权。君权法定意味着合法权力须源自宪法，宪法成为政权合法性的象征，虽然附属于政权。第三，虽以“附则”形式规定臣民（并非公民）的权利与义务，但毕竟是在宪法中首次明定了社会成员的权利义务。

当时，各国宪法分为**钦定宪法**、**协定宪法**、**民定宪法**三类。钦定宪法（如日本）“以君主为权力之中心，故其权虽分为三，而其大权则统一于一”；协定宪法（如英国）“以议会为权力之中心，立法之权既全归于议院，而行政之权亦间接把持”；民定宪法（如美国）“其大统领则有行政权，而无立法权，其议院则只知立法而不问行政，界限分划，两不相侵”。而由于实行君主制，清廷立宪采取了日本式的钦定程序。直到1911年辛亥革命爆发后，清廷才被迫表示采用英国立宪主义，颁布“重大信条协条”。

“重大信条协条”即**《宪法重大信条十九条》**。1911年10月29日，武昌起义爆发后相继发生滦州兵谏与山西独立，促使清廷不得不作出巨大让步，在3天内仓促制定《宪法重大信条十九条》，于11月3日公布。该宪法虽然转向英国议会制，实行**虚君共和**，如第3条明确提出：“皇帝之权以宪法所规定者为限。”第4、5、6、8、10、11、12、13、14、15、17条更是鲜明地提出要将皇位继承顺序、皇帝对内用兵、皇帝诏令权限、皇室仪典活动等纳入法律范围，将宪法及法律的起草、宪法改正案的提出、内阁总理大臣的公举、涉外事务的决策、官规官制的确定、年度预算的议决、皇室经费的增减等权力均收归国会。但贯彻得并不彻底，该宪法主要解决的是皇帝与国会的关系，对人民的基本权利义务等只字未提，实难挽救清廷的统治危机。

（四）资政院与谘议局

1. 资政院

资政院为全国议政机关，“立宪政体，取决公论。上下议院，实为行政之本”。[①] 1907 年 9 月 20 日清廷将资政院作为议院的过渡形态设立。资政院设总裁 2 人，以王公大臣特旨简充；设副总裁 2 人或 4 人，以三品以上大员特旨简充。议员分钦选、民选两种，共 200 名。其中钦选 100 名，共计分 7 类：宗室王公世爵 16 名；满汉世爵 12 名；外藩王公世爵 14 名；宗室 6 名；各部院衙门七品以上官 32 名；硕学通儒 10 名；多额纳税者 10 名。民选 100 名，由各省谘议局推选。

资政院的职权为：议定国家岁出入预算、决算、税法、公债、制订法规、弹劾大臣及议定奉特旨交议等事项，议决事项须具奏请旨可否。资政院并不具备国会最重要的权力——制宪与修宪权，大权操于君上。故而资政院仅是一个训练议员能力和缓解立宪舆论压力的过渡机构。资政院以开会形式决定各项重大事务，会期分常年会、临时会两种。常年会每年 1 次，每次 3 个月，自 9 月 1 日起至 12 月 1 日止；有必须连续会议之事，可延长会期，但限定在 1 个月内。临时会则无定次，如召开则每次以 1 个月为准。资政院成立时，清廷任命溥伦、孙家鼐为资政院总裁。溥伦为道光帝长子隐智郡王的长孙，皇族近支，便于将资政院控制在皇族手中。1910 年 10 月 4 日，资政院召开第一次常年会，多数议员是中国传统士绅的最后一代，但大都接受了新式教育，可以称得上进步的保守分子，“因为他们赞同渐进的改革，以促使中国社会的现代化；但是对于曾给他们某些社会的领导地位和舒适的经济环境的制度，他们希望保存。”[②]

进步的议员提案遭到了许多守旧与贪腐官员的诋毁和仇视。第一次常年会闭会不久，正副总裁即被撤换，并于 1911 年 5 月修改了资政院章程，取消

---

① 《清德宗实录》卷五五七。

② 张朋园：《立宪派与辛亥革命》，吉林出版集团有限责任公司，2007 年，第 2 页。

了资政院议员请求召集临时会议的权力，规定凡需变更会议议程，“由行政衙门同意行之”。1911 年 10 月 22 日资政院第二次常年会召开，武昌起义已经爆发，结果在“选举”袁世凯为责任内阁总理后闭会。

2. 谘议局

1908 年的《资政院奏拟订资政院院章折》除了设立资政院之外，并提及“各省亦应有采取舆论之所，俾其指陈通省利病，筹计地方治安，并为资政院储才之阶”，是为谘议局成立的最早依据。同年 7 月 22 日颁布《各省谘议局章程及议员选举章程》，共 12 章 62 条，规定了谘议局选举的方式，并要求各省于 1 年内成立，至 1909 年 9 月全国共设 21 局。各省议员名额并非以人口为基准，而主要根据原来科举各省所取学额的 5% 而定，大致为：奉天 50 名；吉林 30 名；黑龙江 30 名；直隶 140 名；江苏 121 名；安徽 83 名；江西 93 名；浙江 114 名；福建 72 名；湖北 80 名；湖南 82 名；山东 100 名；河南 96 名；山西 86 名；陕西 63 名；甘肃 43 名；四川 105 名；广东 91 名；广西 57 名；云南 68 名；贵州 39 名。选举人与被选举人仅限于本省男子，年满 25 岁以上，具有下列资格之一者方具有选举权：①曾在本省地方办理学务及其他公益事务 3 年以上，著有成绩者；②获有中学以上毕业文凭者；③有举贡生员以上出身者；④曾任实缺职官文七品、武五品以上，未被参革者；⑤在本省有 5 000 元以上营业资本或不动产者；外省籍男子，年满 25 岁，寄居本省 10 年以上，有 1 万元营业资本或不动产者。凡有选举权、年龄在 30 岁以上者，皆有被选举权。实际上以此标准登记的合格选民仅为全国人口的 0.42%。有些财产符合资格的人因对选举权不了解也不热衷，反而担心财产为政府所知而被加派税捐，因此不愿登记。选举方式采用复选制，第一轮由选民选出侯选人，第二轮再由候选人互选，选出正式议员。正式议员约为候选人的 1/10 ～ 1/5。投票率普遍不高，各省约为 10% ～ 20%。[①] 另选出所选议员的 1/5 作为本省谘议局常驻议员。谘议局设议长 1 人，总理全谘议局事务，副议长 2 人，协理全谘议局事务。

谘议局的权限包括讨论本省兴革事宜、决算预算、选举资政院议员、申复资政院或本省督抚的咨询等。然谘议局行使职权须受督抚监控，各省督抚

① 张朋园：《立宪派与辛亥革命》，吉林出版集团有限责任公司，2007 年，第 13 - 22 页。

对谘议局之议案有裁夺施行之权，对谘议局有监督、勒令停会和奏请解散之权，但本省督抚如有侵夺谘议局权限或违背法律等事，谘议局须呈请资政院核办。尽管如此，各省议员积极与督抚斗争，并且通过议案行使参政权，使地方分权迈出了重要一步。同时，谘议局的成立为立宪派的行动提供了合法的组织机构。为了加强联合，1909 年 10 月 15 日各省议员在上海成立了各省谘议局联合会，对立宪运动的推展有相当大的影响。[①] 绝大多数议员都表现出了不屈服于权势的独立品格，占有相当大比重的士绅和绅商议员所代表的社会精英阶层在立宪革命中发挥了巨大作用。

从“资政”“谘议”的名称可以看出，清廷的本意是将谘议局与资政院当成咨询顾问机关，而不是三权分立构架下的国会与地方议会。资政院与谘议局运行不过短短两三年，在清帝逊位之后，多数议员便退出了政治舞台，转向社会建设，立宪派人士也多转而支持革命，各省谘议局成为各种运动的推动力量，并在民国初年成为地方议会的基础。

二、变法修律与规范调适

（一）法制冰人沈家本的修律

1922 年梁启超在《五十年中国进代概论》一文中把始于 19 世纪 60 年代的洋务运动列为“从器物上感觉不足”的第一期，而把 1895 年到五四运动以前列为“从制度上感觉不足”的第二期。诚如梁氏所言，1900 年之后的清廷开始从制度上感觉到不足而渐次展开变法，变法诏书一出即引来大小臣工的奏疏，最著名的当属两江总督刘坤一和湖广总督张之洞，二人于 1901 年依次所上的**“江楚会奏变法三折”**，洋洋 3 万余言，由《变通政治人才为先遵旨筹议折》《遵旨筹议变法拟整顿中法十二条折》《遵旨筹议变法拟采用西法十一条折》《请筹巨款举行要政片》即三折一片组成。其中，三折中的第二折，主张整顿中法，共含 9 项内容：禁讼累、省文法、省刑责、重众证、修监羁、教工艺、恤相验、改罚锾、派专官。第三折旨在学习西法，

① 古伟瀛：《清廷的立宪运动（1905—1911）：处理变局的最后抉择》，台北知音出版社，1989 年，第 158－159 页。

提议制定矿律、路律、商律和交涉刑律。到1902年4月，慈禧太后才发出上谕："现在通商交涉，事益繁多，著派**沈家本**、**伍廷芳**，将一切现行律例，按照交涉情形，参酌各国法律，悉心考订，妥为拟议，务期中外通行，有裨治理。"庚子以后，修律之旨，偏重在取西法之长补中法之短上，离不开收回治外法权，特别是收回领事裁判权这一目的。当然，清末修律收回领事裁判权不过是手段，法律的近代化才是目的。[①] 变法修律自此正式走上正轨。

沈家本（1840—1913年），字子淳，别号寄簃，吴兴（今浙江湖州）人。历任天津、保定知府、刑部右侍郎、修订法律大臣、大理院正卿、法部右侍郎、资政院副总裁等。因其"久在秋曹，刑名精熟"而担当修律大任。杨鸿烈称其"是深了解中国法系，且明白欧美、日本法律的一个近代大法学家，中国法系全在他手里承先启后，并且又是媒介东方西方几大法系成为眷属的一个冰人"[②]。清末朝野将救亡图存作为首要目标，沈家本即主张"**法律救国论**"，他在《刑律草案告成奏折》中再三强调"我中国介于列强之间，迫于交通之势，盖有万难守旧者"，于是一则曰"毖于时局，不能不改"，再则曰"鉴于国际，不能不改"，三则曰"惩于教案，不能不改"。[③]

"**参考古今，博稽中外**"[④] 是沈家本法制改革的基本主张。针对当时的新旧中西之争，沈家本认为"守旧图新，各执其事，分驰并驾，时相倾轧。世方以为患，而非患也。旧有旧之是，新有新之是。究其真是，何旧何新？守旧者思以学济天下之变，非得真是，变安能济也？图新者思以学定天下之局，非得真是，局莫可定也。世运推演，真是必出，倾轧者方将融化矣，故曰非患也"[⑤]。"当此法治时代，若但征之今而不考之古，但推崇西法而不探

① 高汉成：《签注视野下的大清刑律草案研究》，中国社会科学出版社，2007年，第34页。

② 杨鸿烈：《中国法律发达史》（下），商务印书馆，1930年，第872页。

③《修订法律大臣沈家本奏刑律草案告成分期缮单呈览并陈修订大旨折》，载《清末筹备立宪档案史料》（下册），中华书局，1979年，第845－846页。

④ 沈家本：《删除律例内重法折》，载沈家本：《历代刑法考》，上海古籍出版社，1995年，第2023页。

⑤ 沈家本：《浙江留京同学录序》，《枕碧楼偶存稿》（卷五），载《丛书集成三编》（60—61册），台北新文丰出版社，1997年影印本。

讨中法，又安能会通之，以推行于世。”[①] 此后，章太炎认为民国法部总长非沈氏莫属：“若求法部，惟有仍任沈家本，为能斟酌适宜耳。诸妄主新律者，皆削趾适履之见，虎皮蒙马之形，未知法律本依习惯而生，非可比傅他方成典。故从前主张新律者，未有一人可用。”[②] 沈家本提出了“旧不俱废，新亦当参”的主张。[③] 新旧律之间能融会贯通，端赖于沈家本对中国传统“情理法”的把握：“新学往往从旧学推演而出，事变愈多，法理愈密。然大要总不外情理二字。无论新学旧学不能舍情理而别为法也。所贵融和而贯通之，保守经常，革除弊俗，旧不俱废，新亦当参，但期推行尽利，正未可持门户之见也。”[④]

修订法律馆为晚清成立的变法修律机构，旧法之改造，新法草案之编纂，大率出自该馆。宪法和其他行政法规，则由清廷特命机构和行政部门起草。修订法律馆起草法典后，奏交宪政编查馆审查，由宪政编查馆分咨部院堂官、各省督抚限期签注意见，最后由宪政编查馆汇总定稿交资政院议决，议决后移交宪政编查馆请旨颁布。身为修订法律大臣的沈家本所主持的修订法律馆，始终将系统译介各国法律列为首要任务。初期翻译，注重刑法，且以日本居多，随后因制定民商法、诉讼法、国籍法等，翻译内容渐增，且种类、数量和所涉国家都日渐广泛。沈家本极为重视翻译工作，千方百计网罗翻译人才。延聘外国专家充当法律顾问并直接派员赴国外考察，以世界通行标准重估旧律，对旧律“诸法合体”进行了大胆的改造。为求信达，译员每译成一种法律，他便要与“原译之员，逐字逐句，反复研究，务得其解”[⑤]，深恐翻译失实而导致采用失误。为了培养修律人才，1906 年沈家本创办了第一所专门的法政学校——**京师法律学堂**，各省法政学堂、监狱学堂等亦纷纷设立。各类法律学堂的人数竟达 1 万多人之巨，课程设计和授课方式完全是近代新学范式。以京师法律学堂为例，除大清律例及唐明律、现行法制及历

---

① 沈家本：《薛大司寇遗稿序》，载沈家本：《历代刑法考》，上海古籍出版社，1995 年，第 2223 页。

② 汤志钧编：《章太炎政论选集》（下），中华书局，1977 年，第 529 页。

③ 李贵连：《沈家本传》，法律出版社，2000 年，第 368 页。

④ 沈家本：《法学名著序》，载沈家本：《历代刑法考》，上海古籍出版社，1995 年，第 2239 页。

⑤ 《修订法律大臣沈家本奏修订法律情形并请归并法部大理院会同办理折》，载《清末筹备立宪档案史料》（下册），中华书局，1979 年，第 831 页。

代法制沿革这两门课程外，法学通论、经济通论、国法学、罗马法、民法、刑法、宪法、商法、民事诉讼法、刑事诉讼法、裁判所编制法、行政法、监狱学、国际私法、财政通论、大清公司律、大清破产律等各种近代新学内容应有尽有。既有国外聘来的洋教师，也有留洋归国的学生，同时还有熟悉旧律的学者共同担任教师。为使学生了解西方，一直开设外语课程。各类法律杂志和研究机构相继而起，最早的法律杂志是东京留学生创办的《译书汇编》，此刊以专辑欧美法政名著为主。此后，《政法杂志》《政法浅说报》《法政介闻》《预备立宪公会报》《法学会杂志》等相继问世。1910 年冬，全国性的法律学会**北京法学会**成立，沈家本出任会长，盛极一时，共同推动了清末法律的近代化进程。

（二）新刑律修订与礼法之争

1. 从《大清律例》到《大清新刑律》

改造《大清律例》是沈家本、伍廷芳修律的首要任务，也是中国法律近代化的第一步。1905 年修订告竣，共删除例文 344 条，修订内容包括：①废除凌迟、枭首、戮尸等酷刑，缘坐、刺字等同时革除；②除罪犯应死，证据已确而不肯认供者可施于刑讯外，其他概不准行；③笞杖改为罚金，罚金无力完缴，折做工作；④废止妇女犯罪收赎之法，不因中外而殊科，亦不因男女而异制；⑤削减死罪条目，戏杀、误杀、擅杀等有死罪之名而无死罪之实的条款改拟流徒。死刑用绞（特殊犯罪用斩），于秘密场所执行；⑥删除奴婢律例，将律例中的“奴婢”改为“雇工”，雇工及妾媵均不准买卖，同时废除良贱不准为婚律；⑦化除满汉畛域，取消旗人特殊的法律地位。删除满汉罪名畸轻畸重，及审理办法殊异之处，旗人犯罪俱照民人各本律例科断，统归各级审判厅或各州县统一审理。删除禁止旗民与民人交产之条，允许旗人房地与民人互相买卖，允许旗人在外省居住营生，置买产业；⑧变通秋审条款，将秋审中徒具形式且毫无实际意义的外省督抚与布政使会审之制和中央朝审九卿会审之制即行停止，并推行司法独立；⑨增纂新章，制定伪造外国银币治罪条款和贩卖吗啡治罪专条；等等。

1908 年，沈家本等人以删除总目、厘正刑名、节取新章、简易例文为纲，对《大清律例》进行了大刀阔斧的改造，是为《**大清现行刑律**》：①删除总目。将吏、户、礼、兵、刑、工诸目一律删除，分30门类，与官制相统一；②厘正刑名。废除笞、杖、徒、流、死五刑之名，改为死刑、安置、工作、罚金；③节取新章。删除禁止同姓为婚、良贱为婚、良贱相殴等一些不合时宜的旧条文。增加了毁坏铁路、电讯罪、私铸银元罪、妨害国交罪以及妨害选举罪等一些新罪名。同时，把户役中的继承、分产以及婚姻、田宅、钱债、市廛等条中纯属民事的条款分出，不再科刑，以示民刑有别。户律和吏律被删除部分，分别被移入民法和行政法的范畴，共345条；④简易例文，通俗易懂，便于应用。将同治九年（1870年）以来制定的100多条通行章程，分别去留，纂为定例。对近2000条例文重加删并，以归简易。1909年修订告竣，共计律文414条，例文1066条，而同治九年修订后的《大清律例》共有律文436条，例文1892条，命名为**《大清现行刑律》**。经宪政编查馆核议，又勘正260条。几经修正，最终定律文389条，例文1327条，附《禁烟条例》12条、《秋审条例》165条。《大清现行刑律》卷首除奏疏外，附律目、服制图、服制。主文删除六目之后，分为30门，依次为：名例、职制、公式、户役、田宅、婚姻、仓库、课程、钱债、市廛、祭祀、礼制、宫卫、军政、关津、厩牧、邮驿、盗贼、人命、斗殴、骂詈、诉讼、受赃、诈伪、犯奸、杂犯、捕亡、断狱、营造、河防。

《大清新刑律》的制定同时进行，七易其稿，凡两编53章，411条，后附**《暂行章程》**5条。自1906年草订到1908年便已完成，但由于守旧派反对，不得不推后至1911年1月25日才颁布施行。由民政部会同法律馆制定了《违警律》已于1908年施行，共10章，45条，为第一部单行治安法规，与《大清新刑律》相辅而行。相较于旧律，《大清新刑律》的变化大致有：①更定刑名。1903年删除充军名目，后改流徒为工艺，改笞杖为罚金，已与各国办法无异。自此，还不如将刑名彻底改为**死刑**、**徒刑**、**拘留**、**罚金**四种，徒刑又分为无期、有期；②酌减死刑。清代虽然死刑条目繁多，但实际上每年实际执行死刑者不足十分之一，有死罪之名而无死罪之实，不如酌减死罪。不符合中国风俗者，另辑暂行章程；③死刑唯一。仅用绞刑一种，仍在特定行刑场所秘密执行。但谋反，大逆及谋杀祖父母、父母等罪大恶极的犯罪则仍用斩刑，只作为专例；④删除比附。拟定各刑上下之限，凭审判官临时审定，并另设酌量减轻，有恕减轻各例，以补其缺；⑤惩治教育。各省

设立惩治场，凡幼年犯罪拘禁在场中，视情节之重轻以定年限之长短；⑥保留维护纲常礼教的条文。《暂行章程》原称《附则五条》，包括：凡犯危害帝室罪、内乱罪、外患罪及杀伤尊亲属罪，处以死刑者仍用斩刑；凡犯毁弃、盗取尸体罪、发掘尊亲属坟墓等罪，应处二等徒刑以上者，得因其情节仍处死刑；凡犯强盗罪者，也可因情节仍处死刑；与无夫妇女通奸，双方均判处刑罚；对尊亲属有犯，不适用正当防卫。

2．新刑律修订过程中的礼法之争

《大清新刑律》所附《暂行章程》5条即是礼教派和法理派相互争论妥协的结果，两派在1907年至1911年间的争论被称为“**礼法之争**”。一方以修律大臣沈家本为代表，主张用西方近代法律理论来改革旧律，并运用西方法理来反驳礼教派，因而被称为“**法理派**”。另一派以张之洞、劳乃宣为代表，主张新律的内容和指导思想不能偏离中国数千年之“礼教民情”，因而被称为“**礼教派**”。

“礼法之争”范围极其广泛，包括修律目标、立法宗旨、法律原理、罪名废立、罚则轻重等，最关键的问题在于礼教存废以及礼法关系的问题。1910年《修正刑律草案》交宪政编查馆核定完毕，更名为**《大清新刑律》**，上奏朝廷，但仍遭到礼教派的攻诘。劳乃宣指出，凡意关伦理诸条，不可率行变革。因此，类似十恶、亲属容隐、干名犯义、存留养亲以及亲属相奸、相盗、相殴等有关伦常礼教均“应逐一载入刑律正文”。而沈家本等人则以西方法律原理进行驳斥。

（1）**干名犯义**。专指子孙控告祖父母、父母的行为。法理派提出“干名犯义”属“告诉之事，应于编纂判决录时，于诬告罪中详叙办法，不必另立专条”。而礼教派则认为“中国素重纲常，故于干名犯义之条，立法特为严重”，绝不可在新刑律中没有反映。

（2）**存留养亲**。法理派认为，存留养亲不编入新刑律草案，“似尚无悖于礼教”。礼教派认为，“存留养亲”是宣扬仁政、鼓励孝道的方式，不能排除在新律之外。

（3）**无夫奸和亲属相奸**。“奸非”严重违反传统道德，应当予以严惩。“亲属相奸”更是“大犯礼教之事，故旧律定罪极重”。因此，礼教派认为新律应有特别的规定。法理派则认为，“无夫妇女犯奸，欧洲法律并无治罪之文”；“此事有关风化，当于教育上别筹办法，不必编入刑律之中”。至于亲属相奸，“此等行同禽兽，固大乖礼教，然究为个人之过恶，未害及社会，旧律重至立决，未免过严”。只需依“和奸有夫之妇”条处三等有期徒刑即可，不需要另立专条。

（4）**子孙违反教令**。礼教派认为，“子孙治罪之权，全在祖父母、父母，实为教孝之盛轨”。法理派则指出，“此全是教育上事，应别设感化院之类，以宏教育之方。此无关于刑事，不必规定于刑律中也”。

（5）**子孙对尊长行使正当防卫**。礼教派认为，“天下无不是之父母”，子孙对父母、祖父母的教训、惩治，最多像舜帝那样“大杖则走，小杖则受”，绝无正当防卫之说。法理派则认为，“国家刑法，是君主对于全国人民的一种限制。父杀其子，君主治以不慈之罪；子杀其父，则治以不孝之罪”，父子平等，当然可行使正当防卫，如此方为平允。

礼教派在口诛笔伐之外，还对沈家本等人提起弹劾。沈家本在礼教派的弹劾和攻讦下，被迫于1911年辞去修订法律大臣和资政院副总裁职务。然而，礼法之争决不可以视为新与旧、进步与保守的争论。礼教派又称“礼派”“礼治派”“国情派”“家族主义派”“守旧派”；法理派或称“法派”“法治派”“反国情主义派”“国家主义派”“改革派”，因此，并不能简单地认为《暂行章程》是礼教派的强大所致。[①] 蔡枢衡认为：“沈派只知有目的而不知有社会，反沈派只知有社会而不知有目的。沈派的目的观虽比反沈派的法律道德合一论胜一筹，但也只胜这一筹。……沈派的政策和立场因为无意识的和近百年来现实的民族身份（次殖民地或半殖民地）相适合，所以能占上风；反沈派因为没有正确把握住现实，所以终落下风。”[②]

（三）民商律的制定及其意义

1. 大清民律的草创

1907年9月，修订法律馆正式着手编订《**大清民律草案**》，3年之内须完成草案。1908年11月，在沈家本的主持下聘请日本法学家志田钾太郎、

① 高汉成：《签注视野下的大清刑律草案研究》，中国社会科学出版社，2007年，第109页。

② 蔡枢衡：《中国法理自觉的发展》，清华大学出版社，2005年，第46－51页。

松冈义正为顾问，编纂最为重要的总则、债权、物权三编。而“关涉礼教”的亲属、继承二编则由修订法律馆会同礼学部编修，并派人员赴各省采访民俗习惯，将调查所得资料送交编订人员作为参照。该草案于1911年9月由修订法律大臣俞廉三等进呈清廷，凡5编37章1 569条，是第一次将湮没于刑法之中的民法法典化的尝试。然因清廷旋即灭亡，故未核议，亦未颁布。

《大清民律草案》仿效德国、日本、瑞士等国民法，秉持“注重世界最普通之法则”“原本后出最精确之法理”“求最适于中国民情之法则”“期于改进上最有利益之法”等四大原则，大量吸收近代法学理论和国际通行法则而编成。尤其是草案前三编，直接由日本法学家起草，总则编采私有财产所有权不可侵犯、契约自由、过失致人损害应予赔偿等资产阶级民法的基本原则。债权编规定了债权的标的、效力、让与、承认、消灭以及各种形式债的意义和有关当事人的权利义务等。物权编主要规定了对财产权的法律保护及财产使用内容等，深受资本主义大陆法系民法原理的影响。亲属、继承两编却充满了封建色彩。亲属编对亲属关系的种类和范围、家庭制度、婚姻制度、未成年人和成年人的监护、亲属间的抚养等作了规定，体现了浓厚的家族本位，确定了家长在家庭的特殊作用。继承编规定了自然继承的范围及顺位、遗嘱继承的办法和效力以及对债权人和受遗人利益的法律保护，宣扬家族的传承观念远重于个人的利益得失。总之，前三编与后两编迥异，整部法典难以统一。

2. 大清商律的制定

1903年8月商部成立，地位仅次于外务部，居于其他各部之上。商事法律的编纂随即提上议程，大致可分为两个阶段：第一阶段自1903年到1907年，主要制定和颁行一些应急性法律法规，由商部负责。1903年下令起草商律，后定名**《钦定大清商律》**颁布施行至1914年，主要包括两大部分：①**《商人通例》**9条，规定了商人的意义和条件以及妇女经商、商号、商业账簿等方面的问题，具有商法总则的性质。然内容很不完备，缺失商法总则一般常有的法例、商业登记、商业使用人、商业代理人等方面的规定。②**《公司律》**131条，分为公司分类及创办呈报法、股份、股东权利事宜、董事、查账人、董事会议、众股东会议、账目、更改公司章程、停闭、罚例等11节。内容较为简略，关于合资公司的设立、内部关系与外部关系、解散与合并，以及合资有限公司的资本额、股东的责任、股份有限公司的认股等许多重要问题均无具体规定。

此后商部又陆续制定了《公司注册试办章程》《破产律》《银行注册章程》《大小轮船公司注册给照暂行章程》《运送章程》等单行法规。《公司注册试办章程》于1904年6月奏准颁行，共18条，分别规定了公司及各种行铺注册的效力及注册所必备的手续、注册的程序和办法等。《破产律》于1906年5月奏准颁行，分为呈报破产、选举董事、债主会议、清算账目、处分财产、有心倒骗、清偿展限、呈请销案，附则等9章69条。《商标注册试办章程》和《商标注册试办章程细目》于1904年7月奏准颁行，其中章程25条，细目23条，对商标注册的机构、程序、具体手续、商品分类、不准注册商标及侵犯商标的处理均有规定，内容较为完整。

1907年官制改革后，商事立法改由修订法律馆负责，各单行法规仍由有关部门拟订，经宪政编查馆和资政院审议后请旨颁行，此为商事立法的第二阶段。主要颁布的律典有：**《大清商律草案》**，1909年起陆续脱稿，由修订法律馆聘日本法学家志田钾太郎起草，分总则103条、商行为236条、公司律312条、票据法94条、海船律263条共5编1 008条，体例严谨，内容详明。按照宪政编查馆部署，该草案要到1913年才能颁行，故未及完稿。《钦定大清商律》不尽人意，《大清商律草案》又不能立即实施，因此，农工商部（原商部）于1910年编订了**《改订大清现行商律草案》**作为过渡。该草案分总则和公司两编，总则分7章86条：商人、商人能力、商业注册、商号、商业账簿、商业使用人、代理商。公司分6章281条：总纲、无限公司、两合公司、股份有限公司、股份两合公司、罚例。《改订大清现行商律草案》在体例与内容上均比《钦定大清商律》要先进合理。其他的商事立法还有《破产律草案》，1909年脱稿，由修订法律馆聘日本法学家松冈义正起草，共237条。《保险规则草案》由农工商部制定，共124条。

（四）诉讼律草案与司法改革

1. 律典草案

早在1904年，沈家本即组织翻译出《日本刑事诉讼法》《德国民事诉讼法》《普鲁士司法制度》《德意志旧民事诉讼制度》《比利时监狱则》《比利

时刑事诉讼法》《美国刑事诉讼法》等诉讼法典和著作。1906 年，董康等人在赴日考察司法后即主持编译出《调查日本裁判监狱报告书》《日本裁判所构成法》《监狱访问录》《日本裁判沿革大要》等，详细介绍了日本诉讼裁判制度。同年，沈家本上奏《进呈诉讼律拟请先行试办折》，提出仿照西方程序法与实体法分离，修订单独的诉讼法典，同时建议区分刑事诉讼与民事诉讼，建立陪审员制，引入律师制度。随后，由沈家本主持草拟的**《大清刑事民事诉讼法草案》**出台，共 5 章 260 条，另附颁行例 3 条，分为总纲、刑事规则、民事规则、刑事民事通用规则、中外交涉案件。为了收回法权，该草案采用律师制、陪审制、公开审判制等西方审判制度，遭到部院督抚大臣的严厉指责。

预备立宪之后，诉讼法仿大陆法系体例，分民事诉讼和刑事诉讼而分别单独制定。1911 年 1 月**《大清刑事诉讼律草案》**和**《大清民事诉讼律草案》**告成。前者仿效日本 1890 年《刑事诉讼法》，由日本法学家冈田朝太郎协助起草，凡 6 编 14 章 514 条，分总则、第一审、上诉、再理、特别诉讼程序和裁判之执行。与《大清刑事民事诉讼法草案》相比，《大清刑事诉讼律草案》不仅保留了陪审、律师辩护制度，还更多地吸收了当时最先进的刑事诉讼法理论，不但实行预审、自由心证、公开审判，还主张“法律面前人人平等”“公正审判”等原则。后者凡 4 编 22 章 800 条，分审判衙门、当事人、通常诉讼程序、特别诉讼程序，采用了当事人主义、法院不干涉以及辩论原则等近代西方诉讼原则。与《大清刑事民事诉讼法草案》相比，《大清民事诉讼律草案》摈弃了一些明显不适合中国的制度，比如陪审制，更全面地引进了大陆法系的民事诉讼制度。两法本应在 1911 年颁布，因辛亥革命爆发，均未核议，亦未颁布。

2. 司法改革

1906 年 9 月 20 日，清廷颁布《裁定奕匡等核拟中央各衙门官制谕》，改定内阁官制，将刑部改为**法部**，专任司法；大理寺改为**大理院**，专掌审判。刑部改为法部，实因“刑部掌司法行政，亦旧制所固有，然司法实兼民事、刑事二者，其职在保人民之权利，正国家之纪纲，不以肃杀为功，而以宽仁为用，徒命日刑，于义尚多偏激。臣等以为宜改名曰法部，一国司法行政皆统焉。司法之权，各国本皆独立，中国急应取法。所有各省执法司、各级审判所及监狱之监督，皆为本部分支，必须层层独立，始为实行”[①]。大理寺更名为“大理院”，皆因“大理寺之职颇似各国大审院，中国今日实行变法，则行政与司法两权互应分立，而一国最高之大审院必不可无。应司法独立之后，改大理寺为都裁判厅，以当其职”[②]。都察院则“即如后所陈拟改为集议院，拟请设立行政裁判院，置正卿、少卿各一人。专理官民不公之诉讼，及惩戒处分，凡内外百僚之办事无成效者，并有弹劾之责”[③]。

沈家本就任大理院正卿后，即着手厘定审判权限，奏请建立大理院、高等审判厅、地方审判厅、乡谳局（后改为初级审判厅）四级审判机关，实行**四级三审制**。此后不久，又拟订出第一部法院组织法**《大理院审判编制法》**，凡5节45条，具体规定了京师高等审判厅、京师城内外地方审判厅、京师分区城谳局归大理院直辖，获得筹建京师各级审判厅局的主导权。同时，明确规定了司法独立原则，确立了四级三审制、民刑分立、审检合署等原则，引进了预审制度、独任审判与合议庭制度。

法部亦制定了**《各级审判厅试办章程》**，是晚清唯一正式颁行的具有近代诉讼法性质的法规，共5章120条，列有审级、管辖、回避、厅票、预审、公判、判决之执行、协助、起诉、证人鉴定人、管收、保释、讼费等内容。该章程是根据袁世凯所奏《天津府属试办审判厅章程》及修订法，和沈家本所奏《法院编制法草案》综合编纂而成，主要内容包括：①民刑事案件划分的标准为“凡因诉讼而审定罪之有无者属刑事案件”“凡因诉讼而审定理之曲直者属民事诉讼”；②四级三审制，包括起诉和上诉制度；③检察官制度，包括各级检察机关的设置和隶属关系、检察官的职权范围；④各级审判厅区域管辖权的划分；⑤审判公开、回避制度、刑事案件的预审和代诉人制度等。为使各地审判厅有法可依，1909年7月至9月，法部又制定了《筹办外省省城商埠各级审判厅补订章程》《拟定各省城商埠各级审判检察厅编制大纲》《拟定各省城商埠各级审判厅筹办事宜》《京师审判检察各厅员缺任用升补暂行章程》《各级审判检察人员升补轮次片》等法规。1910年2月**《法院编制法》**奏准颁布，共16章164条。该法规定实行初级、地方、高等审

① 故宫博物院明清档案馆：《清末筹备立宪档案史料》，中华书局出版社，1979年，第372页。
② 故宫博物院明清档案馆：《清末筹备立宪档案史料》，中华书局出版社，1979年，第76页。
③ 故宫博物院明清档案馆：《清末筹备立宪档案史料》，中华书局出版社，1979年，第374页。

判厅和大理院四级三审制。各级审判厅实行独任制或者合议制。初级、地方审判厅的一审案件由推事单独审判；二审、三审案件则由推事3—5人共同审判。检察厅附设于各级审判厅内，采取审检合署制。检察官对刑事案件实行搜查处分、提起公诉、实行公诉，并监督执行判决，但无权干涉推事审判。律师辩护权也得到了确认。

3. 部院之争

法部与大理院分掌司法与审判，但二者权限并没有明确区分。法部的职权主要有以下两项：一是司法行政权，即管理监狱、监督各级审判机关和检察机关，调度警察。二是司法审判权，包括大理院在内的各级审判机关的案件最后汇总于法部，由法部具奏所有死罪案件的复核和恩赦后，再由皇帝定夺。在司法独立原则之下，法部暂时享有的司法审判权必将归于大理院行使，因此与大理院的关系极为紧张。与此同时，法部和大理院共同承担着司法改革的重任，二者之间在业务上有着诸多联系。尤其是在部院转型过程中，部院既要做好本部的筹建改组工作，交接原刑部现审案件，还要应对筹建京师及全国各级审判机关，划分司法区域、人员调动、司法警察、争取筹办经费等诸方面的事宜，千头万绪，百端待理。各项职能与权力难以在法部和大理院之间进行明确划分，二者时有摩擦，乃至公开冲突。

1907年5月12日，法部尚书戴鸿慈上奏《酌拟司法权限缮单呈览折》，列举了划分部院权限的12条清单。沈家本在6日后逐条提出了修改意见，导致部院之争升级。争论的主要焦点在于**行政权和审判权**两个方面。就行政权而言，主要表现在人事权、行政区划权和司法警察的调度权上。法部认为，大理院在法部奏调人员时未与其充分协商，任命审判官员、接收民政部案件、筹建各级审判厅、划分司法区域等行为，冒犯了法部的司法行政权。而大理院认为，在筹备过程中行使部分行政权是迫不得已之事。就审判权而言，法部要求对重罪死罪案件行使驳审权，以监督大理院。而大理院认为由法部行使裁判权违背了司法独立的原则。最后，清廷首先将沈家本与法部侍郎张仁黼（fǔ）对调，然后责令部院协商办理。部院很快达成了“和衷妥议”的方案，即大理院争得了案件终审时与法部的共同署名权，而法部依然享有重案及死刑案件的复核权，同时掌握了大理院的人事任命权，并且参与制定《大理院官制》。在此过程中，大理院并未争到太多权限，可见司法独立之难。尽管如此，部院之争将司法改革从“司法权与行政权的分立”推到了“司法行政权与审判权的分立”的深层次，并且将司法改革的中心导向“司法独立”这一根本问题上来。①

清末以司法独立为目的的自上而下的司法改革，实质上是以国家权力的扩张为目的。按照设计，财政即将半独立，司法将完全独立，州县官员维护地方治安和执行税收的权力将被收回，但相应的政务职能并没有及时调整。行政与司法相互推诿的情况亦十分常见。“向例，民人词讼，均由州县衙门起诉。地方之习惯，民间之信用，悉注重地方牧令。当司法、行政创始分权，行政官每于厅员司法内之行政事务，亦多任意推诿。甚至置缉捕命盗重案于不顾，转以应归审判衙门为辞。……**行政官既未明责任，司法官又好揽事权**，将利未见而弊旋生，人民生命财产之危，益将无可究诘。”② 在新的司法体制下，百姓面对的“国家政府”就更加抽象，也更难以与其打交道。同时，当司法和行政分立后，独立出来的司法基本借鉴外国章法，缺乏与民间调处的协调。诉讼体制上的官绅合治模式便正式退隐，是为清末司法改革的**“国进民退”**。③

---

① 张从容：《部院之争：晚清司法改革的交叉路口》，北京大学出版社，2007 年，第 62 - 107 页。

② 《开缺河南巡抚宝棻、河南巡抚齐耀琳奏筹备宪政并目前困难情形折》，载《内阁官报》第 168 号（宣统三年十二月二十日）。

③ 罗志田：《国进民退：清季兴起的一个持续倾向》，载《四川大学学报（哲学社会科学版）》，2012 年第 5 期。

第八章

民国央地法制的竞争与变通

清代的覆灭并非来自铤而走险的民变，而是由于激于大义、处心积虑、具有计划的士变。辛亥士变发生的最关键契机在于，在列国并立的世局下，一个推行了数千年的小政府，被迫要走向大政府的“富国强民”新路。相应的政治伦理，也面临着前所未有的挑战。① 士变领袖逐渐开始明白国家强大不能只依赖坚甲利兵，更需要凝聚民族精神和建构良好制度。梁启超在1902—1904年间写就的“新民之说”，将国家建设重心从物质转移到精神，旨在塑造新国家的新国民：“然则苟有新民，何患无新制度，无新政府，无新国民！非尔者，则虽今日变一法，明日易一人，东涂西抹，学步效颦，吾未见其能济也。夫吾国言新法数十年，而效不睹者何也？则于新民之道未有留意焉者也。”②“言新法数十年而效不睹”，皆是过于看重新法，而忽略了“新民之道”。

因此，应当重视人的作用，“随时好让多数的意见来更改向来规定的法制，让人心在法外多留活动之余地。而中国近代政治积弊，则仍在纸面文字上用力，一切要求制度化，认为制度可以移植，不必从活的人事上栽根。又认为制度可用来束缚限制人。不知一切政治上的变化，正是活的人要求从死制度中解放。这一根本精神差了，于是从西方所抄袭的，只得仍成为一种敷衍文饰，虚伪与

① 罗志田：《革命的形成：清季十年的转折（上）》，载《近代史研究》，2012年第3期。

② 参见梁启超：《新民说》第二节“论新民为今日中国第一急务”，载梁启超：《饮冰室合集》，中华书局，1936年。

腐化，始终没有把社会人心要求变化的内在活力，引上正路。”① 诚如梁启超所言，20 世纪以来的法制移植相对忽视了“社会人心”本身的“内在活力”，人没有发生改变，便很难被制度同化。故而，民国整个社会推行制度的决心和毅力显得力不从心。“徒善不足以为政，徒法不足以自行。”②

1921 年中国共产党的成立标志着中国开始进入新民主主义革命时期。打造政权、维护治理成为中共革命法制的核心功能。中共地方革命根据地的法制经验更是构成了中华人民共和国法律传统的重要部分。中共法制从最初照搬马列主义，到发展出中国化的马克思主义，最终形成了以毛泽东思想为指导的中国特色社会主义法律体系。在复杂多变的革命形势下，中共从苏区，经长征到陕甘宁，逐步扩大民主政权，最终推进了中国特色社会主义民主的进程。中华人民共和国成立后，中共法制的重心从阶级斗争走向经济建设，立法更加专业化和系统化。司法因应国情，一改清末以来走西方专业化的道路，最终通过强调司法的大众化，塑造出了颇具中共特色的传统。

关键词：《清帝逊位诏书》；《鄂州约法》；《中华民国临时约法》；五权宪法；三民主义；司法党化；六法全书；苏维埃；农民协会；《中华苏维埃共和国宪法大纲》；工农兵代表会议；参议会、三三制；《陕甘宁边区施政纲领》；马锡五审判方式；人民代表会议；《陕甘宁边区宪法原则》；人民代表大会；华北人民政府

---

① 参见钱穆：《国史新论 · 中国传统政治（七）》，九州出版社，2012 年。

② 《孟子 · 离娄上》。

第一节　中华民国中央政府法制

一、南京临时政府的法制努力

武昌起义之后，中国形成南北对峙之势。经南北议和代表达成协议，1912年2月12日，清廷发布《**清帝逊位诏书**》，将统治权公诸全国。《清帝逊位诏书》不仅为中华民国全面继承清代疆域提供了重要的法理依据，对于"中华民族"的建构具有重要意义，而且是证明中华民国政权合法化的重要文件。清帝逊位则意味着中华民国并非"**建国**"而是"**建政**"。[①] 清帝逊位可以被视为中国版的"光荣革命"。在走向共和的古今大变局中，《清帝逊位诏书》是中华民国宪制的一个重要构成，具有宪法意义，《中华民国临时约法》与《清帝逊位诏书》，共同构成和发挥了现代民国的宪法精神。[②] 然而，《清帝逊位诏书》作出的政治安排以及清帝逊位后北方政府与南京临时政府的融合，并没有为民国宪政奠定一个坚实基础。民国政府内部潜藏了正统性之争，成为民初宪政失败的重要原因。[③]

（一）民元制宪活动

1. 鄂州约法与临时约法

1911年10月10日武昌光复，10月14日，前湖北谘议局议长汤化龙等人拟定了中华民国第一个省级政府组织法《军政府暂行条例》，共6章24条，赋予都督军政大权。然而于10月25日改颁《中华民国鄂州军政府改订暂行条例》以限制都督权力。10月28日，黄兴同宋教仁等人抵达武昌，宋教仁开始着手制定一部根本大法，以作为将来民国宪法的蓝本，即《**中华民国鄂州临时约法**》（以下简称《鄂州约法》），共7章60条。《鄂州约法》效仿美国，在地方自治的基础上实行联邦制，保障公民权利，推行三权分立。

① 杨昂：《民国法统与内陆亚洲——以清帝逊位诏书为中心》，载《环球法律评论》，2011年第5期。

② 高全喜：《立宪时刻：论〈清帝逊位诏书〉》，广西师大出版社，2011年，第83页。

③ 章永乐：《旧邦新造：1911—1917》，北京大学出版社，2012年，第52页。

第一章“总纲”第1条规定：“中华鄂州人民，以已取得之鄂州土地为境域，组织鄂州政府统治之。将来取得之土地，在鄂州域内者，同受鄂州政府之统治；若在他州域内者，亦暂受鄂州政府之统治，俟中华中国成立时，另定区划。”第3条规定：“中华民国完全成立后，此约法即取消，应从中华民国宪法之规定；但鄂州人民关于鄂州统治域内，从中华民国之承认自定鄂州宪法。”第二章“人民”第5～20条规定了人民的各项权利和自由，但第21条规定：“有认为增进公益，维持公安之必要，或非常紧急必要时，得于法律限制之。”第三章“都督”第23～34条确立了都督总揽军政大权的地位：都督由人民公举，任期3年，得连选连任1次。都督代表鄂州政府，总揽政务、公布法律、发布临时律令、于议会关闭期间召集临时议会、出席议会、与外国宣战媾（gòu）和缔结条约、统率水陆军队、制定文武官职官规、依法律任命文武职员、依法律给与勋章及其他荣典、依法律宣告戒严、宣告大赦减刑复权。第四章“政务委员”第35～39条规定了政务委员得都督任命之，享有制定法律案和预算案等各项权力。第五章“议会”规定了议会的职权：议会由议员组成，议员由人民选举产生，有制定法律、通过条约、议定预算决算、向政务委员提出质询，并对违法失职的政务委员进行弹劾等项职权。第六章“法司”规定了法司的职权：法司由都督任命之法官组成，依法审理除行政诉讼以外的各种诉讼，法官除依法受刑罚宣告或应免职的惩戒宣告外不得免职。《鄂州约法》为之后独立的各省组建政府、制定约法树立了样板，继而有《江西省临时约法》《江苏省临时约法》《浙江省临时约法》《广西省临时约法》《蜀军政府政纲》《贵州宪法大纲》等。

各省都督代表于1911年12月3日议决**《中华民国临时政府组织大纲》**（以下简称《组织大纲》）共4章21条，即行宣布。《组织大纲》以美国总统制为蓝本，采取一院制的议会制度，实行三权分立，由临时大总统、参议院、国务员的产生和职权三部分构成。临时大总统由各省代表选举，每省1票（因各省所派代表人数不等，故用此权宜之法），得票2/3以上者当选。临时大总统有统治全国、统率海军之权，其他须参议院同意方能实行的权力与《鄂州约法》类似。参议院由每省都督派3位议员组成，其职权比《鄂州约法》中的“议会”大。参议院未成立之前，暂由各省都督府代表会代行其职权。国务员（行政各部部长）辅佐临时大总统办理各部事务。《组织大纲》

成为《中华民国临时约法》的母本。然而，由于《组织大纲》制定过程十分仓促，在其实施后的4个月内就修改了4次，况且其目的是在于组织政府运作，对人民的权利义务未作出详细规定。

自1912年2月7日起，参议院召集临时约法起草会议，组织编辑委员会着手起草**《中华民国临时约法》**（以下简称《临时约法》）。参议院最初拟具的约法条文仍采取总统制。3月8日，南京参议院经过三读通过《临时约法》。3月10日，即袁世凯在北京就任临时大总统之后的第二天，孙中山便在南京宣布《临时约法》取代《中华民国临时政府组织大纲》开始施行。

《临时约法》又称**"民元约法"**，共7章56条，包括总纲、人民、参议院、临时大总统副总统、国务员、法院和附则。为抑制袁世凯的野心，《临时约法》将《组织大纲》的总统制改为内阁制，使袁世凯成为虚位总统。第1条规定："中华民国由中华人民组织之。"第2条规定："中华民国之主权，属于国民全体。"这两条以根本法的形式确定了民主共和国家制度的诞生，与改良派主张的君主立宪、开明专制彻底分道扬镳。第3条规定："中华民国领土为二十二行省、内外蒙古、西藏、青海。"此条第一次以根本法的形式规定了中国的领土疆域，确定了主权独立、领土完整原则。第4条根据三权分立原则，规定了"中华民国以参议院、临时大总统、国务员、法院行使其统治权。"参议院为立法机关，大总统、国务员为行政机关，法院为司法机关。第5条宣布"中华民国人民一律平等，无种族、阶级、宗教之区别。"人民享有人身、居住、财产、营业、言论、集会、通信、信教之自由；享有请愿、陈诉、诉讼、任官、考试、选举及被选举等权利（第6～22条），以及依法纳税和服兵役的义务（第13～14条）。然而"本章所载人民之权利，有认为增进公益，维持治安，或非常紧要必要时，得依法律限制之"。

《临时约法》显然违背了孙中山的建国理念和同盟会的革命方略。辛亥革命前，孙中山一直主张革命成功后实行美国政体，《组织大纲》集权于总统完全符合其意愿。孙中山曾对推翻清代后的制宪进程作了合理的安排，准备分三期（军法之治、约法之治和宪法之治）循序渐进推行宪政，但为了限制袁世凯独裁，南京临时政府接受了《临时约法》的内阁制，缩小了临时大总统的权力而扩大了议会的权力。国务员对国会负责而不是对总统负责，总统不能出席参议院会议，公布法律必须有国务员的副署才能生效。参议院有同意权、复核权和弹劾权，此三项权力几乎架空了大总统职权，而总统否决参议院的法案后，参议院可再次讨论，如果有2/3的议员同意，法案就可直接通过。当总统有谋叛行为或国务员有违法行为时，参议院可以行使弹劾权。第55条规定了严格的约法修改程序："本约法由参议院议员三分之二以上，或临时大总统之提议，经参议员五分之四以上出席，出席议员四分之三之可决，得增修之。"另外，《临时约法》对大总统和总理的职权并未有清晰的区分，"临时大总统代表临时政府，总揽政务，公布法律"，"国务员辅佐临时大总统负其职责"，"国务员于临时大总统提出法律及发布命令时须副署之"。此后，府院之争皆源于此。同时，《临时约法》并未规定反帝、反封建的民主纲领，也缺少体现民生主义的土地制度，带有明显的"因人立法"的色彩。综观民初政情，《临时约法》成了总统与内阁、政府与议会、中央与地方、军事与民政诸多冲突的根源，最终导致孙袁决裂、二次革命和护法战争。其后，南北混战，武夫称雄，《临时约法》终成废纸。

2. 权能分治与五权宪法

三民主义和**五权宪法**是南京临时政府立法建制的主要基础。孙中山为了解决五权宪法中人民权利与政府权力的矛盾，提出了"**权能分治**"的理论。"权"即政权，即人民管理政府的力量，包括选举、罢免、创制、复决四种权力，实行"直接民权"。"能"即治权，即政府管理国家事务的权能，包括行政、立法、司法、考试、监察五项权能，实行"间接民权"。五权宪法最核心的思想是政权与治权的分立，政权归属国民大会，而治权是指行政权、立法权、司法权、监察权、考试权，各自独立运作并互相协作。五权分立政体是三民主义之民权主义的发展，又是民权主义的具体化。然五权宪法并非孙中山原创性理论，与传统中国君权、考试权和监察权密切相关。君权包含了立法、行政和司法，相较于西方三权分立体制，五权宪法多了考试权和监察权，这体现出三权分立中国化的特色。

（二）三民主义法制

1. 民族主义

1912年1月5日，孙中山发表《临时大总统宣告各友邦书》，宣布了中

华民国对外政策方针。主要内容包括：①凡革命以前，清代和各国缔结的条约，民国政府均认为有效，到条约期满为止；②凡清政府所借的外债或所承认的赔款，民国政府承担偿还之责，不变更原来所附的条件；③凡革命前清政府让给外国国家或个人的各种权利，民国政府照旧承认；④各国人民的生命财产在民国政府所及的法权区域内，予以保护。

在政府组织法方面，为了配合《组织大纲》，1912 年 1 月颁布《中央行政各部及其权限》，起草《国务院官制》《各部官制通则》，涉及总统府秘书处、法制局、铨叙局、印铸局、公报局、稽勋局等各部门组成及职责权限。同时编定了各类官吏考试制度，包括文官考试委员会官职令、文官考试令、外交官及领事官考试委员会官职令、外交官及领事官考试令等。3 月又公布《南京府官制》，作为改革地方政权机关的模板。为了弥补法律上的空白，1912 年 4 月，参议院同意援用清末颁布的新刑律、法院编制法、商律、违警律、禁烟条例、国籍条例等法律法规，凡民事案件应仍照前清现行律各条办理。对须援用前清各项法律，应由政府饬（chì）法而行。

2. 民权主义

在**人权保障**方面，1912 年 3 月 17 日，发布《大总统通令开放疍户惰民等许其一体享有公权私权文》，宣布废除清代对贱民的歧视和限制，规定水上居民（疍户）、惰民、丐户、义民（奴）、优娼、隶卒等均享有选举、参政、居住、言论、出版、集会、信教等公民权。颁布《大总统令内务部禁止买卖人口文》，明令禁止买卖人口，废除奴婢卖身契约、主奴名分以及人身奴役等。此外，还颁布《维持地方治安临时军纪十二条》，强调“拥护人权为第一要义”。

在**财产保护**方面，在《临时约法》确立的保护私人财产权的原则下，颁布了《内务部通饬保护人民财产令》《大总统令各都督保护人民生命财产正文》等法规，凡在民国势力范围内，人民所有一切私产，均应归人民享有，无确实反对民国证据的清政府官吏所得之私产，应归该私人享有，确定清廷及清代官吏财产执行区别对待的原则。

在**华侨权利保护**方面，南京临时政府虽未建立管理侨务的专门机构，但一开始就极为重视海外侨胞的权利保护。外交部具体负责“在外侨民事，保护在外商业”，内务部具体负责“移植民之奖励及保护”。同时，颁布《大总统令外交部妥筹禁绝贩卖猪仔及保护华侨办法文》《大总统令广东都督严禁贩卖猪仔文》，明令禁止贩卖华工，规定保护华侨等。批准成立华侨联合会，密切华侨与祖国的联系，且通过有效的外交交涉，维护海外华侨权利。

在**推行新风尚和女权保护**方面，为革除传统缠足、吸食鸦片、赌博等陋习，南京临时政府先后颁布《大总统令内务部晓示人民一律剪辫文》《大总统令内务部通饬各省劝禁缠足文》《大总统令禁烟文》《大总统通知各官署革除前清官厅称呼文》等法律法规。1912年2月13日，南京临时政府颁布《社会改良会章程》共36条，明确规定禁止嫖娼、淫书淫画。同年3月5日下令全国禁赌，明令剪辫。同时改革婚姻习俗，推行文明婚礼。凡涉于迷信者，应行废止。废除清代跪拜、相揖、拱手、请安等旧式见面礼，代之以通名、鞠躬礼，礼节上的尊卑等级观念已逐渐被平等观念所替代。兴办女学，重视女子教育，支持女子参政，鼓励女子走出家庭，争取经济独立，与男子共担天下兴亡的重任。

在**文化教育改革**方面，南京临时政府制定《普通教育暂行办法》14条和《普通教育暂行课程之标准》11条，改造满清旧式教育，奖励女学，男女同校，废止读经，教科书之内容务须合乎中华民国宗旨，禁用清代学部所颁行的教科书等。同时，颁布《大学令》《专门学校令》《大学规程》《专门学校规程》等学校制度。

3. 民生主义

为了振兴经济和发展实业，南京临时政府颁布了一系列工商、农业、林业、金融业等方面的法律法规，如《中华民国工业建设会草章》《商业注册章程》等。通过法令鼓励工商农林各界兴办实业、鼓励开垦荒地湖滩、保护森林和渔业生产，赋予工商企业在遭受不法侵害时控告的权利。南京临时政府还拟定了《渔业法》《工厂法新发明特许专业法案》《商标章程及其细则》等，因参议院未审议，故未颁布实施。

为了统一财政，南京临时政府发布《大总统令陆军内务财政三部照参议院议案将各省军政分府酌改为司令长不得干预民政财政由》，强调民政、财政悉由地方官主政，司令长不得干涉，且在财政管理体制上作了较大改革：①建立金库制度。由财政部拟订了《国家金库则例》《金库出纳事务暂行章程》等法案，划分收支命令机关与现金出纳机关权限，加强财政监管，稳定

国家财政金融体制；②建立预算制度。《会计法草案》规定了由国会掌议定权、财政部掌执行权、审计院掌监督权，三权并行，确立了近代财政预算制度及财政监督体制；③建立统一币制制度。造币之权统归国有，一律不准各地自行铸币。禁止地方自行募捐和发行公债，颁布《陆军部电致各省都督各军政分府严禁私募军饷文》《大总统令陆军部遵照财政部公债票定章并饬所属一体遵行由》《大总统通令统一财政限制各省办理公债文》等。各地军政机关急需军用赈灾款，应当核定确数，编成预算，经申请核准，由财政部拨发统一的公债票券。市面交易短缺的流通货币，应通过法定手续由中央调拨造币总厂铸造。各地已发行的军用钞票，应在全国流通，打破省区界限。南京的江南造币厂更名为中华造币总厂，作为全国鼓铸之总机关。同时，财政部拟订《造币总厂章程》12 条。加强对造币厂的管理；④健全银行制度。上海大清银行改称中国银行，作为中央银行总行，并制定了《中国银行则例》。为规范商业银行秩序，临时政府还制定了《商业银行暂行则例》14 条。为适应各种实业发展之需，《海外汇业银行则例》《兴农银行则例》《惠工银行则例》《殖边银行则例》《庶民银行则例》等一系列专业银行法规相继颁行。实业部为此制定了《约束钱庄暂行章程》限制旧式钱庄，为银行取代钱庄开辟道路。

南京临时政府的立法是在特殊政治环境中进行的，大多显得零散、粗糙和缺乏系统性，许多法规带有应急性质，缺乏稳定性和权威性，而且是命令式或宣言式，缺乏具体执行措施，难以落到实处，但其开创之功有目共睹。

南京临时政府在司法上曾大刀阔斧地推行改革。中央设立临时中央裁判所，初步拟订了《临时中央裁判所官制令草案》。地方设立高等、地方审判厅与检察厅，实行四级三审制。由于政府为临时设立，最高司法审判权仍由司法部代行，司法部于 1912 年 1 月成立，部内设置承政厅、法务司和狱务司两司。全国民刑诉讼由司法部法务司的民刑两科掌管，司法与行政不分，各地军政府和各省都督干预司法现象严重。司法独立已在尝试推行，法官通过司法考试选拔，且实现常任制和薪俸保障制，“不得减俸或转职，非依法受刑罚之宣告，或应免职之惩戒处分，不得解职”。实行审判公开及陪审制，禁止非法逮捕、拘禁、审问、处罚。极力废除刑讯体罚，反对株连抄没。1912 年 3 月施行《大总统令内务司法两部通饬所属停止刑讯文》《司法部咨各省都督禁止刑讯文》《大总统令内务司法两部通饬所属禁止体罚文》均宣布禁止刑讯，废除体罚，初步确立由罚金、拘役、徒刑、死刑构成的近代刑罚体系。同时，改良监狱，于1912年3月31日正式成立中华监狱改良协会。

二、北京政府法制特点及内容

（一）北京政府立法的突出特点

从1912年4月袁世凯掌权，至1928年6月张作霖退出北京，北洋军阀统治中国达16年之久。孙中山曾这样评价当时的中国："失去一满洲之专制，转生出无数强盗之专制，其为毒之烈，较前尤甚，于是而民愈不聊生矣。"[①] 建立在此基础上的北京政府形成了独特的立法特点。

1. 频繁进行制宪活动

在中国近代宪政运动迅速发展的形势下，先后控制北京政府的军阀们，为证明统治的合法性，都注意到立宪的重要性。这一时期的制宪活动主要有：1913年袁世凯统治时由第一届国会宪法起草委员会拟订的《中华民国宪法草案》，史称"**天坛宪草**"；1914年为袁世凯个人独裁提供法律依据的《中华民国约法》，史称"**袁记约法**"；1919年段祺瑞执政时炮制的《中华民国宪法草案》，史称"（民国）八年宪草"；1923年曹锟控制北京时为掩盖其贿选丑闻而制定的《中华民国宪法》，史称"**贿选宪法**"；1925年段祺瑞重掌北京政府后炮制的又一《中华民国宪法草案》，史称"十四年宪草"。在这些宪法和宪法性文件中，只有曹锟的"贿选宪法"才是正式制定颁行的宪法。正式颁布并施行者，唯有"袁记约法"。

此外，20世纪20年代前期曾出现过一股**联省自治**风潮。从1920年到1924年，地方割据军阀打着"宪政"旗号，先后自制省宪法，以"宪政"和"地方自治"为名，行地方割据之实。最初，湖南省宪于1922年1月1日公布实施，浙江、广东、四川紧随其后，云南、广西、贵州、陕西、江苏、江西、湖北、福建等省，或由当局宣告制宪自治，或由人民运动推动制

---

① 孙中山：《建国方略》，载孙中山：《孙中山选集》（上集），人民出版社，1957年，第104页。

宪，**省宪运动**的潮流可谓激荡全国。[①]

2．大量援用清末法律

北京政府与清末政权是一脉相传的继承关系，清末制定的法律同样代表了北京政府军阀的利益，因此，袁世凯一上台就下令“暂行援用”清末法律。这成为北京政府贯彻始终的一个立法原则。

3．形成近代法律体系

在援用清末法律的同时，为了适应政治时局，1914 年 2 月设立**法律编查会**，隶属于司法部。1918 年 4 月又设立修订法律馆作为法律专门编纂机构，推进法制建设进程。1921 年 11 月 12 日华盛顿会议召开，北京政府代表团提出《中国希望条件说帖》明确表示，中国将在 1924 年以前颁布 5 种法典，完善法律及司法制度，以缩小同西方国家之间的差距，要求各国届时一并放弃领事裁判权。在华盛顿会议期间，中国代表团提交了关于撤废领事裁判权的议案。1921 年 12 月 10 日远东委员会会议通过《关于在中国之领事裁判权议决案》，以中国司法制度改良为撤废领事裁判权的先决条件，决定在华盛顿会议闭会之后 3 个月内成立专门委员会，以调查中国司法现状，并根据调查结果由各国政府裁决中国是否具备废除领事裁判权的条件。为应对法权委员会的调查，修订法律馆在清末修律成果的基础上，进一步修订民刑各法典，制定了公司法、破产法、票据法之类的单行商事法规。这些立法主要以大陆法系国家为蓝本，更多地吸收了资产阶级法律原则，基本形成了中国近代法律体系。

4．适用判例和特别法

北京政府时期广泛利用大理院的判例、司法部及大理院发布的解释例来指导审判。据不完全统计，自 1912 年到 1927 年，大理院汇编的判例约有 390 件，公布的解释例则达 2 000 多件，同样具有法律效力。通过大量适用特别法，北京政府复活了旧的刑罚体制，加强军事机关审判权力，制定了诸多破坏法制的单行法。

① 李剑农：《中国近百年政治史》，商务印书馆，2011 年，第 551 页。

（二）北京政府立法的主要内容

北京政府时期继续以删改清末制定法为立法的主要任务，同时为适应袁世凯统治之便制定了大量单行法规，在法律编纂上初步形成了由宪法（约法）、刑法、民法、商法、民事诉讼法、刑事诉讼法组成的“六法体系”。

1. 宪法行政法

1912年4月，临时政府迁往北京，5月，参议院议决即将组建的国会采取两院制，即由参议院和众议院组成。同年8月，参议院通过《中华民国国会组织法》及参众两院议员选举法，于10月公布实施。1912年底国会选举开始，国民党在两院870个议席中共获392个席位，成为国会内第一大党，有条件以多数政党资格组阁。1913年3月20日，国民党领导人宋教仁遇刺身亡，国民党组阁搁浅。4月，中华民国第一届国会开幕，意在制定宪法和选举正式大总统。10月，国会通过了在天坛祈年殿起草的**《中华民国宪法草案》**（即“天坛宪草”），该草案进一步肯定和坚持了《临时约法》限制总统权的基本原则，但遭到袁世凯抵制而未获通过。1914年1月，袁世凯非法解散国会，《临时约法》已成一纸空文。1914年2月，袁世凯提出《增修临时约法大纲》7项原则：①外交大权应归诸总统，凡宣战媾和及缔结条约，而无须经参议院同意；②总统制定官制官规及任用国务员与外交大使、公使，无须经参议院同意；③采用总统制；④正式宪法应由国会以外的国民会议制定，由总统公布，起草权应归总统及参政院；⑤关于人民公权的褫（chǐ）夺回复，总统自由决定；⑥总统应有紧急命令权；⑦总统应有财政紧急处分权。国会完全采纳了以上原则起草了**《中华民国约法》**，1914年5月1日颁布，共10章68条，这部约法因此被称为“袁记约法”。

“袁记约法”虽保留了“主权在民”等与共和政体相适应的条款，并规定了与《临时约法》相同的人民权利义务和三权分立体制，但扩大了总统权，取消了责任内阁制和国会对总统行使权力的一切牵制，使总统凌驾于三权之上。立法权虽然由立法院行使，但完全受大总统的控制；大总统拥有唯一的重大议案（包括法律案和预算案）提案权，立法院开会、闭会甚至解散也由大总统决定；对于与立法院意见存在分歧的法律案，大总统还可不予公布，大总统甚至有权发布“与法律有同等效力之教令”，完全凌驾于行政机

关之上。例如人事权，即大总统有权制定官制官规，并任免文武职官；外交权，即大总统有权宣告对外开战媾和，接受外国使节，决定与外国缔结条约；财政权，即大总统有权变更或裁减国家重要财政支出，并享有财政紧急处分权；军事权，即大总统为海陆军大元帅，统率全国海陆军，有权决定军队编制及兵额等。总统府设**政事堂**，不设国务院和国务总理，政事堂以国务卿为首长，完全是大总统的秘书机构。国务总理或国务员在大总统公布法令时的副署权被取消。国务卿及行政各部总长的去留，完全由大总统决定。法官亦由大总统任免，大总统可连选连任至终身。“袁记约法”还规定，“中华民国宪法未施行以前，本约法之效力与宪法等”；“约法施行前之现行法令，与本约法不相抵触者，保有其效力”。《临时约法》彻底遭到废弃。

1923年10月，曹锟通过非法手段当选为大总统。为了尽快平息贿选反对之声，曹锟加紧制定宪法，于10月10日公布了**《中华民国宪法》**，共13章141条，包括国体、主权、国土、国民、国权、国会、大总统、国务院、法院、法律、会计、地方制度、宪法之修正解释及效力等内容。国体上，将统一国家、民主原则作为最根本的国家制度，以保证国体的连续性；政体上，实行责任内阁制，总统在行使各项权力时须依法律或经国会同意，进一步缩小总统权力；地方制度上，规定了以服从中央政府为前提的地方自治制度，调整了中央与地方军阀的权力配置；司法上，追求司法独立，最高法院拥有司法裁决权和法律解释权。该部宪法在一定程度上反映了资产阶级反对个人独裁、反对军阀专制、反对国家分裂、建立并巩固资产阶级民主政治的愿景。但因其有“贿选宪法”的恶名，加上对工人运动的血腥镇压，民主的虚伪性和军阀独裁的本质暴露无遗。

北京政府自1912年建立时起，便着手制定各种文官管理法规，到1921年时已初步形成了近代化的文官行政法规体系，主要包括文官高等考试法、文官普通考试法、文官高等考试典试令、文官普通考试典试令、文官保障法草案、文官惩诫法条例等，具体涵盖了文官的分类、任用、俸禄、休假、保障及惩戒等内容。

为加强对官吏的管控，强化社会治安，北京政府制定了各种行政法律法令，如1912年《戒严法》、1913年《官吏服务令》、1914年《治安警察法》《预戒法》、1915年《违警罚法》等。相关的行政程序法也得到了相当的重视。1913年4月公布**《行政执行法》**，关于强制执行措施的适用标准得到规范。1914年5月公布施行《诉愿条例》，后修正为**《诉愿法》**。诉愿即为行政复议，对中央及地方各级行政官署所作的违法或不当处分，可向其直接上级行政官署提起诉愿。同时，还公布《行政诉讼条例》，后修正为**《行政诉讼法》**。行政诉讼种类极其有限，只能针对行政机关的违法决定和处分提起，且仅限中央或地方最高行政官署的违法处分，其他违法处分行为都要经两次诉愿程序后才能提起行政诉讼。

2. 刑法诉讼法

1912年4月，遵照袁世凯之意，在删修《大清新刑律》基础上公布**《中华民国暂行新刑律》**。1912年8月颁布《中华民国暂行新刑律施行细则》。《中华民国暂行新刑律》删除了《大清新刑律》所附"暂行章程"，但1914年12月发布的《中华民国暂行新刑律补充条例》又将其恢复，并加重了对一些违反礼教犯罪的惩罚。如卑幼对尊亲属不适用正当防卫，尊亲属致卑幼轻微伤可免除刑事责任。但卑幼亲属对尊亲属造成伤害，即使是轻微伤也处有期徒刑。此后，还颁布了大量的单行法对《中华民国暂行新刑律》进行补充和修改。袁世凯既鼓吹"隆礼"，又强调"重典"，因此，刑事单行法的处罚力度均比《中华民国暂行新刑律》要重。如1914年《惩治盗匪法》对内乱罪一律处以死刑，而《中华民国暂行新刑律》仅对为首者处以死刑或无期徒刑，同年颁布的《徒刑改遣条例》公开恢复了早在清末已废除的发遣刑，《易笞条例》也恢复了笞刑。

1915年法律编查会推出了《修正刑法草案》，即"第一次刑法修正案"。这部修正案适应了袁世凯的集权专制，加强伦理教化。1918年董康、王宠惠重新拟订刑法草案，是为"第二次刑法草案"，总体上吸收了近代西方国家的刑法原则和制度。

为了明确民刑诉讼案件的管辖，1912年4月7日，北京政府司法部呈准援用清末草拟《民事诉讼律草案》和《刑事诉讼律草案》，修订为《民刑事诉讼律草案管辖各节》，并于5月分别刊发京外司法衙门遵照。1913年2月，修订《各级审判厅试办章程》，呈报政府并获颁行，其后进行过数次修订，成为民初最重要的司法审判法则；1914年4月发布《民事非常上告暂行条例》；1920年3月，北京政府为规范民事诉讼活动颁布了《民事诉讼执行规

则》。一年之后，广州军政府鉴于北京政府迟迟未颁行民事诉讼法，而法院审判活动亟需规范程序，故将清末制定的《民事诉讼律草案》加以删除修正，明令公布并施行**《民事诉讼律》**。同年4月，又公布《民事诉讼律施行细则》。1915年3月及1919年4月，北京政府司法部先后对前清《民事诉讼律草案》适用部分进行修正或增加，直到1921年7月才正式实施《民事诉讼法草案》，同时颁布了该法的施行条例，就该法的效力、与其他法律的衔接作了进一步规定。同年11月14日，又将《民事诉讼法草案》改为**《民事诉讼条例》**，共6编755条，自1922年7月1日起施行。这样就出现了南北两部民事诉讼法同时并行的局面。与《民事诉讼条例》同时颁行的还有**《刑事诉讼条例》**，共8编514条，此条例是在前清《刑事诉讼律草案》的基础上经1915年8月、1918年5月及1919年4月三修成稿，成为中国历史上正式颁行的第一部刑事诉讼法和民事诉讼法。

北京政府时期通过一系列民刑事诉讼程序的立法，初步确立了近代型司法审判原则和基本制度，包括行政审判制度、四级三审制、审检分立制，司法考试制度、律师辩护制度等。同时，赋予了最高审判机关大理院以解释空间，使其得以判例、解释例的形式将现代法律原理运用到具体司法实践之中。

3. 民商经济法

北京政府除了援用《大清现行刑律》民事有效部分如服制图、服制、户役、田宅、婚姻、犯奸、斗殴、钱债等外，《大清户部则例》的户口、田赋、租税等内容都在不同程度上被大量援用。1914年法律编查会开始以《大清民律草案》为蓝本修订民律。1915年完成民律第二次草案亲属编第七章，1926年完成民律第二次草案总则、债、物权、亲属、继承五编，总计1320条的草案参酌各国民法以及各省民事习惯，但最终未能正式通过。其他单行的民事法律条例还有1913年《验契条例》、1914年《契税条例》、1915年《清理不动产典当办法》、1921年《物品交易所条例》、1922年《不动产登记条例》等。

商事立法体系基本搭建起来，如1913年《票据法第一次草案》《商事公断章程》；1914年《商人通则》《公司条例》《商业注册规则》《商会法》《证券交易法》；1916年《公司法草案》；1922年《票据法第二次草案》；

1923年《商标法》；1926年《海船法草案》；1927年《保险契约法草案》等。

北京政府通过颁布鼓励农商业领域的单行法规，继续推动经济向着近代化迈进。在十余年内，北京政府先后颁布近30项农业法规，涉及农事、畜牧、渔业、林业、垦殖、试验场、农民社团、农业调查等方面。

（二）北京政府司法体制的特点

北京政府司法机关名目繁多，体系不一。司法部掌司法行政权，大理院及各级审判厅掌司法审判权。除普通法院系统外，还有兼理司法衙门、军事审判机关、行政法院等司法机关。

1. 普通法院

1912年3月公布《暂行法院编制法》，代替前清《法院编制法》。1915年6月，《修正暂行法院编制法》颁行，依旧沿用四级三审制及审检合署制，规定全国普通法院从中央到地方分为四级：大理院、高等审判厅、地方审判厅、初级审判厅。大理院为中央审判机关，其余为地方审判机关。大理院主要负责管辖范围内的一审或三审终审案件的审判及统一解释法令；高等审判厅主管全省审判事务，主要负责管辖范围的二审、三审案件的审判；地方审判厅主要负责管辖范围的一审、二审案件的审判；初级审判厅审理轻微刑事案件或诉讼标的价值较小的民事案件。每个审判机关内设相应的检察厅。各级检察厅由检察官若干人组成，其中1名资深检察官为首席检察官。规模较小的初级审判厅只设检察官1～2人，不设首席检察官。检察厅虽设在审判厅内，检察官却独立行使检察权，只对上级检察厅负责，不受同级审判厅及行政长官的干预。

当时全国设立的各级新式法院屈指可数，特别是1914年4月，袁世凯为恢复帝制，颁布《县知事兼理司法事务暂行条例》和《县知事审理诉讼暂行章程》，裁撤全国2/3的地方审判厅和检察厅，取消全部初级审判厅及检察厅，改由**县知事兼理司法**，下设承审员辅助之。县行政长官重掌司法权，是为兼理司法衙门。

为革除“县知事兼理司法”的弊端，北京政府时期推行“**司法公署**”模式。司法公署全称“司法委员公署”，1917年5月公布《县司法公署组织章

程》，规定司法公署设在该县行政衙门内，由审判官1人或2人及县知事组织，管辖初审民刑案件。审判事务概由审判官完全负责，县知事不得干涉。1924年11月段祺瑞执政后，在县又增设地方审判厅分厅，或地方审判厅民刑简易庭，或县司法公署，管辖原来由初级审判厅承办的案件。但司法公署并未在北京政府时期真正推行，直至1927年初湖北进行县级司法体制改革，各县才普遍设立司法公署，由司法委员掌民刑案件的审判权。司法公署享有独立的人事权，并不隶属政府，是国民政府推行司法独立的重要尝试。

2. 特别法院

特别法院包括军事特别审判机关和地方特别审判机关。军事特别审判机关分为**高等军法会审**、**军法会审**和**临时军法会审**三种。地方特别审判机关主要是指边疆地区及特区的特别法院，包括热河、察哈尔、绥远的**都统府审判处**，外蒙古部分地区**镇抚使公署审判处**和东三省特别区域的高等审判厅。

根据《陆军审判条例》和《海军审判条例》，军人触犯法律或非军人犯军法条例规定之罪，一律依军法会审审判，军队执法处判决的与军事有关的民刑事案件不得控诉及上告。同时，在宣布戒严或交战地区，普通案件也归军事审判机关管辖。北京政府时期大部分地区在多数情况下处于戒严状态。因此，军事审判机关一直居于支配地位。

3. 行政法院

1914年3月颁布《平政院编制令》，设**平政院**。平政院成立之初设**肃政厅**，独立行使纠察、弹劾行政官吏之权，并可提起行政诉讼，监视平政院裁决之执行，兼具监察与检察性质。随着1916年肃政厅被撤销，平政院的监察职能被取消，变成了专门审理行政诉讼的机关。

平政院实行公开审判制、回避制、合议制和一审终审制，其一旦作出裁决即为终审，缺乏上诉救济途径。且平政院仅有中央一级，只设在首都，地方无分支机构，无法审理全国所有的行政诉讼案件，案件数量极少。另外，平政院隶属于大总统，从属于行政权，不属于司法权，仅负责审判，没有执行权。1928年6月，随着北京政府的倒台，平政院随之闭院。

4. 律师制度

1912年1月公布《中华民国律师总公会章程》，共6章18条，依次为总纲、资格、会员、职员、职务、公费。1912 年 1 月 28 日，上海召开了中华民国律师总公会成立大会，但《律师法草案》未能颁行。9 月 16 日，中国历史上第一部律师法规**《律师暂行章程》**颁布，共 7 章 38 条，对律师资格、律师证书、名簿、律师职务、律师义务、律师公会、律师惩戒均作了规定。后来经过多次修订，同时颁布了《律师登录暂行章程》《律师惩戒暂行规则》等补充规范。

1926 年 1 月 12 日，负责调查中国司法状况的**法权会议**在北京开幕，6 月 16 日由 13 国共同完成调查任务，9 月 16 日公布**《调查法权委员会报告书》**。报告书长达 8 万字，分四编。第一编为“治外法权在中国之现状”；第二编为“中国之法律司法及监狱制度”；第三编为“中国施行法律之情形”；第四编为“建议”，具体包括：①确实保障普通之司法事项，须归法院掌管，不受行政机关或其他民政或军政机关不正当之干涉；②中国政府应采纳下列计划，改良现有法律、司法与监狱制度，完成及公布民法、商法、刑法第二次修正案、银行法、破产法、专利法、土地收用法、公证人法等，确定并实行划一的法律制定、公布与废止制度，推广新式法院、监狱及看守所，以便裁撤县知事审判制度与旧式监狱及看守所。[①] 此报告书第一次由外国人评价自清末移植西方法律以来的法制状况，尽管该报告书未能实现废除治外法权的目标，但指陈当时中国法制状况之弊病却不乏中肯之处。

三、国民党统治时期法制之变

（一）广州、武汉政府的法制变化

1925 年 7 月 1 日，国民党中央在广州将陆海军大元帅府改组成中华民国国民政府，即**广州国民政府**。1926 年 7 月，国民革命军北伐，10 月占领武汉后，国民政府遂迁往武汉，即**武汉国民政府**。广州、武汉国民政府和此后的南京政府都属于国民党执政时期，清末以来的议会政治逐步走向一党执政的政党政治。从清末到武汉国民政府前的近代中国法制变革基本上是在仿效德日，而在武汉国民政府时期法制发展出现了转折，苏俄元素开始进入并对后

---

① 《调查法权委员会报告书》，载《法律评论》，第 182 期增刊，1926 年 12 月 26 日。

来的法制产生了深远影响。[①]

1. 立法改革

在宪法方面，广州、武汉国民政府重新制定《中华民国政府组织法》，放弃晚清以来坚持的议会制和多党制，明确规定国民政府向**国民党中央委员会**负责并报告工作，国民党中央委员会实际上成为国家最高权力机关，实行集体领导，议行合一，放弃权力分立。

在刑法方面，主要制定了各项刑事特别法，具体包括：①1927 年 3 月《国民政府反革命罪条例》第一次将反革命正式入罪，规定了反革命的概念、种类、适用范围，并将反革命罪分首魁、执行重要事务者、帮助实施者，分别处以死刑、无期徒刑或死刑、二等有期徒刑或无期徒刑等，并附加没收财产和科处罚金。②1926 年 9 月《党员背誓罪条例》明确规定党员违背誓言而为不法行为罪，在意识形态上对党员进行严厉控制。同时还特别规定了党员反革命、图谋内乱罪；党员以职权操纵金融、图利自己或他人罪；党员舞弊侵吞库款罪；知党员犯罪而不举发罪等新罪名。如果党员犯了可能被判死刑的罪行，则由国民党中央执行委员会组成临时法庭进行审判。③1927 年先后颁布《湖南省惩治土豪劣绅暂行条例》《湖北省惩治土豪劣绅暂行条例》，把士绅作为打击对象，但对何谓“土豪劣绅”仍无具体客观标准。尤其是“反抗革命或阻挠革命，及做反革命宣传者”以及“反抗本党或阻挠本党所领导之民众运动”，全凭指控者主观认定。其他像包揽乡村政权、劣迹昭著、破坏或阻挠地方公益诸条也极易引起争议。[②]

在土地和财产法方面，1927 年 5 月《佃农保护法》《处分逆产条例》规定的土地政策包括三项：①“二五减租”：减轻佃农田租 25%，佃农缴纳租项等不得超过所租地收获量的 40%；②减息：最高利率为 20%，同时禁止租契或抵押契约等不平等条件；③废止包田及包租制，保护佃农对所耕土地的永佃权。军阀、贪官污吏、土豪劣绅及一切反革命者的财产即逆产，一经发觉即没收之，并在革命战争时全数收为军事及政费之用。

在社会法方面，1926 年 1 月 16 日第二次国民党全国代表大会通过《妇

① 侯欣一：《广州、武汉国民政府法律制度的地位及影响》，载《法学》，2008 年第 7 期。
② 杨奎松：《国民党的“联共”与“反共”》，社会科学文献出版社，2008 年，第 194 页。

女运动决议案》，要求男女平等；女子有财产权和继承权；严禁买卖人口，保护女性和儿童；反对多妻制和童养媳，依照结婚、离婚绝对自由的原则制定婚姻法，保护因被压迫而逃婚的妇女，不得蔑视再婚妇女，反对司法机关对于男女不平等的判决；男女同工同酬，并制定妇女劳动法加以保证。1926年10月通过《关于本党最近政纲决议案》规定妇女与男子有同等权利；凡服务各机关之妇女，在生育期间应给予2个月休息时间，并发给薪金，彻底践行男女平等原则。此外，1924年11月《国民政府工会条例》确认了在国民政府的管辖下工人运动的合法地位。1926年1月《关于工人运动决议案》规定实行8小时工作制，并制定最低工资标准，保护女工和童工，改良工厂卫生，厉行工人教育。同年6月公布《劳动仲裁条例》，草拟《工厂法草案》进一步保护工人权利。国民政府还颁布《农民协会章程》将农民组织起来，与当时的革命风潮相适应。

2. 司法改革

广州、武汉国民政府以新三民主义为指导思想，在“以党建国”和“以党治国”的原则下，围绕着**司法党化和革命化**而展开，逐渐偏离了现代法治的原则和方向。1926年11月，徐谦任司法部长即着手改革司法制度。

（1）司法机关废止沿用行政厅名，将审判厅改称“法院”，并设中央法院与地方法院两级审级，实行**两级两审制**，但在广州国民政府时期，基本沿用的是北京政府时期的四级三审制和审检合署制。中央法院分为**最高法院**和**控诉法院**两级，地方法院又可分**县市法院**和**人民法院**两级。最高法院设于国民政府所在地，于各省酌设分院。最高法院对于审判不服县市法院第一审判决而上诉的关于法律问题之民事、人事、刑事诉讼的案件为第二审，亦为终审；对于审判不服控诉法院第一审判决而上诉之案件为第二审，亦为终审；对于审判不服控诉法院第二审判决之死刑案件为第三审，即为终审，仅死刑案件得为第三审。控诉法院设于各省省城，对于审判不服县市法院第一审判决而上诉之民事、人事、刑事诉讼案件为第二审，亦为终审，死刑案件不在此限；对于审判反革命之内乱罪、外患罪及妨害国交罪为第一审。县市法院设于县或市，诉讼不发达的县，得并二或三县设一法院。对于审判民事案件诉讼目的物价格在300元以上者及人事诉讼为第一审；审判刑事案件主刑为四等有期徒刑以上为第一审。人民法院设于镇或乡村，对于审判民事案件诉

讼目的物价格在300元以下者及其他现行法规初级法院管辖案件为第一审；审判刑事案件主刑为五等有期徒刑及拘役、罚金之犯罪，户外窃盗罪及其赃物罪为第一审。

（2）废除晚清以来的厅长领导制，改设**行政委员会**处理各项事务，以民事庭长、刑事庭长、首席检察官或检察官、书记官为行政委员，人民法院则以审判官、参审员、书记员各1人为行政委员。中央法院用人由司法部长提出，国民政府委员会任免。地方法院用人由司法厅长提出，由省政府委员会任免。

（3）废除法官不党的传统，强调司法党化，规定非有社会名誉之党员、兼有3年以上法律经验者，不得为司法官。1926年广州国民政府明确废除法官不得加入政党的禁令，并规定担任司法官者须为国民党党员，并具有良好声誉和3年的法律工作经历。但在实践中，政治忠诚的要求总是得到更优先的考虑。

（4）实行参审和陪审制度。1927年1月通过《参审陪审条例》规定，人民法院设参审员，开庭时可由参审员1人参与法律与事实之审判。县市法院和中央法院设陪审员，开庭时可由陪审员2～4人参与事实之审判。参审员和陪审员由国民党党部、农民协会、工会、商民协会、国民党党部妇女部选举产生。凡具有中华民国国籍、年龄在25～60岁、有法律知识、在国民党党部及各团体工作确有成绩者均可参选。曾在反革命军队中服役或加入反革命党派者、土豪劣绅讼棍、曾充旧衙役者、僧道或其他宗教师、不劳而获者、依命令被剥夺选举权及被选举权者、聋哑盲人及精神病者、褫夺公权尚未复权者、吸食鸦片烟者、不识文字者等，不得有选举权及被选举权。现任官吏、军人、警察、律师、公证人、承发吏等，亦不得参加选举。参审员和陪审员由各团体选出4人，轮流执行职务，并视诉讼对象由相应团体参审员或陪审员参审，任期半年，每3个月改选半数，均为名誉职。参审员、陪审员得查阅案件卷宗及物证；经审判长允许，可直接向当事人、证人、鉴定人发问；在辩论终结、审判评议开始前，审判长得向参审员、陪审员说明案件法律及事实、证据之要点；在审判评议时，参审员、陪审员可与审判官一样陈述意见及评议，以多数取决。如审判官与参审员各仅1人且又各执一词，审判官有决定权，参审员对决定不服可申请上级法院审定。

（5）为减轻民众诉讼负担，特将诉讼费减少五成，状纸费减少六成，并对确定判决执行的民事案件，征收累进执行税。

（6）废止检察厅，在法院内设检察官，使检察机构成为法院的组成部分，试图解决两者矛盾。

（7）改造律师制度，律师须是国民党党员。此外，1925 年秋广州国民政府曾设立特别刑事审判所，管辖反革命及土豪劣绅案件，并制定《特别刑事审判所条例》。武汉国民政府为解决领事裁判权问题，提出设特别区法院，管辖特别区内民事、刑事诉讼案件，即华洋诉讼。

综合而论，广州、武汉国民政府在新司法建设过程中对内强化党治，依照苏俄模式改革司法，彻底否认此前从西方移植来的“司法独立”和“法官不党”，积极推进司法“党化”“民众化”和“革命化”，强调“民意即革命法律”。

（二）南京政府时期的法制内容

南京临时政府的法统经过民初混乱的军阀政治斗争顽强地得到了保留，北方的北京政府被南方孙中山所确立的法统完全吸收。南京政府虽然保留了以三民主义和五权宪法为根基的 1912 年法统体制，但在立法和司法上开始体现出浓厚的“党治”“军治”和个人独裁的色彩。

1. 六法全书

南京国民政府时期的立法统称为“六法全书”。“六法全书”有广义、狭义之分。狭义上的“六法全书”是指宪法、民法、刑法、民事诉讼法及相关法、刑事诉讼法及相关法、行政法及行政诉讼相关法六大类。广义上的“六法全书”是指国民党政府颁布的上述六法及其他相关的所有法律法令。

（1）**宪法**

1928 年 6 月蒋介石宣布军政结束，训政开始，为推行国民党一党专政奠定基础。1931 年 6 月 1 日颁布《**中华民国训政时期约法**》，共 8 章 89 条。该约法标榜“主权属于国民全体”的原则，实际上确认了国民党在全国的统治权，规定训政时期由中国国民党全国代表大会代表国民大会行使中央统治权，举凡法律的制定、行使以及解释权都属于国民党中央。国民政府主席、委员由中国国民党中央执行委员会选任。约法的解释权由国民党中央行使

之，同时提高了国民政府主席亦即蒋介石处理国务的权力。约法虽规定了人民的权利与自由，但除信仰宗教自由外，一律附有依法律限制或停止的条件。

九一八事变后，在全国抗日民族运动日趋高涨的影响下，国民党四届三中全会宣布定于1935年3月召开“国民大会”和“议决宪法”。1933年1月由立法院成立“宪法起草委员会”，历经3年，7次易稿，于1936年5月5日推出**《中华民国宪法草案》**，又名“五五宪草”，共8章148条，其主要特点体现在：①采取权能划分原则，即中央政权由国民大会行使，中央治权由总统和五院行使；②总统对国民大会负责，行政院院长与各部会长均由总统任免，对总统负责；③国民大会为中央唯一政权机关；④党国一体，总统集权，进一步强化了国民党的一党专政和蒋介石的独裁统治。

抗战胜利后，蒋介石公然破坏政治协商会议关于宪草问题的协议，由国民党一党包办的“国民大会”于1946年12月25日通过了**《中华民国宪法》**，并于1947年12月25日施行，共14章175条，主要内容有：①舍弃“五五宪草”所规定的总统制，确立类似于国会制和责任内阁制的体制；②国民大会的权力为选举和罢免总统、副总统，并修改宪法；③规定国民在法律上的平等地位及多项权利自由；④在经济制度上维持平均地权、节制资本的原则。《中华民国宪法》依然确认了蒋介石的独裁统治，规定总统为“国家元首”，享有“统率全国陆海空军”“行使缔结条约及宣战媾和之权”，以及宣布戒严权和发布紧急命令权。中央政府在形式上保持立法、行政、司法、考试、监察分立的五院制，而实际上均是总统独裁政治的执行机构。

（2）**民法**

南京国民政府于1928年开始起草民法典，1929年国民党中央政治会议议决采取民商合一的立法模式，将通常属于商法总则的经理人及代办商、商行为之交互计算、行纪、仓库、运送营业及承揽运送等并入民法债编。1929年1月29日立法院组成“民法起草委员会”，先后完成了民法典各编草案，并经立法院通过，于1929年5月23日至1930年12月26日分期编订而成，自1929年10月10日起陆续施行，即**《中华民国民法》**，共5编1223条，是历史上第一部正式公布的民法典。第一编“总则”，规定民事权利及法律关系的总原则。第二编“债”，规定债权、债务关系共同运用的法则及处理各种债的纠纷方法，确立了契约自由原则。第三编“物权”，规定对物的直接管理和支配，并排除他人干涉的民事权利。第四编“亲属”，规定因婚姻、血缘和收养而产生的亲属间的权利义务。第五编“继承”，规定被继承人死亡后由其亲属继承其财产的权利和义务，废除了封建宗法原则。此外，南京国民政府还制定了《公司法》《票据法》《海商法》《保险法》《破产法》《银行法》《交易所法》《合作社法》等商事单行法。

（3）**刑法**

国民党政府建立初期沿用北京政府的《暂行新刑律》，至1928年3月10日正式公布第一部刑法典**《中华民国刑法》**。该刑法分为“总则”和“分则”两编，共48章387条。1935年1月1日又公布了经修改后的刑法，即新刑法，分总则编法例、刑事责任、未遂犯、共犯、累犯、数罪并罚、刑之酌科及加减、缓刑、假释、时效、保安处分12章99条，分则编35章258条。新刑法标榜“从轻主义”原则，相较于旧刑法，减轻对一般轻罪的处罚，但对触犯统治秩序的行为则从严从重处罚。同时，新刑法还吸取了德、意、日刑事政策中“社会防卫主义”和“主观人格主义”，主张应以主观的犯罪动机，而不是以客观的犯罪事实作为定罪量刑的根据。对犯有“内乱罪”“外患罪”“杀人罪”“强盗罪”等危害极大者，皆规定了惩罚“预备犯”“未遂犯”和“阴谋犯”。特别增加了“保安处分”专章，对于有犯罪行为、犯罪嫌疑或犯罪危险之人，可以借预防犯罪或再犯罪之由，实行社会防卫，令其入感化教育处所。新修改的内容主要是为了便于镇压反革命。

在司法实践中发挥主要作用的是各种刑事单行条例，以致滥刑滥杀。如1931年1月31日《危害民国紧急治罪法》及1937年9月4日《修正危害民国紧急治罪法》；1936年2月2日《维持治安紧急办法》；1947年12月25日《戡乱时期危害国家紧急治罪条例》，这些刑事特别法加重了对相关罪名的处罚，并且扩大了死刑的适用范围。

（4）**诉讼法**

民国时期的民事诉讼法体例结构相差不远，一般都是分为绪论、总论、绪言和正文、本论五大部分。绪论部分为民事诉讼法的基本理论，正文数编则专门介绍民事诉讼的具体程序规则。南京国民政府于1930年2月26日和1931年2月13日先后两次公布了《中华民国民事诉讼法》第1～5编。1935

年2月1日又公布了新的**《民事诉讼法》**，共9编12章636条。《民事诉讼法》规定的诉讼程序极端繁琐，给诉讼当事人造成重重障碍。实行民事诉讼"不干涉主义"原则，实际上更便于法官和律师上下其手，选择有利于官僚豪绅的判决。

1928年7月28日公布《中华民国刑事诉讼法施行条例》。为了与诉讼法配套，1932年10月28日再次公布了《法院组织法》，标榜"司法独立"，宣称法官"依据法律独立审判，不受任何干涉"。1935年1月1日又与新刑法同时公布了**《刑事诉讼法》**，分9编，共516条。为加紧镇压共产党人和民主人士，1944年1月12日颁布《特种刑事案件诉讼条例》，作为刑事诉讼法的特别法。

2. 司法体制

（1）**普通法院系统**

1）最高法院与高等法院。1928年8月，南京国民政府司法部拟订**《暂行法院组织法草案》**，确定司法审判依旧采用北京政府时期的四级三审制，并将大理院改称为最高法院，各级审判厅改称法院。最高法院的管辖范围为：依法令属于最高法院审理特别权限内各案件之第一审，即终审；不服高等法院判决而上告案件之终审；不服高等法院之决定或命令，而按照法令进行抗告的各案件之终审。

1928年10月，南京国民政府公布了《最高法院暂行条例》，最高法院为全国最高审判机关，设院长1人，特任，综理全院事务，并监督所属行政事务。依1931年12月公布修正的《国民政府组织法》，院长一职由司法院院长兼任。下置民事庭、刑事庭，各置庭长1人，简任，职责为监督各庭事务并决定其事务分配，庭数得因事务之增加而酌情增加。1943年7月《最高法院设置分庭条例》规定，最高法院为便于处理诉讼案件，得就适当区域设置分庭，受理各该区域内不服高等法院或分院之裁判而上诉或抗告的事件。最高法院分庭设推事5～7人，以资深1人充任庭长，兼民刑事庭审判长。

1932年10月公布**《法院组织法》**，四级三审制改为**三级三审制**，即地方法院、高等法院、最高法院。于国民政府所在地设最高法院，并设院长1人，特任，由司法院院长提请国民政府任命之，综理全院行政事务，但不得指挥审判。院长的选任资格为：曾任简任推事或检察官5年以上者；曾任简任推事或检察官2年以上，并任简任行政官5年以上者；曾任立法委员5年以上者，但司法院院长兼任者除外。院长因故不能行使职权时，由资深庭长代理。最高法院管辖范围为：不服高等法院及分院第一审判决而上诉之刑事诉讼案件；不服高等法院及分院第二审判决而上诉之民事、刑事诉讼案件；不服高等法院及分院裁定而抗告之案件；非常上诉案件，并实行逐级上诉制度。另外，最高法院负责全国的法律解释。

最高法院依职权分为民事庭、刑事庭，每庭置庭长1人，除由院长兼任者外，其余在推事中遴任，监督各该庭事务并定其分配。同时内设检察署。实行合议制审判，由推事5人组成合议庭，但对于第一审适用简易程序的民事案件或可能判处5年以下有期徒刑的刑事案件，可以改由推事3人组成合议庭审判。推事的选任资格为：经司法官考试合格并实习期满者；曾在公立或经立案大学、独立学院、专门学校教授主要法律科目2年以上经审查合格者；曾任推事1年以上经审查合格者；曾在教育部认可的国内外大学、独立学院、专门学校毕业，且有法学专门著作，经审查合格并实习期满者；在公立或经立案大学、独立学院、专门学校法律学科3年以上获得毕业证书，并曾任司法行政官办理民刑案件2年以上者。推事在职期间，一般不得兼营工商业或任其他公务员。合议一般不公开进行。评议时以推事年龄之高低、资历之深浅排定发言先后顺序，以年少者为先，递至审判长为终，以推事评议过半数之意见作出决定。关于金额处罚，如推事意见分成三种以上，各不达过半数时，以最多额之意见顺次算人次多额之意见，至达到过半数为止；而对刑事处罚，如推事意见分成三种以上，各不达过半数时，以最不利于被告之意见顺次算人次不利于被告之意见，至达到过半数为止。

根据《暂行法院组织法草案》规定，各省及特别区域设高等法院，其省区辽阔者，得增设高等法院分院，管辖范围为不服地方法院第一审判决而控诉之案件；不服地方法院之决定或命令而按照法令进行抗告之案件。《法院组织法》则规定，高等法院设于首都、省会、特别区和院辖市，区域辽阔的省区得增设分院。高等法院设院长1人，由简任推事兼任，综理全院行政事务，并监督所属行政事务。院长的选任资格为：曾任推事3年以上者；曾任推事并简任司法行政官4年以上者；曾任推事，具有在公立或经立案大学、独立学院、专门学校教授主要法律科目2年以上经审查合格者。其管辖范围

为：关于内乱、外患及妨害国交之刑事第一审诉讼案件；不服地方法院及其分院第一审判决而上诉之民事、刑事诉讼案件；不服地方法院及其分院裁决而抗告之案件。

高等法院因事务繁简设民事庭、刑事庭，各置庭长 1 人，除由院长兼任者外，其余在其他推事中遴任，监督各该庭事务并定其分配。高等法院由推事 3 人组成合议庭审理案件，但对于最初准备及调查程序，得由推事 1 人独任。高等法院分院组织较为简单，如只有 1 人时，可不设分院院长，在案件需要合议时，得调用地方法院推事或由高等法院临时派遣推事共同组成合议庭。

2）县司法公署与司法处。根据《暂行法院组织法草案》规定，各县市设立地方法院，一般每县市设立 1 所地方法院，如县或市区狭小者得合数县市设立 1 所地方法院；如县或市区辽阔者得设地方法院分院。地方法院的管辖范围为：不属初级法院审判权限与不属最高法院特别权限内之第一审案件；不服初级法院判决而控诉之案件；不服初级法院之决定或命令而按照法令进行抗告之案件。《法院组织法》则规定，地方法院设于县或市，但其区域狭小者得合数县市设 1 所地方法院；区域辽阔者得设地方法院分院。地方法院或分院设院长 1 人，由推事兼任，综理全院或分院行政事务。院长的选任资格与高等法院院长相同。但地方法院分院推事仅为 1 人时，则不设院长，由推事兼理该分院行政事务。如有推事 6 人以上，即可分设民事庭、刑事庭。地方法院审理案件时，由推事 1 人独任行使，但重大案件应由推事 3 人组成合议庭审理。因审判制度改为三级三审制，地方法院管辖范围大致与原初级法院管辖权相同，即民事、刑事诉讼第一审案件以及其他非诉案件，法律另有规定者不在此限。

地方法院并非各县都能普遍设立，故**兼理司法法院**依然存在。南京国民政府秉承了武汉国民政府的改革成果，1927 年 6 月颁布《暂行各县地方分庭组织法》和《县司法公署组织章程》，将湖北等地试行的县司法公署改革予以继承，并要求凡未设法院的各县应设司法公署。司法公署由县知事和审判官共同组成，审判官主管审判，县知事则主管检察。司法公署一般设审判官 1 ～ 2 人，书记监 1 人或者书记官 2 ～ 4 人，承发吏 4 ～ 6 人，司法警察若干人，检验吏 1 ～ 2 人，以及若干勤杂人员。凡设立司法公署的地方，所有初审民刑案件不论事务轻微或重大，概归司法公署管辖。在具体审判事务上，县知事不得干涉审判事务，由审判官完全负责。显然，司法公署较“县知事兼理司法”有所进步。1932 年 11 月 1 日，下令湖北裁撤县司法公署，或设地方法院及分院，或仍留承审员制度，司法公署转变为**县司法处**。

县司法处是南京国民政府时期在尚未设立地方法院的县政府内设的审判机关，由县长兼处长，下设承审员代行审判权。1936 年 4 月颁布《县司法处组织暂行条例》规定：“凡未设法院各县之司法事务，暂于县政府设县司法处处理之。”县司法处为半法院半行政性质的机构，设置的目的是“以改革县长兼理司法之制为首图”，实现从县长审理案件过渡到法院审理案件。司法处除县长外，并置审判官、书记官、检验员、执达员、录事、庭丁、司法警察数人，其中书记官职掌司法处各项行政事务，审判官审理民刑事诉讼第一审案件，县长兼理检察职能。同时，颁行了《县司法处办理诉讼补充条例》《县司法处刑事案件覆判暂行条例》《县司法处书记官任用规则》《县司法处审判官俸给规则》等法规。

3）行政法院。1928 年 10 月，南京国民政府通过**《司法院组织法》**规定：“司法院设**司法行政署**，承院长之命综理司法行政事宜；设**司法审判署**，依法对民刑诉讼案件行使最终审判权；设**行政审判署**，掌理行政诉讼审判事宜；设官吏惩戒委员会，掌理文官与法官惩戒事宜；设秘书处和参事处分掌各法定事项。”1928 年 11 月《修正司法院组织法》通过，改司法行政署为司法行政部、改司法审判署为最高法院、改行政审判署为**行政法院**。1931 年 1 月司法院即着手筹备行政法院。1932 年 11 月《行政法院组织法》和 1933 年 6 月《行政法院处分规程》规定了行政法院掌理全国行政诉讼审判事务。行政法院设院长 1 人，特任，综理全院行政事务，兼任评事并充庭长。内部分设二庭或三庭，各庭置庭长 1 人，除由院长兼任者外，就其余评事中遴充之，以监督该庭各事务，并定其分配。行政法院各庭置评事 5 人组成合议庭，其中应有曾充法官者 2 人，掌理审判事务。评事资格须年满 30 岁以上、对于党义有深切之研究、曾任简任公务员 2 年以上者。

1930 年 3 月颁行的**《诉愿法》**规定了行政诉愿的性质及范围，与北京政府时期的规定大致相同，即人民对于行政官署之违法或不当处分，至损害其权利或利益者，可向上一级行政官署提出诉愿；如不服决定得向其上一级行

政官署提出再诉愿，并以再诉愿之决定为最终之决定。行政官署分县市政府、省政府各厅与特别市政府各局、省政府与特别市政府、中央主管部会、主管院各级，诉愿期限缩短为30日。原处分官署在收到诉愿书副本后认为有理由者，可自行撤销原处分。官吏因违法处分或处分不当，应负刑事责任或应付惩戒者，由最终决定之官署于决定后送主管机关办理。

不服违法处分再诉愿之决定者，可提起行政诉讼。行政法院受理行政诉讼，并得附带损害赔偿之请求。行政法院仅设于中央，审判得用民事诉讼规定进行，第一审即为终审，不得上诉或抗告，但准许再审，提起行政诉讼及再审期限为60日。行政法院评事受理审决案件后，首先要审查程序，如果认为不应提出诉讼或未按法定程序者，应裁定驳回诉讼；审查案件的内容，评事须作成报告书，连同卷宗送交审判长审查，然后交参与审判的评事共同审查并评议。如被告行政官署对诉讼延置不理，行政法院有权调查事实，径为判决。审判以书面审理为原则，判决由行政法院呈司法院转呈国民政府训令执行。

（2）**特别法院系统**。

1）特种刑事法庭。南京国民政府沿用广州武汉国民政府之办法，于1927年8月设**特种刑事临时法庭**，并于同年12月公布《特种刑事临时法庭组织条例》，规定特种刑事临时法庭为**二级二审制**。在各省市设特种刑事地方临时法庭，置庭长1人，审判员3～6人，审判反革命案件，并可酌情设立分庭；在南京设特种刑事中央临时法庭，置庭长1人，审判员5～10人，审判反革命上诉案件。根据《暂行法院组织法草案》规定，依特别法组织之法院，不归司法部监督者，均不受本法之支配。1928年11月，国民党中央执行委员会政治会议议决《关于取消特种刑事临时法庭办法六条》，规定反革命案件由各省高等法院或其分院依通常程序受理第一审，土豪劣绅案件由各地方法院或其简易庭依通常程序受理第一审，所有特种刑事临时法庭一律裁撤。然而，1948年4月颁行《特种刑事法庭组织条例》，再次在南京设**中央特种刑事法庭**，隶属于司法院，地位与最高法院平行，置庭长1人，特任，综理行政并兼任审判长，监督该庭事务。置审判官若干人，检察官1～3人，由司法院遴选合格人员分别提请任命或派充之。在司法行政部指定的地点设**高等特种刑事法庭**，地位与高等法院平行，置庭长1人，简任，综理行政并兼任审判长，监督该庭事务。置审判官若干人，检察官 1 ～ 3 人，由司法行政部遴选司法及军法人员分别提请任命或派充之。高等特种刑事法庭受理《戡乱时期危害国家紧急治罪条例》所规定之案件，审判以 3 人或 5 人组织合议庭行之。中央特种刑事法庭复判高等特种刑事法庭判决之案件，以 5 人组织合议庭行之。至 1949 年 3 月，特种刑事法庭废止。

2）军事审判法院。1928 年 2 月，南京国民政府将 1925 年 10 月广州国民政府的《国民革命军陆军审判条例》修正后公布施行，内容与北京政府时期的《陆军审判条例》大致相同。1930 年 3 月，**《陆海空军审判法》**公布施行，规定凡陆海空军军人犯《陆海空军刑法》或刑法所揭各罪，或《违警罚法》，或其他法律之定有刑名者，依本法审判，非征集中之在乡军人不适用之。非军人犯《陆海空军刑法》第二条所揭之罪，应由普通法院审理。

军法会审分简易、普通、高等三种。简易军法会审设于各指挥部、军部、独立师部、独立旅部或该部高级长官驻所，以该部高级军法官 1 人为审判长，军法官 2 人为审判官，审判上尉以下官佐、士兵及同等军人之犯罪者；普通军法会审设置处所与简易军法会审相同，设审判长 1 人、审判官 2 人，其人选须高于或等于被告之级别，审判校官及同等军人之犯罪者；高等军法会审设于总司令部或军政部、海军部，设审判长 1 人、审判官 2 人，其人选须高于或等于被告之级别，审判将官及同等军人之犯罪者。

战乱之际，军事审判权不断得到扩张。1927 年 11 月《惩治盗匪暂行条例》规定，地方驻军最高长官对条例所定犯罪享有军法审判权。1934 年 11 月《戒严法》亦规定，在接战地域内，地方司法事务及司法官均受该地最高司令官监督指挥，对刑法上之内乱、外患、妨害秩序、公共危险、伪造货币证券文书、杀人、妨害自由、抢夺强盗及海盗、恐吓及掳人勒赎、毁弃损坏等严重犯罪，军事机关得自行审判，于戒严翌日起，得就判决依法上诉。抗日战争期间，对于违反经修正的《危害民国紧急治罪法》和《妨害国家总动员惩罚暂行条例》的案件，亦由军事审判机关审理。

3）捕获法院。1917 年 5 月中国对德奥宣战后，公布《捕获审检厅条例》，以处理对敌国商船临检、搜索、拿捕的司法事务。1932 年 12 月颁行**《捕获法院条例》**，规定设地方捕获法院、高等捕获法院二级，各设院长 1 人，推事 8 人，检察官 2 人，负责审检海上拿捕战时敌国船货事件。地方捕

获法院设于沿海口岸，负责检查、调查、审问，并就被拿捕之船货提出释放裁定书或捕获判决书。高等捕获法院设于中央，在对判决事实或证据调查终结后，即为书面审理判决，判决交由检察官执行。由于中国国力衰微，弱国无外交，捕获法院设置意义不大。

（3）**党化司法**

司法党化的要义有二：一是“**党人化**”，即司法干部人员一律党化；二是“**党义化**”，即适用法律之际注意党义的运用。虽然时任最高法院院长的居正认为司法人员方面的党化并非要求所有的司法官均由党人来充任，司法党化并不是司法“党人化”，乃是司法“党义化”。

司法官在具体办案过程中，必须时刻注意党义之运用，即“**裁判党化**”：①法律所未规定之处，应当运用党义来补充它；②法律规定太抽象空洞而不能解决实际问题时，应当拿党义去充实它的内容，在党义所明定的界限上，装置法律之具体形态；③法律已僵化之处，应该拿党义把它活用起来；④法律与实际社会生活明显地表现矛盾而又没有别的法律可用时，可根据一定之党义而宣布该法律无效。① 具体做法包括：法官注意研究和适用党义，以运用党义判案作为审查成绩之第一标准，编纂《判解党义汇览》等。在司法官考试中设置党义科目和运用党义判案作为试题，有关党义党纲方面的题目应占60%以上。② 法官训练要极力扩充范围，并增加“党义判例”“党义拟判实习”等科目。更有甚者，国民党中央执行委员会可以直接保送党务人员，在不经任何考选的情况下直接进入法官训练所学习，然后派给司法实职，目的在于使“党务工作人员，充分取得服务于司法界之机会，成为党治之下之良好司法人才”③。

为更有效地打击共产党员与政治异议人士，国民党在普通法院之外设立了包括反省院、感化院、军事与党务的特务组织等在内的特殊司法机关。1934年底大量中统局特务混进司法界，以致司法党化衍异成为“**司法特务**

① 居正：《司法党化问题》，载《东方杂志》，第32卷第10号。

② 《法律评论》，第8卷第6号，1931年11月16日。

③ 《法律评论》，第12卷第18期，1935年3月3日。

化”。①

第二节　中共地方革命政权法制

中共革命根据地时期的法制总体上是区域性和地方性法制，服务于政治斗争和革命战争。在中共领导下，法制建设服从总体的政治需要，随处可见中央政策高于法律的现象。频繁的战乱、变幻的时局、彼此隔离且情况各异的根据地之间无法保证法制的统一。不过，中共革命根据地的立法总量并不输于中华民国国民政府。据不完全统计，土地革命时期重要的法规约有 40 件，抗日战争和解放战争时期仅编入各解放区法规汇编的就高达 537 件，其中陕甘宁 112 件、晋察冀 202 件、华北 171 件、晋西北 52 件。这些法规涉及各个层面，包括政权组织、土地、婚姻、劳动、刑事、民事、司法、公安、民政、税务、金融、文化、教育、卫生等领域。当然，这些法规的制定主体因战时环境而十分多元，除了最高权力机关有权立法外，中共中央、革命军事委员会、甚至诸如全国临时会议也享有立法权。因此，法令名称极不统一，如纲领、法、方针、原则、命令、条例、决议、决定、通知、通令、规程、规定、办法、指示、布告等十几种。加之，在很长时间内根据地无法形成实质有效的统一政权，革命根据地法制便呈现出暂时性和地方性的特点。②

一、中共早期革命法制

（一）市民运动的政权形态

中共自 1921 年 7 月成立后即组织发动了一系列城市工人运动，是中共执政的最初尝试，也是中共革命法制的萌芽阶段。1922 年 8 月 16 日，中共建立的领导工人运动的总机构——**中国劳动组合书记部**发布了**《劳动法大纲》**，共 19 条，分别就“保障政治上的自由”“改良经济生活”“参加劳动管理”“劳动补习教育”等提出了具体要求，如要求工人有集会、结社、罢工等权

① 李在全：《法治与党治：国民党政权的司法党化（1923—1948）》，社会科学文献出版社，2012 年，第 159 页。

② 参见徐永康：《对我国人民民主法制的思考》，载徐永康：《三留集》，法律出版社，2011 年。

利，实行 8 小时工作制、保障工人最低工资和享受劳动保险以及保护女工、童工等，是最早反映工人阶级意志并推动工人运动斗争的法制纲领。

1925 年 6 月 19 日至 1926 年 10 月 10 日爆发的省港大罢工运动则进一步尝试革命政权的建设。1925 年 7 月 23 日公布的《省港罢工委员会章程》和 1926 年 3 月 5 日的《省港罢工工人代表大会组织法》明确了最高议事机关**省港罢工工人代表大会**的主要职权。省港罢工委员会作为最高执行机关，下设干事局并分设 7 部处理日常事务。同时，各部设立处理特种事务的机关，如财政委员会、审计局、保管拍卖处、法制局等。自 1925 年 6 月 26 日召开省港罢工工人代表大会第一次会议至 1926 年 3 月 31 日第一百次会议时止，共通过决议案 285 案，主要规章条例 58 部，主要包括《省港罢工委员会组织法》及各行政机构组织法。为同港英当局破坏罢工的行为，以及罢工队伍内部的违法行为作斗争，省港罢工委员会设立了纠察队军法处、会审处、拘留所等司法机构，[①] 甚至还有由民国政府特派审判员 3 人和罢工委员会选派陪审员 3 人共同组成的**特别法庭**，专门审理破坏工人复工的“卖国人贩”。[②] 省港大罢工的工人一度在广州掌权，是中共第一次在区域城市掌权的尝试，为中共此后在根据地执政提供了经验。

1927 年 3 月 22 日，上海工人第三次武装起义胜利后，建立了工人阶级领导的**上海市民代表会议政府**，制定了革命纲领和各项法令，成为中共在大城市创建革命政权的又一尝试。3 月 26 日上海市民代表会议第三次大会通过了《上海特别市市民代表会议政府组织条例草案》18 条，规定上海特别市市民代表会议为全市最高权力机关，名为“市民代表会议政府”（简称“上海市政府”）。上海为直属于中央政府的特别市，市民代表会议分为市区两级，会议代表按职业机关或团体为单位由群众直选产生。市代表会议选出 50 人的执行委员会，即市政府委员会；再选出 13 人为常务委员，采集体领导制，总揽政务。下设财政、卫生、公安、教育、建设、土地、司法和劳动 8 局。区代表大会选出常务委员 5 ～ 7 人处理全区事务。市区各代表均任期 1 年，但可连选连任。4 月 10 日还通过了《上海特别市临时市政府政纲草案》，

① 张希坡：《人民代表大会创建史》，中共党史出版社，2009 年，第 13 - 49 页。

② 张希坡：《革命根据地法制史研究与“史源学”举隅》，中国人民大学出版社，2011 年，第 44 - 45 页。

共11类108条，分政治（9条）、建设（16条）、教育（13条）、财政（9条）、商界（8条）、工界（25条）、农民（6条）、学生（5条）、教职员（8条）、妇女（5条）、新闻记者（4条）。这是中共革命初期制定的涉及面最广、条文最多，且适用于大城市的施政纲领。上海市民代表会议政府仅存20余天，但对中共革命法制建设影响深远。[①]

（二）农民运动的政权形态

通过**农民协会**将农民组织起来的农村政权建设模式同时得到了普遍推广。1921年9月27日浙江萧山县衙前镇组织召开了农民代表大会，选举产生了农会执行委员会，并通过了《衙前农民协会章程》，这是中共建立的最早的农民协会。第一次国共合作后，孙中山根据扶助农工的政策于1924年6月24日批准公布了国民党中央农民部制定的《**农民协会章程**》，共15章83条，农民协会在国民政府辖区内取得了合法地位。1925年10月10日中共中央扩大会议通过《告农民书》，进一步确定了农民协会的地位，农民协会成为大多乡村唯一的权力机关。各省相继制定了农民协会章程，如1926年的《广东省农民协会修正章程》，共13章55条，除"前文"外，依次为"总则""会员""会员之权利与义务""组织""省农民协会""县农民协会""区农民协会""乡农民协会""任期""纪律""经费""农民协会与其他机关之关系""章程之实施"。再如同年的《湖南农民协会暂行总章》共14章88条，与广东几无二致，唯在乡农民协会之下设有村级农民协会。1926年9月1日，毛泽东为第六届农民运动讲习所主编的《农民问题丛刊》撰写序言"**国民革命与农民运动**"，指出了农民运动和市民运动的根本区别："中国农民运动的性质……乃政治斗争，经济斗争这两者汇合在一起的一种阶级斗争的运动。其中表现得最突出的尤在政治斗争这一点。这一点与都市工人运动的性质颇有不同。都市工人阶级目前所争在政治上只是求得集会结社之完全自由，尚不欲即时破坏资产阶级之政治地位。乡村的农民，则一起来便碰着那土豪劣绅大地主几千年以来持以压榨农民的政权，非推翻这个压榨农民的

① 张希坡：《人民代表大会创建史》，中共党史出版社，2009年，第93－107页。

政权，便不能有农民的地位，这是现时中国农民运动的一个最大的特色。”①1927年3月5日，毛泽东撰写了**《湖南农民运动考察报告》**，总结了农民运动的实践经验，提出**“打倒土豪劣绅，一切权力归农会”**的口号，为创建农村革命政权指明了方向。

至1927年6月，全国已有广东、湖南、湖北、江西、河南等五省成立了省农民协会，县农民协会201个、区农民协会1103个、乡农民协会16144个、村农民协会4011个。各级农民代表大会，尤其是省农民代表大会，实际上发挥了地方临时最高权力机关的作用。各省农民代表大会主要决议案基本涵盖了铲除贪官污吏及惩治土豪劣绅、地租过高、取缔高利贷、废除苛捐杂税、分田、农村经济发展、禁烟禁赌、妇女解放及婚姻、乡村自治、乡村自卫等问题。为了更有效地惩治土豪劣绅，多省相继公布了惩治土豪劣绅条例，并建立了专门的司法机关。湖南和江西将其称为“特别法庭”，湖北将其称为**“审判土豪劣绅委员会”**。湖南于1927年1月15日出台了《湖南省惩治土豪劣绅暂行条例》和《湖南省审判土豪劣绅特别法庭组织条例》12条，同年3月18日湖北出台了《湖北省惩治土豪劣绅暂行条例》《湖北省审判土豪劣绅委员会暂行条例》10条，规定了县省两级审判，采合议制，实行公开审判，且多为两审终审制。②

二、工农民主专政法制

（一）苏维埃的中国化

1. 中共对“苏维埃”的理解

中共最初认为，世界是以阶级来划分的，苏联是世界无产阶级唯一的祖国，因此，当之无愧的是世界共产党的中心。苏联不仅神圣不可侵犯，而且也应当成为各国共产党革命效仿的楷模。不仅要按照全联盟共产党（布尔什维克）的形式来组织政党，而且各国革命的名称也要按俄国革命的形式，称

---

① 毛泽东：《国民革命与农民运动》，载毛泽东：《毛泽东文集》（第一卷），人民出版社，1993年，第12页。

② 张希坡：《人民代表大会创建史》，中共党史出版社，2009年，第55－87页。

“苏维埃革命”。

“苏维埃”是俄文“Cobet”的汉语音译，意即“代表会议”或“会议”。之所以成为特有名词，是因为1905年俄国革命出现过一种由罢工工人作为罢工委员会而组织起来的代表会议，简称“苏维埃”。由于具有工人起义机关和工人自治政府的双重性质，因此，“苏维埃”在俄国十月革命时成为与议会和政府相抗衡的一种革命斗争机关。最终，俄国布尔什维克党利用了“苏维埃”领导了反政府暴动，并将其作为最高权力机关的代名词，便于贯彻阶级专政。把“苏维埃”这一革命形式移植到中国来，则是1927年11月21日，中共党员彭湃在广东成立**海陆丰工农兵苏维埃政府**，这是中国第一个以“苏维埃”命名的地方政府。然而，彭湃显然是违背了1927年9月19日《关于“左派国民党”及苏维埃口号问题的决议案》的规定：“当（广州、长沙）这些中心地点没有被革命暴动占据以前，在小县城里面要坚决地拒绝组织苏维埃。”以免失掉苏维埃政权具有的无产阶级领导的“真意”。[①]真正让共产党人相信中国的苏维埃革命阶段已经到来的是广州起义。1927年12月11日，中国第一个真正意义上的苏维埃政府**广州苏维埃政府**宣告成立，随后立即发布了《广州苏维埃宣言》，明确宣告中共放弃国民党的旗帜，走苏维埃的道路。[②]广州苏维埃政府设主席1人，主席以下设人民内务、肃清反革命、劳动、土地、外交、司法、经济、海陆军等8个委员会，并设有秘书长、工农红军总司令、总参谋等。政府组织完全按照苏联模式建设，而且与1931年11月成立的中华苏维埃共和国临时中央政府非常相似。

然而，广州起义迅速失败，导致中共计划在中心城市建立苏维埃政权的尝试成为泡影。再度夺取中心城市已是两年半之后的1930年7月30日，彭德怀领导的红三军团占领长沙城，成立**湖南省苏维埃政府**，随后即宣布了苏维埃政纲，并颁布了《暂行劳动法》和《暂行土地法》等法规。同时，成立肃反总司令部，镇压叛徒和反革命分子；组织没收委员会，没收反革命分子和土豪劣绅的财产。但是，此次占领时间十分之短。随后，中共确立了“**农**

① 中央档案馆编：《中共中央文件选集》（第三册），中央党校出版社，1989年，第371页。

② 1927年，中共“八七”会议时对政权组织“还只限于宣传苏维埃”，“不提出组织苏维埃的口号”，主张“组织革命的工农暴动于左派国民党旗帜之下。”参见《中国共产党的政治任务与策略的议决案》，转引自卓帆：《中华苏维埃法制史》，江西高校出版社，1992年，第9页。

村包围城市，武装夺取政权”的革命方针。中共建立的农村革命根据地大多已开始自称“苏维埃”。只不过由于中共中央始终坚持把“苏维埃”与中心城市和产业工人阶级相提并论，而不肯把这种自发建立在农村的“苏维埃”看作真正意义上的“苏维埃”。因此，各个农村根据地迟迟未能形成一个统一的苏维埃政权。1930 年上半年，在湘、鄂、赣、闽、粤、皖等省有 18 个区域 127 个县成立了拥有 1 400 多万群众的苏维埃政权，鉴于各地农村苏维埃已经存在的事实，1930 年初共产国际远东局就提出要召开全国苏维埃代表大会的问题。1930 年 2 月 4 日，中共中央发布的第六十八号通告《关于召开全国苏维埃区域代表大会》特别在“苏维埃”三字后面加上“区域”二字，以强调这些代表只是代表那些有着苏维埃形式的根据地。远东局对此提出异议后，中共中央才一度加以修正，改称“中华工农兵会议（苏维埃）第一次全国代表大会”，但还是特意加上了“准备委员会”的字样，以示这次会议并没有选举产生真正意义上的全国苏维埃政权的资格。而当5 月 20 日会议在上海秘密召开时，中共中央因担心“准备委员会”仍会引起与会者误解，故改回称“苏维埃区域代表大会”。对此，远东局尖锐地提出了批评。此次会议虽然讨论通过了《全国苏维埃区域代表大会宣言》《目前革命形势与苏维埃区域的任务》《苏维埃的组织法》《劳动保护法》《暂行土地法令》《红军及武装农民扩大计划》等重要决议及许多文告，但当时并没有建立中央政权的设想。在李立三“左”倾错误指导思想下，中共中央仍旧认为中共革命应当是“城市中心”，中央政府一定要设在武汉，至少也是长沙或南昌等中心城市。

1930 年 10 月，共产国际在《共产国际执委会给中共中央关于立三路线的信》中对中国苏维埃革命的特点做了一种全新的解释：中国革命的具体形式将区别于俄国革命，中国革命必须走一条相反的道路，即“必须在暂时还不是苏区的地方，发展农民运动，发展游击战争，用农民风潮的铁围来包围当地的城市，以及大城市和最大的城市”①。共产国际的指示从根本上扭转了中共中央对苏维埃革命中工人阶级成分和中心城市作用的盲目迷信。1931 年 11 月 7 日，作为全国统一的苏维埃中央政府——**中华苏维埃共和国临时中央**

---

① 中央档案馆编：《中共中央文件选集》（第三册），中央党校出版社，1989 年，第652 页。

政府在江西苏区的首府瑞金宣告成立，以苏维埃为特征的这种政权组织和国家形式共存在了1075天。①

2. 苏维埃与工农兵代表会议

1927年11月9日至10日，中共中央临时政治局扩大会议通过了《中国现状与党的任务决议案》，明确了“一切政权归工农兵士贫民代表会议，是武装暴动的总口号”。暴动胜利之时，农民协会应转变为**农民代表会议**（苏维埃）。此后，革命根据地的政权组织开始由农民协会向**工农兵代表会议**转变。井冈山、广州、黄冈、麻城等地先后建立了工农兵代表会议。1928年6月18日至7月11日，中共六大在莫斯科召开，会议通过《政治决议案》提出要建立工农兵代表会议政府，明确指出工农兵代表会议的政权，“是引进广大的劳动群众参加管理国事的最好形式，也就是实行工农民主专政的最好形式”②。周恩来认为：“不管名词是否妥当，苏维埃是工农代表会议，它与资产阶级的议会制度是有原则区别的。……毛泽东同志发展了这种思想，把它发展成为中国的代表会议制度。”③ 此后，工农兵代表会议制度在南方各根据地内（湘鄂赣、闽西、赣南、赣东北、鄂豫皖、湘鄂西、左右江等）普遍建立起来了。然而，工农兵代表会议名不符实，“许多地方无所谓工农兵代表大会。……一些地方有了代表会，亦仅认为是对执行委员会的临时选举机关；选举完毕，大权揽于委员会，代表会再不谈起。名副其实的工农兵代表会组织，不是没有，只是少极了。……现在民众普遍知道的‘工农兵政府’是指委员会，因为他们尚不认识代表会的权力，以为委员会才是真正的权力机关。没有代表大会作依靠的执行委员会，其处理事情往往脱离群众的意见，……委员会也很少开全体会，遇事由常委处决”。基于此状况，毛泽东明确提出了党政分开：“党在群众中有极大的威权，政府的威权却差得多。这是由于许多事情为图省便，党在那里直接做了，把政权机关搁置一边，这种情形是很多的。……党的主张办法，除宣传外，执行的时候必须通过政府

---

① 沈志华主编：《中苏关系史纲：1917—1991年中苏关系若干问题再探讨》，新华出版社，2007年，第40－43页。

② 刘政、程湘清等：《人民代表大会制度讲话》（增订本），中国民主法制出版社，1995年，第17页。

③ 周恩来：《关于党的“六大”的研究》，载周恩来：《周恩来选集》（上卷），人民出版社，1980年，第161页。

的组织。国民党直接向政府下命令的错误办法是要避免的。”①

1934年4月10日毛泽东的《**乡苏怎样工作**》就乡苏维埃，尤其是乡苏主席团、代表会议等如何工作给出了明确答案。② 随着1931年11月7日江西瑞金叶坪村举行的第一次全国工农兵代表大会（又称“中华苏维埃第一次全国代表大会”）的召开，工农兵代表会议制度便成为中华苏维埃共和国最基本的政治制度，工农兵代表会议也成为中华苏维埃共和国的最高权力机关。

（二）中央苏维埃法制

由于相隔甚远、交通不便等原因，临时中央政府与鄂豫皖、湘鄂西及琼崖革命根据地都难以保持经常性联系。但自苏维埃共和国成立时起，中共在机构设置、职能划分和运行机制上皆仿效苏联体制，建立起了较为完备的苏维埃临时中央政权机构，在各苏区推行统一的政治法律制度、经济文化政策和军事领导体制，至少在组织形式上具备了现代国家的主要元素。中央苏区的法制建设贯彻了马列主义的法制观，尤为强调革命导向和阶级有别的立法原则，保障了工农民主专政的政治合法性。

1. 宪法大纲

1931年1月，中共六届四中全会根据共产国际指示为第一次全国苏维埃代表大会起草了《**中华苏维埃共和国宪法草案**》和各种法令草案。该宪法草案共分四篇：第一篇“苏维埃政纲”；第二篇“苏维埃政权构成”；第三篇“选举权”；第四篇“中华苏维埃共和国的国徽和国旗”。第二、三、四篇共8章78条。1931年11月，第一次全国苏维埃代表大会通过了《**中华苏维埃共和国宪法大纲**》（以下简称《大纲》），共17条。1934年1月，第二次全国苏维埃代表大会对《大纲》进行了修订，在第1条增加“同中农巩固的联合”，纠正“左”倾错误。

《大纲》第1条明确规定了中华苏维埃共和国宪法的任务：“在于保证苏维埃区域工农民主专政的政权和达到它在全中国的胜利。”中华苏维埃政权

① 毛泽东：《井冈山的斗争》，载毛泽东：《毛泽东选集》（第一卷），人民出版社，1993年，第71－73页。

② 毛泽东：《乡苏怎样工作》，载毛泽东：《毛泽东文集》（第一卷），人民出版社，1993年，第343－359页。

的性质和体制在《大纲》中也得到了确认："中国苏维埃政权所建设的是工人和农民的民主专政的国家。苏维埃全部政权是属于工人、农民、红军兵士及一切劳苦民众的。""中华苏维埃共和国之最高政权为全国工农兵会议（苏维埃）大会，在大会闭会期间，全国苏维埃临时中央执行委员会为最高政权机关，中央执行委员会下组织人民委员会处理日常政务，发布一切法令和决议案。"这些规定表明，中华苏维埃政权是中共领导的工人、农民和城市小资产阶级联盟的工农民主专政的政权，实行工农兵代表大会制度。此外，《大纲》还规定了工农群众的基本权利：苏维埃共和国公民享有平等权、参政权、参军权、民主自由权、信教自由权、婚姻自由权、劳动权及受教育权八项权利。《大纲》确定了对外政策的基本方针：中华苏维埃政权宣告世界无产阶级与被压迫民族与它站在一条革命战线上。居住在红色区域内从事劳动的守法外侨，一律受到政府的保护。

由于当时正处在"左"倾路线对党的第三次统治时期，《大纲》不可避免地规定了一些过"左"的政策，例如：①第2条："一切剥削人的人是没有选举代表参加政权和政治上自由的权利的。"②第9条："一切剥削者的武装，必须全部解除。"③第14条："承认中国境内少数民族的民族自决权，一直承认到各弱小民族有同中国脱离、自己成立独立的国家的权利。蒙古、回、藏、苗、黎、高丽人等，凡是居住在中国的地域的，他们有完全自决权；加入或脱离中国苏维埃联邦，或建立自己的自治区域。"④第6条："主张没收一切地主阶级的土地，分配给雇农、贫农、中农。"这一条是贯彻"平分一切土地"和"地主不分田""富农分坏田"过"左"的土地政策。随后在1933年6月1日发布的《关于查田运动的训令》掀起的"查田运动"中就出现了把富农划成地主，将中农划成富农，侵犯了中农利益的更加激进的"左"倾错误。⑤第5条过早地推行八小时工作制的"左"倾路线，第7条限制资本主义的发展也是"左"倾的体现等，使革命遭受重大损失。

2. 政权组织

工农兵代表大会（全国苏维埃代表大会）包括乡（市）、区、县、省和全国五级。全国苏维埃代表大会是中华苏维埃共和国的最高政权机关，实行"议行合一"。凡年满16岁以上的苏维埃共和国公民皆有苏维埃选举权和被选举权，直接选派代表参加各级工农兵代表大会，讨论和决定一切国家和地

方政治事务。以产业工人的工厂和手工业工人、农民、城市贫民所居住的区域为选举单位，符合条件的选民按一定比例直接选举产生乡工农兵代表大会代表，组成乡工农兵代表大会，并选举产生乡苏维埃政府组成人员。区、县、省工农兵代表大会，均由下一级代表大会按一定比例选举的代表组成，并产生区、县、省苏维埃政府组成人员。全国苏维埃代表大会由各省工农兵代表大会所选举的代表组成，并选举产生中华苏维埃共和国中央政府组成人员。代表须按期向其选举人作报告，选举人无论何时皆有撤回被选举人及重新选举代表的权利。为保证政治民主权利的真正落实，中央苏区于1930年9月26日颁布了《中国工农兵会议（苏维埃）第一次全国代表大会苏维埃区域选举暂行条例》共五编，依次为原则、选举权、苏维埃区域、反动统治区域、附则，对选举的代表名额、选区划分、程序等。自1931年11月到1934年1月，中央苏区先后进行了三次民主选举。同时，1931年11月中央执行委员会专门颁布了《中华苏维埃共和国选举细则》，共8章55条，对选举权和被选举权、选举机关、选举手续、选举经费等作了明确规定。尽管如此，《大纲》关于选举的规定体现出明显的阶级导向，选举强调明确的阶级路线，以促成阶级分化，建立真正的工农政权苏维埃。《大纲》第4条规定："中华苏维埃政权在选举时，给予无产阶级以特别的权利，增加无产阶级代表的比例名额。"同时，对地主和作为"农村资产阶级"的富农、大中小资本家、剥削者本人与其家属、剥削者和为剥削者服务的人等一概剥夺选举权和被选举权，不利于在战时团结一切可以团结的力量。

在第二次全国苏维埃代表大会之后，中华苏维埃共和国中央政府增设了中央执行委员会主席团和审计委员会，与全国苏维埃代表大会及其执行委员会、人民委员会、最高法院共同构成苏维埃国家政权机关。中央执行委员会是全国苏维埃代表大会闭幕期间的最高政权机关，人数不超过585人，全体会议每6个月召开一次。中央执行委员会负责颁布各种法令，审核和批准一切关于全国的政治经济政策和国家机关设置的政令。中央执行委员会闭会期间，选举主席团为最高权力机关。人民委员会、最高法院、审计委员会，是中央执行委员会下设的行政机关，分别独立承担行政、司法和审计监督职责，以实现权力制衡和相互监督。人民委员会下设外交、军事、劳动、土地、财政、司法、内务、教育、工农检察和国家政治保卫局等九部一局。

根据1931年和1933年中华苏维埃临时中央政府先后颁布的《中华苏维埃共和国划分行政区域暂行条例》《苏维埃地方政府的暂行组织条例》《中华苏维埃共和国地方苏维埃暂行组织法（草案）》，中华苏维埃地方政权机构统一分为省、县、区、乡（市）四级。地方苏维埃在省、县、区一级由大会选出的执行委员会行使行政权，乡和市不设执行委员会，由大会主席团主持经常性工作，后又补充增加五万居民以上的市设执行委员会。至1935年11月，全国建立了江西、福建、闽赣、粤赣、赣南、湘赣、湘鄂赣、闽浙赣（原赣东北省）、鄂豫皖、湘鄂西、川陕（后成立西北联邦政府）、闽东（特区）、湘鄂川黔（省革命委员会）、陕甘边（特区）、陕北和大金等省或相当于省级的苏维埃政权，先后共出现过300多个县级苏维埃政权。此外，中央还有4个直属县，即瑞金、西江、长胜、太雷。苏维埃政府机关人员比较精干，办事效率高。临时中央政府各部含部长在内，一般只有3～5人，个别大的部也只有8～9人。人民委员会每次召开常务会，少则半天，多则一天。所议事情，议而有决，决则必行。乡苏维埃政府只配备不脱产的工作人员3人，城市（县苏维埃政府所在地）苏维埃政府19人，区苏维埃政府15人，县苏维埃政府25人，省苏维埃政府90人。

3．法律体系

在战争时期和政权分散的状态下，苏维埃的立法主体十分广泛。除颁布和修改宪法为全国苏维埃代表大会的专有权之外，作为国家政权机关的全国苏维埃代表大会、中央执行委员会、中央执行委员会主席团均有权颁布法律法规，作为国家行政机关的人民委员会及其组成部分的各人民委员部也有权颁布法律法规。各地方的苏维埃代表大会和地方政府根据中央政策精神，可制定和颁布地方性法律法规。加上立法程序并无具体规定，致使苏区立法数量十分可观。仅就中央苏区而言，临时中央政府依据《大纲》，相继颁布了130多部法规，初步建立了中共苏维埃政府时期具有鲜明阶级性和时代特征的法律体系，具体包括以下六大方面：

（1）组织法规：《苏维埃暂行选举法》《中华苏维埃共和国地方苏维埃暂行组织法（草案）》《中华苏维埃共和国中央苏维埃组织法》等。

（2）军事法规：《关于中国工农红军优待条例决议》《中国工农红军政治工作暂行条例》《赤卫军组织法》《苏区少先队各级队部组织条例》等。

（3）行政法规：《内务部暂行组织纲要》《中华苏维埃共和国邮政暂行章程》《苏维埃区域暂行防疫条例》《托儿所组织条例》《教育行政纲要》《小学教师优待条例》《小学校制度暂行条例》《苏维埃大学章程》等。

（4）经济法规：《财政部暂行组织纲要》《中华苏维埃共和国暂行财政条例》《统一会计制度训令》《国库暂行条例》《发行革命战争短期公债条例》《发行经济建设公债条例》《中华苏维埃共和国国家银行暂行章程》《中华苏维埃共和国暂行税则》《中华苏维埃共和国中央执行委员会审计条例》《苏维埃国有工厂管理条例》《工商业投资暂行条例》《借贷暂行条例》《矿产开采权出租办法》《合作社暂行组织条例》《粮食合作社简章》等。

（5）审判法规：属于司法行政的《中华苏维埃共和国裁判部暂行组织及裁判条例》《中华苏维埃共和国军事裁判所暂行组织条例》《中华苏维埃共和国劳动感化院暂行章程》《中华苏维埃共和国国家政治保卫局组织纲要》《国家政治保卫局特派员工作条例》《工农检察部的组织条例》《工农检察部控告局的组织纲要》等；属司法程序的《中华苏维埃共和国惩治反革命条例》《关于惩治贪污浪费行为的训令》《处理反革命案件和建立司法机关的暂行程序》《中华苏维埃共和国司法程序》等。

（6）土地劳动婚姻法规：《中华苏维埃共和国土地法》《中华苏维埃共和国各级劳动部暂行组织纲要》《中华苏维埃共和国劳动法》《中华苏维埃共和国违反劳动法令惩罚条例》《中华苏维埃共和国婚姻条例》《中华苏维埃共和国婚姻法》等。

4. 基本内容

（1）**婚姻法**

在《中华苏维埃共和国婚姻条例》实施 2 年多后，出台了更为完善的《中华苏维埃共和国婚姻法》。该法共 6 章 21 条，确定了新婚姻制度的基本原则：①实行男女婚姻自由，废除一切包办、强迫和买卖婚姻，禁止欺骗式婚姻及童养媳等形式不平等的婚姻。②结婚条件须符合实质要件和形式要件。实质要件为男女双方必须自愿，且达到法定年龄，符合一夫一妻制，双方无禁止结婚的血亲关系，也无不得结婚的疾病。除了承认婚姻登记的形式要件外，凡男女同居者，不论登记与否均以结婚论。同时废除聘金、聘礼及嫁妆的陋习，禁止重婚纳妾。③离婚虽然自由但却有条件。凡男女双方同意离婚的即自行离婚，男女一方坚决离婚的即可离婚。在乡苏维埃或市苏维埃办理离婚登记后，婚姻关系即终止。④对离婚后财产及子女的处理，尤其是私生子女的处理设有专章。离婚后原土地财产、债务各自处理，婚后所负共同债务，由男方清偿。婚后增加的财产男女平分，女方如移居别村，得依照新居村的土地分配率分配土地等。婚前所生子女及怀孕小孩归女方抚养，年长的子女由谁抚养以子女意见决定。⑤确定了军婚离异的条件以加强对军婚的保护。凡红军战士之妻要求离婚的，必须征得军人同意。在通信方便的地方，经过2年其夫无信回家者，其妻方可向当地政府要求登记离婚。

（2）**土地劳动法**

《中华苏维埃共和国土地法》确立了以下四项内容：①废除封建土地剥削，规定了没收土地财产的对象和范围，废除一切高利贷。如没收“所有封建地主、豪绅、军阀、官僚、以及其他大私有主的土地”“中国富农性质是兼地主或高利贷者，对于他们的土地也应没收”；②规定没收土地财产的分配办法，如“被没收来的土地，经苏维埃由贫农与中农实行分配”等。③确认土地所有权，规定“土地与水利的国有”，但仍保留“现在仍不禁止土地的出租与买卖”等。④实行“地主不分田，富农分坏田”的“左”倾路线。从1927年11月《没收土地案》、1928年12月《井冈山土地法》、1929年4月《兴国县土地法》、1930年初《军委土地法》、1930年9月《土地暂行法》，到1931年11月《中华苏维埃共和国土地法》，土地分配原则不断调整。1935年12月《中央关于改变对富农的策略的决定》调整了针对富农的土地政策，仅没收富农出租的土地。这一变化反映了中共从没收所有土地到仅没收地主土地，从禁止土地出租买卖到同意土地租佃、抵押和买卖，从消灭地主、富农和侵犯中农到消灭地主、限制富农和团结中农的革命土地政策之转变过程。

1932年1月1日开始实施的《中华苏维埃共和国劳动法》共12章75条，主要规定了工人集会、结社、罢工等政治权利；工人所享有的劳动条件；工人最低工资额及8小时工作制；工人享有社会保险和劳动保护等。但在实施过程中受到“左”倾路线影响，一些内容难以适应苏区实际状况，如机械地实行8小时工作制和规定休息时间，节假日共有175天，与当时革命战争环境极不适应；工资待遇与物质福利过于超前，如工资不得少于劳动部

最低工资额，至少每3个月由劳动部审查一次；社会保险种类涵盖至免费的医药补助、暂时失去工作能力的津贴、实业津贴、残废及老弱的抚恤金、婴儿补助金等；工会亦可轻率地发动罢工等等。显然，当时苏区的经济情况根本无法满足上述要求，遂于1933年4月开始修正，同年10月生效。经修正的新法主要内容有：①废除对工人的各种封建剥削和一切压榨工人的不合理陋规。如严格取缔“包工”“招工员”，以及任何私人设立的“工作介绍所”或“雇用代理”，严禁要工人出钱买工作或从工资中扣钱作为介绍工作报酬；禁止向工人罚款、克扣工资、征收保证金或强迫储金等行为。②规定工人有集会、结社以及参加工会的权利，保证工人有一定的时间参加社会活动，不得扣除工资。③规定了工时、工资、青工女工特殊利益、劳动保护和社会保险。关于工作时间规定一般不超过8小时，在危害健康的部门可减少到6小时。④规定了劳资纠纷和违反劳动法的处理办法。劳动争议的处理有评判委员会、仲裁委员会、劳动法庭等。总之，新法纠正了一些过“左”的规定，缓解了劳资矛盾，降低了过高的经济要求。

（3）**刑法**

肃清反革命和对白军作战是苏区刑事立法的重要内容，并将贪污浪费等犯罪作为一般犯罪打击的重点。各苏区都曾制定肃反法规，以推进肃反运动。如1930年闽西苏维埃的《惩办反革命条例》、1932年《湘赣省苏区惩治反革命暂行条例》、1934年《川陕省苏维埃政府肃反执行条例》等。1934年4月公布的《中华苏维埃共和国惩治反革命条例》是第二次国内革命战争时期影响最大的刑事法规，共41条，主要内容包括：①反革命罪：“凡一切图谋推翻或破坏苏维埃政府及工农民主革命所得到的权利，意图保持或恢复豪绅地主资产阶级的统治，不论用何种方法都是反革命行为。”第3—30条具体列举了各种典型的反革命罪行。②刑罚种类：一是死刑。一般情况下须经特区政府批准，一律执行枪决。二是监禁。最短3个月，最高10年，没有无期徒刑。三是拘役及强迫劳动。拘役一般是“一月未满，一日以上”；强迫劳动有3日、半年，最长不超过1年。四是没收财产。其一是没收犯罪所用之物，其二是没收犯罪者本人财产一部分或全部。五是褫夺公权。一般指剥夺参加政权、群众组织选举和充当红军的资格权利，主要适用监禁刑以上的罪犯，多为附加刑，亦可作独立刑种施用，自监禁期满起算。驱逐出境未作直接规定，仅在第29条间接提到“被苏维埃驱逐出境，又秘密进入苏维埃境内意图进行反革命活动者处死刑”。六是罚金。对犯罪分子科处罚金，多作为独立刑施用。③适用范围与一般原则：第一，适用范围及于“不论是中国人外国人，不论在中华苏维埃共和国领土内或在领土外，均适用本条例以惩罚之”。第二，类推原则。“凡本条例所未包括的反革命犯罪行为，得按照本条例相类似的条文处罚之。”第三，累犯加重原则。“经法庭判决监禁又再犯本条例所列各罪之一者，加重其处罚。”第四，减免刑罚原则。未满16岁的未成年人可减轻刑罚，未满14岁的幼年人交由教育机关实施感化教育。工农分子犯有非领导或重要的反革命罪行，可以酌情减轻刑罚。对苏维埃有功绩者也可减轻刑罚。《中华苏维埃共和国惩治反革命条例》亦存在“左”倾机会主义的错误观念，如死刑适用面过宽，28种反革命罪行中的27种适用死刑；在定罪量刑上有按阶级成分及功绩定罪的倾向。为了保持党的纯洁性与先进性，立法坚决惩治贪污浪费行为，1932年《关于惩治贪污浪费行为第26号训令》规定，凡工作人员玩忽职守而浪费公款，致使国家受到重大损失者，即构成浪费罪，依其浪费程度处予警告、撤职，以至1个月以上3年以下监禁。凡贪污公款500元以上者处死刑。

（三）地方苏维埃法制

由于中华苏维埃共和国的地方政权机构先于中央政府而建立，加上受政治军事的影响，相隔较远的地方苏维埃政权具有相对独立的政治系统和较大的行政自主权，如川陕苏区。因此，在中央政权和统一的法律体系尚未形成之时，各苏区根据中共的指示精神和当地的实际情况，分别制定了适用于本地区的各类法规。

地方苏维埃政权提出并试行苏维埃执政纲领和组织原则，成为地方苏维埃法制建设的一大重点，为制定《中华苏维埃宪法大纲》提供了基础和经验。如1927年9月江西发布的《江西省革命委员会行动政纲》，涉及政治、经济、工农、军事和文化五大方面，明确提出“一切政权属于工人农民及一切革命的平民”。同年11月，江西制定了《苏维埃临时组织法》和《江西省苏维埃临时政纲》。《苏维埃临时组织法》详细说明了苏维埃的来源、意义和任务及其与资产阶级国家的根本不同，规定了省、县、市、区、乡各级苏维

埃产生的方式及组织形式。《江西省苏维埃临时政纲》共28条，涉及政治、经济、军事、建设、教育、外交、工人和妇女保护等方面，是具有初步宪政意义的政治纲领。又如1928年1月遂川县工农兵政府成立大会通过的《遂川县工农民主政府临时政纲》共24条，内容包括政治、经济、军事、文化等方面。再如1930年3月闽西第一次工农兵代表大会通过的《苏维埃政府组织法案》，共9章37条。该法案明确规定一切政纲都要根据工人、农民、士兵及其他贫民利益来决定，同时不妨害小资产阶级的利益。1930年10月江西省苏维埃政府成立并颁布了《江西省苏维埃政府政纲》，共13条，涵盖了民主政治、经济、外交等方面内容。

各地还先后制定了一系列刑事法规，以镇压反革命分子和其他犯罪分子的破坏活动，巩固工农民主专政政权，是地方苏维埃立法的又一重点。如1927年海丰县工农兵代表大会通过的《杀尽反动派决议案》、1930年闽西工农民主政府制定的《惩办反革命条例》、1931年赣东北特区政府制定的《赣东北特区苏维埃暂行刑律》、1932年湘赣省制定的《惩治反革命犯暂行条例》等。这些法律法规为1951年的《中华苏维埃共和国惩治反革命条例》提供了参考经验。

地方苏维埃在革命战争环境中不断形成了各具特色且又自成体系的法律制度。如1930年3月闽西第一次工农兵代表大会通过的《苏维埃政府组织法案》《劳动法》《婚姻法》《工会法草案》《土地法令》《山林法令》《保护青年妇女条例》《保护老弱残废条例》《优待士兵条例》《商人条例》《暂行税则条例》《合作社条例》《借贷条例》《取缔牙人条例》《取缔纸币条例》《裁判条例》和《惩办反革命条例》等政策法令，涵盖了行政法、经济法、民法和刑法等各部门，初步形成了地方苏维埃法律体系。赣东北苏区自1929年10月至1931年11月，就已颁布了《信江苏维埃政府临时组织法》《信江苏维埃政府纲领》《信江苏维埃特区临时土地分配法》《信江特区苏维埃土地临时使用法》《工会临时组织条例》《赣东北特区苏维埃暂行刑律》等法律法规。自1931年11月到1934年11月又先后颁布了《赣东北省苏维埃政府土地分配法》《婚姻法》《赣东北省苏维埃政府优待红军家属条例》《中华苏维埃共和国赣东北省劳动部布告——关于雇用辅助劳动临时条例》《闽浙赣省苏维埃政府土地税征收法》《闽浙赣省苏维埃粉碎敌人五次"围剿"决战公债条例》等法律法规，不仅数量多且门类齐。

（四）苏维埃司法体制

苏维埃政权在制定各种法律的同时，相应地建立起各种保证法律实施的司法机构和工作制度。为了保障中华苏维埃共和国革命法律的效力，中央执行委员会下设与负责全国政务的人民委员会平行的**最高法院**、**国家政治保卫局**、**检察员**、**裁判部**（或法庭），分别行使侦查权、检察权和审判权。

1. 司法人民委员部

人民委员会下设司法人民委员部，是司法行政机关。司法人民委员部设刑事处、民事处、劳动感化处和总务处，分别掌管刑事诉讼、民事诉讼等行政事宜，管理看守所、劳动感化院以及部内一切事务。主要负责如审判机关设置、司法人员培训和委任、法制宣教和制度建设、巡视各地裁判部执行法律情况、起草法律文件等具体事务。地方各级裁判部主管相应的司法行政工作。

2. 审判与检察机关

自中央到地方设**四级审判**机关，中央设最高法院（前身为临时最高法庭），内设刑事法庭、民事法庭及军事法庭。最高法院对一般法律进行司法解释，审查各省裁判部及高级军事裁判所的判决书和决议，审查中央执行委员会以外的高级机关职员犯罪案件。中央司法与行政分离，最高法院负责审判，司法人民委员部负责司法行政；地方司法审判与司法行政合一，省、县、区苏维埃政府内设立各级裁判部，承担审判、检察和司法行政职权，乡（市）苏维埃不设裁判部。红军系统另设**军事裁判所**，分为初级军事裁判所、阵地军事裁判所和高级军事裁判所。

地方及军队审判机关实行上下级领导制，下级审判机关直接隶属于上级审判机关，接受上级审判机关对干部及工作人员的任免、奖惩、教育和训练，接受上级审判机关的视察与指导，定期向上级审判机关报告工作。地方审判机关在行政上还须接受中央司法人民委员部及同级苏维埃政府主席团的指导，在审判上亦要接受最高法院的指导与节制。

检察机关附设于最高法院和裁判部内，实行“**审检合一**”。最高法庭内

设正副检察长各1人，检察员若干人；省、县裁判部内设检察员若干人；区裁判部不设检察员。检察员管理刑事案件预审、起诉事宜，并于法庭审判时代表国家提起公诉。为加强检察工作的领导，中央至地方成立**工农检察委员会**，为各级苏维埃行政机关之一部分。1933年12月之前，工农检察委员会称“工农检察人民委员部”，根据苏维埃临时中央政府1932年制定的《工农检察部的组织条例》规定，省、县、区三级苏维埃政府设置工农检察部，城市则设立工农检察科。第二次全国苏维埃代表大会改组了工农检察委员会，中央工农检察委员会由36人组成。省及中央直辖市工农检察委员会由13～21人组成，县及省直属区市工农检察委员会由9～11人组成，区及县直属市工农检察委员会由5～7人组成。各级工农检察委员会委员由各级苏维埃代表大会选出，但必须具备以下两个条件：①有阶级觉悟，最忠实于苏维埃政府的工人、农民、贫民及其他革命分子，但工人至少占40%。②未受过苏维埃法庭刑事处分者。

工农检察委员会下设控告局，接受工农劳苦群众对苏维埃机关的控告，并调查控告的事实。1932年12月1日，中央工农检察人民委员部规定由各级工农检察部组织成立临时性机构**检举委员会**，主要检举纠察各级政府工作人员、各地军事机关、地方武装部队指挥员，清除阶级异己分子、官僚腐化分子。检举委员会只有检举揭发并上报检察机关之权，不能直接参与处罚。各级检察委员会均配有巡视员，负责巡视和指导指定工作之责。工农检察委员会职权范围甚广，除了党和红军内部之事不能干涉外，可监督一切机关、企业、单位是否遵守政府法令。

与军事裁判所并立的检察机关为**军事检察所**，负责对军事犯罪的侦查、预审和公诉。按照《军事裁判所暂行组织条例》的规定，在初级军事裁判所与阵地军事裁判所的所在地设立初级军事检察所，在高级军事裁判所的所在地设立高级军事检察所。

总之，苏区时期形成了以工农检察部为主体，包括军事检察所、政治保卫局检察科、审判机关内设检察员在内的苏维埃检察机关。此外，还设置了检察机关管辖和指导的突击队、轻骑队、工农通讯员和群众法庭等群众职能组织，充分依靠群众反腐倡廉。1932年8月13日颁布了《突击队的组织和工作》，同年12月20日还通过了《轻骑队的组织与工作大纲》，充分贯彻了

"群众路线"。

3. 国家政治保卫局

人民委员会内设国家政治保卫局，保卫局各级机关实行集权体制，省、县及相当的市设分局，区及县属市设特派员。红军方面军、军团均设分局，师团及独立营设特派员及干事，各级政治保卫局由委员会组织。一切反革命的案件由国家政治保卫局侦查、逮捕和预审，预审之后向司法机关（法院或裁判部）提起公诉。1932 年之后，国家政治保卫局开始享有有限的审判和处决权，1934 年增加了紧急处置权，几乎囊括了所有司法权。国家政治保卫局是专门针对政治和经济上反革命活动的司法机关，尽管在确保后方秩序稳定，保障苏维埃国家政权和经济文化建设等方面发挥了重要作用，但造成了肃反扩大化的严重后果。

三、抗日民主专政法制

为了建立最广泛的民族统一战线，共同抗击日本帝国主义，1935 年 12 月，中共中央通过《关于目前政治形势与党的任务决议》提出把"**工农共和国**"改为"**人民共和国**"。毛泽东认为："如果说我们过去的政府是工人、农民和城市小资产阶级联盟的政府，那么，从现在起应当改变为除了工人、农民和城市小资产阶级以外，还要加上一切其他阶级中愿意参加民族革命的分子。"① 1936 年 8 月，中共中央《关于抗日救亡运动的新形势与民主共和国的决议》再次提出把"人民共和国"改为"**民主共和国**"。1937 年 5 月，毛泽东在中共全国代表会议上宣布："为了和平、民主和抗战，为了建立抗日的民族统一战线，……共产党领导的陕甘宁革命根据地的政府改名为**中华民国特区政府**，红军改名为国民革命军，受南京中央政府及军事委员会的指导。"② 同年 9 月 6 日，中共中央正式宣布取消"中华苏维埃共和国"的称号，将中华苏维埃共和国临时中央政府西北办事处改为中华民国特区政府，即**陕甘宁边区政府**。

① 毛泽东：《论反对日本帝国主义的策略》，载毛泽东：《毛泽东选集》（第一卷），人民出版社，1993 年，第 156 页。

② 毛泽东：《中国共产党在抗日时期的任务》，载毛泽东：《毛泽东选集》（第一卷），人民出版社，1993 年，第 258 页。

（一）民主的深度发展与"三三制"

1. 抗日民主政权组织结构设计

抗日战争时期，北起内蒙，南至海南，中共建立了19个抗日根据地，除陕甘宁边区是由原来的老苏区转化而来之外，其余18个抗日根据地依次为：①华北地区：晋察冀、冀热辽、晋绥、晋冀豫、晋鲁豫、山东6个；②华中地区：苏北、苏中、苏南、淮北、淮南、皖中、浙东、鄂豫皖、湘鄂赣、河南10个；③华南地区：东江和琼崖2个。由于当时未能建立全国性的革命政权，所以各抗日民主政权之间互无隶属关系，是在中共中央和各边区党委的统一指导下，因地制宜地设置各地的政权组织，并且制定地区性的法规条令。[①] 各抗日根据地先后建立了边区政府（或行政公署）以及县、乡三级抗日民主政权。到抗战胜利时，全国抗日民主政权共有行政公署22个，专员公署90个，县政府635个。各抗日根据地的总人口已达9550万人。

在政权建设方面，以陕甘宁边区为例，**参议会**是最高权力机关。参议员由人民直接选举。政府设边区、县、乡三级，主要领导由同级参议会选举产生。各抗日根据地政府名称不一，如陕甘宁、晋冀鲁豫称"边区政府"，晋察冀称"边区行政委员会"，山东称"山东省战时行政委员会"，晋绥及华中根据地称"行政公署"（简称"行署"）。如陕甘宁边区政府由边区参议会选举委员13人组成边区政府委员会，并在委员中选举正副主席各1人。边区政府主席对外代表边区政府，对内主持边区政府委员会会议，监督边区行政机关及处理边区事务。边区政府委员会下设秘书处、民政厅、财政厅、教育厅、建设厅、保安司令部、保安处、审计处及各种专管机关，分管各项工作。各厅（处）、院、部之下设立若干科、室或庭等，以分管部门各项工作。专管机关（有地区称直属机构）一般称"局"，如税务局、监务局等。专员公署和区公署分别为边区政府和县政府的派出机关。边区设高等法院，专区设高等法院分院，县设县法院。边区和县法院院长由边区和县参议会选举产生。边区参议会、政府和高等法院，三者坚持一元化的民主集中制。

---

① 张希坡：《人民代表大会创建史》，中共党史出版社，2009年，第279－280页。

2. 从工农兵代表会议到参议会

（1）参议会组成与“三三制”原则

抗日根据地的各级民主政权，具有抗日民族统一战线的性质，是几个革命阶级联合起来对汉奸和反动派的民主专政。因此，抗日民主政权普遍实行议会制度。1938 年 7 月中华民国国民参政会一届一次会议作出在各省、市召开参议会的决定，并于 9 月公布了省参议会临时组织条例。与此同时，边区政府于同年 11 月 25 日决定将边区议会改为边区参议会，参议会制度成为边区政府的主要政权形式，由各级参议会、代表会、村民大会组成。各级参议会是各级人民代表机关，是抗日民主政权的最高权力机关，一般设边区（省）、县（或市）、乡（或市、村）三级（山东在省与县之间，有行署和专区一级参议会），只是在名称上略有不同，如晋察冀、晋冀鲁豫根据地县一级称“议会”，基层称“村民大会”或“村民代表会”等。

各级参议会的参议员由人民直接选举产生，同级政府认为必要时可在个别边区由政府聘请一定数量的社会有名望的人士为参议员。陕甘宁边区《各级参议会组织条例和选举条例》规定：边区、县（及市）、乡（市）三级参议会的参议员，由人民采取普遍、直接、平等、无记名的投票选举制选出；各级参议会可聘请一些勤劳国事以及在社会、经济、文化等方面有名望的人作为议员，但名额不得超过议员总数的 1/10。边区（省）、县（市）两级参议会均设议长、副议长各 1 人，由议员选出，主持会议工作。同时选出常驻议员数人，组成常驻会，于参议会闭会期间主持会内日常事务，并监督政府对参议会决议案的执行。各级参议员逐级选举产生，边区参议员选举以县（市）为单位，县参议员选举以乡为单位（晋察冀边区以区为单位），乡参议员选举以居民小组为单位（晋察冀边区的村民代表以公民小组为单位）。各级参议员人数也有具体规定，如陕甘宁边区 8 000 人中选出议员 1 人，人口最多的县或市选出议员不得多于 10 人，人口最少的县或市不得少于 3 人。

到 1940 年初，中共领导的各抗日根据地普遍建立了包括各抗日阶级、阶层、党派和团体在内的抗日民主政权，这为“三三制”政权的建立奠定了坚实基础。1940 年 3 月 6 日，中共中央政治局发出《抗日根据地的政权问题》的指示提出：“根据抗日民族统一战线政权的原则，在人员分配上，应规定为共产党占三分之一，非党的左派进步分子占三分之一，不左不右的中

间派占三分之一。”同时，中共中央发出通知，要求根据地按照“三三制”原则建立各级参议会。

1941年1月，陕甘宁边区政府颁布《陕甘宁边区各级选举委员会组织规程》，边区中央局发出《关于彻底实行“三三制”的选举运动给各级党委的指示》，边区政府发出《为改选及选举各级参议会的指示信》正式确立了以“三三制”为核心的民主政权体制。“三三制”选举的程序是：以村或居民小组为单位，由选民酝酿提出乡参议员候选人；以乡为单位召开选民大会，选举乡长和县、乡参议员；县召开参议员会议选举正、副议长，县长和县政府政务委员会委员及边区参议会议员。“三三制”选举有多种方法：①举手表决，即通过酝酿提出候选人，再由选民或议员举手表决，乡、村选举中多采用此法；②投豆，即将候选人名字贴于碗上，选举人按自己意愿将豆投在相应碗内，谁得豆多谁当选，乡级选举多采用此法；③烧孔，即由选举人持香在被选举人名下穿孔，谁孔多谁当选；④票选，即投票，县参议会选举一般采用此法；⑤聘请，有乡长或议员被罢免，因工作调动自然减员，或上级物色的人选落选，一般采取临时聘请的办法补员。

1941年11月，陕甘宁边区第二届参议会第一次会议在延安召开，经无记名投票方式从39名候选人中选出18名政府委员，其中共产党员7人，略超过1/3，当选的徐特立当即声明退出，经大会通过以非党人士白文焕递补。一些县和乡的参议会和政府中中共党员超过了1/3，于是边区政府在1942年3月6日发出《为充实“三三制”给各县的指示信》要求调整，同年9月1日又发出《关于发动普遍的乡市改选运动》的指示，要求通过改选乡议员彻底实现“三三制”。经过努力，1942年底“三三制”在陕甘宁边区已完全实现。之后晋察冀边区、山东根据地、华中地区根据地等相继进行普选，产生了“三三制”的各级抗日民主政权。

（2）参议会的职权与议事程序

以陕甘宁边区参议会为例，参议会的职权主要有：①选举、罢免边区政府主席、副主席、委员及高等法院院长，监察弹劾政府及司法机关的公务人员；②制定边区单行法规，批准民政、财政、教育、建设、粮食及军事等各项计划；③通过边区政府提出的预算，审查决算，决定边区税收的征减增废和公债的发行；④议决边区政府主席、政府委员会、各厅、院长和群众团体提请审议的事项，决定边区应兴应革的重要事项；⑤督促、检查边区政府对参议会决议的执行；⑥追认闭会期间常驻会、边区政府主席或政府委员会关于紧急措施的重要事项。

县以上的参议会，由参议员选举正副议长主持全会工作。开大会时选举若干人组成主席团帮助正、副议长工作，并设立秘书处、参议员资格审查委员会、提案审查委员会及其他需要设立的专门委员会。边区一级的权力机关，均选举常驻参议员组成参议会的常驻机构（陕甘宁称“常驻会”，晋察冀称“驻会参议员办事处”，晋绥称“常驻委员会”，晋冀鲁豫和山东称“驻会委员会”等），正副议长为当然成员。县级权力机关有的设常驻机构（陕甘宁边区），有的只以议长或副议长为常驻议员驻会（晋察冀边区、晋冀鲁豫边区）。常驻机构除在参议会闭会期间处理日常事务外，还有以下职权：监督同级政府对参议会决议案的执行；听取同级政府的按期工作报告；向同级政府提出建议与询问；派代表出席同级政府委员会会议；必要时决定召集参议会临时会议。

各根据地基层参议会的组成则略有不同。如陕甘宁边区的乡（市）参议会不设正副议长，开会时推举主席团3人主持，乡（市）长为主席团当然成员。晋察冀边区的基层权力机关为全村公民组成的村民大会，大会闭会期间由全村公民选举的代表组成村民代表会行使村民大会职权。村民代表会设正副主席，由村民代表大会选举产生，正副主席兼任正副村长。

总之，与土地革命战争时期工农兵代表大会制度相比，抗日民主政权的参议会吸纳的人员更加广泛，基本上包括了根据地内拥护抗日和民主政治的各阶级阶层人士，极大地扩大了政权的阶级基础。

（二）作为实验示范区的陕甘宁

1. 三次参议会与宪法性法律

陕甘宁边区是抗日民主政治建设的实验区，对敌后各根据地的政权建设起到了示范和推动作用。1938年10月，中共六届六中全会确定了陕甘宁边区的主要任务是“进行切实的抗战动员，民主政治的建设，文化教育工作的普及，增进国防与民生的经济建设，肃清土匪汉奸，发扬艰苦奋斗的工作作风，在全国起模范的与推动的作用”。1939年1月17日至2月4日，陕甘宁

边区第一届参议会会议召开，到会参议员146人，会议通过《**陕甘宁边区抗战时期施政纲领**》《陕甘宁边区政府组织条例》《陕甘宁边区选举条例》《陕甘宁边区各级参议会组织条例》《陕甘宁边区土地条例》和《陕甘宁边区高等法院组织条例》，以及12件重要提案，包括根绝汉奸、土匪，扩大地方武装案，统一战线动员案，发展国防经济案，工作人员参加生产运动案，发展国防教育、提高大众文化案，优待抗日军人家属案，提高妇女政治经济地位案等。

《陕甘宁边区抗战时期施政纲领》作为“边区一切工作之准绳”，是中**共革命三民主义**在陕甘宁边区的具体贯彻：①实行“坚持抗日民族统一战线，团结全边区人民与党派，动员一切人力、物力、财力、智力，为保卫边区、保卫西北、保卫中国、收复一切失地”的彻底的民族主义；②推行“发扬民主政治，采用直接、普遍、平等、不记名的选举制，健全民主集中制的政治机构，增强人民之自给能力”的彻底的民权主义；③“确保私人财产所有权，保护边区人民由土地革命所得之利益”，“增加农业生产”，“发展手工业及其他可能开办的工业”，“发展畜牧业”，“发展商业”以改善人民生活的彻底的民生主义。

1941年1月陕甘宁边区开始筹备召开第二届参议会，全面实施“三三制”。为此，中共陕甘宁边区中央局（后改为中共中央西北局）起草了《**陕甘宁边区施政纲领**》，于1941年5月1日发布，亦称“五一施政纲领”。各县即按照纲领精神，提出符合“三三制”的候选人名单开展选举。边区第二届参议会第一次会议于1941年11月6日至21日举行，到会参议员219名，其中18名候补参议员。大会通过了《陕甘宁边区施政纲领》，以及《**陕甘宁边区保障人权财权条例**》《陕甘宁边区行政督察专员公署组织暂行条例》《陕甘宁边区县政府组织暂行条例》《陕甘宁边区各县区公署组织暂行条例》《陕甘宁边区各乡市政府组织条例》《陕甘宁边区各级参议会组织条例》《陕甘宁边区各级参议会选举条例》《陕甘宁边区战时动员壮丁与牲口条例》《陕甘宁边区参议会会议规程》等9项单行法规，讨论通过有关军事（13案）、政法（35案）、财政（12案）、文教（35案）、经建（6案）、特种（11案）等方面的提案。

《陕甘宁边区施政纲领》共21条，以“三三制”为主要内容，依次规定了保证一切抗日人民（地主、资本家、农民、工人等）的人权、政权、财权及言论、出版、集会、结社、信仰、居住、迁徙之自由权等各项权利，同时还规定了改进司法制度、厉行廉洁政治、减租减息以及有关婚姻家庭、民族、外交、侨务等政策。如在改进司法制度方面，主张“除司法系统及公安机关依法执行其职务外，任何机关、部队、团体不得对任何人加以逮捕、审问或处罚。坚决废止肉刑，重证据不重口供。对于汉奸分子，除绝对坚决不愿改悔者外，不问其过去行为如何，一律施行宽大政策，争取感化转变，给以政治上与生活上之出路，不得加以杀害、侮辱、强迫自首或强迫其写悔过书。对于一切阴谋破坏边区的分子，例如叛徒分子、反共分子等，其处置办法仿此”。又如在厉行廉洁政治方面，规定“严惩公务人员之贪污行为，禁止任何公务人员假公济私之行为，共产党员有犯法者从重治罪。同时实行俸以养廉原则，保障一切公务人员及其家属必需的物质生活及充分的文化娱乐生活”。再如在土地财政税收方面，实行“保证一切取得土地的农民之私有土地制，保证地主的土地所有权及债主的债权，惟须减低佃农租额及债务利息。奖励私人企业，保护私有财产，欢迎外地投资，实行自由贸易，反对垄断，实行10小时工作制，增强劳动生产率。居民中除极贫者应予免税外，均须按照财产等第或所得多寡，实施程度不同的累进税制，使大多数人民均能负担抗日经费。同时维护法币，巩固边币，以利经济之发展与财政之充裕”。

各抗日根据地相应制定了新的施政纲领，如1940年《晋冀鲁豫边区政府施政纲领》《晋察冀边区目前施政纲领》、1942年《对巩固和建设晋西北的施政纲领》、1944年《山东省战时施政纲领》等。各抗日根据地亦同时制定了保障人权条例，如1940年《山东省人权保障条例》、1941年《晋冀鲁豫边区保障人民权利暂行条例》、1943年《渤海区人权保障条例执行规则》、1944年《苏中区人权保障条例》等。其中以《陕甘宁边区保障人权财权条例》与《山东省人权保障条例》最具典型性，主要内容有：①人权的主要内容。“边区一切抗日人民，不分民族、阶级、党派、性别、职业与宗教，都有言论、出版、集会、结社、居住、迁徙及思想之自由，并享有平等之民主权利。”具体分为抗日人民的各项自由权和民主平等权。②人权保障的重要措施。司法公安机关逮捕人犯应证据充分，依法执行；其他任何机关、部

队、团体不得对任何人逮捕、审问、处罚，但现行犯例外；过去反对边区逃亡在外的地主、富农，返回家园遵守法令，一律不究既往，依法保护其人权，禁止侵犯。③侵犯人权的惩处办法。“凡各级政府公务人员违法侵害人民之自由或权利者，除依法惩办外，应负刑事及民事责任，被害人得就其所受损害依法请求赔偿。”同时，规定了对公务员从严治罪，犯罪不准株连等原则。

1944年12月4日至19日，陕甘宁边区第二届参议会第二次大会召开，到会议员187人，通过了《陕甘宁边区各级参议会选举条例》（7章23条）、《陕甘宁边区地权条例》（15条）、《陕甘宁边区土地租佃条例》（6章37条），讨论通过的提案达124件。[①]

2. 陕甘宁时期的立法新动向

抗日民主时期并没有形成全国统一的政权组织，尚处在中共局部执政时期。但以陕甘宁边区为代表的各地抗日民主政权依然在完善法制方面着力甚多。据不完全统计，陕甘宁边区政府在抗战时期颁布的法律法规共计269项。[②] 各地抗日民主政权也先后制定了诸多法律条令，如晋察冀边区在抗战时期的法律法规除了《晋察冀边区目前施政纲领》外，在政权建设方面（包括组织编制、民主建设、干部管理等）立法31项；社会政策方面（包括土地劳资、禁烟禁毒、婚姻继承、人民武装、拥军抚恤、社团侨民等）立法32项；社会管理方面（包括惩贪调解、公安卫生等）立法17项；教育方面立法14项；财政方面（包括税务、抗战勤务、财务行政、货币金融等）立法33项；实业方面（包括农工业、贸易合作及其他）立法23项；司法方面立法5项，共计155项。[③] 以上所统计的法律政令大多以决定、指示、办法的形式公布，从严格意义上讲并非正式的法律法规，但能大致反映当时边区政府法制建设的状况。以陕甘宁边区为代表的立法主要包括以下四大方面：

（1）土地法

陕甘宁边区的土地法在1940年7月之前重点保护农民的既得利益，确认

① 张希坡：《人民代表大会创建史》，中共党史出版社，2009年，第297页。
② 张希坡：《人民代表大会创建史》，中共党史出版社，2009年，第374－285页。
③ 张希坡：《人民代表大会创建史》，中共党史出版社，2009年，第411－421页。

农民分得土地的所有权。之后重点转为减租减息、保障佃权和低利借贷。先后制定1938年《陕甘宁边区土地所有权证条例》、1939年《陕甘宁边区土地条例》、1942年《陕甘宁边区土地租佃条例草案》、1943年《陕甘宁边区土地典当纠纷处理原则及旧债纠纷处理原则》、1944年《陕甘宁边区地权条例》等。综合而言，边区土地立法除了继续强调对私有土地的所有权保护外，大致还包含以下两个方面的内容：

①减租保佃。继续推行“二五减租”政策，以及贯彻南京国民政府有关地租不得超过土地正产品年收获量37.5%的规定。各根据地规定了各种土地租佃方式的地租限额，一般不得超过37.5%，并禁止地主在减租开始前预先提高地租。大多数根据地明确规定凡未经土地革命的地区，地租必须比抗战前原税额减轻25%。同时禁止地主征收“杂租”（在租额外索取各种实物）、“小租”（佃户向庄头收租人交纳的费用）、“大粮”（地主所放的高利贷粮食债务）、“送工”（佃户无偿为地主服役），以及预收地租、押租之类的额外剥削。还有不少根据地如晋西北、太岳等地都规定在开始实施减租前的欠租一律无效。

各根据地一般均规定出租人不得单方改变地租形式，对累世承租人要承认其永佃权，非经承租人同意不得撤佃。出租人出卖土地时，承租人有先买权。鼓励承租人实施土地改良，出租人不得因此加租。在保护承租人利益的同时，强调承租人负有按时按质按量交租的义务。另外，在出租人为抗属、烈属、贫困孤寡者，或因丧失劳动力而少量出租土地者，可不受减租办法的限制。不少根据地为此专门制定了土地租佃单行条例，如1942年《山东省租佃暂行条例》、1943年《晋察冀边区租佃债息条例》等。

②减债减息。各根据地通过减租减息来限制高利贷的主要途径有限制利率、限制利息总额、禁止利息外盘剥三种。一般规定农村借贷年利率不得超过10%或15%。原有利率应降低至限制利率以下，超过部分利息不得追讨。大多数根据地均规定，减租减息之前的旧债务应按照减息后的利率标准计算，如果按此利率累计还息已达一本一利（即超过原本200%），债务即告清偿。

（2）劳动法

劳动法体现了“调节劳资双方利益，团结资本家抗日”的原则，以1942

年《陕甘宁边区劳动保护条例草案》及1941年《晋冀鲁豫边区劳动保护暂行条例》较为典型。各根据地主要位于农村，劳动法尤为注重保护农村雇工，且专门制定了相应的单行法规，如《晋察冀边区行政委员会关于保护农村雇工的决定》《晋西北改善雇工生活暂行条例》《山东省改善雇工待遇暂行办法》等。各根据地劳动立法的要点主要包含：①工人权利。工人言论、出版、集会、结社、参军、参政以及参加各项抗日活动的自由权利。各根据地成立了各级工会和工人抗日救国会，雇主开除工人事先得经工会同意。②工时、工资、劳动保护。一般实行8～10小时工作制，农村雇工和家庭雇工的工作时间和休假日，除政府另有规定外，一般遵照当地习惯。因工会工作请假，全年在15天以内的工资照发。工资标准由工会、雇主、工人三方协商，亦有根据地规定了最低工资标准，如晋冀鲁豫边区规定“除工人本身外，以再供一个人至一个半人最低生活之必需费用为标准”。男女实行同工同酬。各根据地还详细列举了各类工作保护性条款。如生产必须注意安全防护；工人因工致伤，应由资方负责医疗费用；工人因工致残，应发给3～12个月的工资为抚养金；工人因工致死，资方应承担丧葬费用，并发给遗属相当于死者3～6个月工资的抚恤金。③保护女工、青工、童工。禁止女工从事繁重的、有害健康的及地下作业。禁止哺乳女工、孕妇、童工做夜工。女工产假2个月，工资照发。哺乳女工每日给适当哺乳时间。④劳动合同与集体合同。订立劳动合同以劳资双方自愿为原则，集体合同由工会代表工人与公营厂方或资方以协议方式订立。合同的内容包括工时、工资、福利待遇、双方权利义务等。合同内容不得违反现行法律，否则无效。另外，对合同纠纷的解决也有详细规定。⑤技术发明奖励。按照陕甘宁、晋冀鲁豫等根据地的规定，工人或其他人对边区的农、林、牧、畜、水利、工矿等生产事业有发明创造或推广现有技术而获得成就者，政府给予荣誉和物质奖励。

（3）**婚姻法**

婚姻法制继续贯彻苏区婚姻法的基本原则，但在婚姻制度的若干细节如婚龄、结离婚条件等方面，作出了具体灵活的规定。较为典型的有《陕甘宁边区婚姻条例》《晋察冀边区婚姻条例》《晋冀鲁豫边区婚姻暂行条例》《晋绥边区婚姻暂行条例》《山东省婚姻暂行条例》等，主要内容包括：①结婚条件。婚龄各地不同，陕甘宁边区为男20岁，女18岁；晋冀鲁豫边区为男

18 岁，女 15 岁。少数民族婚姻在不违反法定条件的前提下应尊重其习惯。凡患花柳病及其他不治之恶疾者；以诈术或强暴使他方无意志之自由者；略诱行为者；直系血亲、直系姻亲，或八亲等内之旁系血亲，或三亲等内之旁系之姻亲等禁止结婚。②离婚条件。感情意志根本不合无法继续同居者；重婚者；与他人通奸者；图谋陷害他方者；患不治之恶疾者可以请求离婚。另外，男女一方如有充当汉奸者、重婚或与他人通奸者、恶意遗弃或谋害他方者、生死不明已过 3 年者、感情意志根本不合无法继续同居者，他方可向政府请求离婚。同时也规定抗日军人之配偶提出离婚者，须得军人本人同意。女方怀孕期间或产后 1 年内，男方不得提出离婚。双方自愿离婚者不在此限。③妇女及子女利益的特殊保护。如女方怀孕期间及哺乳期间（有的规定为 3 个月，有的规定为 1 年）男方不得提起离婚。非婚生子女享有与婚生子女同等的权利，不得抛弃。离婚时的年幼子女（有的规定为 6 岁，有的规定为 5 岁，有的规定为 4 岁）原则上归女方抚养，男方应支付抚养生活费用。女方再婚时，归其抚养的子女由女方与后夫共同抚养。抗战结束后，各解放区制定的婚姻法规基本上沿用了以上规定。

（4）**刑法**

各根据地政权的刑法原则主要为：①镇压与宽大相结合的原则。对汉奸分子除绝对不愿悔改者外，不问过去行为如何，一律实行宽大政策，在其政治上、生活上给予出路。对绝对不愿悔改者，依法严办。注意区分首要犯与胁从犯，惩办主要施于首要分子，宽大主要施于胁从分子。②贯彻保障人权原则。不放过一个敌探奸细，也不错办冤枉一个好人。③反对威吓报复，实行感化教育原则。以无产阶级思想克服和改造罪犯地主资产阶级腐朽没落思想。反对惩办主义，用说服方法帮助其认识错误。反对报复主义，减少罪犯痛苦，以利于其安心守法、彻底改造。

罪名主要有：①汉奸罪。凡以破坏抗战为目的的行为。②盗匪罪。凡以抢劫为目的犯罪行为。③破坏边区罪。凡以破坏边区为目的的犯罪行为。④破坏坚壁财物罪。坚壁财物也叫空室清野财物，主要是指因防止日寇汉奸破坏与掠夺而藏于地窖、山沟等隐蔽场所的一切公私财物及土石堵塞的建筑物。凡勾结敌伪挖索上述财物，或毁损、窃盗上述财物等行为。除以上重大刑事犯罪外，还有破坏经济秩序、妨害社会秩序、侵害人身权利和民主权

利、侵犯财产、妨害婚姻家庭等普通刑事犯罪。

刑种主要有：①死刑。只对汉奸、盗匪、敌特及破坏边区的反革命首要分子判处死刑。死刑宣判要向群众公布，行刑有检察员临场监验，一律枪决。②无期徒刑。各根据地规定不一，实际上并未适用，有的已废止。③有期徒刑。最初刑期最高为5年，最低为6个月。1942年3月后最高刑期多为10年。④拘役，又称劳役或苦役。凡判处3个月以下的罪犯，不由监所拘押，而是实行劳动改造。⑤教育释放。经过一定时间的关押教育不再执行劳役，即行释放，关押多则1月，少则几天。⑥当庭训诫。对犯极轻微罪行者在法庭上予以训诫，讲明道理，指明错误，使其不再犯。除了这些主刑之外，还有较为完善的从刑：一是褫夺公权。主要适用于汉奸、敌特、反动分子。刑期1～5年，自徒刑完毕日起算。二是没收财产。主要适用于汉奸、盗匪。违禁品、犯罪所用之物及非法所得也予没收。三是罚金。主要用于以谋财为目的的犯罪，分并科、选科、易科、专科四种。

3. 司法观与马锡五审判方式

陕甘宁边区政府抛弃了自晚清以来所推崇的新式司法制度，开始了大众化的尝试，如简化审级和程序，强调司法人员必须在情感上与民众保持沟通、在生活方式上同百姓打成一片，甚至直接发动大众参与司法，以及将大众对司法机关的评价作为评判法院审判优劣的唯一标准等。[①] 陕甘宁边区的司法制度主要有1939年4月公布的《高等法院组织条例》、1943年3月制定的《县司法处组织条例草案》以及《高等法院分庭组织条例草案》等。

为了更好地发挥司法工作为政治服务的效能，司法机关与同级人民政府的关系明确定为：各级司法机关是同级政府的组成部分，在同级政府统一领导下进行工作。具体从事边区司法审判、检察以及司法行政，甚至部分侦察职责的机关是**边区高等法院和县司法处**。边区高等法院设院长1人，由边区参议会选举产生，边区政府委任，向边区参议会和边区政府负责并报告工作，实行院长负责制。院长负责管理边区的司法行政事宜及高等法院内部的行政事务；监督、指挥全院一切诉讼案件的执行；审核地方司法机关对案件

---

① 侯欣一：《从司法为民到人民司法：陕甘宁边区大众化司法制度研究》，中国政法大学出版社，2007年，第3页。

的处理；没收稽核赃物、罚金以及对人犯的处理；对违法的司法人员进行惩戒、管理司法教育等相关事务。边区高等法院内设总务科、检察处、民事法庭、刑事法庭、书记室、研究室、看守所和监狱等机构。在各分区设有高等法院分庭作为高等法院的派出机构，专员兼任分庭庭长，组织极为简单，其职权范围与高等法院大致相同。

地方除延安市设地方法院外，其余各县均设裁判部，后改为县司法处，行使司法行政、检察及审判等职权。陕甘宁边区共有 3 个分庭，29 个县司法处和 1 个地方法院。根据陕甘宁边区高等法院 1938—1943 年的统计，30 个初审单位共处理了 10 112 件刑民案件，其中属汉奸和破坏边区犯罪的占刑事案件的 26%；属于土地与婚姻纠纷的占民事案件的 61.9%。[①] 司法处长由县长兼任，行政司法合一。推事负责具体审判工作，但凡重大或较为复杂的案件，司法处须将该案提交县政府委员会或县政务会议讨论后再行判决。对此《陕甘宁边区县政府组织条例》第 11 条规定："司法处受理各县各项民刑事案件，在县长领导下进行审判。"边区实行审检合一制，在法院内设立检察员，或由其他人（行政首长、公安人员）兼任检察员，在院长领导下行使检察权。

陕甘宁边区的司法机关在形式上隶属于中华民国国民政府，因此，陕甘宁边区最初以县司法处为第一审，边区高等法院为第二审，国民政府最高法院为第三审。由于国民政府最高法院未与边区发生直接联系，因此，不服二审判决可向边区政府委员提起上诉，由边区高等法院进行重审。1942 年**边区政府审判委员会**成立后，确定了以县司法处和地方法院为第一审，边区高等法院及分庭为第二审，边区政府审判委员会为第三审的三审制度。但 1944 年边区政府审判委员会撤销后，实际推行的则是**两级两审制**。

在司法程序上，陕甘宁边区政府一改专业化司法的模式，大幅度精简司法程序以体现便民原则。如起诉以口头和书面均可，书面起诉的可以不拘泥于格式，能看清楚即可，司法机关不得以此为由拒绝受理；起诉不分时效，审判不分场合和形式，并发明和完善了群众公审、就地审判、巡回审判等便

① 马锡五：《新民主主义革命阶段中陕甘宁边区的人民司法工作》，载《政法研究》，1955 年第 1 期。

民方式，彻底改变了坐堂办案的传统；判决书力求通俗易懂，同时取消诉讼费和送达费等。

在审判原则上，但凡涉及敌我或农民与地主之间的重大案件，原则上采判决的形式解决，且判决应当尽量满足人民的要求；非敌我之间的诉讼则采取**马锡五审判方式**审判；人民之间的纠纷大都提倡调解方式解决，为此，陕甘宁边区政府通过立法确保调解的制度化，如 1943 年《陕甘宁边区民刑事件调解条例》等。

马锡五审判方式，是以“马锡五”命名的一种审判形式。马锡五（1899—1962 年），本名马文章，字锡五，陕西保安（今志丹）县人，历任陕甘边区苏维埃政府粮食部长、陕甘省苏维埃政府国民经济部长等职，1936 年 5 月后改任陕甘宁省苏维埃政府主席。抗日战争时期，先后担任陕甘宁边区庆环专区、陇东专区专员。1943 年 3 月兼任陕甘宁边区高等法院陇东分庭庭长，开始从事司法工作。1946 年 4 月当选陕甘宁边区高等法院院长，1954 年 9 月被任命为最高人民法院副院长。马锡五虽然没有接受过正规的法学教育，但智商较高，精明过人，判决时更是能扬长避短，较好地平衡政策法令和群众意见。尤其是能说会道，有总结归纳之长，四处宣扬推广自己的审判经验，这才成就了“马锡五审判方式”。马锡五审判方式的基本特点主要有：①一切从实际出发，客观全面，深入细致地进行调查研究，重证据不轻信口供；②认真贯彻群众路线，依靠群众辩理说法。实行审判与调解相结合的原则，司法人员与人民群众共同断案，在审判工作中贯彻民主精神；③坚持党性原则，忠于职守，以身作则，严格依法办事；④实行简便利民的诉讼程序，不拘泥于形式，全心全意为人民服务。[①] 在民众眼里，马锡五不摆架子，说话随和，形象亲民。同时，了解农民的心理诉求，能够提出百姓易于接受的纠纷解决方案，及时解决实际问题。

当然，司法实务界反对马锡武的声音也较多，大致有四类：①此种审判方式只适用于类似于陕甘宁边区的落后地区，难以普遍推广；②仅适用于部分司法领导人，象征意义大于普遍意义；③只能适用于某一类案件，如是非

① 参见张希坡：《马锡五与马锡五审判方式》第三章第二节“马锡五审判方式的基本特点”，法律出版社，2013 年。

关系不太清晰的人际纠纷案件，而针对利益冲突比较激烈的财产纠纷则很难适用；④扰乱了正常的司法秩序，具有很大的随意性，降低了司法权威。综合而言，马锡五审判方式只是具体时空条件下的产物，仅是司法审判方式中的一种非典型形式，其形成和成功的条件都极为特殊。

四、人民民主专政法制

（一）政权组织与制度建设推进

1. 从参议会到人民代表会议

随着抗战的结束，解放区的政权组织形式开始由参议会向**人民代表会议**过渡。1944 年底，时任陕甘宁边区参议会副议长的谢觉哉提出将边区参议会改为人民代表会议。1945 年 9 月，边区参议会和政府决定先将乡参议会改为乡人民代表会议。1946 年 4 月，陕甘宁边区第三届参议会第一次大会通过**《陕甘宁边区宪法原则》**规定："边区、县、乡人民代表会议（参议会）为人民管理政权机关。"① 这就以宪法的形式确立了人民代表会议制度。1947 年 4 月，内蒙古召开了内蒙人民代表会议，通过《内蒙古人民代表会议宣言》《内蒙古自治政府施政纲领》等。5 月 1 日，内蒙古自治政府宣告成立，这是中共领导下建立的第一个实行民族区域自治的省级民主政权，也是省级人民代表会议的成功预演。

1948 年 11 月 30 日，中共中央发出了《关于新解放城市中组织各界代表会的指示》，指出根据石家庄、洛阳、济南等城市解放后的经验，在这些城市工作的主要弱点是与广大群众联系不够。为了纠正这些缺点，中共中央决定，在城市解放后实行军管制的初期，应以**各界代表会**作为党和政府的领导机关联系群众的最好组织形式。"人民代表会议是我们的组织武器，而各界代表会则可看作是人民代表会议的雏形。"各界代表会是人民代表会议的前身，是一种"政权和半政权的组织形式"②。而"人民代表会议制度，就是

① 殷啸虎：《近代中国宪政史》，上海人民出版社，1997 年，第 345 - 346 页。

② 《共和国走过的路——建国以来重要文献选编（1949—1952）》，中央文献出版社，1991 年，第 91 页。

研究了资产阶级议会制度和苏维埃制度的经验而提出的”①。

毛泽东曾深入浅出地回答了中共为什么要实行人民代表会议，而不实行苏维埃或者议会制的原因：“过去我们叫苏维埃代表大会制度，苏维埃就是代表会议，我们又叫‘苏维埃’，又叫‘代表大会’，‘苏维埃代表大会’就成了‘代表大会代表大会’。这是死搬外国名词。现在我们就用‘人民代表会议’这一名词。我们采用民主集中制，而不采用资产阶级议会制。议会制，袁世凯、曹锟都搞过，已经臭了。在中国采用民主集中制是很合适的。我们提出开人民代表大会，孙中山遗嘱还写着要开国民会议，国民党天天念遗嘱，他们是不能反对的。外国资产阶级也不能反对，蒋介石开过两次‘国大’他们也没有反对。德国、北朝鲜也是这样搞的。我看我们可以这样决定，不必搞资产阶级的议会制和三权鼎立等。”②

2. 法律制度建设的重要变化

（1）**宪法**

各解放区逐渐连成一片，**大区人民政府**开始出现，最早建立的是华北人民政府，随后又相继建立了东北人民政府、中原人民政府、华东军政委员会和西北军政委员会等。随着大区人民政府的建立，各解放区均制定了一批新的施政纲领作为政权建设的依据。如1946年8月，东北各省市代表联席会议通过《东北各省市民主政府共同施政纲领》，并根据《东北各省市特别市行政联合办事处组织大纲》成立了东北行政委员会。1949年3月，华中地区召开了中原临时人民代表会议，通过《中原临时人民政府组织大纲》，成立中原临时人民政府。这些都为解放区人民民主建设奠定了基础，其中最具代表性的是《陕甘宁边区宪法原则》。

抗日战争结束后，陕甘宁边区第三届参议会议于1946年4月2日至27日在延安召开，到会参议员共139名，其中候补参议员21名。大会的中心议题是争取和平与民主，把边区建设成新民主主义的模范民主自治区。大会通过了《陕甘宁边区宪法原则》《陕甘宁边区复员方案》《陕甘宁边区1946年

---

① 刘少奇：《对马列学院第一班党员的讲话》，载刘少奇：《刘少奇选集》（上卷），人民出版社，1981年，第415页。

② 毛泽东：《在中共中央政治局会议上的报告和结论》，载毛泽东：《毛泽东文集》（第五卷），人民出版社，1996年，第135－136页。

到1948年建设计划方案》《陕甘宁边区婚姻条例》和《陕甘宁边区营业税暂行条例》等。

《陕甘宁边区宪法原则》共分政权组织、人民权利、司法、经济、文化五大部分，分别规定了陕甘宁边区政权组织和活动的基本原则、人民的各项权利、经济文化的基本政策，主要内容包括：首先，确立了人民代表会议制原则。“边区、县、乡人民代表会议（参议会）为人民管理政权机关。”“人民普遍直接平等无记名选举各级代表，各级代表会选举政府人员。”“各级政府对各级代表会负责，各级代表对选举人负责。”各级人民代表会议“乡一年改选一次，县二年改选一次，边区三年改选一次”。“各级代表会每届大会应检查上届大会决议执行的情况。”“各级政府人员，违反人民的决议，或忽于职务者，应受到代表会议的斥责或罢免，乡村则由人民直接罢免之。”其次，规定边区人民享有的政治、经济、文化等权利。在政治权利方面，特别注重“人民对各级政府有检查、告发及随时建议之权”；再次，规定人民为行使政治上的各项自由权利，应受到政府的物质帮助。同时，“各级司法机关独立行使职权，除服从法律外，不受任何干涉”。除司法机关、公安机关依法执行职务外，任何机关、团体不得有逮捕、审讯行为。“人民有不论用任何方法控告失职的任何公务人员之权。”最后，规定在经济上采取公营、合作、私营三种方式，组织一切人力、财力促进经济繁荣，为消灭贫穷而斗争。确立“**耕者有其田**”的原则，做到劳动者有职业，企业者有发展机会。提出普及并提高人民文化水准，消灭文盲的要求。保证学术自由，致力科学发展。虽然《陕甘宁边区宪法原则》以陕甘宁边区的名义制定，但对整个解放区都有着普遍指导意义。

（2）**刑法**

随着解放区逐步由农村扩大到城市，各解放区分别制定各种刑事法规以加强对反动组织和反革命罪犯的惩处。如为了保卫土地改革，镇压反动地主恶霸分子，晋察冀边区于1947年11月颁布《对破坏土地改革者制裁问题》，晋冀鲁豫边区政府于1948年1月颁布《破坏土地改革治罪暂行条例》。各地军管会和人民政府还发布了有关取缔反动党团和一切特务组织的法令，以及制定了一些刑事单行法规，如《华北区禁烟禁毒暂行办法》《苏北区奖励节约惩治贪污暂行条例》《辽北省惩治窃盗犯暂行办法（草案）》《辽北省惩治

杀伤犯暂行办法（草案）》等。这一时期刑事立法的主要变化表现在三个方面：

①刑法原则：对汉奸、反革命分子的刑事政策进一步确定为“**首恶者必办，胁从者不问，立功者受奖**”的原则。

②罪名变化：摧毁一切反动组织，镇压反革命分子，保证解放战争的胜利是解放区人民民主专政刑法的主要目的，包括针对镇压地主恶霸、战争罪犯、政治土匪、反动党团、特务组织、一切反动会道门组织的惩治，主要定性为**战争罪和反革命罪**。

③刑罚变化：新刑种“**管制**”出现。“管制”指反动分子在向政府登记后，将其交当地政府及群众监督改造，每日或每周须向指定机关报告行动，限制其自由，后成为发动群众对敌专政、改造罪犯的有效形式。案情较重者收监执行，刑期不长者教育释放，不再执行；缓刑、假释开始推行；取消抗战时期交乡执行刑罚的做法。

（3）**婚姻法**

各解放区在离婚、军婚、干部婚姻等方面做出一些新的规定，具体包括：

①城市婚姻问题的处理政策。针对城市中某些人对婚姻自由原则的错误理解，规定凡挑拨他人夫妇不和而鼓动离婚，以及与有偶者通奸均应受到惩罚。同时，城市男女离婚后婚前财产归各自所有，婚后财产均分或按劳动力分配。若女方离婚后无私产不能维持生活，男方应酌给部分赡养费。婚后债务原则上由男方负责，但可依双方的经济状况、劳动能力分担。

②强调离婚的政治条件。夫妻因为个人身份、政治思想、立场观点对立，无法继续维持婚姻关系的，可向当地司法机关请求离婚。

③干部离婚的原则和程序。干部离婚遵循“夫妻感情意志根本不合”的标准；司法机关应对思想不正确的一方给予批评和教育或限期改正；对以威胁、利诱、欺骗等手段制造离婚理由的，原则上不准离婚；夫妻双方均为干部而提出离婚的，可由双方通信协商同意，经过任一方所在地的民政机关或司法机关同意即可。一方不同意可向被告所在地人民政府提起离婚诉讼，离婚后须由政府发放离婚证为合法。

（4）**土地法**

抗战胜利后，中共为实现“耕者有其田”的承诺，计划改变土地政策，以满足农民对土地的迫切需求。1946年5月4日，中共中央发布了由刘少奇主持起草的《中共中央关于土地问题的指示》（简称“**五四指示**”），主要内容包括：

①土地改革的方式：真正发动群众，由群众自己动手来解决土地问题，绝对禁止使用违反群众路线的命令主义、包办代替及恩赐等办法。

②土地改革的原则：一般不变动富农的土地；给身为抗属的地主多保留一些土地；适当照顾中小地主生活；保全地主、富农的工商业资产；动员农民群众集中同汉奸、豪绅、恶霸地主等作斗争。

③土地改革的办法：一是直接没收和分配大地主土地；二是减租后地主自愿出卖土地的，佃农以优先权买得土地；三是地主自愿给农民七八成土地，求得抽回三两成土地以自耕；四是在清算租息、清算霸占、清算负担及其他无理剥削中，地主出卖土地给农民清偿负欠。这表明“五四指示”意在没收地主土地，只是通过“佃权交换”“清偿负欠”等有偿形式，迫使地主“自愿”出卖土地。

“五四指示”虽然将“减租减息”政策调整为“耕者有其田”，但并未完全废止减息政策，因此未能彻底消灭封建土地剥削，具有明显的过渡性和不彻底性。1947年9月13日，中共全国土地会议通过了**《中国土地法大纲》**，共16条，进一步明确了全国统一的土地改革方案，主要内容包括：

①废除封建土地制度，实行耕者有其田。废除一切地主和一切祠堂、庙宇、寺院、学校、机关及团体的土地所有权，废除一切乡村土地改革前劳动人民所欠地主富农和高利贷者的高利贷债务。

②分配土地的原则和方法。除矿山、牧场等特殊土地财产外，乡村一切地主的土地及公地，由乡村农会接收，连同乡村其他一切土地，按乡村全部人口，不分男女老幼，统一平均分配。并在土地数量上抽多补少，质量上抽肥补瘦，使全乡村人民均获得同等的土地。由政府发给土地所有证，承认其有自由经营、买卖及在特定条件下（如身老孤寡、家无劳力）出租的权利。接收的牲畜、农具、房屋、粮食及其他财产平均分配给贫困农民，使全乡村人民均获得适当的生产资料及生活资料。地主及其家属分得与农民同样的土地与财产。国民党官兵家属也可以分得与农民同样的土地与财产。

③土改的执行机关和保障措施。乡村农民大会及其选出的委员会，乡村无地少地的农民所组织的贫农团大会及其选出的委员会，区、县、省等农民代表大会及其选出的委员会为土改的执行机关。一切违抗或破坏本法的罪犯，应由农民大会选派的代表和政府委派人员组成的人民法庭予以审判。农民及其代表有权在各种会议上自由批评及弹劾各方各级的一切干部，有权在各种会议上自由撤换及选举政府及农民团体中的一切干部。

《中国土地法大纲》统一了各解放区土改的基本原则和做法，很多解放区根据《中国土地法大纲》制定了具体施行办法，如《晋冀鲁豫边区政府颁布施行中国土地法大纲补充办法（草案）》《东北解放区实行土地法大纲补充办法》等。

（5）**劳动法**

解放区的劳动法以“**发展生产、繁荣经济、公私兼顾、劳资两利**”为基本原则，由于当时尚未建立全国性的革命政权，劳动立法或是经全国劳动大会或全国工会工作会议制定，或是由地方政府制定。如1948年8月第六次全国劳动大会通过了《关于中国职工运动当前任务的决议》，1949年8月华北人民政府颁布了《关于国营公营工厂企业中建立工厂管理委员会与工厂职工代表会议实施条例》，1948年12月东北行政委员会公布了《东北公营企业战时暂行劳动保险条例》，1949年7月全国工会工作会议通过并发布了《劳资关系暂行处理办法》《劳资争议解决程序的暂行办法》《关于私营工商业劳资双方订立集体合同的暂行办法》等。这一时期劳动法的主要内容包括：

①重申工人享有组织工会的权利。恢复中华全国总工会，整顿和扩展了各解放区的各级工会组织。

②实行工资折价及劳动保险制度。为了使工资不因物价波动而受到影响，各地实行按几种生活必需品折价的“工资分”制度。此外东北解放区开始试行劳动保险制度。

③集体合同和劳资争议解决办法。劳资代表签订的集体合同应明确规定雇佣手续、工资工时及休假、劳动保护和职工福利等事项，经政府批准后适用于同一行业的各厂店。劳资纠纷首先由劳资双方直接协商解决，达成协议后报劳动局备案。若协商无效，任何一方得请求劳动局进行调解。调解不成由劳动局仲裁委员会依法仲裁。任何一方对仲裁不服，均可依法向司法机关

起诉，由法院最后判决。

（二）华北人民政府的法制样板

1947年11月石家庄解放，晋冀鲁豫、晋察冀两大解放区连成一体。时任中共中央工委书记刘少奇于1948年2月16日致电彭真、聂荣臻、薄一波并抄送中共中央，提出将晋察冀、晋冀鲁豫两个边区、中央局、军区合并，成立**华北中央局**。1948年5月9日，中共中央正式决定晋冀鲁豫、晋察冀两解放区合并为华北解放区；两中央局合并为华北中央局，由刘少奇任第一书记；两军区合并为华北军区，由聂荣臻任司令员；两边区政府暂成立华北联合行政委员会，由董必武任主席。5月20日中共中央华北局、华北解放区正式宣告成立。华北局一成立，刘少奇便指出："我们现在建设的各种制度将来要为全国所取法。中央工作主要是华北局工作，华北工作带全国性意义。我们从陕北出发，落脚华北，今天又**从华北出发，走向全国**。"[①] 8月7日至19日，华北临时人民代表大会在石家庄电影院秘密举行，出席大会代表共542人，其中党员376人，非党人士166人，代表了山西、河北、平原、察哈尔和绥远五省的4 500余万人民。会议从39名候选人中选举出了董必武、聂荣臻、薄一波、徐向前等27名华北人民政府委员，华北人民政府随即宣告成立。此次选举同时兼顾了其他解放区，政府委员39人只选出27人，保留12个名额，责成华北人民政府在新解放区及可能统一联合之兄弟解放区随时聘请，充分证明了华北人民政府作为中华人民共和国中央人民政府雏形的意义。

1948年9月20日至24日，华北人民政府第一次委员会召开，会议选举董必武为华北人民政府主席，薄一波、蓝公武、杨秀峰任副主席，并选举产生了各部部长、各委员会主任、人民法院院长、人民监察院院长、华北银行总经理、秘书长、劳动局局长。9月26日，华北人民政府正式成立，各部门负责人正式就职，包括秘书厅、民政部、教育部、财政部、工商部、农业部、公营企业部、交通部、卫生部、公安部、司法部、劳动局、华北财经委

① 中共中央文献研究室编、陈绍畴、刘崇文主编：《刘少奇年谱（1898—1969）》（下卷），中央文献出版社，1996年，第148页。

员会、华北水利委员会、华北人民法院、华北人民监察院、中国人民银行等机构。1949 年 10 月 27 日，毛泽东发布命令："中央人民政府业已成立，华北人民政府工作着即结束。……中央人民政府的许多机构，应以华北人民政府所属有关各机构为基础，迅速建立起来。"10 月 31 日，华北人民政府完成其历史使命，中央人民政府各部委在此基础上迅速建立。最为重要的是，华北人民政府为新中国开创了一整套重大的政治制度，其各级政权建设的方式、途径和经验，为中华人民共和国的各级政权体制做了各方面的准备和探索。①

1. 施政方针及政权组织

1948 年 8 月 12 日华北临时人民代表大会根据中共中央华北局对施政方针的建议讨论通过了**《华北人民政府施政方针》**，该施政方针是第三次国内革命战争时期华北人民政府制定的宪法性法律，共分军事方面、经济方面、政治方面、文化教育方面、关于新解放区与新解放城市的政策等五部分，主要内容如下：

（1）规定了华北解放区的任务。华北解放区的任务是解放全华北，继续以人力、物力、财力支援前线，争取解放战争的全国胜利；有计划有步骤地开展建设工作，恢复发展生产；建设民主政治，以奠定新民主主义中国的基础。

（2）规定了华北人民政府的各项基本方针和政策。在政治方面，建立各级人民代表会议，首先要建立村、县人民代表会议，反对地方主义和山头主义，厉行行政便民政策，保障人民的合法政治权利，实施男女平等的原则。在经济方面，努力恢复和发展农业生产，努力发展工商业，改革税制。在文化教育方面，有计划有步骤地发展文化教育工作，加强整顿各级学校教育，加强社会教育。在军事方面，完成解放中国的伟大任务，建立健全人民武装组织。

华北临时人民代表大会还通过了**《华北人民政府组织大纲》**，规定设立政府委员会，由本届华北临时人民代表大会及其后举行之华北人民代表大会

① 阎书钦：《论华北人民政府的成立、特点及其对新中国政权体制的探索》，载《当代中国史研究》，1999 年第 6 期。

选举产生；政府主席、副主席，由政府委员会互选产生；政府须根据华北临时人民代表大会及华北人民代表大会所通过的施政方针及决议案制定实施条例及规程，总理华北政务；各部委负责人由主席提交政府委员会任命；设立华北人民监察院，为行政监察机关；设立华北人民法院，为华北区司法终审机关；设政务会议，执行政府委员会决议，解决各部门有关问题。华北临时人民代表大会还通过了《华北区村县（市）人民政权组织条例》，规定村、县人民代表会议代表由选民直接选举产生；村、县政府委员会由村、县人民代表会议选举产生；村、县政府委员会对上级政府及村、县人民代表会议负责。1949 年 6 月至 9 月，华北人民政府主席董必武主持了中华人民共和国中央政府组织法的起草工作，中国人民政治协商会议第一届全体会议通过的《中国人民政治协商会议共同纲领》政权机关部分和《中华人民共和国中央人民政府组织法》，均采用了《华北人民政府组织大纲》和《华北区村县（市）人民政权组织条例》中相关的诸多重要原则和条款。

2. 人民代表大会与政协

华北人民政府的建立过程，是人民代表大会制度的形成过程，两者相辅相成。晋察冀和晋冀鲁豫两边区政府已于 1948 年 5 月下旬联合办公，但仍需经 6 月 26 日召开的两边区参议会驻会参议员联席会议追认。7 月 11 日两边区政府联合发布《关于召开华北临时人民代表大会暨代表选举办法的决定》是根据联席会议的决议作出的。联合办公的两边区政府，必须由**华北临时人民代表大会**选举并作出决议后，才能正式过渡为华北人民政府。

华北临时人民代表大会，虽然与各根据地在抗日战争时期建立的参议会、参政会和议会等民意机关有相承关系，但在体制上有巨大差别。华北临时人民代表大会，形成了人民代表的界别比例选举制度，召开预备会和选举主席团制度，代表资格审查制度，政府、军事工作报告和各项法律、条例草案的说明制度，代表提案制度，各报告、建议和草案的审查委员会和提案审查委员会制度，政府委员选举制等一系列新型制度体制，这些新型体制是中华人民共和国人民代表大会各项具体制度的基础。《关于召开华北人民代表大会的决议》责成华北人民政府“于今后不超过二年之时间内，正式召开华北人民代表大会”。《村、县（市）人民代表会议组织条例》和《村、县（市）人民代表会议代表选举条例》，决定在华北解放区普遍建立各级人民代

表大会制度，并计划在1949年上半年完成村、县人民代表大会及同级人民政府的选举。经过华北人民政府的努力，到1949年12月，华北地区已有40多个大、中、小城镇，90多个县召开了人民代表会议，而且所有的县均在召开或准备召开，各级人民代表大会制度在华北地区普遍建立。正如董必武所指出的那样，华北临时人民代表大会"是一个临时性的，而且也是一个地区的。但是，它将成为全国人民代表大会的前奏和雏形"①。

华北临时人民代表大会和华北人民政府，不仅广泛吸收了民主党派和民主人士，而且赋予党外人士充分的权力，真诚采纳其正确的意见。华北临时人民代表大会代表542人，其中民主人士有166人，占近1/3。大会主席团成员33人，其中民主人士有14人。一些民主人士还担任了华北人民政府的领导工作。在27名政府委员中，民主人士有8名，并担任了许多重要职务。如蓝公武任政府副主席兼民政部长、邢肇棠任水利委员会主任、陈谨昆任人民法院院长、于力任人民监察院副院长、黎亮任交通部副部长。这一时期，召开新政协的问题也提上议事日程。华北临时人民代表大会通过了何思敬、刘奠基等民主人士提出的致电中共中央建议召开新的**政治协商会议**，建立全国性联合政府的提案。

3．政党关系及工作制度

华北人民政府成立后，中共中央华北局健全了各级党委制，理清了各级党委与政府的关系，初步确立了中华人民共和国的**党政体制**。党政关系的基本要求在于，使党的领导深入体现在政府的各项工作中，既保证党对重大问题的绝对领导，又保持政府工作的自主性。一方面，华北人民政府的各项重要决定都须经华北局审查批准，如政府各部门的规章、条例，都要经华北局研究、修改并送中央审查后方能公布。另一方面，华北局非常重视保持政府工作的自主性。如华北人民政府成立后在如何有效地围绕党的中心任务开展工作这一重大问题上，先由华北局根据全国和华北地区的军事、政治、经济的实际情况拟定了《关于华北人民政府施政方针的建议》，而具体各项措施则由华北人民政府根据实际情况去执行。1948年10月，华北局指出："应归政府处理者，不要一律拿到党委来，建立政府工作与党委工作明确分开而又

---

① 董必武：《在华北临时人民代表大会上的开幕词》，载《人民日报》，1948年9月4日第1版。

联系的制度（重大政策性问题，必须经由党组请示中央局；日常工作中，已经解决了的问题，应由政府自己负责处理）。肃清党政不分，党委包办代替政府工作的错误。要求有一个党委的正确领导，并要求有一个强有力的华北人民政府。”

新成立的华北人民政府需要实现政府工作的正规化。1948 年 9 月 26 日，董必武在政府成立大会上指出，华北人民政府“是由游击式过渡到正规式的政府。正规的政府，首先要建立一套正规的制度和办法”[①]。11 月，华北人民政府制定了《华北人民政府办事通则》，该通则对各主管部门负责人的职责、政府的行文种类、各部门的工作会议和政务会议等事项都作了详细规定。为加强对各级政府的领导，华北人民政府建立健全了会议、巡视和报告制度，同时加强了政府工作作风建设，坚决克服贪污腐化、官僚主义和形式主义，在各政府机关提倡节约，反对浪费，发扬艰苦朴素的作风。一切用人、行政应从工作需要并根据财政的可能出发。华北人民政府还切实整顿机关组织，严格行政纪律，提高各部门行政效率。

华北人民政府在支援解放战争的同时也肩负着组织生产建设的任务，为中华人民共和国成立后党的工作重心由农村转到城市、政府职能由争取战争胜利向恢复发展经济的顺利转变做好了铺垫。华北人民政府以建设新华北为目标，将大力恢复农业、工业生产作为中心工作。1949 年 2 月，政府委员会第二次会议通过了以生产为中心的施政方针和财政预算，7 月政府委员会第三次扩大会议全面提出了各项生产和建设任务。农业生产的各项计划被制定了出来，如 1949 年 1 月制定了 1949 年华北区农业生产计划。同年 3 月又制定了 1949 年华北区造林计划等。交通、通讯、电力等基础设施建设取得了较大成绩，如新解放城市及工矿业生产大部分被恢复，各条铁路、公路迅速恢复通车。水利防汛、供销合作、城乡交流、对外贸易、金融物价管理等工作也取得了一定成绩。尤其是经济财政领域的统一管理为中华人民共和国建设奠定了基础，如华北人民政府在征得山东省政府、陕甘宁、晋绥两边区政府同意的基础上，于 1948 年 12 月 1 日决定以原华北银行为总行，合并华北银行、北海银行、西北农民银行组建统一的中国人民银行，并发行中国人民

---

① 《华北人民政府文献选载》，载《党的文献》，2006 年第 4 期。

银行钞票作为华北、华东、西北三区本位货币统一流通。总之，华北人民政府制定的农业、工业、商贸、财政、税收、法制等各项管理体制成为建国初期的蓝本。

4. 法制创建及司法意义

华北人民政府直接否定了南京国民政府的“六法全书”，并表示“六法全书”是“旧统治阶级统治人民镇压人民的工具”“与新民主主义司法精神根本不合”“要以我们自己的法令和政策去镇压一切反革命和破坏分子”。华北人民政府将“**人民的法律**”作为法制建设的核心目标。“人民的法律”来源于解放区人民相当长期的实践经验，并且有的已经研究好，规范在人民政府、人民解放军发布的各种纲领、法律、条例、命令、决议等中。在短短的13个月内，华北人民政府废除了国民党的“六法全书”及一切反动法令，制定了包括政治、经济、文化、民政、司法等方面的重要法律、法令、条例、规章、通则、细则、办法、训令等170余项。在司法制度方面，1948年10月华北人民政府发布了《关于统一各行署司法机构名称及审级的通令》和《关于统一复核死刑案件的通令》，要求各行署原有司法机关一律改称**人民法院**，各行署转令各县政府迅速恢复相对独立的司法组织。至此拉开了华北人民政府创建中华人民共和国司法的序幕，逐渐形成了严格的审级制度、裁判委员会制度、刑事复核制度、调解制度等。中华人民共和国成立之后的公检法机构也都是在华北人民政府的基础上建立起来的。

（1）**审判制度**

1948年10月23日华北人民政府发布《关于统一各行署司法机构名称及审级的通令》，规定县司法机关为第一审，行署区人民法院为第二审，华北人民法院为终审。1949年3月颁布《关于刑事复核制度由》，随后又颁布《为确定刑事复核制度的通令》，进一步规定人民法院死刑案件“送经华北人民政府主席批准，始为确定之判决”，从而实现了死刑复核制度的正规化。同时，加强县市法院、**行署区法院**、省法院、华北人民法院四级法院设置。华北人民政府是将行署作为一个独立审级，而并非像陕甘宁边区一样将专区一级与边区高等法院重叠。中华人民共和国于1954年颁布的《人民法院组织法》正式在省与县之间的地区行署设置了地区中级法院，显然是受到了华北人民政府的启发，最终完成了四级两审制的法院建置。

作为当时最高法院的华北人民法院，初期管辖北岳、冀中、冀鲁豫、冀南、太岳、太行和晋中7个行署及石家庄、阳泉2个市。针对刑事案件在押人犯入监所后长期搁置，民事案件未结比例偏重等现象，华北人民政府于1949年5月21日颁布政府训令规定：

①新受理的案件要分轻重缓急，确定先后处理方案。对可不起诉的案件，劝其回家生产；对可以起诉但有调解可能的，当即进行调解；对调解不成的案件，定期进行审理。华北人民法院还借鉴石家庄市法院的值日制度，对起诉至法院的纠纷或控诉人，由值日的书记官接洽。若属于民事案件，先由原被告口头辩论，由书记官当场解决，遇到疑难问题则向主管推事请示。②根据华北人民政府关于清理未决犯的精神，调查案情，研究处理办法。对有罪者判处刑罚，证据不足者尽快释放。要求办案人员熟悉掌握有关的政策法规，根据案件的具体情况进行调查研究，克服拖延等待的毛病，主观上重视对案件积压的处理。

（2）**调解制度**

华北人民政府加强了基层调解组织的建设，将**人民调解和司法调解**区分开来。村级设调解委员会，委员由村主席和经选举或推举出来的人员担任。区级设调解助理员或调解委员会，由区长担任主任委员，其余委员由区公所聘请群众团体代表或在群众中有威信的人士担任。相反，陕甘宁边区政府则不主张设置固定的专门调解组织。[①] 1949年2月25日通过的《华北人民政府关于调解民间纠纷的决定》是人民调解制度由农村走向城市的标志，该决定规定了调解的具体范围：凡民事案件均须调解，但不得违反法律之强制规定；仅对一般轻微刑事案件进行调解；加强区村一级的民间调解组织建设，将矛盾尽可能地化解在基层。中华人民共和国于1954年颁布的《人民调解委员会暂行组织通则》基本上采纳了华北人民政府的上述做法。

---

① 杨永华、方克勤：《陕甘宁边区法制史稿（诉讼狱政篇）》，法律出版社，1987年，第189页。

后　记

教学相长，教研相助，是我坚持站立讲台的终极意义。本书可以看作是我站立华园（华南理工大学）讲台五年多来的精细思考和规划之作，也是我始终坚持教改方针、解放思想、实事求是的产物。加上近年来恰逢卓越法律人才培养之需，我一直在思考中国法律史如何为法学本科人才培育提供助力。我一直坚信，知识的内容和讲授方式才是吸引学生学习的关键。当前中国法律史的内容风貌或许应有所更新而特色鲜明，除了反映传授者的个人理念之外，还应当注重受众的感受与共鸣。尤其是在“马工程”教材全面推广之际，本书作为补充性或辅助性读本，旨在加深理解中国法律史作为基础理论法学的地位与功能。

理想的学术作品应当立足于已有中国法律史学界的成熟研究，并结合最新研究成果，时有修订，且能够站在公允的立场上阐释作者的观点，以体现学术争鸣，引导读者“择善而从”。作品的目的是搭建学术共同体、作者与读者之间富有意义的沟通平台，在学术共同体的观照下，既能展现作者自身特色的书写风格和学术见解，又能帮助读者形成真正的批判性思维。

本书正是对照以上理想作品的要求所进行的尝试性写作，这一尝试性写作计划始于2012年，此后历经三年推出了《中国法制史新论》（北京交通大学出版社2015年版）一书。本书又是在《中国法制史新论》的基础上，再经三年打磨而形成的修订升级版，定名为《中国法律史新识》，使之兼具教材和著作的特色。之所以定名为“新识”，旨在通过法制之内（制度文本层面）和法制之外（思想文化层面）的互证解释，阐释中国传统法的变革及其动因，借以窥视中国法传统的底蕴和气质，期待读者从中能获得更多的法学想象和法治共识。

本书得以问世，尤其要感谢恩师中国人民大学法学院赵晓耕教授，于2014年所提供的由我一人完整撰写《中国法制史新论》的机会。在《中国法制史新论》一书写作期间，恩师耳提面命，激发我不断变革既有书写体例和叙事方式。此后，我不满足于《中国法制史新论》既定的书写格式，不断思索学科体系和层次内容如何取舍和规划，最终形成了从十章的《中国法制史新论》到八章的《中国法律史新识》之写作体例，在删减了《中国法制史新论》近1/3的篇幅之后，又对整本书的段落安排和表达形式做了调整，以便更适合读者的阅读习惯。时值恩师赵晓耕教授从教30周年之际，谨以此书为恩师庆贺。

中国法律史博大而精深，学界对其中的许多细节和重大问题的争论尚无定论，因此，本书难免多有错误，有待最新的研究给予更正和补充，敬请专家批评，相关意见和建议烦请发至邮箱 wwshen@ scut. edu. cn。本书将会根据最新研究成果及相关意见和建议及时更新，适时推出修订版，在学人的共同努力下进一步丰富中国法律史的教研园地，不断探寻中国法律史的深邃与幽远。

沈玮玮

丁酉年庚戌月乙亥日草于楚都寓所

戊戌年乙卯月戊申日改于羊城华园